Marianne Krüll

Die Geburt ist nicht der Anfang

Die ersten Kapitel unseres Lebens – neu erzählt

Klett-Cotta

Greif-Buch 1992[1]
nach der Ausgabe von 1990[3]
Verlagsgemeinschaft
Ernst Klett Verlag – J. G. Cotta'sche Buchhandlung

Printed in Germany
Umschlag: Klett-Cotta-Design
Zeichnungen: Ulla Bartl, Weil der Stadt
Im Filmsatz gesetzt aus der 10 Punkt Souvenir
von Steffen Hahn FotoSatzEtc., Kornwestheim
Gedruckt auf säurefreiem und holzfreiem Werkdruckpapier
und gebunden von Clausen & Bosse, Leck

Die Deutsche Bibliothek – CIP-Einheitsaufnahme
Krüll, Marianne:
Die Geburt ist nicht der Anfang : die ersten Kapitel
unseres Lebens, neu erzählt / Marianne Krüll. –
Stuttgart : Klett-Cotta, 1992
(Greif-Buch)
ISBN 3-608-95868-1

Wir danken den in den Bildquellen Genannten für die
freundliche Genehmigung des Nachdrucks.

Inhalt

Einleitung 7
Dank 13

Kapitel 1
Vom Anfang bis zum Embryo – achte Lebenswoche 17
Die ersten sensomotorischen Verbindungen 28
Das „Urgehirn“ und die übrigen Teile des embryonalen Zentralnervensystems 36
Schlußfolgerungen: Die Welt des Embryo 44
DIALOG I: Die Gentechnologie und wir 49

Kapitel 2
Mensch-Sein als Fötus – von der achten Woche bis zur Geburt 55
Die motorischen und sensorischen Fähigkeiten des Fötus 56
Das Zentralnervensystem des Fötus – Die Kortex-Entwicklung 79
Schlußfolgerungen: Die Welt des Fötus 86
DIALOG II: Was ist „Vererbung“? 91
DIALOG III: Zur Abtreibung 100

Kapitel 3
Die Geburt 109
Veränderungen der Sinneswahrnehmungen während und kurz nach der Geburt 112
Das Zentralnervensystem während und kurz nach der Geburt 128
Formen der Geburt 131
Schlußfolgerungen: Die neue Welt nach der Geburt – Die Bedeutung der „Geburtskultur“ für das Individuum und die Gesellschaft 144
DIALOG IV: Ein Brief an meine Kinder 152

Kapitel 4
Mensch-Sein vor der Sprache 159
Das erste Lebensjahr in unserer Kultur 161
Neurophysiologische Veränderungen in der vorsprachlichen Phase 177
Mißhandlung und Vernachlässigung 179
Das erste Lebensjahr auf Bali 186
Schlußfolgerungen: Sozialisation in der vorsprachlichen Zeit und ihre Bedeutung für das Individuum und die Gesellschaft 190
DIALOG V: Über den Trieb-Begriff 198

Kapitel 5
Mensch-Sein in der Sprache 205
Anatomische und neurophysiologische Voraussetzungen der Sprachfähigkeit 206
Der Spracherwerb 212
Die durch Sprache entstehenden Welten 231
Störungen der Versprachlichung 253
Schlußfolgerungen: Sozialisation durch Sprache und ihre Bedeutung für das Individuum und die Gesellschaft 265
DIALOG VI: Über das Patriarchat 272

Kapitel 6
Schluß: Das rekursive Menschenbild 281
DIALOG VII: Eine Geschichte ist eine Geschichte ist eine Geschichte 286

Anmerkungen 289
Glossar 307
Nachweis der Abbildungen 315
Literatur 317

Einleitung

Tochter:	Was bedeutet „objektiv“?
Vater:	Also, es bedeutet, daß man sich die Dinge sehr genau anschaut, die man zum Anschauen ausgewählt hat.
Tochter:	Das klingt richtig. Aber wie suchen die objektiven Leute die Dinge aus, über die sie objektiv sein wollen?
Vater:	Nun, sie wählen die Dinge aus, bei denen es leicht ist, objektiv zu sein.
Tochter:	Du meinst, leicht für sie?
Vater:	Ja.
Tochter:	Aber woher *wissen* sie, daß es sich dabei um leichte Dinge handelt?
Vater:	Ich nehme an, sie probieren verschiedene Dinge aus und stellen es dann aufgrund ihrer Erfahrung fest.
Tochter:	Dann ist es also eine subjektive Auswahl?
Vater:	Oh ja. Alle Erfahrung ist subjektiv.

(Gregory Bateson: Metalog: Was ist ein Instinkt? In: Ökologie des Geistes, S. 83, Übers. M. K.)

Als ich vor mehr als sechs Jahren die Idee zu diesem Buch hatte, ahnte ich nicht, wie sehr es für mich eine Art eigener Neugeburt sein würde. Es hat mich durch sehr schwierige Jahre begleitet, mußte viele Male umgeschrieben werden, weil ich immer wieder auf neues Material, auf neue Sichtweisen zum Thema stieß. Aber auch, weil ich zu mir selbst – nicht zuletzt durch die Beschäftigung mit dem Thema – ein anderes Verhältnis bekam, so daß ich nicht mehr zu dem Text stehen konnte, den ich geschrieben hatte.

Was jetzt vorliegt, ist meine Geschichte in einem doppelten Sinne: Es ist die Geschichte meines Werdeganges – und zwar nicht wie üblicherweise mit der Geburt oder gar erst mit dem Schuleintritt beginnend, sondern mit der Zygote, der ersten Zelle, die ich einmal war. Und es ist auch eine erzählte „Geschichte meiner Geschichte“ insofern, als ich meinen Werdegang auch auf andere

Weise erzählen könnte. Noch vor wenigen Jahren hätte ich eine andere Geschichte über meine Entwicklung erzählt, in der ich die Zeit meines intrauterinen Lebens noch nicht mit einbezogen hätte, weil mir meine eigene Geburt nicht so wesentlich erschien wie jetzt.

Ich wünsche mir, daß meine Geschichte andere Menschen anregt, sich ihre Geschichte auch einmal so zu erzählen. Denn viele Probleme, mit denen wir uns heute herumschlagen, bekommen eine andere Wendung oder sogar eine Lösung, wenn wir die früheste Kindheit, die eigene Geburt und das vorgeburtliche Leben mit unserem Jetzt in Zusammenhang bringen. Dann wird sichtbar, wie schon damals Weichen gestellt wurden, die noch heute die Bahnen bestimmen, in denen wir uns bewegen. Manchmal sind solche frühen Prägungen unüberwindbar, oft aber ist es durch das Bewußtwerden solcher Zusammenhänge möglich, sich neue Wege zu erschließen.

Ich gehe noch weiter: Wenn in unserer Gesellschaft generell die Mehrzahl der Menschen ihr eigenes Sein bis in die vorgeburtliche Zeit zurückverfolgen würden, wäre – so meine ich – unser Zusammenleben menschenfreundlicher, wären die Menschen weniger von Angst geprägt, von unbewußten Impulsen beherrscht. Wir würden anders miteinander umgehen, vor allem mit unseren Kindern, wenn wir in uns selbst das Kind erleben könnten, das wir einmal waren, wenn wir mit ihm „tiefenkommunizieren" würden.

Mit „Tiefenkommunikation" möchte ich jene Form des hauptsächlich nicht-sprachlichen „Schwingens" bezeichnen, die immer dann vorhanden ist, wenn zwei oder mehrere Menschen sich gut verstehen. Ihre Körperhaltung wird ähnlich, sie sprechen mit ähnlichem Stimmklang, sie atmen im gleichen Rhythmus, sie sagen dieselben Worte zugleich. Es ist eine wechselseitige Trance, die immer, wenn sie stattfindet, von den Beteiligten mit tiefer Beglükkung erlebt wird. „Tiefenkommunikation" ist besonders bedeutsam in der frühen Kindheit und auch schon in der vorgeburtlichen Zeit.

„Tiefenkommunikation" ist aber auch möglich mit dem „Kind in mir". Wir können mit uns selbst „schwingen", uns sinnliche

Erfahrungen aus der Vergangenheit in die Erinnerung zurückrufen und dann mit jenem jüngeren „Ich“ in Einklang kommen. Um diese Art der Tiefenkommunikation mit sich selbst zu üben, ist es notwendig, das Kind, das wir einstmals waren, zu kennen. Viele Menschen behaupten, sich an ihre frühe Kindheit, ihre Geburt oder ihre vorgeburtliche Zeit nicht zu erinnern. Sie meinen, „Erinnerung“ sei nur bewußt möglich und verkennen, daß es eine „Körpererinnerung“ gibt, die vorsprachlich, also vorbewußt ist. Sie begegnet uns jedoch in vielfältiger Weise als Körpererfahrung: als Spannung oder Entspanntheit, als Krankheit oder volle Gesundheit. Wir führen solche Körpererfahrungen meist nicht auf unsere frühen Erlebnisse zurück, weil wir dieses Kind von damals nicht wahrnehmen. Meine Geschichte des Mensch-Werdens soll dazu beitragen, dieses Kind in uns zu entdecken.

Wenn wir die „Geschichte“ unseres Mensch-Werdens mit dem vorgeburtlichen Leben beginnen, dann wird auch die Diskussion hinfällig, ob „Anlage“ oder „Umwelt“ entscheidend sei. Es geht nämlich dann nicht mehr um den Gegensatz zwischen einer festgelegten biologischen Natur des Menschen einerseits und der gesellschaftlichen Kultur andererseits. Es geht darum, sich ein Bild davon zu machen, wie unendlich flexibel die Natur des Menschen ist, wie wir schon als Embryo unter dem Einfluß unserer Umgebung zu einem bestimmten Organismus mit bestimmten „Bedürfnissen“ wurden, wie unser Nervensystem darauf angelegt ist, uns die größtmögliche Offenheit und Reaktionsfähigkeit gegenüber unserer Umwelt zu bieten, wie unsere Sinne sich durch die Aufnahme von Reizen verändern und strukturieren.

Wir können in dieser Perspektive jeden Menschen, auch uns selbst, in einer ständigen Wechselbeziehung zwischen inneren Zuständen und äußeren Bedingungen sehen, wobei die inneren Zustände das Ergebnis vorangegangener Wechselwirkungen sind. Unser eigenes Verhalten und das aller anderen Menschen erscheint uns dann einerseits als festgelegt – so wie es sich in der konkreten Lebensgeschichte niedergeschlagen hat –, andererseits aber als äußerst flexibel und offen, denn hätten wir in unserem Leben andere Erfahrungen gemacht, wäre auch unser heutiges Verhalten anders.

Die menschliche Natur ist – so gesehen – extrem offen für „Ein-Drücke“, für Prägungen. Alles konkrete Verhalten läßt sich als Ergebnis eines sehr komplexen Strukturierungsprozesses beschreiben, der schon im vorgeburtlichen Leben begann. Diese Vorstellungen stimmen auch mit den Modellen des menschlichen Gehirns überein, die in jüngster Zeit in der Neurophysiologie und in den Computer-Wissenschaften, insbesondere in der sogenannten „Cognitive Science“ entwickelt wurden.

Aber meine Geschichte handelt nicht nur vom vorgeburtlichen Leben, von der Geburt und der frühen vorsprachlichen Phase, sondern auch von der nur uns Menschen eigenen Sprachfähigkeit. Die menschliche Sprach- oder Symbolisierungsfähigkeit ist wesentlicher Teil der „Natur“ des Menschen, sie darf bei allen Überleungen über das Mensch-Werden nicht außer acht gelassen werden. Wir alle waren in den ersten etwa zweieinhalb Jahren unseres Lebens ohne Sprache. Mit dem Spracherwerb veränderte sich unsere Welt grundlegend. Wir traten ein in Welten, die nur in Sprache bestehen und die wir mit Menschen teilen, die derselben sozialen Sprachgemeinschaft angehören wie wir. Alle Vergleiche mit tierischen sozialen Gemeinschaften werden damit hinfällig. Wenn von tierischem Verhalten auf menschliches geschlossen wird, wird fast immer die menschliche Sprache und ihre Welten-schaffende Bedeutung vernachlässigt. Es entsteht dadurch ein Menschenbild, das vielleicht noch für die vorsprachliche Phase des Mensch-Seins angemessen ist, mit Sicherheit aber nicht mehr für das Sprachelernende Kind. Hier setzen diejenigen reflexiven Prozesse ein, die ein Wahrnehmen der Wahrnehmung, ein Denken über das Denken, ein Sprechen über das Sprechen und vieles mehr möglich machen, und die keiner Tierart – jedenfalls keiner uns bekannten – zugänglich sind.

Die Einbeziehung der Sprache in meine Geschichte des Mensch-Werdens ist mir aber noch aus einem anderen Grunde wichtig: Ich möchte mich selbst beim Erzählen meiner Geschichte als Sprecherin wahrnehmen, so wie ich in den vielen Büchern, die ich zu diesem Thema gelesen habe, die Autoren und Autorinnen als Sprecher und Sprecherinnen wahrgenommen habe – wobei ich nicht selten über die von ihnen verwendete Sprache erschrokken bin. Wenn Gynäkologen und Geburtshelfer (die Literatur ist ausschließlich von Männern verfaßt) von der „Frucht“ oder gar von der „Fruchtwalze“ sprechen und das Kind im Mutterleib meinen, dann zeugt das von einer großen Distanz zum Objekt ihrer Betrachtung, das doch aber der Mensch, also letztlich jeder von uns ist. Wenn Fotos von durchgesägten Frauenleibern mit dem ebenfalls zerschnittenen Kind darin in den Büchern abgebildet werden, habe ich Mühe, meine Gedanken von dem Schicksal dieser Frauen und Kinder abzuwenden und mich nur mit den „rein wissenschaftlichen“ Darstellungen der Autoren zu befassen.

Um diese Art von Distanzierung unbedingt zu vermeiden, habe ich in weiten Teilen meiner Darstellungen die Wir-Form oder die Ich-Form gewählt. Damit will ich mich, ebenso wie die Leserin und den Leser davor bewahren, uns aus der Betrachtung auszuschließen. Mit dieser rekursiven, auf uns selbst zurückverweisenden Darstellungsform unternehme ich den Versuch, das von mir inhaltlich präsentierte Menschenbild selbst zu praktizieren. Das heißt, ich will nicht vergessen, daß auch meine „Geschichte“ in Sprache verfaßt ist und daß diejenigen, die sie lesen, sie zu ihrer eigenen Geschichte machen können.

Damit ist zugleich gesagt, daß ich für meine Geschichte keinen Anspruch auf „absolute Wahrheit“ erhebe. Ich glaube, es ist sehr wichtig zu akzeptieren, daß keine Theorie – und sei sie noch so wissenschaftlich formuliert oder „sachlich“ begründet – in einem absoluten Sinne wahr sein kann. Jede Vorstellung, die wir uns über ein Phänomen unserer Welt machen, hat nur relative Gültigkeit. Sie ist nur unter bestimmten Bedingungen wahr und kann immer ebensogut auch durch eine andere ersetzt werden. Theorien über den Menschen und das Mensch-Werden sind, so gesehen, immer nur Geschichten, die wir uns erzählen.

Die Geschichten sind so etwas wie „Landkarten“, wie „Orientierungskarten“, mit denen wir uns unsere Welt aneignen. (Für das schöne, klare englische Wort „map“, das man auch als Verb „to map“ verwenden kann, gibt es im Deutschen leider keine Entsprechung.) In Bali erzählen sich die Menschen Geschichten von Geistern und Göttern, die balinesische „Landkarte“ enthält daher „Wegzeichen“, die sich auf den Umgang mit diesen Wesen beziehen. Menschen auf Bali bringen durch diese Geschichten, durch diese „Orientierungskarten" eine Welt von Geistern hervor, die für sie ebenso real ist wie für uns die Welt der Materie.

Vor allem sind alle Geschichten, die wir uns als Orientierungskarten gemeinsam aufbauen, Handlungsanweisungen. Balinesen, die in einer Welt leben, die von Geistern bevölkert ist und in der alle Dinge beseelt sind, lernen, wie sie sich vor den Geistern schützen oder wie sie die Geisterkräfte nutzen können. Wenn wir uns dagegen in unserem Kulturkreis die Welt aus toter Materie aufgebaut vorstellen, dann be-„handeln" wir alles, auch Lebewesen, ohne Gefühl für ihre Belebtheit. Auch wenn ich mich in meiner Geschichte weitgehend auf Erkenntnisse unserer Wissenschaft beziehe, die von einem solchen materialistischen Denken geprägt sind, werde ich mich bemühen, das Wunder des Lebens darüber nicht zu vergessen.

In den DIALOGEN habe ich versucht, mich mit solchen Fragen auseinanderzusetzen, die für mich auch Fragen der Ethik sind. Ich frage mich, welche ethischen Konsequenzen sich aus meiner „Geschichte" des Mensch-Werdens ergeben oder von welchen ethischen Prinzipien ich selbst ausgehe, wenn ich eine solche Geschichte als Orientierungskarte präsentiere. Im Schlußkapitel will ich versuchen, darüber Rechenschaft abzulegen.

So ist die Geschichte, die ich hier erzählen möchte, sehr vielschichtig. Sie erscheint mir wie ein Facetten-Spiegel, wie ein Prisma: Bei jeder Drehung tauchen andere, überraschende Bilder auf, die sich verbinden, überschneiden, zerfließen. Man nehme diesen Spiegel, spiegele sich darin, füge weitere Facetten hinzu und gehe weiter zu einem anderen Spiegel, der neue Überraschungen bereithält ...

Bonn, im Sommer 1988

Dank

Mein Dank gilt vielen Menschen, die mir direkt – bei der Materialsuche, beim Lesen des Textes, mit technischer Unterstützung – oder indirekt geholfen haben, indem sie mich moralisch unterstützten. Ich nenne sie in bunter Reihenfolge:

Dr. Helga Albersmeyer-Bingen hat bei der Wiederentdeckung des Ungeborenen „mitgeschwungen" und war auch sonst ganz nahe. Prof. Sophie Freud hat den Anfang intensiv miterlebt. Sie war es auch, die mich für die feministische Idee wachgerüttelt hat, die inzwischen zu einer Leitlinie in meinem Leben geworden ist. Dr. Gisela Schneider-Flagmeyer und Ernest W. Freud hielten wichtige Informationen und ihre Freundschaft für mich bereit. Sie und Sibylle Krüll, Anne Grose, Jürgen Hargens, Dr. Irene Lademacher, Marga Geffert-Monheim, Prof. Rudi und Marlies Brüse, Mathias und Lotte Erb-Sommer und Dr. Siegfried R. Dunde haben Fassungen des Manuskripts kritisch gelesen; auch Gertraud Harberding hat Teile gelesen und mit Isas Entwicklung verglichen, ebenso – ganz am Schluß – Ulrike Hochhäuser-Moesch mit Katharina. Prof. Ingeborg Brandt war mit ihrem fachkundigen Rat eine unschätzbare Hilfe. Hermann Gieselbusch hat durch konstruktive Kritik viel zum Gelingen des Buches beigetragen. Dr. Mathilde Niesen, Dr. Insa Fooken, Familie Nothdurft und Familie Hochhäuser-Moesch waren bei der Foto-Beschaffung hilfreich. Prof. Heinz F. R. Prechtl gab mir am Anfang wichtige Hinweise. Dr. Mehdi Djalali hat mir gezeigt, wie schön eine natürliche Geburt ist. Marion Markham hat mir von Bali erzählt. Im Frauen-Feste-Kreis fand ich Anschauung für mein Thema und ganz wesentliche seelische Stütze. Dank auch den Studenten und Studentinnen in mehreren Seminaren, deren Interesse an dem Thema mich motivierte, es zu Papier zu bringen. Bert Hellinger und Radjagopalan halfen in großen Krisen. Tina Höppner hat mitgelitten und sich mitgefreut – und viele, viele andere, die etwas ferner standen, auch. Ilse Bongartz und Elena Terson sind nicht nur fürsorgliche Hebammen bei der Geburt dieses „Kindes" gewesen, sondern auch eine Stütze für die „Mutter", wie sie liebevoller nicht denkbar ist.

Thomas Kopal danke ich für eine ungewöhnlich verständnisvolle und sachkundige Lektorierung. Ruth Ensslin-Frey hat dem Text einen letzten Schliff gegeben und dabei mit viel Engagement ihr Fachwissen eingebracht.

Auf inhaltlicher Ebene gilt mein ganz besonderer Dank Prof. Alfred A. Tomatis, dessen „Nuit utérine“ (deutsch: „Der Klang des Lebens“, Rowohlt 1987) eine Entdeckung für mich war und mir den Weg in die Neurophysiologie wies. Es war für mich faszinierend, bei ihm dieselben Fragen zu finden, die ich mir stellte. Seine ingeniöse Theorie des vorgeburtlichen Hörens und der neurophysiologischen Entwicklung bis zum Spracherwerb war für mich nicht nur von höchster intellektueller Bedeutsamkeit, sondern in ihrer praktisch-therapeutischen Anwendung – auch auf mich selbst – sehr beeindruckend. Auch Léna Tomatis Dank für alles!

Ebenso groß ist mein Dank an Prof. Humberto R. Maturana, dessen Einfluß auf dieses Werk immens ist. Meine Auseinandersetzung mit seinem Denken in seinen Schriften, in Gesprächen und Briefen stellte für mich eine enorme Herausforderung dar, da ich trotz aller Attraktivität, die sein Denkmodell auf mich ausübt, zu meiner eigenen Sprache, meiner eigenen „Konstitution der Welt“ finden mußte.

Ein paar Worte zu den Einflüssen anderer Theoretiker/innen und Denkrichtungen auf meinen Ansatz. Es sind dies vor allem Vertreter des Systemischen Denkens, wie es von Gregory Bateson entwickelt und von Familientherapeuten systemischer Richtung aufgegriffen und in therapeutische Praxis umgesetzt wurde: Mara Selvini Palazzoli, Paul Watzlawick und viele andere. Einen ebenso großen Einfluß übte auf mich die Theorie und das Menschenbild von Milton Erickson, dem großen amerikanischen Hypnotherapeuten, aus, dessen Ansatz durch Jay Haley sowie durch John Grinder und Richard Bandler eine weite Verbreitung auch in Deutschland gefunden hat. Innerhalb der Soziologie stehe ich schon seit über zwanzig Jahren dem Symbolischen Interaktionismus und der Ethnomethodologie nahe, deren Vertreter in Deutschland unter anderen Thomas Luckmann und Peter Berger sind, in den USA Harold Garfinkel, Hugh Mehan und Houston Wood. Feministische Theorien sind auch in großer Fülle eingeflossen; insbesondere feministische Ansätze zu Themen der Schwangerschaft und Geburt in unserer und in anderen Kulturen (unter vielen anderen Margaret Mead und Sheila Kitzinger), aber auch die Ideen moderner feministischer Erkenntnistheoretikerinnen (unter anderen Evelyn Fox Keller).

Ich danke auch Helmut Krüll für alle Unterstützung, die er gewollt und ungewollt dem Buch gegeben hat.

Ich widme das Buch meinen Töchtern Juliane und Sibylle. Nehmt's und laßt es Früchte tragen!

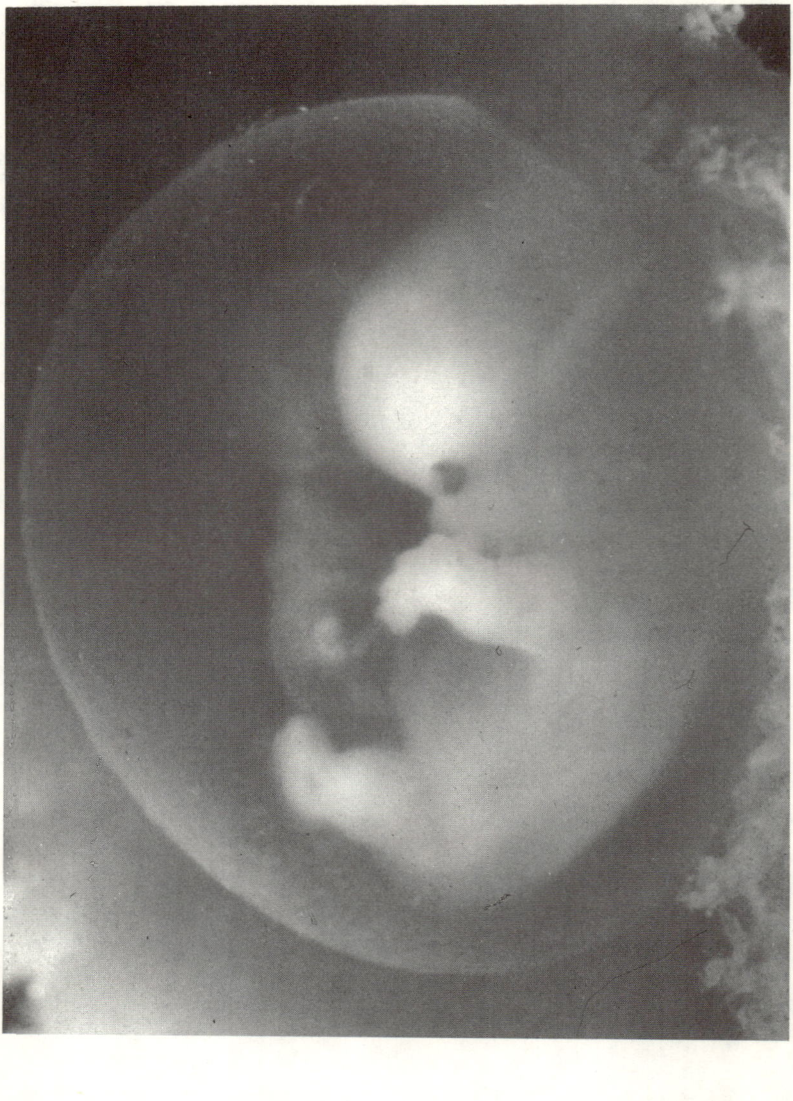

Kapitel 1
Vom Anfang bis zum Embryo – achte Lebenswoche[1]

„Im Uterus, in dem Universum, wo alles beginnt und aufgebaut wird, wohnt jenes Geschöpf, das uns erzieht, indem es uns seine vielfältigen Bedürfnisse offenbart. ... (Wir müssen) immer mehr von den Botschaften lernen, die uns der Embryo sendet, denn er ist fähig, den Fötus zu prägen, der wiederum den Menschen in seiner Totalität bestimmt. Dadurch werden wir in den Besitz wahren Reichtums gelangen, eines Reichtums, der von Bedürfnissen befreit."
(Alfred A. Tomatis: Der Klang des Lebens, S. 285-286)

Was war der Anfang unseres Lebens? Wollen wir den Moment der Verschmelzung der beiden Keimzellen wählen, also den Augenblick, als sich – ungefähr 38 Wochen vor unserer Geburt – eine Eizelle der Mutter auf den Weg in die Gebärmutter gemacht hatte und mit einem der unzähligen Spermien aus dem Körper unseres Vaters zusammentraf? Wenn wir den Zeitpunkt so festlegen, können wir uns fragen, welche Bedingungen gegeben sein mußten, daß gerade diese beiden Zellen einander fanden und zu unserem „Ich" wurden. Warum war es diese und keine andere Eizelle unserer Mutter und warum war es ein Spermium unseres Vaters mit einem X- bzw. einem Y-Chromosom, das uns zu einem weiblichen bzw. zu einem männlichen Wesen gemacht hat? Wie anders wäre unser Leben geworden, wenn damals nicht nur die eine Eizelle, sondern auch noch eine oder gar mehrere andere befruchtet wor-

1 Hochgestellte Ziffern verweisen auf die Anmerkungen, die auf den Seiten 289 bis 306 zu finden sind.

den wären, wir also als zweieiiger Zwilling oder Mehrling geboren wären!

Wenn wir wollen, können wir den Anfang unseres Lebens auch noch früher setzen, nämlich an den Zeitpunkt, als unsere Eltern noch Embryos waren. Die Urzellen nämlich, aus denen unser „Ich" wurde, waren schon im embryonalen Körper unserer Eltern vorhanden (vgl. Abb. 3 D). Man findet Urkeimzellen im Dottersack des dreieinhalb Wochen alten Embryos, noch bevor dieser Geschlechtsorgane entwickelt hat. In der vierten bis fünften embryonalen Woche sind diese Urkeimzellen mit amöbenartigen Bewegungen in die dann entstehenden männlichen bzw. weiblichen Geschlechtsorgane gewandert. Diese Urkeimzellen sind offenbar bei den allerersten Zellteilungen entstanden, als die einzelnen Zellen noch nicht spezifiziert waren. „Ich" bin – so gesehen – aus den ältesten und am wenigsten veränderten Zellen meiner beiden Eltern entstanden, eben aus diesen Urkeimzellen. Sie haben sich zwar in den Geschlechtsorganen meiner Eltern später noch durch Teilung vermehrt und verändert, sind aber dennoch jenen allerersten Zellen weitaus ähnlicher geblieben als alle übrigen Zellen im Körper der Eltern. „Ich" habe mich also – fantastischer Gedanke! – in direkter Linie aus der jeweiligen Urzelle entwickelt, aus der auch meine Mutter bzw. mein Vater entstanden sind.

Doch machen wir die Geschichte nicht unnötig kompliziert und beginnen wir wieder mit dem Moment der Verschmelzung der beiden Zellkerne der Eizelle unserer Mutter und des Spermiums unseres Vaters: Unser „Ich" war nunmehr eine Zygote, eine befruchtete Keimzelle, d.h. ein pulsierendes Etwas, dessen innere molekulare Zustände sich ununterbrochen veränderten. Diese erste Zelle enthielt in ihrem Kern die Chromosomen, die auch heute in jeder einzelnen unserer Körperzellen vorhanden sind. Chromosomen bestehen im wesentlichen – so wissen wir erst seit wenigen Jahren – aus jenen besonderen DNS-Molekülen (Desoxyribonukleinsäure), die über die Produktion von Eiweiß die wichtigsten Lebensvorgänge steuern. Sie bestimmen das Programm für das Wachstum, für die Entstehung der Besonderheiten des Organismus insgesamt.

Die Chromosomen unserer ersten Zelle hatten allerdings noch völlig andere Fähigkeiten als unsere heutigen Zellen. Heute können unsere Zellen durch Teilung nur die gleichen Zellen produzieren. Aus Hautzellen entstehen also Hautzellen, aus Lungenzellen Lungenzellen usw. Damals aber konnte aus der einzelnen Zelle ein ganzer Organismus entstehen. Warum „wußte" unsere erste Zelle, wie ein vollständiger menschlicher Organismus zu produzieren war, während unsere heutigen Zellen es nicht mehr „wissen"?

Wie ging es weiter? Aus der Zygote entstanden nach dreißig Stunden zwei, dann, zehn Stunden später vier und am dritten Tag sechzehn Zellen. Den aus einigen hundert Zellen bestehenden Zellhaufen nennt man „Morula" (Maulbeere). Aus allen diesen Zellen, auch aus denen der Morula, hätten sich immer noch zwei oder mehr voll ausgebildete Organismen entwickeln können. Wir hätten also, wenn sich eine oder mehrere dieser Zellen aus dem Haufen gelöst hätten, ein Zwilling oder ein Mehrling werden können. Wir wären eineiig gewesen, hätten dementsprechend dasselbe Geschlecht gehabt. Wenn wir aus der Morula entstanden wären, hätte jede von uns auch eine eigene Plazenta gehabt.[2]

Die Befruchtung fand im Eileiter der Mutter statt. Auf dem Wege in die Gebärmutter wuchs die Zahl der Zellen auf mehr als hundert an. Jede einzelne von ihnen hätte immer noch zu einem ganzen Menschen werden können, allerdings jetzt mit einer gemeinsamen Plazenta. Danach differenzierten sich die Zellen derart, daß bei ihrer Teilung nur noch spezifische Zellen entstanden, die nicht mehr in der Lage waren, ein eigener Organismus zu werden.

Woher „wußten" unsere Zellen, wann sie aufhören sollten, sich unspezifisch zu teilen und anfangen mußten, nur noch spezifische Zellen zu bilden? Es ist unmöglich, diese Fähigkeit aus dem „genetischen Programm" der einzelnen Zellen zu erklären. Denn offensichtlich spielt der Zeitpunkt der Entwicklung eine Rolle, auch der Ort, wo sich die jeweilige Zelle im Organismus befand. Für das „Umschalten" des genetischen Programms scheint es eine Art von „Steuerung der Steuerung" zu geben, für die auch die moderne Genforschung nur Hypothesen hat.

Und woher „wußten" wir als Morula, wohin wir zu wandern

hatten? Warum blieben unsere Zellen beieinander? Warum entstand aus uns kein Zwilling? Auch für diese Phänomene kann die Information, die in den Chromosomen einer jeden unserer Zellen gespeichert war, nicht ausschlaggebend gewesen sein, vielmehr muß es sich um Prozesse des Austauschs zwischen Zellen handeln, also um eine noch kaum bekannte Art der Entwicklungssteuerung.

Doch verfolgen wir unseren Weg weiter: Nachdem das kleine Zellhäufchen in der Gebärmutter angekommen war, nistete es sich in der Schleimhaut der Wand ein (Abb. 1). Und schon begann eine Differenzierung der Zellen, die nie wieder rückgängig zu machen war: Einige Zellen spezialisierten sich so, daß sie später zum eigentlichen Embryo (Embryoblast) wurden, andere Zellen wurden zu „unserer" Hülle, dem Trophoblast, aus dem sich dann später die bläschenartige Chorionhöhle und noch viel später die Plazenta herausbilden sollten.

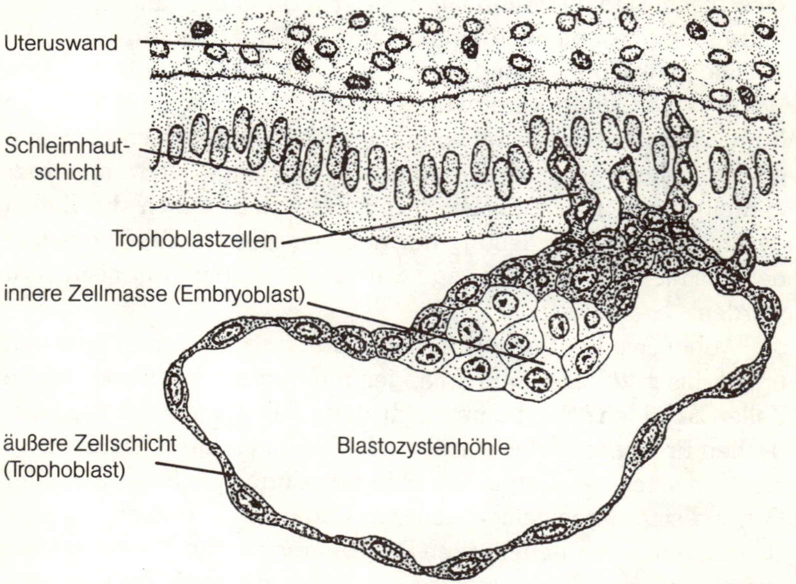

1 Das Keimbläschen
Einnistung in der Uterus-Schleimhaut

Innerhalb dieser Hülle entwickelte sich „unser“ Embryoblast, und es entstanden alsbald weitere Hüllen, die uns schützend und nährend umgaben: Der spätere Dottersack wölbte sich als feines Bläschen an einer Seite über „uns“, die zukünftige Fruchtblase, das Amnion, an der anderen Seite (Abb. 2 A). Der Dottersack ernährte uns, bis unser eigener Blutkreislauf funktionierte und verschwand dann. Die Fruchtblase blieb und umhüllte uns bis zur Geburt. Unser „Ich“ war also nunmehr ein Urembryo, während eine Hülle, die sich aus uns selbst heraus entwickelt hatte, zu einem Teil unserer „Umwelt“ wurde.

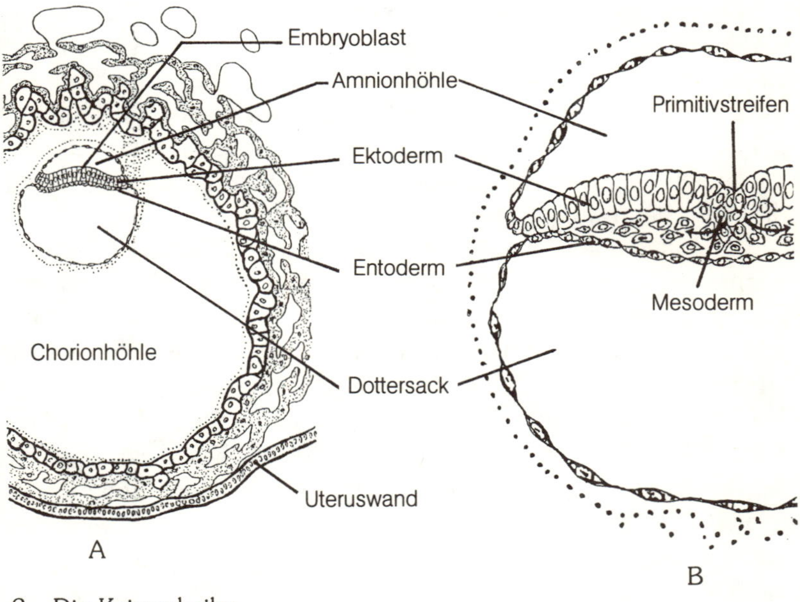

2 Die Keimscheibe
A 13. Tag: Das Entoderm und das Ektoderm bilden die ersten beiden Zellschichten (Keimblätter). Über dem Ektoderm wölbt sich die Amnionhöhle, über dem Ektoderm der Dottersack, der später, wenn die Organe des Embryo funktionsfähig sind, verschwindet.
B 16. Tag: Mesodermzellen breiten sich aus. Zwischen Ektoderm und Entoderm bildet das Mesoderm das dritte Keimblatt. Aus dem Mesoderm entstehen Bindegewebe, Knochen und Muskeln, aus dem Ektoderm u. a. das Nervensystem, aus dem Entoderm die inneren Organe.

Als Embryoblast hatten wir noch die Form einer winzigen Scheibe, in der nun allerdings große Veränderungen stattfanden: Am achten Tag begannen zwei Zellschichten zu entstehen, das Ektoderm und das Entoderm. Aus dem Ektoderm entstanden im Verlauf der embryonalen Entwicklung alle Organe, die uns heute mit der Außenwelt in Verbindung setzen: das Nervensystem, die Sinneszellen der Haut, die Zellen der anderen Sinnesorgane. Aus dem Entoderm entwickelten sich die Zellen für unsere inneren Organe. Etwas später bildete sich zwischen den beiden Schichten das Mesoderm, aus dessen Zellen unsere Bindegewebe, Knochen, Muskeln, das Blutsystem entstanden (Abb. 2 B).

Diese Differenzierung unserer damaligen embryonalen Zellen wirkt noch heute fort. Denn bei einer Gewebetransplantation wächst beispielsweise Gewebe aus dem ehemaligen Ektoderm nicht auf Entoderm- oder Mesodermgewebe weiter (oder umgekehrt). Die Differenzierung in die drei Schichten hat zwischen den jeweiligen Zellarten eine unüberwindliche Schranke aufgerichtet, die noch heute für unsere Zellen gilt.

Und wieder können wir uns fragen: Woher „wußten" unsere zunächst noch undifferenzierten Zellen, was sie entwickeln sollten? Das in den Chromosomen gespeicherte Programm kann dafür nicht allein verantwortlich sein, denn es gibt Verpflanzungsversuche mit embryonalen Zellen, deren Ergebnisse dagegen sprechen: Normalerweise bildet sich die Linse im Augenbläschen aus Ektodermzellen. Man könnte also vermuten, daß die Ektodermzellen im Augenbläschen „wissen", daß sie eine Linse bilden sollen. Verpflanzt man aber Ektodermzellen aus einem anderen Teil eines embryonalen Körpers gleichen Alters neben das Augenbläschen, dann entsteht aus diesen verpflanzten Zellen die Augenlinse. Das heißt, die Zellen, die die Linse bilden, können nicht genetisch dazu bestimmt sein, eine Linse zu bilden, sondern scheinen von den Zellen, die das Augenbläschen bilden, angeregt, „induziert" zu werden.

Aus diesen und anderen Forschungen schließt man, daß die Entwicklungsprozesse nicht nur durch das in jeder Zelle vorhandene genetische „Programm" gesteuert werden, sondern auch durch das Zusammenspiel vieler Zellen. Unsere embryonalen Zellen, so könnte man vielleicht sagen, wirkten aufeinander wie in einer Kettenreaktion: Jeder Entwicklungsschritt wurde durch die vorhergehenden Entwicklungen bestimmt. Doch woher „wissen" nun wiederum die umliegenden Zellen, was an dieser Stelle des Organismus entstehen soll? Die Frage der Entstehung von Strukturen im Organismus, also der Entwicklung neuartiger Zellen zu bestimmten Zeitpunkten und an bestimmten Orten bleibt ein Rätsel. Hier sind alle Aussagen der Experten, wie sie selbst eingestehen, Spekulation.[3] Immer wieder stößt man darauf, daß es ein „Programm des genetischen Programms" geben muß, das sozusagen den gesamten Bauplan des Organismus „kennt" und daher die richtigen Zellen an den richtigen Orten zur richtigen Zeit entstehen läßt. Welcher Art dieses Programm jedoch ist, vermag niemand zu sagen.

Doch greifen wir nicht vor: Wir haben bislang verfolgt, wie „unsere" Keimscheibe entstand, jener Organismus, der aus drei Zellschichten bestand, die sich zu einem bestimmten Zeitpunkt differenzierten.

Mit dem fünfzehnten Tag begann es, an allen Stellen unseres winzigen, nur zwei Millimeter großen Körpers zu sprießen. Durch die Zellvermehrung in allen drei Zellschichten zog sich die Scheibe in die Länge und verdickte sich. Im Ektoderm entstand eine Einfurchung, die zunächst eine Rinne bildete, dann eine Röhre, das Neuralrohr genannt. Viel später wurde daraus unser Rückenmark. Darunter, im Mesoderm, bildeten sich rechts und links je eine Reihe von wulstartigen Knoten, die sogenannten Somiten, in denen die Zellen für die Muskeln, die Haut, die Gewebe entstanden. Unser Körper krümmte sich und so entstand ein innerer Hohlraum, in dem sich aus Entodermzellen unsere inneren Organe, Lunge, Leber, Magen, Darm usw. bildeten. In den nachfolgenden Wochen entwickelten sie sich bis zur Funktionsfähigkeit weiter. Aus Mesodermzellen entstanden in diesem Hohlraum Nieren, Harnblase und die inneren und äußeren Genitalien (Abb. 3). Obwohl vom Moment der Befruchtung an feststand, welchen Geschlechts wir sein würden, hatten wir bis zu unserer sechsten Woche keine Geschlechtsorgane. Erst danach wanderten die Urkeimzellen, die sich im Dottersack gesammelt hatten, in die sich bildenden Geschlechtsorgane.

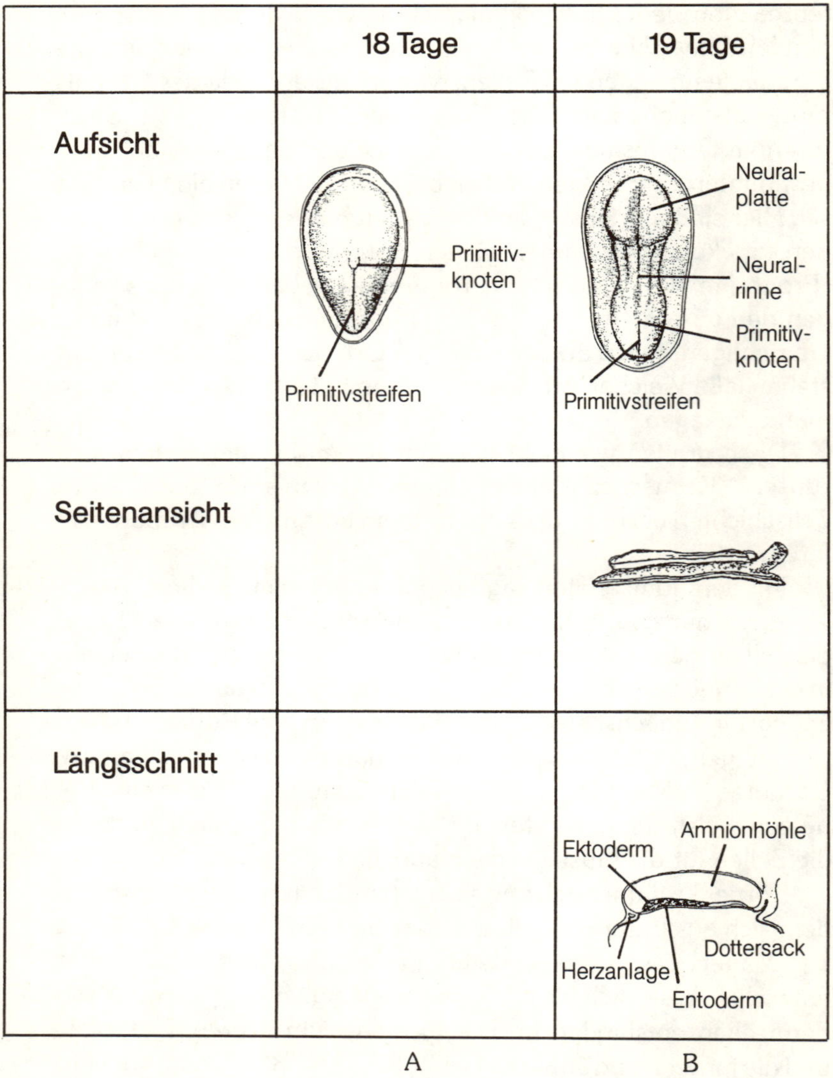

3 Die Entwicklung vom 18. Bis 27. Tag

A Die Keimscheibe

B Kurz vor der Somitenbildung. Entstehung der Herzanlage und der Neuralrinne

C Beginn der Schließung des Neuralrohrs. Das Herz bildet sich.

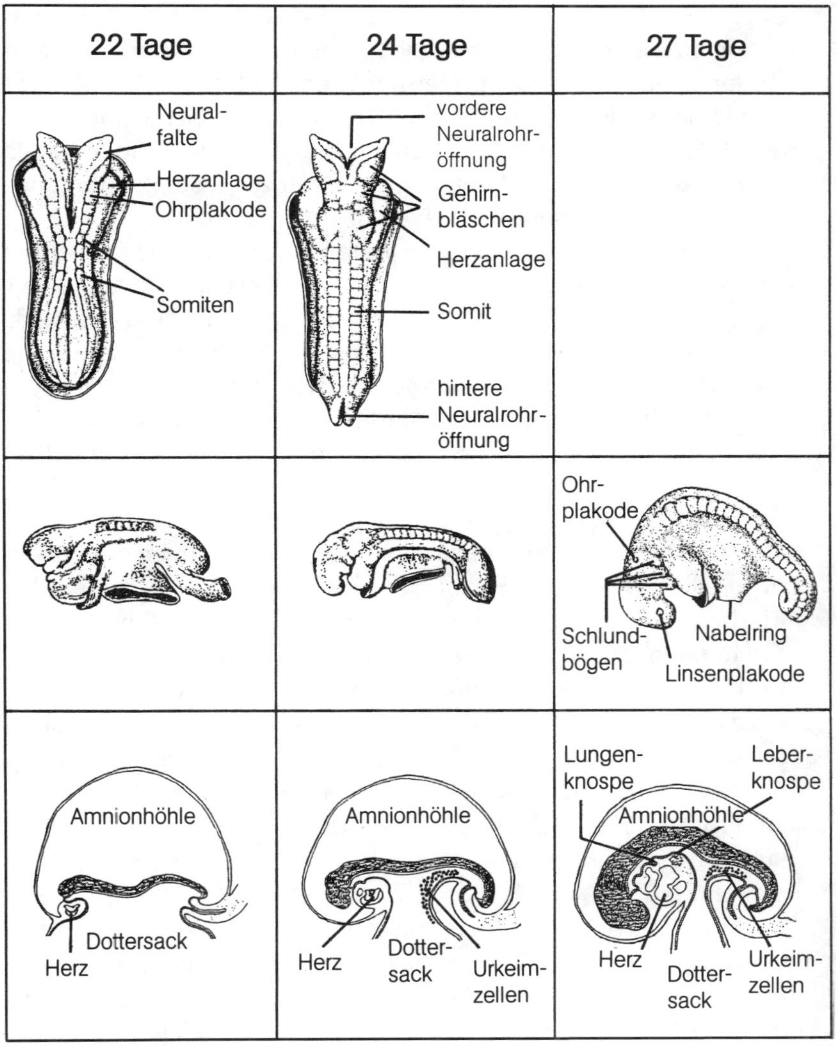

C D E

D Entwicklung der Gehirnbläschen. Das Herz beginnt zu schlagen. Die Urkeimzellen befinden sich an der Wand des Dottersacks.

E Durch die Krümmung bildet sich ein Hohlraum, in dem sich aus Entodermzellen die inneren Organe bilden. Im Neuralrohr und den Gehirnbläschen entstehen Nervenzellen.

Erstaunlicherweise begann die Entwicklung unseres Herzens schon in der dritten Woche, noch vor der Entstehung anderer Organe. Das ist nur beim Menschen der Fall. Kein Tier hat eine Herzanlage vor der Herausbildung anderer Organe. Schon am 21. Tag begann unser Herz zu schlagen und nach wenigen Tagen schlug es 65mal in der Minute, obwohl wir zu dieser Zeit nur etwa drei bis vier Millimeter groß waren!

Es sind viele Spekulationen daran geknüpft worden, warum wir Menschen schon so früh ein funktionierendes Herz haben. Manche Forscher meinen, daß diese Tatsache zur Höherentwicklung des Menschen im Vergleich zum Tier geführt hat. Die frühe Durchblutung von Gewebe habe ein vermehrtes Zellenwachstum bewirkt. Wir können also fantasieren, daß die rhythmischen Pulsationen unseres Herzens, die unseren kleinen Körper schon so früh angeregt haben, uns sozusagen „in Schwung" gebracht haben.

Vom 25. Tag an begannen auch unsere Sinnesorgane zu entstehen: Augen- und Ohrenbläschen bildeten sich an beiden Seiten unseres Kopfes. Die Formung des Kopfes ist überhaupt bemerkenswert: Es entstanden zunächst seltsam aussehende Einfurchungen, die sogenannten „Schlundfurchen" und „-bögen" (Abb. 4). Noch immer werden sie manchmal als „Kiemenbögen" bezeichnet, weil man früher meinte, die embryonale Entwicklung folge der phylogenetische Entwicklung, d.h. der Mensch habe in dieser Phase seiner Entwicklung tatsächlich Kiemen gehabt wie ein Fisch. Dies ist jedoch ein Irrtum, denn die Schlundbögen und -furchen sind Einkerbungen von Gewebe, aber keine Kiemen für die Atmung.

In diesen Schlundbögen und -furchen schieben sich alle drei Gewebsarten (Ekto-, Ento- und Mesoderm) ineinander, so daß sie im Kopf auf höchst komplexe Weise miteinander verbunden sind (Abb. 4). Es entwickelten sich hier Nerven-, Muskel- und Bindegewebszellen zugleich, was, so scheint es, die Grundlage dafür darstellte, daß in unserem Kopf jenes fantastische Instrument, unser Sprechapparat, entstehen konnte (vgl. Kapitel 5).

Am Ende der vierten Woche, also einen Monat nach der Befruchtung, waren wir mit den Anlagen für alle unsere Organe ausgestattet. Wir hatten eine hauchdünne Haut, die unseren gan-

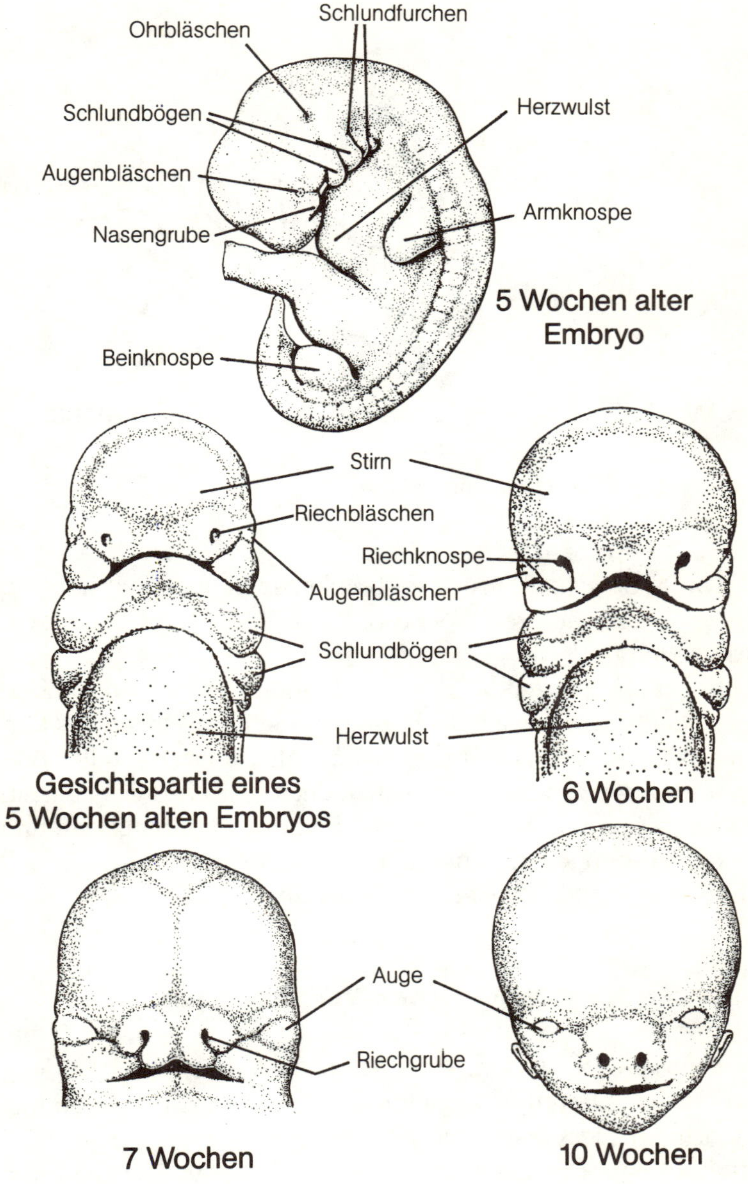

4 Entwicklung des Kopfes

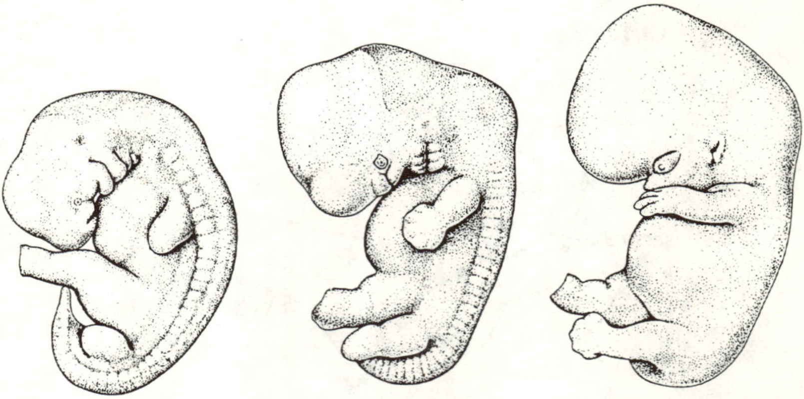

5 Entwicklung der Hände und Füße

zen Körper umschloß, Arm- und Beinknospen waren vorhanden, die sich in der nächsten Woche zu paddelförmigen Gliedmaßen entwickelten (Abb. 5).

Unsere Nervenzellen, die aus Ektodermzellen entstanden waren, kleideten das Neuralrohr und die Gehirnbläschen aus, verteilten sich aber auch im ganzen Körper als Hautsinneszellen und ließen so unser Zentralnervensystem entstehen. Was es heißt, ein Nervensystem zu haben, durch das Sinneswahrnehmungen und Muskelbewegungen gesteuert und koordiniert werden, darum soll es nun im folgenden ausführlicher gehen.

Die ersten sensomotorischen Verbindungen[4]

Ein Zentralnervensystem, bestehend aus Gehirn und Rückenmark, ist keine Voraussetzung für die sensomotorische Koordination, d. h. für die Verknüpfung von Sinneswahrnehmungen und Körperbewegungen eines Organismus. Es gibt viele Tiere ohne Nervensystem. Nicht nur die Einzeller, sondern auch viele Mehrzeller, zum Beispiel einige der Hohltiere, haben kein Nervensystem und sind dennoch in der Lage, auf Veränderungen in ihrer Umwelt mit Eigenbewegungen zu reagieren.

Wir Menschen verfügen jedoch über ein Zentralnervensystem, das Verbindungen herstellt zwischen den Muskelzellen und den Nervenzellen in den Sinnesorganen (Gleichgewichts- und Hörorgan, Haut, Auge usw.), und vor allem zwischen den Nervenzellen untereinander. Mit diesem Nervensystem wird eine Koordination von Wahrnehmungen und Bewegungen möglich, die eine außerordentlich flexible Anpassung an vielfältigste Umweltbedingungen zuläßt.

Wie entwickelte sich unser Nervensystem in unserem winzigen embryonalen Körper? Sobald sich um den fünfzehnten Tag im Ektoderm die Neuralrinne gebildet hatte, entstanden Nervenzellen (Neurone)(Abb. 6). Sie unterscheiden sich von allen anderen Zellen dadurch, daß sie sich nicht mehr teilen. Wir haben heute die-

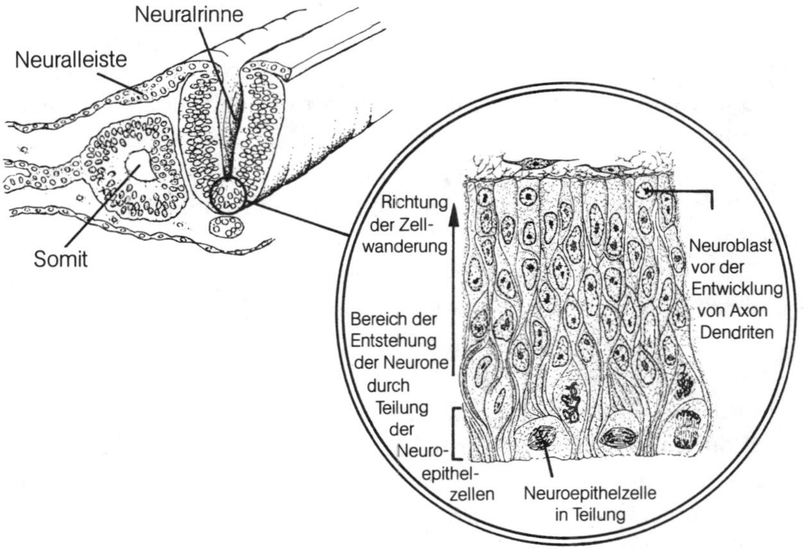

6 Entstehung der Nervenzellen
Noch vor Schließung des Neuralrohrs bilden sich im Neuroepithel durch Teilung Neuroblaste, die durch die bereits bestehenden Zellschichten hindurchwandern.

selben Nervenzellen wie damals als Embryo! Die Erneuerung von Nervenzellen findet nur auf der chemisch-molekularen Ebene, nicht aber durch Zellkernteilung statt. In unserer embryonalen Zeit sind sogar noch erheblich mehr Neurone entstanden als die 25 bis 30 Milliarden (manche Autoren sprechen sogar von 100 Milliarden) Neurone, die wir heute besitzen. Diejenigen nämlich, die nicht „gebraucht" wurden, sind bald wieder abgestorben.

Es ist hier nicht der Ort, um die Funktionsweise der Nerven ausführlich darzustellen. Nur einige Bemerkungen zum Verständnis oder zur Erinnerung: Jede Nervenzelle besitzt einen Zellkörper (Soma), eine Leitungsbahn (Axon) und viele Fortsätze (Dendriten). Über bestimmte Kontaktregionen, die „Synapsen", stehen die Nervenzellen untereinander in permanentem elektrischen und chemischen Austausch. Ausgewachsene Neurone haben Tausende von Synapsen (Abb. 7 B). Jede Nervenzelle wird über diese Synapsen durch Impulse von anderen Nervenzellen „aufgeladen" und sendet dann selbst Impulse weiter (Abb. 7 A und C). Man kann daher nicht sagen, daß eine Nervenzelle einen Reiz empfängt und weiterleitet, vielmehr empfängt sie ununterbrochen stärkere oder schwächere Impulse von sehr vielen Nervenzellen und leitet auch ihrerseits Impulse an sehr viele Neurone weiter. Die Weiterleitung erfolgt nach dem Alles-oder-Nichts-Prinzip, d. h. erst bei einem bestimmten Schwellenreiz „öffnet" sich die Synapse und gibt den Impuls weiter.

Nun zur Entstehung der ersten Nervenzellen in unserem embryonalen Körper: Aus wiederum unerklärlichen Gründen beginnen sich Ektodermzellen in einer Zellschicht (Neuroepithel) so zu teilen, daß eine der beiden neuentstehenden Zellen ein Urneuron (Neuroblast) wird, das sich nie wieder teilt, während sich die andere Zelle weiter teilt, um wieder ein Neuron und eine weitere teilbare Zelle entstehen zu lassen (Abb. 6). Der Ort des Geschehens ist das Neuralrohr (das spätere Rückenmark) und die Gehirnbläschen am vorderen Ende des Körpers (das spätere Gehirn). Auch in den beiden Neuralleisten neben dem Neuralrohr entstehen Nervenzellen, die in den embryonalen Körper zu wandern scheinen, um unter anderem die Sinneszellen der Haut zu bilden. Und schließlich entstehen auch in den anderen Sinnesorga-

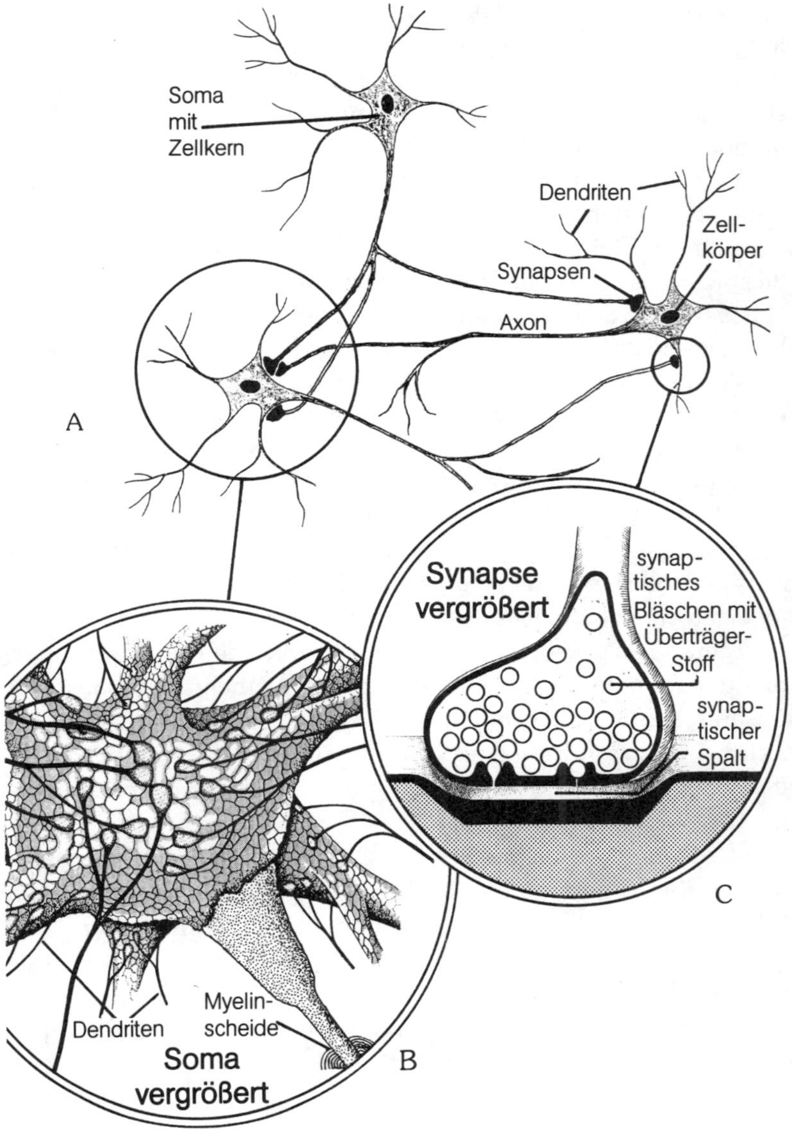

7 Die Nervenzelle
Unzählige Synapsen verbinden die Nervenzelle mit anderen Neuronen.

nen, z. B. dem Auge und dem Ohr, Nervenzellen, die sich zu Empfangszellen (Rezeptoren) entwickeln. Alle Nervenzellen können am Anfang als sogenannte „Neuroblaste“ wandern. Sie bewegen sich durch Zellverbände anderer Neurone oder Gewebsschichten hindurch.

Erst nach der Wanderung, wenn sie an „ihrem“ Platz angekommen sind, bilden die Neurone einen langen Fortsatz (Axon) aus, der sich ein „Ziel“ sucht. Die im Neuralrohr entstehenden Neurone beispielsweise schicken ihre Axone zu Muskelzellen bzw. zu Muskelfasern, die aus mehreren Muskelzellen bestehen. Durch diese Verbindung kann ein solches „Motoneuron“ nun Impulse auf eine Muskelfaser übertragen, um sie zu Bewegungen anzuregen. Über ein sensorisches Neuron werden die Bewegungen der Muskelfaser registriert und als Impulse zu anderen Nervenzellen geleitet, aber auch zu dem Motoneuron selbst wieder zurückgeleitet.

Solche primären Schaltkreise haben sich in unserem embryonalen Körper schon sehr früh, d. h. sofort mit dem Entstehen der Muskel- und Nervenzellen gebildet. Man hat beobachtet, daß eine jede neu entstehende Muskelzelle bzw. -faser sofort mit einer ebenfalls gerade entstandenen Nervenzelle verbunden wird. Diese Verbindungen stellen auch heute noch die elementaren Bausteine unserer Muskelbewegungen dar. Denn diese Schaltkreise lösten sich nie wieder auf, sondern wurden – mit der Weiterentwicklung des Zentralnervensystems – in immer komplexere Schaltkreise miteinbezogen.

Wenn wir also bis in diese frühe Zeit unserer Existenz zurückkehren, dann können wir erkennen, daß auch die kompliziertesten Bewegungskoordinationen, die wir heute ausführen können, letztlich auf diesen primitiven Schaltkreisen basieren, die wir schon als winziger Embryo besaßen.

Auch das sogenannte „autonome“ Nervensystem, durch das unsere inneren Organe innerviert werden, entstand in dieser Zeit. Aus den beiden Neuralleisten wanderten Neurone in den Innenraum unseres Körpers und bildeten dort die Anfänge des „Sympathikus“, jenes doppelseitigen Nervenstranges, der durch die Steuerung der sogenannten glatten Muskulatur der inneren Organe unsere vegetativen Lebensfunktionen noch heute aufrechterhält.

Später gerät das autonome Nervensystem durch Vermittlung des parasympathischen Vagus-Nervs zwar noch zusätzlich unter die Kontrolle des Kortex (Großhirnrinde), in der embryonalen Phase jedoch ist es im eigentlichen Sinne des Wortes autonom. Denn der Kortex hat sich zu dieser Zeit noch gar nicht entwickelt. Und so erklärt sich, daß auch heute unsere inneren Organe weiter funktionieren, selbst wenn die Steuerung durch den Kortex ausfällt. Ich komme darauf noch zurück.

Diese Verbindungen zwischen Nerven- und Muskelzellen stellen nur den einen Teil des Nervensystems dar. Darüberhinaus – sozusagen am anderen Ende – werden auch die Empfangszellen (Rezeptoren) der Sinnesorgane in das alles koordinierende Zentralnervensystem einbezogen. Rezeptorzellen sind Nervenzellen, die sich auf eine besondere Funktion hin ausbilden: Im Auge entstehen Rezeptoren, die Lichtunterschiede registrieren können, im Ohr sind es Rezeptoren für Schwingungsunterschiede, in der Haut Rezeptoren für Druck-, Temperatur- oder Schmerzunterschiede. Manche dieser Rezeptorzellen, besonders die in der Haut, scheinen sich schon zur selben Zeit wie die ersten Motoneurone zu entwickeln, andere, etwa die im Auge oder in der Schnecke des Innenohres, entstehen erst mit der Entwicklung dieser Sinnesorgane.

In unserem Alltagsverständnis stellen wir uns vor, daß eine Sinneszelle, z.B. im Ohr, einen Ton als Reiz registriert und weiterleitet. Sinneszellen reagieren, ebenso wie die anderen Nervenzellen, nach dem Alles-oder-Nichts-Prinzip, d. h. nur wenn der Reiz einen bestimmten Schwellenwert erreicht, wird er als Impuls registriert. Man kann also sagen, daß Sinneszellen nur auf Unterschiede reagieren: zwischen schwächeren und stärkeren Tönen, zwischen helleren oder dunkleren Licht- und Farbreizen. Die Sinneszellen reagieren aber nicht nur auf den Reiz als solchen, sondern werden auch durch Einflüsse aus anderen Teilen des Zentralnervensystems, vor allem aus dem Gehirn, aufnahmefähig bzw. nicht-aufnahmefähig gemacht. Was für unsere Sinneszellen zu einem Reiz wird, ist letztlich vom Zustand unseres gesamten Organismus abhängig, in dem wir uns gerade befinden. Dabei gehen sämtliche Erfahrungen mit ein, die wir in der Vergangenheit mit ähnlichen Sinnesreizen gemacht haben. Dazu später noch mehr.

Wie haben sich nun diese Rezeptorzellen unserer Sinnesorgane entwickelt? Es scheint, daß die taktilen Rezeptoren, d. h. die auf Druckreize reagierenden Hautsensoren am frühesten vorhanden waren. Das zeigen Untersuchungen, die D. Hooker und T. Humphrey in den fünfziger und sechziger Jahren durchgeführt haben. Sie haben mit operativ entfernten Embryos experimentiert, die sie in einer fruchtwasserähnlichen Flüssigkeit noch eine Weile am Leben erhalten haben. Schon bei fünfeinhalb-wöchigen Embryos konnten sie als Reaktion auf die Berührung der Gesichtshaut eine Bewegung des Körpers feststellen (Abb. 8). Dabei scheint die Mundpartie als erste sensibel zu sein, andere Partien des Gesichts werden bis zur siebenten Woche empfindlich. Um dieselbe Zeit werden auch die Handflächen, die Fußsohlen und der Genitalbereich auf Berührungen ansprechbar.

Diese Untersuchungen zeigen aber noch mehr: Ein fünfwöchiger Embryo hat auch bereits ein so weit entwickeltes Zentralnervensystem, daß er auf Berührungen seiner Gesichtshaut mit einer Ganzkörperbewegung zu reagieren vermag. Diese Tatsache ist

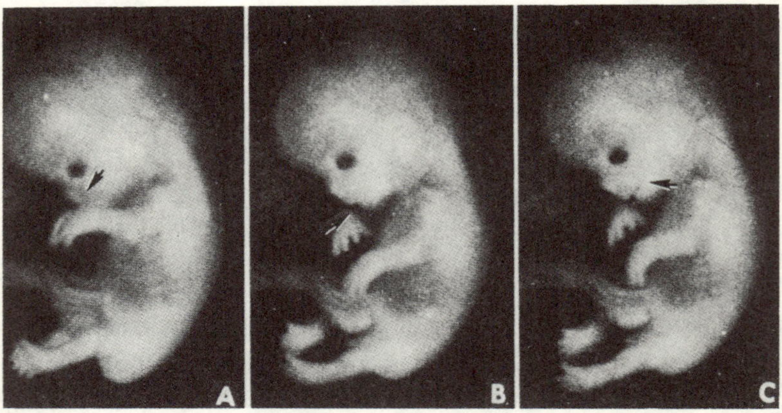

8 Reaktion auf Berührung
Ein 6½wöchiger Embryo reagiert auf die Berührung seines Gesichts mit einer Bewegung der Gliedmaßen. Der Embryo ist für kurze Zeit außerhalb des Mutterleibs am Leben erhalten worden.

vor den Untersuchungen von Hooker und Humphrey nicht bekannt gewesen, ist aber durch moderne Ultraschalluntersuchungen bestätigt worden.[5] Mit Hilfe dieser neuen Technik kann man jetzt Bewegungsuntersuchungen auch an gesunden Embryos in ihrer natürlichen Welt der Gebärmutter machen. Zwar sind Feinheiten der Bewegung nicht registrierbar (vgl. Abb. 13 S. 59). Dennoch hat man eindeutig Eigenbewegungen des Embryo ab der fünften Lebenswoche beobachten können (de Vries et al.; Trevarthen). Es handelt sich um eine langsame und geringfügige Veränderung des Körpers, die etwa eine halbe bis zwei Sekunden dauert und meist einzeln auftritt. Wegen der Winzigkeit des Embryos konnten die Forscher diese früheste Eigenbewegung noch nicht näher untersuchen.

In der sechsten Woche – so haben de Vries, Prechtl und Mitarbeiter beobachtet – kann ein Embryo zum ersten Mal eine ruckartige Bewegung ausführen, die immer von den Gliedmaßen ausgeht und manchmal zum Nacken und Rumpf übergeht. Dieses Rucken dauert ungefähr eine Sekunde. Es tritt entweder als einzelne Bewegung auf oder in einer Serie mit nur wenigen Sekunden Abstand zwischen den einzelnen Ruckbewegungen. Die Forscher haben auch allgemeine Bewegungen des ganzen Körpers oder einzelner Körperteile beobachtet, die noch kein spezifisches Muster haben, aber schon ab der sechsten bis siebten Woche feststellbar sind. Diese Bewegungen sind anfangs langsam und nicht sehr ausgeprägt. Erst in der fötalen Phase nehmen sie an Kraft und Schnelligkeit zu (siehe Kapitel 2).

Wie können wir uns diese erstaunliche und bis vor wenigen Jahren noch unbekannte Tatsache erklären, daß wir schon als Embryo von fünf bis sechs Wochen rudimentäre Eigenbewegungen ausführten? Dazu müssen wir das embryonale Zentralnervensystem genauer betrachten, vor allem jenes „Urgehirn“, das sich in der dritten Woche am oberen Teil des noch flachen Körpers aus den Gehirnbläschen zu entwickeln beginnt.

Das „Urgehirn" und die übrigen Teile des embryonalen Zentralnervensystems

Noch bevor sich das Neuralrohr geschlossen hat, bilden sich an seinem oberen Ende die Hirnbläschen, an deren inneren Wänden wieder, wie im Neuralrohr, die Neuroblaste entstehen. Diese Ur-Nervenzellen, sind – wie schon ausgeführt – am Anfang noch beweglich. Sie wandern durch bereits bestehende Zellschichten hindurch, bis sie sich festsetzen und ein Axon (Leitungsbahn) und Dendriten (Fortsätze) bilden. Sie nehmen dann auch gleich synaptische Verbindungen zu anderen Nervenzellen auf. Die Nervenzellen in den Hirnbläschen senden ihre Axone nicht zu Muskelfasern, sondern stellen zu anderen Nervenzellen Verbindungen über Synapsen her. Man nennt sie daher „Interneurone".

Interneurone gibt es in auch in den anderen Teilen des Zentralnervensystems. In unserem erwachsenen Zentralnervensystem ist die Relation zwischen Motoneuronen, sensorischen Neuronen und Interneuronen 1 : 10 : 100 000. Das heißt, in unserem Gehirn gibt es etwa zehntausendmal mehr Neurone, die nur untereinander Kontakt haben, als es Neurone in unseren Sinnesorganen oder an unseren Muskeln gibt.

In der frühen embryonalen Phase scheint diese Relation zwischen Interneuronen und Sinnesnervenzellen zwar noch nicht so ausgeprägt zu sein, denn das Gehirn wächst erst allmählich zu seiner vollen Größe – das Großhirn, die Großhirnrinde (Kortex) und das Kleinhirn (Cerebellum) beginnen erst gegen Ende der embryonalen Phase zu entstehen – , dennoch hatten wir auch in unserem Urgehirn weitaus mehr Interneurone, als Sinneszellen oder Motoneurone vorhanden waren. Wenn wir weiter bedenken, daß auch unsere embryonalen Hirnzellen schon über ihre Synapsen auf vielfältige Weise miteinander verbunden waren – ausgewachsene Neurone haben Tausende von Synapsen –, dann wurden auch damals schon weitaus mehr Impulse zwischen den Nervenzellen innerhalb des Gehirns ausgetauscht als zwischen den Sinneszellen oder den Motoneuronen und den Hirn-Nervenzellen.[7]

Die „Verarbeitung" eines Sinnesreizes durch das Gehirn und die „Weiterleitung als Befehl" an einen Muskel oder zurück zum

Sinnesorgan können wir uns daher nicht wie eine einfache elektrische Leitung vom Lichtschalter zur Glühbirne vorstellen. Wir müssen vielmehr berücksichtigen, daß durch einen bestimmten Sinnesreiz sehr viele Interneurone innerviert werden, so daß sich Eigenaktivitäten des gesamten Nervensystems oder sehr vieler seiner Teile ergeben, die das ganze System verändern. Weshalb es dennoch trotz der Vielfalt dieser Impulse zu gezielten motorischen oder sensorischen Reaktionen kommt, ist ein großes Rätsel. Wir können uns davon nur metaphorische Bilder machen, die das Geschehen nicht linear-kausal, sondern ganzheitlich zu fassen versuchen.

Kehren wir zurück zum embryonalen Urgehirn, das ein noch relativ einfaches pulsierendes Ganzes ist, das aber dennoch zu jedem Zeitpunkt diejenigen sensomotorischen Koordinationen aufrechterhält, die dem Stand der Entwicklung des gesamten Organismus entsprechen. Wenn schon der fünfeinhalbwöchige Embryo erste Eigenbewegungen ausführt, heißt dies, daß sich in seinem Urgehirn bereits Muster von Verbindungen zwischen Interneuronen herausgebildet haben, die diese Art von sensomotorischer Koordination ermöglichen.

Wie sich diese Muster herausbilden, können wir nicht nachvollziehen. Mit Sicherheit handelt es sich jedoch nicht um irgendwie lokalisierte, abbildartige Muster, die abrufbereit wie in einem Computer gespeichert sind. Vielmehr handelt es sich offenbar um dynamische Muster, die auf vielerlei Weise und durch das Zusammenspiel verschiedenster Neurone entstehen. Für ihr Entstehen bedürfen sie wiederholter Reize oder Impulse, beispielsweise von den Sinneszellen. Der bekannte Embryologe Erich Blechschmidt drückt es so aus:[7]

„Wie alle Untersuchungen zeigen, sind die sogenannten Leitungsbögen keine elementaren Bauelemente des Nervensystems, sondern Folgen der Neuronenbildung. Schon Neuroblasten sind nervöse Apparate mit Zuleitung, Zentralapparat und Ableitung. Auch hier gilt wieder sowohl für die peripheren als auch für die zentralen Anteile des Nervensystems grundsätzlich das gleiche Entwicklungsprinzip: daß schon die Entstehung eines Organs der Beginn seiner späteren Leistungen ist."

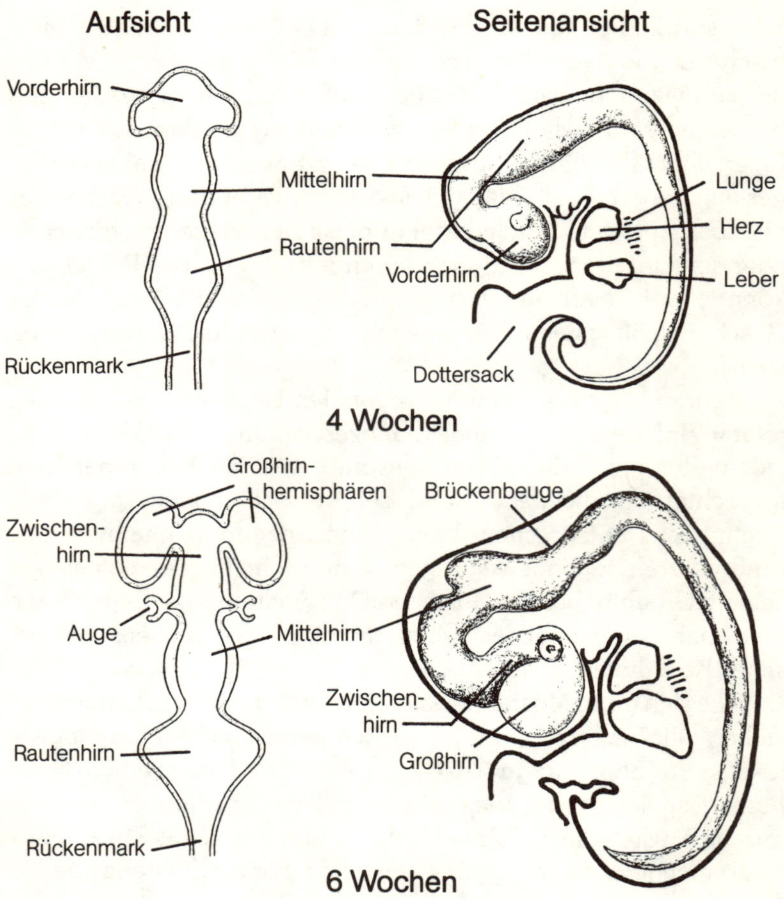

9 Gehirnentwicklung 4. bis 8. Woche
Im Bereich des Mittelhirns, der Brücke und des verlängerten Rücken-

Wir können uns vorstellen, daß im Verlauf unserer embryonalen Entwicklung die ersten Motoneurone oder die ersten Rezeptorzellen in der Haut regelmäßig sich wiederholende Impulse aufnahmen, zum Beispiel eine Berührung an der Uteruswand oder die Eigenberührung mit dem Arm. Dadurch entstanden Muster von Impulsen zwischen den Interneuronen im „Urgehirn", die zum Teil

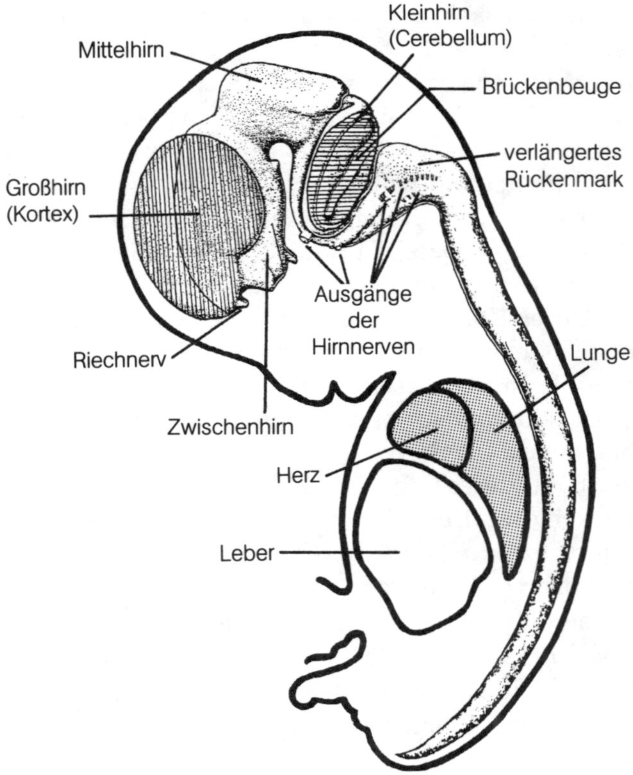

8 Wochen

marks durchzieht die Formatio reticularis (Netzformation) das „Urgehirn".

gleich blieben, zum Teil aber auch sich weiter differenzierten, je mehr Nervenzellen an diesem Wechselspiel der Impulse teilnahmen. Diese Reizmuster innerhalb der Interneurone wirkten umgekehrt auch auf die Aktivitäten der Muskelfasern und Sensorien ein. In einem fantastischen Zusammenspiel integrierte dieses zentrale Steuerungsnetzwerk jede neu entstehende Muskel- oder Sinneszelle des embryonalen Körpers. Alle Zellen wurden auf diese Weise neuronal miteinander verknüpft, so daß sie in den jeweiligen Organen, Muskeln und Geweben koordiniert mit anderen Zellen zusammenwirkten.

Unser embryonales Urgehirn war trotz seiner Winzigkeit also schon sehr differenziert (Abb. 9). Am Anfang bestand es aus drei Bläschen, die man wegen ihrer Lage und ihrer Form das Vorder-, Mittel- und Rautenhirn nennt. In der fünften Woche knickte das Rautenhirn ein, und es entstanden Brücke (Pons) und verlängertes Mark (Medulla oblongata). Diese Teile unseres Gehirns sind heute unser „Hirnstamm“, der sich unter unserem Großhirn (Kortex) befindet. Unser Kortex wuchs erst in unserer fötalen Zeit über diese ersten Gehirnteile hinweg.

Durch alle Partien dieses Urgehirns zog sich ein immer dichter werdendes Netz von Nervenzellgruppen, das als „Netzformation“ (Formatio reticularis) bezeichnet wird und das Hauptkoordinationszentrum unseres Organismus darstellte. Noch heute würden wir bei einem Ausfall des Kortex am Leben bleiben, da die wichtigsten vegetativen Funktionen von jener Netzformation im Hirnstamm reguliert werden. Benninghoff und Goerttler berichten von einem Kind, das mit einem nur bis zum Mittelhirn reichenden Gehirn geboren wurde und das sich dennoch fast wie ein normaler Säugling verhielt. Die Temperatur wurde normal reguliert, es hatte Schlaf- und Wachrhythmen und zeigte beim Erwachen Gähn- und Räkelbewegungen.

In diesem Zusammenhang kann man auch eine Parallele zwischen der embryonalen Entwicklung des menschlichen Gehirns und der evolutionären, phylogenetischen Entwicklung des Gehirns bei verschiedenen Tierarten aufzeigen (Abb. 10). Die zum Hirnstamm gehörenden Teile, die beim Menschen als erste entstehen, dominieren bei den einfachen Wirbeltieren. Das Großhirn dagegen, das beim Menschen ontogenetisch erst später in der fötalen Zeit entsteht, ist bei den einfachen Wirbeltieren weitaus weniger ausgebildet. In der embryonalen Entwicklung des menschlichen Gehirns wiederholt sich also sozusagen die Phylogenese insofern, als der Embryo zu Anfang auch ein Wesen ist, das ohne Kortex nur mit dem Hirnstamm existiert.[8]

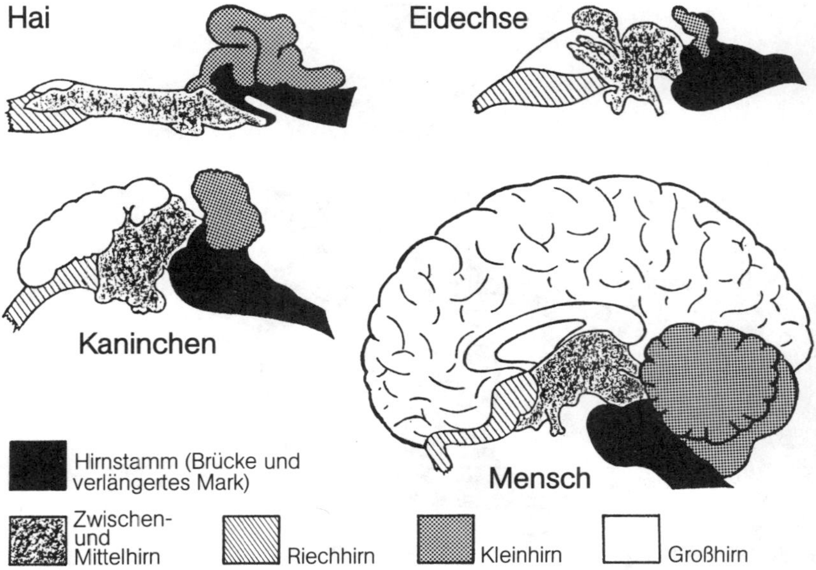

10 Evolution des Gehirns

Neben dem „Urgehirn" besteht das embryonale Zentralnervensystem aus dem Rückenmark und den Kopfnerven, die vielfältige Verbindungen zwischen den Sinnesorganen und dem Gehirn herstellen. Betrachten wir kurz das Rückenmark:

Aus dem ganzen Körper werden die motorischen Nervenimpulse über das Rückenmark ins Gehirn und zurück geleitet. Das Rückenmark ist in Segmente geteilt, so daß Nerven aus einem Segment keine direkten Verbindungen mit denen aus den anderen Segmenten haben. Da aus jedem Segment auch nur bestimmte Bereiche des Körpers innerviert werden, gelangen Impulse getrennt aus diesen Bereichen ins Gehirn bzw. werden vom Gehirn nur in den jeweiligen Körperbereich gelenkt (Abb. 11).[10] Diese Segmentierung entspricht ungefähr der Anordnung der Somiten des Embryos, jener Doppelreihe von wulstartigen Zellansammlungen, in denen Muskeln und Gewebe entstehen (vgl. Abb. 3, S. 24). Obwohl die Somiten nur etwa zwei Wochen (zwischen der

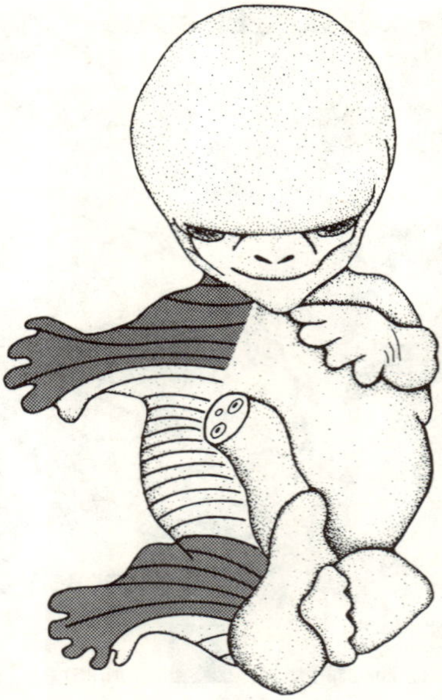

11 Segmentierung
Die segmentierte Innervierung von Hautabschnitten beim 7 Wochen alten Embryo spiegelt die frühere Gliederung in Somiten wider. Sie ist auch im Erwachsenenalter noch vorhanden.

dritten und der fünften Woche) vorhanden sind, bleiben sie sozusagen als unsichtbare Einteilungen des Körpers bis ins Erwachsenenleben präsent.

Alle Impulse der Rückenmarksnerven werden über das verlängerte Rückenmark in den Hirnstamm geleitet und dort in der Netzformation mit den ebenfalls im Hirnstamm mündenden (bzw. von dort ausgehenden) Kopfnerven verknüpft. Es gibt zwölf paarige Kopf- oder Hirnnerven, die aus Bündeln von Nerven bestehen. Sie entspringen in Kernen des Hirnstamms, wo sich die Zellkörper befinden, die ihre Axone als dickere oder dünnere Nervenstränge zu den verschiedenen Sensorien oder Organen schicken. Einige dieser Nervenstränge sind relativ kurz, da sie innerhalb des Kopfes verbleiben, so der Sehnerv, der Riechnerv, der Hör- bzw. Gleichgewichtsnerv. Andere, vor allem der Vagus-Nerv (Hauptnerv des

Parasympathikus), durchziehen beidseitig den ganzen Körper. Einige dieser Hirnnerven sind in ihren Funktionen relativ gut bekannt, so der Sehnerv, über den die visuellen Reize nach mehreren Umschaltungen zum Kortex gelangen. Bei anderen Hirnnerven ist man, was ihre genauen Funktionen anbelangt, auf Spekulationen angewiesen.

Betrachten wir nun die Entstehung der zwölf Hirnnerven in der embryonalen Phase: Fünf von diesen Hirnnerven laufen durch die Schlundbögen, wo sie die dort entstehenden Muskeln, Sehnen und Sinnesorgane des Kopfes innervieren. Es sind dies Nerven wie der Trigeminus- und Facialis-Nerv, die für die Gesichts- und Mundmuskulatur zuständig sind, sowie der Vagus-Nerv, der an der Innervation aller wesentlichen Organe, darunter Kehlkopf, Trommelfell, Herz, Lungen, Nieren und Ausscheidungsorgane beteiligt ist. Da alle diese Nerven später mit unserer Sprachfähigkeit zu tun haben, kann man sagen, daß auch für diese ureigene menschliche Fähigkeit bereits in der embryonalen Zeit die Weichen gestellt werden. Bemerkenswert ist dabei die Funktion des Vagus-Nervs, der als Hauptnerv des Parasympathikus die Verbindung zwischen Sprache und Körperempfinden herzustellen scheint (vgl. Kapitel 5).

Die Sinneszellen der Ohren sind in der embryonalen Phase noch nicht fertig ausgebildet. Allerdings ist das Gleichgewichtsorgan (Vestibularorgan) im Innenohr bereits entwickelt und mit feinen Haarzellen ausgestattet, die Schwingungen registrieren können. Das Vestibularorgan besteht aus dem Sacculus (Säckchen), dem Utriculus (Schlauch) und den drei Bogengängen (vgl. Kapitel 2), die zusammen sozusagen die „Antenne" unseres Organismus für unser Bewegungs- und Raumempfinden darstellen. Wir haben also vermutlich bereits als Embryo Lageveränderungen und auch die ersten Eigenbewegungen über das Vestibularsystem registriert und im Urgehirn als Muster gespeichert.

Da die Schnecke, das eigentliche Hörorgan im Innenohr, erst in der zehnten Woche voll ausgebildet ist, konnten wir als Embryo mit Sicherheit noch nicht hören. Allerdings ist denkbar, daß wir die rhythmischen Vibrationen von Tönen über unser Vestibularorgan aufnahmen.

Und wie ist es mit dem Sehen? Wir hatten gegen Ende unserer

embryonalen Phase ausgebildete Augen, die sogar schon pigmentiert waren, also eine Farbe hatten. Die Rezeptorzellen, die Stäbchen und Zäpfchen, waren jedoch erst in der zehnten Woche voll ausgebildet, so daß wir als Embryo mit großer Wahrscheinlichkeit noch nichts sehen konnten, ganz abgesehen davon, daß es im Uterus sowieso nicht viel zu sehen gab (vgl. Kapitel 2).

Geschmacks- und Geruchsnerven waren in unserer embryonalen Zeit auch noch nicht voll entwickelt, so daß wir erst in unserem fötalen Leben über diese Sensorien Reize empfangen konnten.

Schlußfolgerungen: Die Welt des Embryo

Versuchen wir nun, einige Schlußfolgerungen aus dieser „Geschichte" des Embryos zu ziehen: Wie war unsere Welt als Embryo? Was konnten wir von ihr wahrnehmen? Nach allem hier Gesagten ist eine Antwort auf diese Fragen gar nicht so einfach. Denn, waren wir als Zygote „Ich" oder waren wir noch eine befruchtete Eizelle unserer Mutter? Was war unsere „Umwelt", als wir eine Morula oder eine Keimscheibe waren? Die Umhüllung, in der wir heranwuchsen, das Chorion, stammte schließlich aus „uns", es war aus „unseren" Mesodermzellen entstanden. Warum sollte das auf einmal „Umwelt" sein? Wenn wir also über die Welt des Embryo reden wollen, müssen wir eine Perspektive wählen, die überhaupt erst einmal „Embryo" und „Welt" trennt.

Doch selbst wenn wir uns zu einer klaren Trennung zwischen Embryo und Welt entschließen, müssen wir erkennen, daß diese Welt den Embryo im wahren Sinne des Wortes hervorbringt. Wie wir gesehen haben, fand jede einzelne Zelle, die neu entstand, in den anderen bereits vorhandenen Zellen eine „Umwelt" vor. Die bestehenden Zellen hatten Einfluß darauf, was aus der neuen Zelle wurde. Und sie selbst wurde dann „Umwelt" für weitere neu entstehende Zellen. Das genetische Programm braucht innerhalb einer jeden Zelle die „Induktion" durch die „Umwelt" des umliegenden Zellgewebes, um sich zu einer spezifischen Zelle zu entwickeln.

Anfangs hatten unsere Zellen noch eine Autonomie, die es ihnen ermöglichte, sich in ihrer „Umwelt" zu bewegen. Als Zygote und als kleiner Zellhaufen waren wir in der Lage, komplexe Anpassungsvorgänge an die „Umwelt" – etwa die Einnistung im Uterus – vorzunehmen. Und auch in unserem embryonalen Körper gab es autonome, sich bewegende Zellen, die koordiniert die Entwicklung vorantrieben. Als sich die Zellen dann spezifizierten, konnten sie nur noch Funktionen im Verbund mit anderen Zellen ausüben. Die „Umwelt" schränkte sie ein.

Sobald das Nervensystem zu entstehen begann, wurde die Autonomie der einzelnen Zellen noch mehr verringert. Dafür konnte sich aber unser Organismus jetzt viel flexibler an seine „Umwelt" anpassen. Denn mit Hilfe des Nervensystems wurden Verbindungen zwischen unseren Sinneswahrnehmungen und unseren motorischen Reaktionen hergestellt und durch Wiederholung so stabilisiert, daß selbstregulierende Kreisläufe entstanden – wie etwa bei der Temperaturregelung, dem Herzschlag, kurz, bei sämtlichen Körperfunktionen. Zwischen Sinnes- und Muskelzellen schaltete sich das unvorstellbar komplexe Netz von Nervenzellen im Gehirn und im Rückenmark.

Es kann im genetischen Programm keine festgelegte Struktur für den Aufbau des Gehirns gegeben haben, denn in der embryonalen Entwicklung sieht man, wie sich das Gehirn und die anderen Teile des Zentralnervensystems sozusagen in Wechselwirkung zwischen eigener Aktivität und der genetisch gesteuerten Produktion von Nervenzellen aufbauen. Daß sich zu einem bestimmten Zeitpunkt aufgrund eines genetischen „Befehls" Nervenzellen im Ektoderm bilden, ist zwar Grundvoraussetzung für die Entstehung des Zentralnervensystems, doch *wie* sich dann seine Struktur im einzelnen herausbildet, hängt von den Gegebenheiten des gesamten Organismus ab. So muß beispielsweise eine Muskelfaser vorhanden sein, damit sich das Axon eines Motoneurons mit ihr verbindet. Ist keine da, geht das Neuron zugrunde. Und auch die Nervenzellen verbinden sich untereinander über Synapsen nur deshalb, weil sie chemo-elektrische Impulse austauschen. Wenn sie nicht aktiv sind, bilden sich auch die Synapsen zurück.

Die komplexe Vernetzung unseres embryonalen Zentralnervensystems ergab sich – so gesehen – daraus, daß Nervenzellen in riesengroßer Zahl entstanden und sofort aktiv waren. Aktiv-Sein setzte jedoch voraus, daß Reize vorhanden waren, die von den Nervenzellen registriert werden konnten. Ebenfalls notwendig war, daß die zur gleichen Zeit entstehenden Muskel- und Rezeptorzellen mit diesen Nervenzellen Verbindungen eingingen. Wären alle diese Zellen nicht oder in nicht ausreichender Menge vorhanden gewesen, oder wären diese Verbindungen wegen mangelnder Aktivierung nicht entstanden, dann wären wir nicht am Leben geblieben oder wären mißgestaltet auf die Welt gekommen. Wenn unsere Entwicklung normal war, sind die notwendigen Zellen zur rechten Zeit vorhanden gewesen.

Die Reize aus der „Umwelt" – was immer man darunter verstehen will – sind unumgänglich, wenn überhaupt ein funktionierendes Nervensystem entstehen soll. In Begriffen der Computersprache könnten wir sagen: Das „Programm" programmiert sich selbst! „Hardware" sind lediglich die Zellen, schon die „Mikrochips" der ersten sensomotorischen Schaltkreise bringen sich selbst hervor. Es ist ein Traum so mancher Forscher, die „künstliche Intelligenz" herzustellen versuchen, einen solchen „Bio-Computer" zu konstruieren, der sich wie das menschliche Zentralnervensystem aus Reizen der Umwelt selbst so programmiert, daß er in eben dieser Umwelt „leben" kann.

Diese Selbstprogrammierung des embryonalen Zentralnervensystems setzt allerdings auch voraus, daß die Umwelt des Embryos genau diejenigen Reize bereithält, die für die „richtige" Programmierung notwendig sind. Ich glaube (und hoffe!), daß es niemals möglich sein wird, die Umwelt des Embryos, die eben der lebendige Körper einer Frau ist, künstlich nachzubilden. Die Produktion von Menschen außerhalb des Mutterleibes wird, so meine ich, daran scheitern, daß ein menschlicher Embryo nicht in einem künstlichen „Körper" zu einem Menschen heranwachsen kann, weil ihm dort die notwendigen Reize für die Selbstprogrammierung fehlen (siehe auch DIALOG I).

Und wie haben wir als Embryo unsere Welt erfahren? Bevor sich unsere ersten Nervenzellen bildeten, war „Wahrnehmung" etwas völlig anderes als danach. Zwar hat jede einzelne unserer Zellen etwas „wahrgenommen" von ihrer Welt, ich möchte jedoch erst von „Wahrnehmungen" sprechen, wenn ein Nervensystem vorhanden ist. Sobald sich in der Haut Sinneszellen herausbildeten, deren Erregungsmuster im „Urgehirn“ vernetzt und gespeichert wurden, konnten wir „Kälte“, „Schmerz“, „Druck“ durch die Hautrezeptoren wahrnehmen. Das ist in rudimentärer Form schon in der sechsten embryonalen Woche der Fall, wie die Untersuchungen von Hooker und Humphrey gezeigt haben.

Haben wir als Embryo unseren eigenen Herzschlag, der ja ab der dritten Woche wahrnehmbar ist, gehört oder gefühlt? Ich meine nein. Da das Herz vor allen anderen Organen, also auch vor der Herausbildung der Sensorien zu schlagen beginnt, konnten diese ersten Schläge noch nicht wahrgenommen werden. Allerdings haben wir, sobald das Gleichgewichtsorgan vorhanden war, die Schwingungen aufnehmen können, die durch den Herzschlag von den Zellen im Innenohr registriert wurden. Die ersten eigenen ruckartigen Bewegungen in der fünften Woche müßten dagegen sofort von uns registriert worden sein. Hier ist das Vestibularorgan maßgeblich beteiligt, das überhaupt neben den Rezeptorzellen in der Haut am frühesten funktionsfähig zu sein scheint.

Was auch immer wir als Embryo wahrgenommen haben – es waren niemals isolierte Reize, sondern immer Muster von sensomotorischen Reizkombinationen. Berührungen der Haut fanden nicht an einem Punkt, sondern an mehreren statt, so daß die betreffenden sensorischen Sinneszellen im Urgehirn ein Muster bildeten. Ein Hautreiz ging zusammen mit einem Reiz des Gleichgewichtsorgans, z.B. wenn die Mutter sich bewegte und wir als Embryo diese Gleichgewichtsveränderung registriert und zugleich eine Hautberührung an der Gebärmutterwand gespürt haben. Das „Spüren“, „Erinnern“ als Embryo war jedoch – das dürfen wir nie vergessen – nicht vergleichbar mit dem, was wir als Erwachsene „spüren“ oder „erinnern“. Ein Bewußtsein unserer Wahrnehmungen war uns als Embryo nicht möglich, denn wir verfügten nur über ein Urgehirn, das noch keine bewußten Wahrnehmungen zuließ, wie sie später mit dem Kortex möglich wurden.

Wir könnten daher zusammenfassend sagen, daß ein Embryo sein Körper *ist*, während der Fötus seinen Körper *fühlt*. Allerdings baut eins auf dem anderen auf: Das Körper-Fühlen des Fötus basiert auf dem Körper-Sein des Embryo.

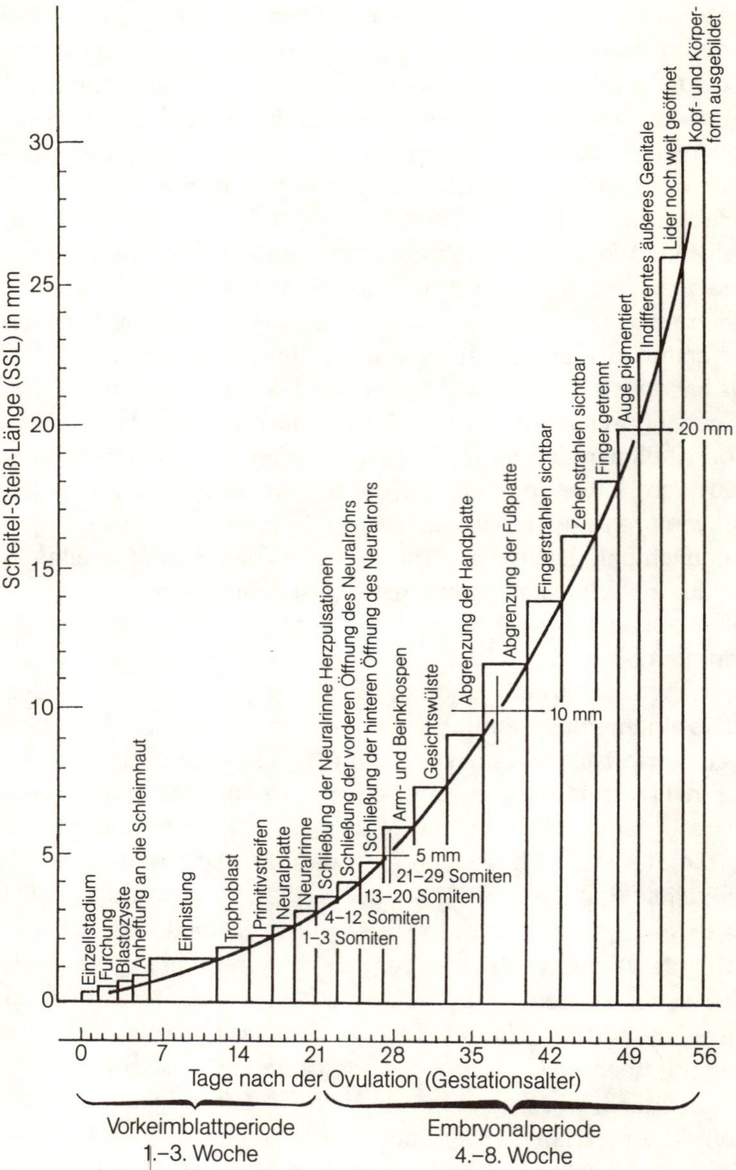

12 Embryonalentwicklung im Überblick

DIALOG I

Die Gentechnologie und wir

(„SIE“ ist mein Alter Ego, aber auch die Stimme vieler meiner Freundinnen und Freunde, die so oder ähnlich mit mir argumentiert haben. Wie hier in diesem fiktiven Dialog kamen wir auch nie zu einer Lösung. Aber wie könnte es bei diesem Thema auch anders sein?)

SIE: Die Zeit hat dich eingeholt, meine Liebe! Als du dieses Kapitel schriebst, war die Gentechnologie noch kein Thema, jedenfalls keines, das in der öffentlichen Diskussion stand. Du kannst heute keine Arbeit mehr über die embryonale Entwicklung des Menschen schreiben, ohne dein heutiges Wissen um die Möglichkeiten der Genmanipulation mit einzubeziehen. Im übrigen: Wenn demnächst Menschen „geklont“ werden, werden viele Dinge, die du über den Embryo schreibst, hinfällig sein.

ICH: Du hast völlig recht. Ich habe zwar keine Sorge, daß man jemals einen Menschen „klonen“ kann, also daß man den Kern einer Körperzelle in eine menschliche Keimzelle einpflanzt und daraus dann ein Doppelgänger der Person entsteht, von der der Zellkern stammt. Alle ernsthaften Experten auf diesem Gebiet halten das auch für undenkbar. Aber die Gefahren der modernen Gentechnologie sind auch ohne solche Spinnereien unermeßlich, das muß man heutzutage bedenken, wenn man über solche Themen schreibt.

SIE: Sag nicht Spinnereien. Warum soll nicht sogar einmal das Klonen möglich sein? Was Gentechnologie heute kann, hätten wir auch noch vor wenigen Jahren für völlig ausgeschlossen gehalten.

ICH: Doch, da bin ich ganz sicher. Der Gedanke, daß man hervorragende Menschen, zum Beispiel Einstein „klonen“, also viele kleine Einsteins produzieren könnte, spukt zwar nicht nur in sensationell aufgemachten Presseberichten, sondern auch in wissenschaftlicher Literatur zu dem Thema herum, es ist trotzdem reine Fantasie.

SIE: … Männerfantasie, denn man hat noch nie die Vorstellung entwickelt, eine hervorragende Frau zu „klonen"!

ICH: Genau! Aber diese Fantasien zeugen auch von einer sehr weitgehenden Unkenntnis der menschlichen Entwicklung, wie ich sie hier darzustellen versuche. Denn selbst wenn das Klonen eines Frosches gelungen ist, so läßt sich daraus nichts auf den Menschen übertragen.

SIE: Wieso sind wir denn so verschieden von Fröschen?

ICH: Weil die Epigenese (Wechselwirkung zwischen Genen und Gegebenheiten der Umwelt) bei Amphibien und Säugetieren völlig verschieden ist. Außerdem sind wir Menschen nicht nur Säugetiere, sondern auch noch sprachfähig und mit einem sehr viel umfangreicheren Neokortex ausgestattet. Bei einem Frosch gibt es nur einen ganz kleinen Neokortex und alles andere ist Hirnstamm. Das heißt, daß ein Frosch nur ganz wenig Willkürverhalten entwickeln kann, denn dafür muß man einen Neokortex haben. Wenn wir aber an Einstein oder an Marie Curie denken, dann ist ihre Intelligenz eine sprachliche, also eine neokortikal gesteuerte Fähigkeit. Wie die sich herausbildet, davon werde ich noch ausführlich reden. Auf jeden Fall ist sie nicht in den Genen vorhanden, kann also auch nicht geklont werden.

SIE: Aber abgesehen vom Klonen gibt es doch noch viele andere gentechnologische Experimente, die uns Menschen angehen.

ICH: Allerdings! Die Gefahren sind riesig. Mir sind schon die Möglichkeiten der extrauterinen In-vitro-Befruchtung durch verschiedene Samenspender bzw. Eispenderinnen ein Alptraum. Um die rechtlichen Fragen (Wer ist Vater, wer Mutter?) streiten sich schon die Experten.

SIE: Alles Männer.

ICH: Und um die ethischen Fragen ringt man auch (Was macht man mit „übriggebliebenen" Embryos?).

SIE: *Das* interessiert die Kirchenmänner, die ja um jede ungeborene Seele bangen, nur nicht um die geborenen …

ICH: Du bist sehr sarkastisch! Aber es stimmt, denn um die physischen und psychischen Belastungen der Frau – sie muß viele sehr schmerzhafte und oft erfolglose Operationen über sich ergehen lassen – kümmern sich die Männer wenig, da melden sich nur die Feministinnen zu Wort. Darüber hinaus liegen die Ursachen einer Unfruchtbarkeit meist nicht im organischen Bereich, sondern im psychischen, zum Beispiel wenn eine Frau unbewußt die Mutterschaft ablehnt und ihr Körper entsprechend reagiert. Psychotherapie, die eine solche „Tiefenkommunikation" erhellt, würde in den meisten Fällen eine Schwangerschaft ermöglichen und damit die Invitro-Befruchtung überflüssig machen.

SIE: Glaubst du, daß die künstliche Befruchtung wirklich zum Wohle der unfruchtbaren Frauen durchgeführt wird?

ICH: Nein. Das ist meines Erachtens nur ein Scheinargument. An der „Leihmütter"-Frage kann man es deutlich sehen: Warum muß man einer Frau unbedingt dazu verhelfen, ein aus ihrer Eizelle entstandenes, aber im Bauch einer anderen Frau herangewachsenes Kind zu bekommen? Da liegt nun wirklich eine Adoption viel näher. Nein, die Motive der Genforscher liegen auf völlig anderem Gebiet, wie man sehr leicht erkennt, wenn man Publikationen auf diesem Gebiet liest. Es sind Forscherdrang und -ehrgeiz, die sie antreiben, aber auch ganz handfeste materielle Interessen, da in der Genforschung und -technik zur Zeit viel Geld zu verdienen ist.

SIE: Und da gibt es ja auch noch ganz andere Bereiche der Gentechnik, die gewiß noch erheblich bedrohlicher sind als die künstliche Fertilisation.

ICH: Allerdings. Du meinst die Genmanipulation, die bislang zwar nur an Bakterien und Viren durchgeführt wird, in deren DNS einzelne „Stücke" ausgetauscht oder eliminiert werden, wodurch sich die Reproduktion innerhalb der Zelle, d.h. die Proteinsynthese grundlegend verändert. Das ist im Grunde genommen die künstliche Produktion neuen

Lebens. Wie sich dieses neue Lebewesen in das bereits höchst prekäre ökologische Gleichgewicht auf unserer Erde einfügen wird, kann niemand voraussagen.

SIE: Glaubst du an die Vermutungen, daß das AIDS-Virus ein Nebenprodukt der künstlichen Genmanipulation ist?

ICH: Ich weiß es nicht. Aber auch wenn an dem Gerücht nichts dran ist, sind wir alle durch die bereits stattfindende Gentechnologie – auch schon in ihrem Experimentierstadium – bedroht. Denn wenn ich daran denke, daß man heute schon irgendwelche neuen Lebewesen in Massenproduktion herstellt, zum Beispiel, um sie als Mittel gegen Krankheitserreger einzusetzen, dann kriege ich es mit der Angst. Wer garantiert mir, daß damit nicht neue, vielleicht nicht zu bewältigende Krankheitserreger in die Welt gesetzt werden? Was bisher durch Rohstoffverschleiß und Abfallproduktion an Vernichtung auf unserem Planeten geschah und geschieht, könnte harmlos erscheinen gegenüber den unvorstellbaren Katastrophen, die durch diese neue Technik drohen.

SIE: Du schreibst hier in dem Buch über Menschenbilder und ihre Auswirkungen auf das Handeln von Menschen. Wie würdest du das Menschenbild, das hinter der Gentechnologie steht, beschreiben?

ICH: Es zeugt von einer Verachtung für das Leben, von einer Überheblichkeit der Wissenschaft, von einem Glauben an die Machbarkeit der Welt, der Welt des Lebendigen, was ich für von Grund auf verantwortungslos halte. Wer die Ehrfurcht vor „Mutter Natur" verloren hat, wer nicht mehr staunend das Wunder des Lebens und seiner Entstehung betrachten kann, sondern rücksichtslos und ohne die möglichen negativen Folgen zu bedenken, schneidet, eindringt, manipuliert, der vergewaltigt sie und damit sich selbst. Die Folgen, so fürchte ich, werden furchtbar sein – sind es vielleicht schon.

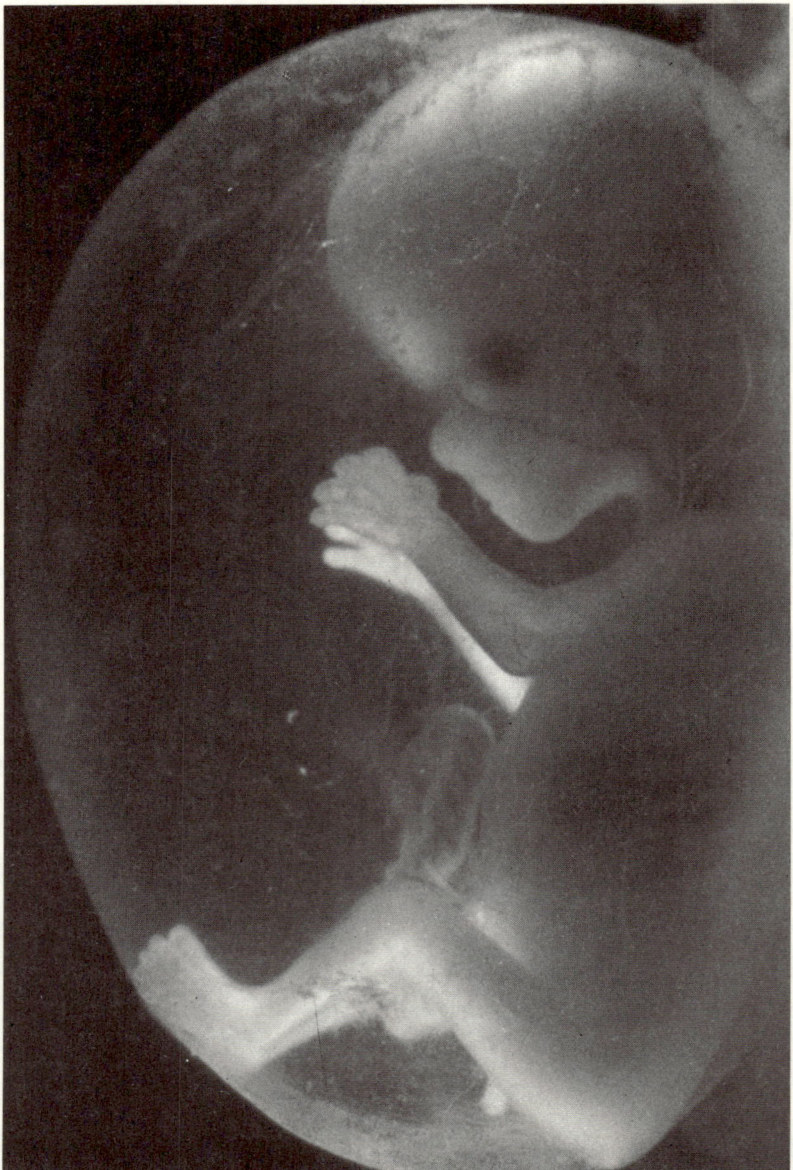

Kapitel 2
Mensch-Sein als Fötus - von der achten Woche bis zur Geburt

„The world is my womb and my mother's womb was my first world."
(Ronald D. Laing: The Facts of Life, S. 4)

Es ist sehr viel leichter, sich in den Fötus hineinzuversetzen, der wir einmal waren, als in den Embryo. Denn nun ging es nicht mehr um das Entstehen der verschiedenen Zellarten, Zellverbände, Gewebe, Organe usw., vielmehr waren wir als Fötus schon ein vollständiges kleines menschliches Wesen, dessen Zellen sich zwar noch vermehrten und dessen Organe sich insgesamt und in ihren einzelnen Partien ausdehnten, es entstand aber kaum noch etwas Neues. Mit einer Ausnahme: In unserem Gehirn begann erst jetzt die Großhirnrinde (Neokortex) zu wachsen, der für unsere weitere Entwicklung zum Mensch-Sein wesentlichste Teil des Zentralnervensystems.

Doch ist es auch schwieriger, uns als Fötus zu empfinden, weil jetzt das Problem auftaucht, daß wir „Gefühle", „Erfahrungen", „Erinnerungen" beschreiben möchten, die wir – schon durch die Wortwahl – mit entsprechenden Erlebnissen aus unserem Erwachsenenleben vergleichen. Doch das ist nicht gerechtfertigt. Denn als Fötus lebten wir noch in einer völlig anderen Welt. Wir müssen uns daher bemühen, nichts hinzuzuerfinden und nur das als fötales Leben und Erleben zu beschreiben, was in dieser „unvergleichlichen" Welt, in der es eben tatsächlich noch keinen Vergleich mit einer anderen Welt gab, erfahrbar war.

Viele Vertreter der pränatalen Psychologie versuchen, aus „Erinnerungen" erwachsener Menschen an ihre vorgeburtliche Zeit die intrauterinen Sinneswahrnehmungen zu rekonstruieren. Jemand berichtet beispielsweise, daß er sich „erinnert", als Fötus den Geschlechtsverkehr seiner Mutter so wahrgenommen zu haben, als sei er „in einem Aufzug ständig rauf- und runterexpediert" worden, worüber er „zornig und deprimiert" geworden sei[11].

Ich halte dies für ein Bild, das sich diese Person erst im nachhinein gemacht hat, denn damals konnte sie solche Vergleiche nicht anstellen. Genauso wenig vorstellbar ist es, daß sich jemand daran erinnert, als Fötus etwas Konkretes, z.B. die Nabelschnur, die Hand oder gar die Plazenta „gesehen" zu haben, denn dazu ist es im Uterus ganz einfach zu dunkel.

Derartige Berichte von „Erinnerungen" sind meines Erachtens kein Wiedererleben der damaligen Erfahrungen, sondern sie sind eine Vermengung von Erfahrungen, die wir im nachgeburtlichen Leben gemacht haben, mit unseren sprachlich gefaßten Fantasien über das uterine Leben. Ich will damit keineswegs sagen, daß wir keine „Erinnerungen" an unsere vorgeburtliche Zeit haben – ganz im Gegenteil. Doch meine ich, daß wir bei solchen Rekonstruktionen die tatsächlichen physikalischen Gegebenheiten des uterinen Lebens mit einbeziehen müssen, so etwa in dem genannten Beispiel die Tatsache, daß wir als Fötus in der Enge und Dunkelheit des Mutterleibs kaum etwas sehen konnten.

Dazu ist es meiner Ansicht nach notwendig, sich sehr genau mit den Sinnesfähigkeiten des Fötus vertraut zu machen, also die Entwicklung der einzelnen Sinnesorgane und des Zentralnervensystems im Detail zu betrachten. Erst dann können wir beurteilen, was wir als Fötus im Mutterleib wahrgenommen haben und daraus Schlüsse ziehen, wie wir wohl diese erste Welt erlebt haben. Immer bleibt dies nur eine Annäherung an das tatsächliche Erleben, denn niemals können wir – nachdem wir einmal diese Welt verlassen haben – dorthin zurück.

Die motorischen und sensorischen Fähigkeiten des Fötus[12]

Mit der achten Woche war unsere körperliche Entwicklung weitgehend abgeschlossen. Alle Organe waren im wesentlichen vorhanden und funktionsfähig. Nun begann die Zeit der Herausbildung immer komplexerer Verbindungen zwischen unseren Sinnesorganen, dem Nervensystem und der Motorik, was unsere Verhaltens- und Wahrnehmungsmöglichkeiten enorm erweiterte.

Bevor wir diese Entwicklung im einzelnen betrachten, noch einige allgemeine Bemerkungen:

Durch das Größenwachstum war unser Leben als Fötus in zwei relativ deutlich unterscheidbare Abschnitte eingeteilt. Gegen Ende der ersten Hälfte des uterinen Lebens waren wir etwa halb so groß wie als Neugeborene, wir wogen aber nur fünfhundert Gramm. In dieser Zeit konnten wir uns noch frei bewegen, weil wir genügend Platz in der Fruchtblase hatten. Wie man heutzutage mit dem Ultraschallgerät sehen kann, haben wir damals vielfältige Bewegungen ausführen können. Ab dem siebten Monat nahmen wir dann beträchtlich an Gewicht zu. Das bedeutete, daß es im Uterus für uns sehr eng wurde. Wir konnten weitgehend nur noch die Gliedmaßen und den Kopf bewegen. Ganzkörperbewegungen wurden immer seltener.

Eine andere wichtige Veränderung betraf die Beziehung zu unserer Mutter als körperlicher Herberge und als Quelle unserer sinnlichen Erfahrungen. Wir wurden immer unabhängiger von ihrem Organismus, da wir nun einen eigenen Blutkreislauf hatten und nur noch über die Plazenta mit ihrem Blutkreislauf in Verbindung standen. Die Plazenta versorgte uns mit Nährstoffen und mit Sauerstoff, sie baute Schadstoffe aus unserem fötalen Blut ab. Auch übertrug sie Hormone und Immunstoffe aus dem Körper der Mutter in unseren Organismus, wodurch wir bis nach der Geburt Schutz vor Erkrankungen erhielten. Allerdings konnten auch Schadstoffe durch die Plazenta in unseren Kreislauf dringen, so Medikamente und Drogen, die unsere Mutter einnahm.

Durch die Entwicklung unserer Sinne waren wir jedoch mit unserer Mutter auch stärker verbunden. Als sich unsere Ohren ausgebildet hatten, konnten wir ihre Stimme hören, unsere Lageveränderungen durch ihre Bewegungen wurden von unserem Gleichgewichtsorgan und von unseren Sinneszellen in der Haut registriert. Es gab für uns zwar keine Möglichkeit, die von unserer Mutter stammenden Sensationen von unseren eigenen zu unterscheiden – „Umwelt" und „Ich" waren eins – , doch wenn wir aus unserer heutigen Erwachsenen-Perspektive auf uns als Fötus blikken, dann können wir verstehen, daß die sensomotorischen Koordinationen, die sich damals in uns entwickelten, stark davon geprägt wurden, wie sich unsere Mutter bewegte, wie sie sprach.

So entwickelten sich die allgemeinen sensomotorischen Koordinationen, d.h. solche, die wir mit allen Menschen teilen, weil jeder Mensch einmal ein Fötus im Uterus seiner Mutter war. Und so entwickelten sich auch ganz individuelle sinnlich-motorische Fähigkeiten, die sich eben aus den Besonderheiten unserer eigenen Mutter, ihrer Körperlichkeit, ihrer Lebensweise, ihres weiteren sozialen Umfeldes ergaben. Alle diese Muster von Erfahrungen wurden in unserem Gehirn in Form von neuronalen Verbindungen gespeichert und sind uns als Basiselemente unseres Verhaltens und unserer Wahrnehmung bis heute verfügbar.

Schauen wir sie uns im einzelnen an:

Die Motorik des Fötus

Unsere Motorik als Fötus unterschied sich gewaltig von der als Embryo. Aus den ruckartigen Bewegungen entwickelten sich bis zur Mitte unseres intrauterinen Lebens harmonische, geradezu graziöse Eigenbewegungen, die wir im Fruchtwasser vollführten. Erst seit etwa Anfang der siebziger Jahre, als die Ultraschall-Technik auch zur Beobachtung von Ungeborenen eingesetzt wurde, können wir uns eine genaue Vorstellung von der Vielfalt der Bewegungen machen, die der Fötus vollführt. Ultraschall-Untersuchungen sind heute Teil der Routine-Untersuchungen von Schwangeren. Das Foto des eigenen ungeborenen Kindes (Abb. 13) schmückt heute nicht selten das Familienalbum![13]

Die moderne Technik macht es möglich, die Bewegungen des Fötus genauestens zu beobachten. In einer systematischen Untersuchung haben de Vries und Mitarbeiter elf Erstgebärende zwischen der sechsten und siebzehnten Woche wöchentlich eine ganze Stunde lang beobachtet. Die Schwangeren lagen auf dem Rücken, das Ultraschallgerät war über ihrem Bauch befestigt und konnte mit den Lageveränderungen des Fötus bewegt werden. Die Analyse der beobachteten fötalen Bewegungen erfolgte erst nachträglich anhand von Video-Aufzeichnungen.

Wie schon erwähnt, können bei einem fünfeinhalbwöchigen Embryo bereits erste Ganzkörperbewegungen beobachtet wer-

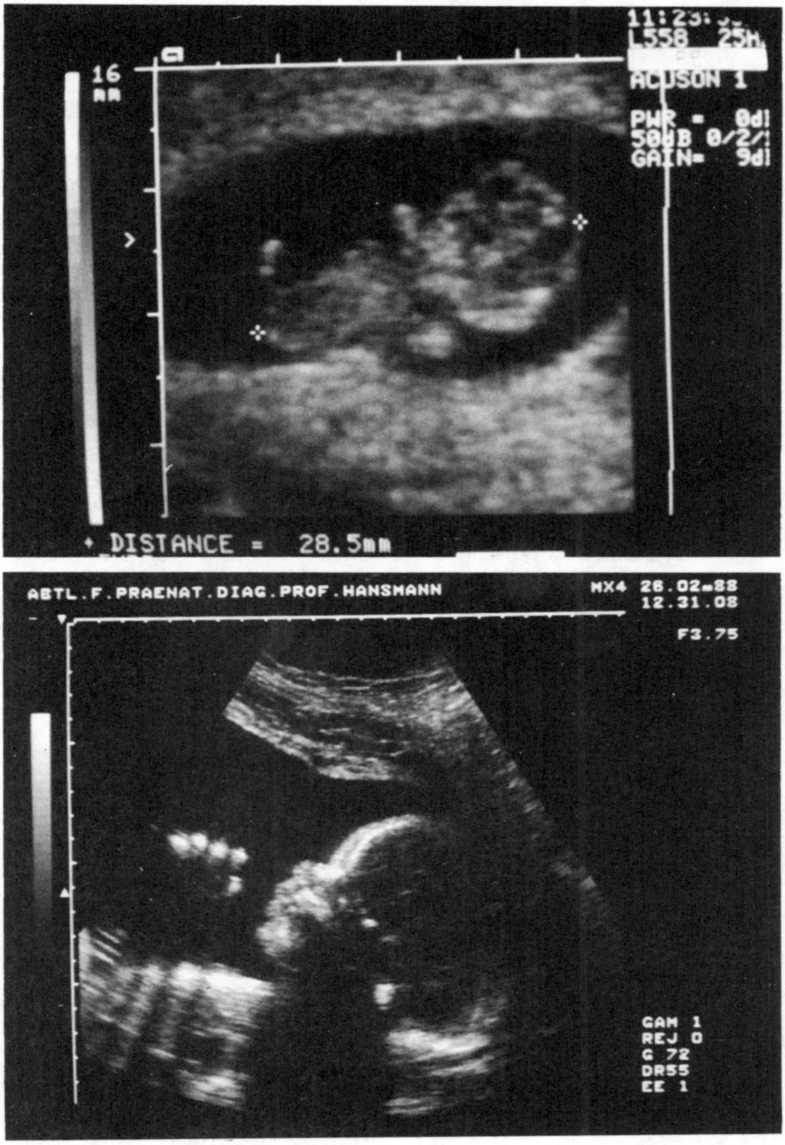

13 Ultraschallbilder
Oben: 8 Wochen alter Fötus
Unten: Fötus mit Hand vor dem Mund, 20 Wochen alt.

den (Abb. 14 A). Ab der siebten Woche sind Föten dann in der Lage, die Arme und Beine zu strecken, zu beugen, zu drehen, heranzuziehen oder wegzustrecken (Abb. 14 B und C). Manchmal strecken sie dabei die Finger oder ballen sie zur Faust. Schon ab der achten Woche strecken sie den Kopf zurück oder drehen ihn, öffnen dabei manchmal den Mund oder führen die Hand gegen das Gesicht. Man kann auch das Daumenlutschen beobachten. Manche Kinder werden mit Schwielen an den Fingern geboren vom Fingerlutschen. Mit der zehnten Woche beugen Föten ihren Kopf auch nach vorn. Meist sind dies vereinzelte Bewegungen, sie können aber auch rhythmisch sein (Abb. 14 E und F).

Auch Atembewegungen wurden ab der achten Woche beobachtet. Sie sind gelegentlich rhythmisch und gehen manchmal einher mit einer Öffnung der Kiefer oder mit einer Schluckbewegung, auch mit allgemeinen Bewegungen. Eine kräftige Atembewegung kann wie ein Seufzer aussehen. Auch sonst öffnen Föten häufig die Kiefer, hin und wieder sogar zu einem Gähnen, das ab der neunten Woche auftritt (Abb. 14 H). Saug- und Schluckbewegungen sind ab der zehnten bis elften Woche zu sehen, wobei zweifellos das Fruchtwasser geschluckt wird. Ab der siebten Woche ist der Schluckauf beobachtbar, über dessen Ursachen man beim Ungeborenen nichts weiß.

Komplexere Bewegungsmuster sind beispielsweise das langsame Strecken des ganzen Körpers, verbunden mit einer ruckartigen Bewegung des Kopfes und einem Drehen und Heben der Arme. Auch diese komplexe Bewegung tritt schon in der achten Woche auf (Abb. 14 G).

Eine der schönsten und – wenn man sie mit dem Ultraschall-Gerät beobachtet – eindrucksvollsten Bewegungen ist die Drehung des gesamten Körpers, entweder als Purzelbaum nach vor- oder rückwärts oder als Längsdrehung über die Seite. Oft ist zu sehen, wie die Stimulation der Gliedmaßen, also z.B. die Berührung von Bein oder Arm an der Uteruswand, Auslöser für derartige Ganzkörperbewegungen ist. Man kann sehen, wie sich der Fötus an der Wand abstößt, in der Amnionflüssigkeit schwebt und dann, der Schwerkraft folgend, wieder nach unten sinkt.

Sehr deutlich sind im Ultraschall auch Eigenstimulationen

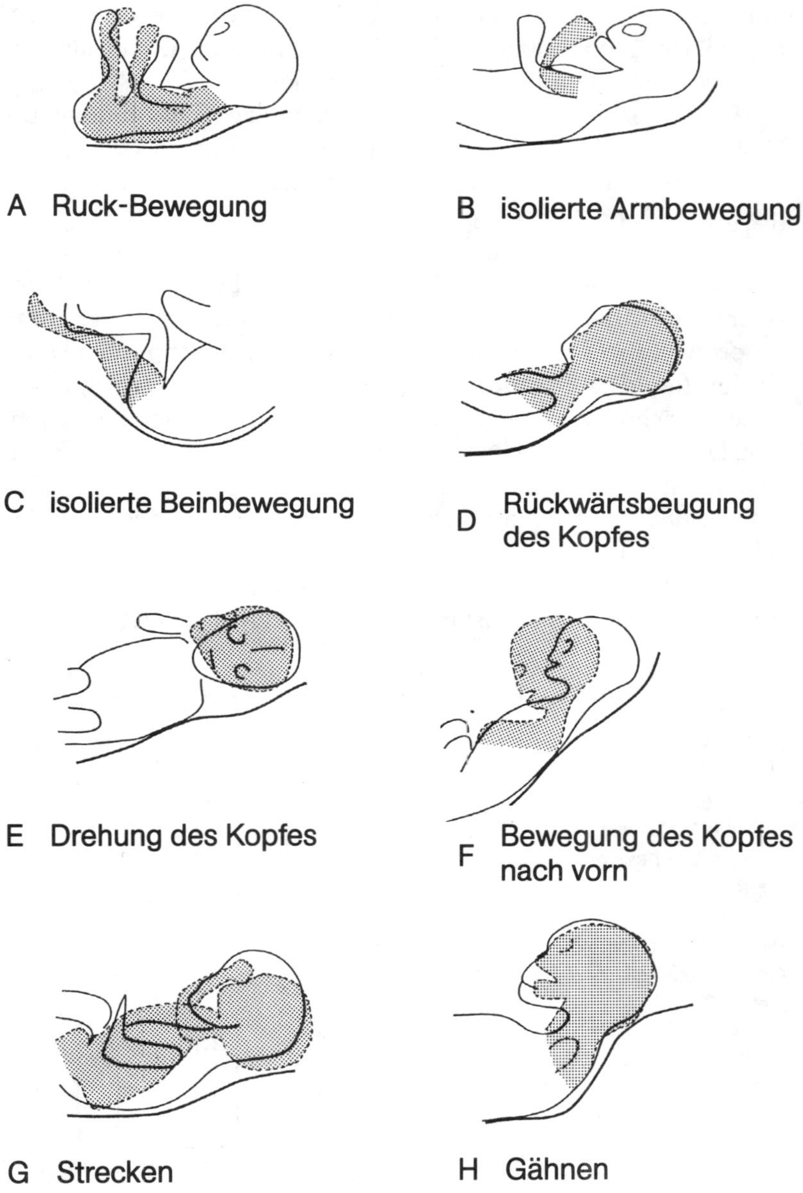

14 Bewegungen des Fötus

durch die Hände am Mund und an anderen Körperstellen zu beobachten. Der Fötus faßt auch seine Nabelschnur an. Bei Zwillingen sind wechselseitige Berührungen zu sehen.

Bemerkenswert ist bei allem die Vielfalt der Bewegungen. De Vries und Mitarbeiter heben hervor, daß der Fötus praktisch nie in einem völligen Ruhezustand, sondern ununterbrochen in Bewegung ist, es sei denn er schläft (Abb. 15 und 16).

Als Fötus hatten wir auch bereits Schlaf- und Wachzeiten. Ultraschall-Untersuchungen haben auch hierfür den eindeutigen Nachweis erbracht. Man kann sogar erkennen, daß auch der Fötus schon zwei Arten von Schlaf hat, nämlich den sogenannten REM-Schlaf (rapid eye movement), der durch Augenbewegungen gekennzeichnet ist, und einen Ruhezustand ohne Augenbewegungen. Da man bei Erwachsenen herausgefunden hat, daß der REM-Schlaf meist mit Träumen verbunden ist, können wir den Schluß ziehen, daß wir auch als Fötus schon geträumt haben. Was der Inhalt dieser Träume war, können wir nicht sagen. Obwohl sich die Augen bewegen, sind es vermutlich keine Traum-„Bilder", weil der Fötus ja auch im Wachzustand in der Dunkelheit des Uterus noch

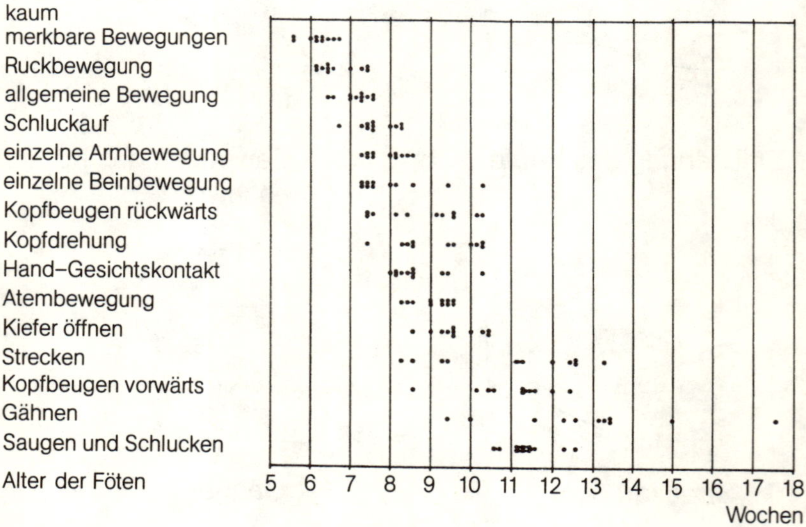

15 Erstes Auftreten von Bewegungen bei 11 Föten

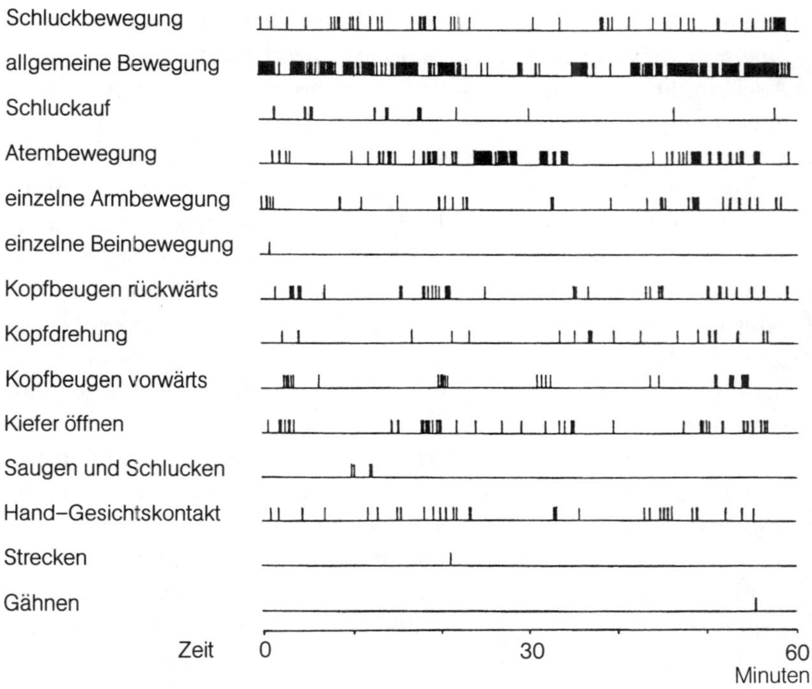

16 Aktogramm
Bewegungen eines 12 Wochen alten Fötus während einer einstündigen Beobachtung.

nichts sehen kann. Vermutlich hatten wir Traum-„Gefühle", hörten Traum-„Geräusche".

Diese Untersuchungen über Schlaf- und Wachrhythmen haben auch gezeigt, daß die beobachteten Föten bereits deutliche individuelle Unterschiede im Auftreten dieser Muster erkennen lassen. Wir können daran ersehen, daß sich schon im Uterus Verhaltensmuster herausbilden. Unser unterschiedliches „Temperament" als Neugeborene war Verhalten, das wir auch schon im Mutterleib besaßen. Wir haben uns schon vor der Geburt „Gewohnheiten" angeeignet, die wir dann ins nachgeburtliche Leben mitbrachten.

Auch wir haben also als Fötus ab der elften Woche Bewegungen von außerordentlicher Schönheit und Eleganz ausgeführt. Auch wir haben unsere Nabelschnur in die Hand genommen, haben den Gegensatz zwischen freier Beweglichkeit und immer stärker werdender Enge erfahren. Da solche motorischen Erfahrungen damals in unserem wachsenden Gehirn gespeichert wurden, können wir davon ausgehen, daß sie auch heute noch in unserem Körpergedächtnis vorhanden sind. Ein Gefühl des Schwebens und des schwerelosen Gleitens, das wir heute in der Realität oder im Traum genießen, hat seine Ursprünge in unserer fötalen Zeit. Und wenn wir am Bauchnabel ein Ziehen spüren, könnte uns dies an jene Zeit erinnern, als wir an unserer Nabelschnur hängend Purzelbäume schlugen!

Alle diese im Ultraschall zu beobachtenden motorischen Fähigkeiten stellen allerdings nur einen Bruchteil dessen dar, was wir in jener Zeit an Bewegungsmöglichkeiten besaßen. Denn die Untersuchungen mit Ultraschall konnten immer nur an Schwangeren in ruhendem Zustand durchgeführt werden. Wir wir uns bewegten, wenn unsere Mutter lief, tanzte, sich bückte, kann von noch größerer Vielfalt und Lebhaftigkeit gewesen sein. Auch ist es im Ultraschall nicht möglich, Feinheiten der Motorik, z. B. im Gesicht, zu beobachten. Auf jeden Fall können wir uns vorstellen, daß wir als Fötus ein äußerst aktives, lebhaftes Wesen waren, das sich im Wachzustand ununterbrochen bewegte.

Als es mit der 20. bis 25. Woche im Uterus enger wurde und unser Körper immer fester umschlossen wurde, waren unsere Eigenbewegungen weitgehend nur noch auf Arm-, Bein- und Kopfbewegungen beschränkt. Unsere Hände waren später auch nicht mehr frei beweglich. Als sich unser Kopf in das kleine Becken der Mutter senkte und dort relativ fest saß, wurde unsere Motorik noch mehr reduziert.

Bei diesen Bewegungen waren immer auch unsere Sinnesorgane beteiligt, so daß komplexe Muster von sinnlich-motorischen Erfahrungen im Gehirn gespeichert wurden. Betrachten wir daher nun die einzelnen Sinnesorgane:

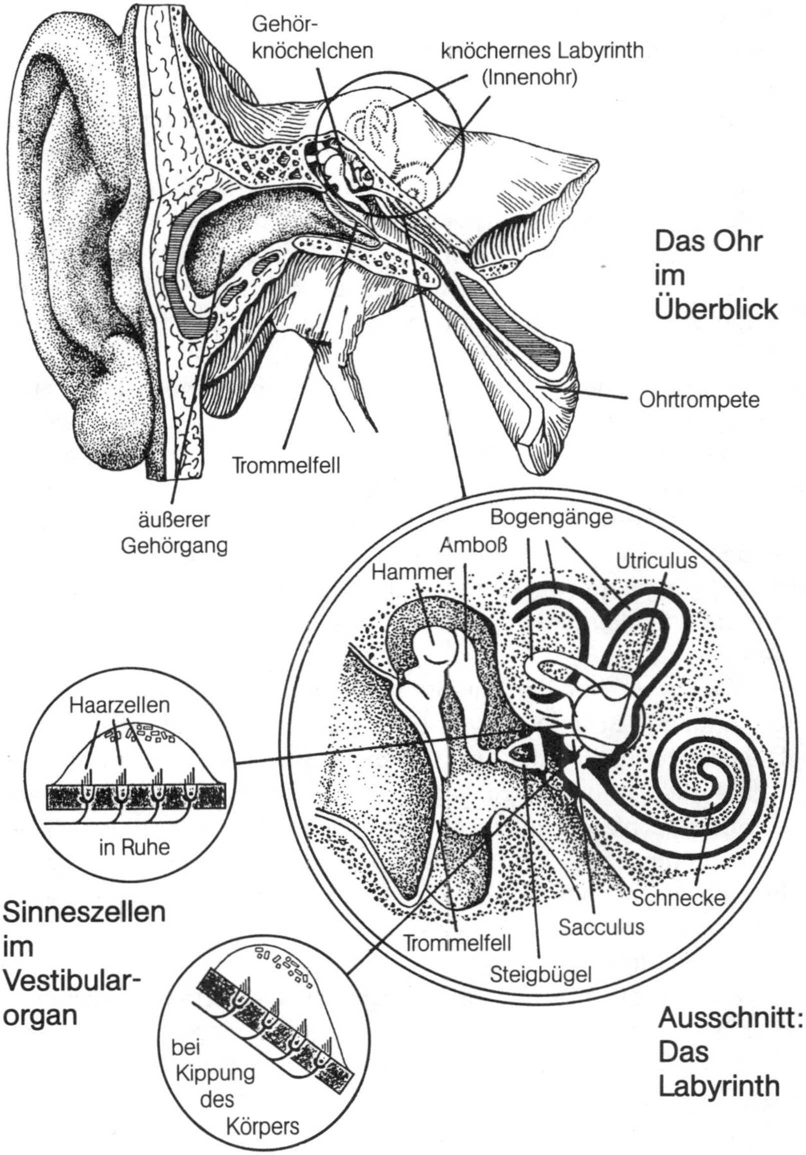

17 Das Gleichgewichtsorgan beim Erwachsenen

Das Vestibularorgan – Gleichgewichts- und Bewegungsempfinden

Wir denken selten daran, wie wichtig ein kleines unscheinbares Organ im Innenohr, eingeschlossen vom härtesten Teil unseres Schädels, dem Felsenbein, für unsere gesamte Motorik ist: Das Gleichgewichts- (Vestibular-)organ, bestehend aus Sacculus, Utriculus und den Bogengängen (Abb. 17), registriert und steuert jede Lageveränderung unseres Körpers. Sacculus und Utriculus sind schon beim Embryo vorhanden, die Bogengänge entwickeln sich erst in der fötalen Zeit (Abb. 18).

Alle Teile des Vestibularorgans sind mit Sinneszellen ausgekleidet, die feine Härchen haben (Abb. 17). Bei Bewegungen werden sie in der Flüssigkeit des Innenohrs bewegt und leiten die Impulse über ihre Axone, die im Vestibularnerv zusammengefaßt sind, ins Gehirn. Während Sacculus und Utriculus nur Auf- und Abbewegungen, also beispielsweise Vibrationen registrieren, sind die Bogengänge so geformt, daß horizontale und waagerechte, also auch dreidimensionale Drehbewegungen erfaßt werden können.

Wieder ist auffällig, daß der Fötus genau dann, wenn sich die Bogengänge ausbilden, Drehbewegungen auszuführen beginnt. Die Gleichzeitigkeit der Entwicklung ist frappierend und stützt die Annahme, daß unsere Bewegungen nicht nur registriert wurden, sondern auch zugleich Stimulanz für das Vestibularorgan waren, sich zu entwickeln. Und auch die Vernetzung der Nervenstränge im Gehirn war zwar Voraussetzung für die immer komplexer werdenden Bewegungen, die Vernetzung entstand aber auch durch die Stimulationen selbst.

Zunächst war es noch das „Urgehirn", die Formatio reticularis im Hirnstamm, die die Impulse aus dem Vestibularorgan aufnahm. Dort wurden Verbindungen mit den großen Nervenbahnen aus dem Kopf und aus dem Rückenmark hergestellt. Bald war dann auch das Großhirn genügend entwickelt, so daß es die übergeordnete Steuerung übernahm, wodurch unsere harmonischen und so offensichtlich gezielten Bewegungen als Fötus möglich wurden. Dazu gleich noch mehr.

Das Ohr wird angelegt

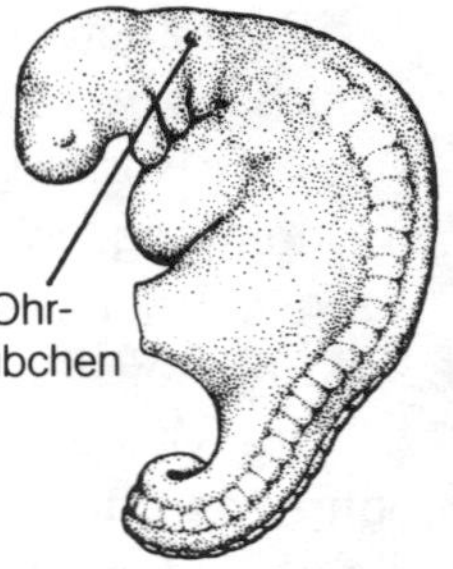

Entwicklung des Ohrbläschens

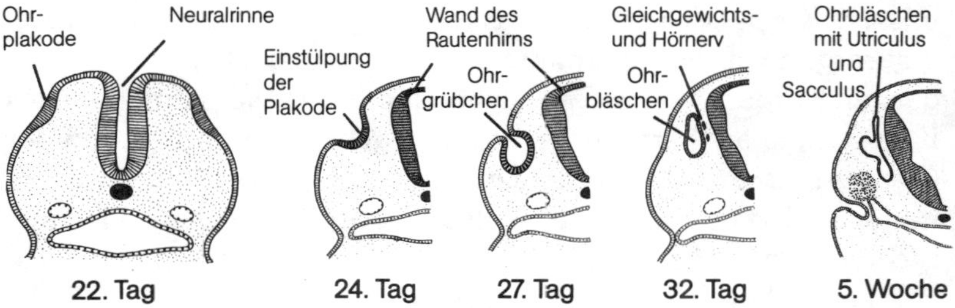

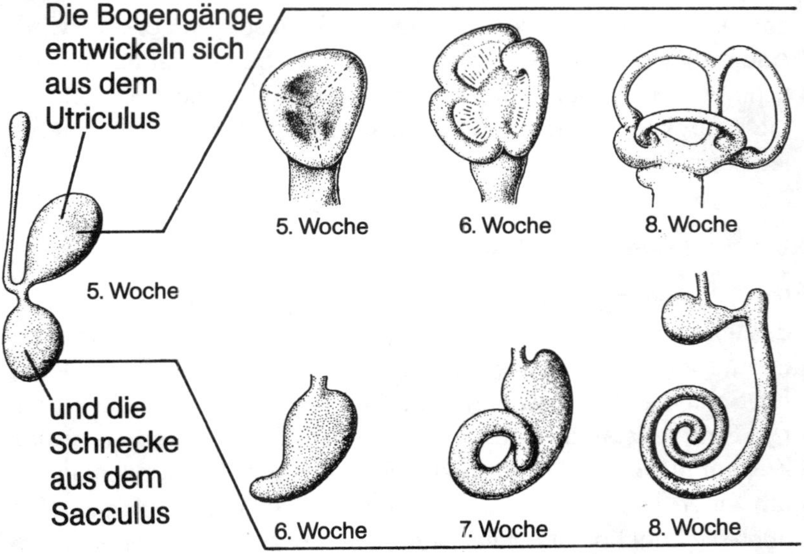

18 Entwicklung des Gleichgewichts- und Hörorgans

Was haben nun diese Wahrnehmungen unserer Bewegungen für uns als Fötus bedeutet? Es liegt nahe, daß wir schon als Fötus eine Art Körpergefühl aufbauten, ein Gefühl für die räumliche Ausdehnung unseres Körpers und seine Stellung, seine Bewegung im Raum, eben weil das Vestibularorgan in dieser Zeit schon voll funktionsfähig war.

Das Vestibularorgan scheint nun aber nicht nur zur Koordination der uterinen Körperbewegungen beizutragen, sondern es diente und dient vermutlich auch heute noch der Energetisierung unseres Körpers. Die ständige Bewegung der Haarzellen im Vestibularorgan ruft eine permanente Aktivität der Muskelzellen des ganzen Körpers hervor. Der allgemeine Tonus, die Spannkraft des Körpers, die auch im Ruhezustand gegeben sein muß, wenn der Organismus am Leben bleiben soll, wird – so können wir vermuten – über das Gleichgewichtsorgan und seine Haarzellen aufrechterhalten. Und auch die gesamte Hirnaktivität, einschließlich der kortikalen, wird nach Ansicht von Tomatis (1974, S. 73 ff.) durch das Vestibularsystem energetisiert.

Die Bedeutsamkeit des Vestibularorgans ergibt sich auch daraus, daß kein Mensch ohne dieses Sinnesorgan geboren wird. Andere Teile des Ohrs, beispielsweise die Schnecke, das eigentliche Hörorgan, können bei der Geburt defekt sein. Bei einem nicht funktionsfähigen Gleichgewichtsorgan bleibt der Fötus jedoch nicht am Leben.

Die Haut – Taktiles Fühlen

Uns ist kaum bewußt, daß das größte und vielfältigste Sensorium, das wir haben, unsere Haut ist. Sie hat Rezeptoren für Druck und Berührung (Tastsinn), für Wärme und Kälte (Temperatursinn) und für Schmerz (Schmerzsinn). Welche Nervenzellen für die einzelnen Sinne zuständig sind, weiß man nicht. Es scheint so, als ob das Zusammenspiel der verschiedenen Rezeptorzellen notwendig sei, um einen bestimmten Reiz zu registrieren. Völlig ungeklärt ist auch die Funktion der vielen sogenannten „freien Nervenendigungen“ in der Haut: Man vermutet, daß sie nur allgemein die Anwesenheit eines Reizes auf der Haut signalisieren. In unserem

Zusammenhang ist bedeutsam, daß diese „freien" Nervenzellen wahrscheinlich die ersten sind, die sich schon im embryonalen Stadium bilden, daß also unspezifische Reize schon sehr früh wahrgenommen werden.

In der frühen uterinen Zeit ist die Haut noch durchlässig und steht im Austausch mit dem Fruchtwasser. Erst später bildet sich die Vernix caseosa, eine weißlich schmierige Masse, die wahrscheinlich den Körper vor der Flüssigkeit schützt. Während einiger Wochen ist der Fötus stark behaart. Es sind weiche Wollhaare, die im achten Monat abgestoßen werden und am Kopf, an den Augenbrauen und Lidern festeren Haaren Platz machen.

Was konnten wir nun als Fötus mit unseren Hautsensorien wahrnehmen? Druckempfindungen waren wahrscheinlich die ersten Wahrnehmungen, denn schon ein Embryo mit fünfeinhalb Wochen – so haben Humphrey und Hooker nachgewiesen – zeigt deutliche Reaktionen, wenn er mit einem Haar am Gesicht berührt wird (vgl. Abb. 8, S. 34). Bei Föten konnten sie solche Reaktionen auf Berührungsreize am ganzen Körper beobachten. Besonders früh und intensiv reagierten Föten bei Berührungen an Hautstellen, die mit vielen Rezeptoren ausgestattet sind, also an den Fingerspitzen, den Lippen und anderen Gesichtspartien.

Wenn wir uns wieder in den Fötus hineinversetzen, der wir einmal waren, dann waren diese hochsensiblen Körperstellen zugleich diejenigen, an denen wir uns am häufigsten selbst berühren konnten, weil unsere Hände mit den Fingern in Reichweite unseres Gesichts waren. Von weit auseinanderliegenden Hautstellen wurden also Muster von sensorischen Reizen ins Gehirn geschickt. Wir können uns vorstellen, daß dadurch auch schon ein Gefühl für die Grenzen unseres eigenen Körpers entstand – ähnlich wie wir mit unserem Gleichgewichtssinn ein Gefühl für unseren Körper im Raum gewannen.

Kein Wunder also, wenn sich in dem zur selben Zeit entstehenden Kortex ein besonders breites Feld für die Repräsentation dieser Körperpartien herausbildete. Die Projektionsfelder für Lippen, Fingerspitzen und Zunge nehmen auf der sensorischen Hirnrinde die größte Fläche ein.

Wir können uns auch vorstellen, wie es sich anfühlte, wenn wir unsere Nabelschnur berührten. In der frühen fötalen Phase war sie, verglichen mit unserem Gesamtkörper, sehr dick, so daß wir sie nicht mit der ganzen Hand umfassen konnten. In der späteren fötalen Zeit, so kann man im Ultraschall beobachten, wird die Nabelschnur häufig ergriffen und auch mit den Beinen berührt.

Und was haben Zwillinge im Mutterleib anderes gespürt als Einzelgeborene? Sie hatten völlig andere Berührungsgefühle. Denn sie berührten sich wechselseitig, erlebten Widerstand, Püffe, Stöße. Zwillinge bringen daher ein von Einzelgeborenen verschiedenes Körperschema, ein anderes Körperempfinden mit auf die Welt. Viele Verhaltensähnlichkeiten zwischen Zwillingen lassen sich deshalb vielleicht auch so erklären, daß sie schon im Mutterleib diesen engen Hautkontakt miteinander hatten (vgl. DIALOG II).

Konnten wir auch schon als Fötus Temperaturunterschiede wahrnehmen? Da die Temperatur im Uterus relativ gleich war, hat sich dieses Sensorium vermutlich noch nicht sehr ausgebildet.

Die Ohren – Hören

Die Schnecke (Cochlea), das eigentliche Hörorgan, ist erst im fünften Monat voll funktionsfähig. Sie besteht aus drei Röhrengängen, die etwa zweieinhalbmal um sich selbst gedreht und mit Flüssigkeit umgeben und ausgefüllt sind. Zusammen mit dem Gleichgewichtsorgan ist die Schnecke fest ins knöcherne Labyrinth des Felsenbeins eingefügt (Abb. 19), das allerdings in der Phase der Entstehung noch aus Knorpelmasse besteht.

Bemerkenswert erscheint mir, daß das Innenohr, zusammen mit dem Trommelfell und den Gehörknöchelchen bereits um die Mitte des uterinen Lebens seine volle Größe erreicht, die es im Erwachsenenleben hat. Denn um diese Zeit schließt sich das Felsenbein, der härteste Knochen des ganzen Körpers, fest um das innere Ohr. Bei keinem anderen Organ ist dies der Fall. Mir scheint dies auf die besondere Bedeutung des Ohres – als Gleichgewichts- und als Hörorgan – für den Menschen hinzuweisen.

Von der siebten Woche an wächst die Schnecke aus dem Sacculus heraus (Abb. 20). Auf dem Boden (Basilarmembran) des einen Röhrenganges (Schneckengang) entstehen die Sinneszellen,

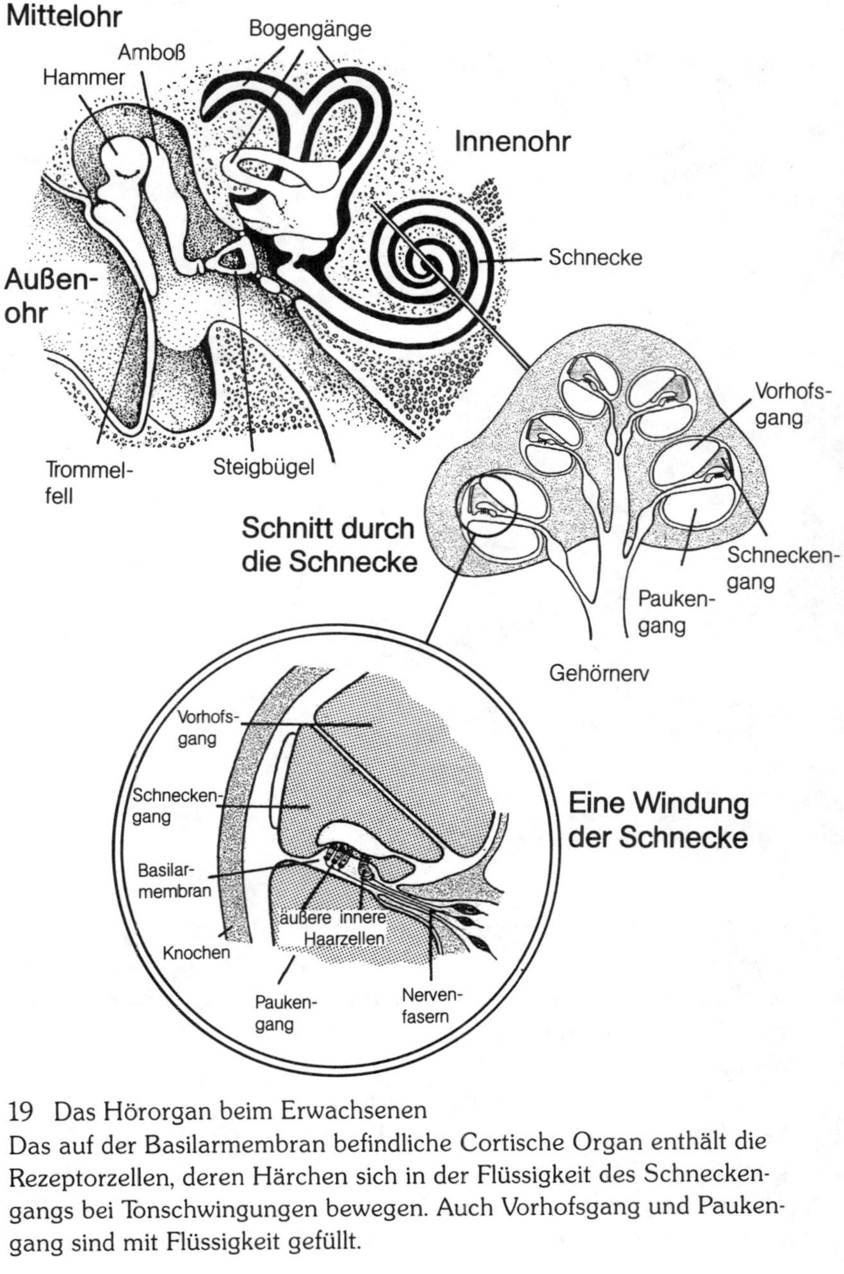

19 Das Hörorgan beim Erwachsenen
Das auf der Basilarmembran befindliche Cortische Organ enthält die Rezeptorzellen, deren Härchen sich in der Flüssigkeit des Schneckengangs bei Tonschwingungen bewegen. Auch Vorhofsgang und Paukengang sind mit Flüssigkeit gefüllt.

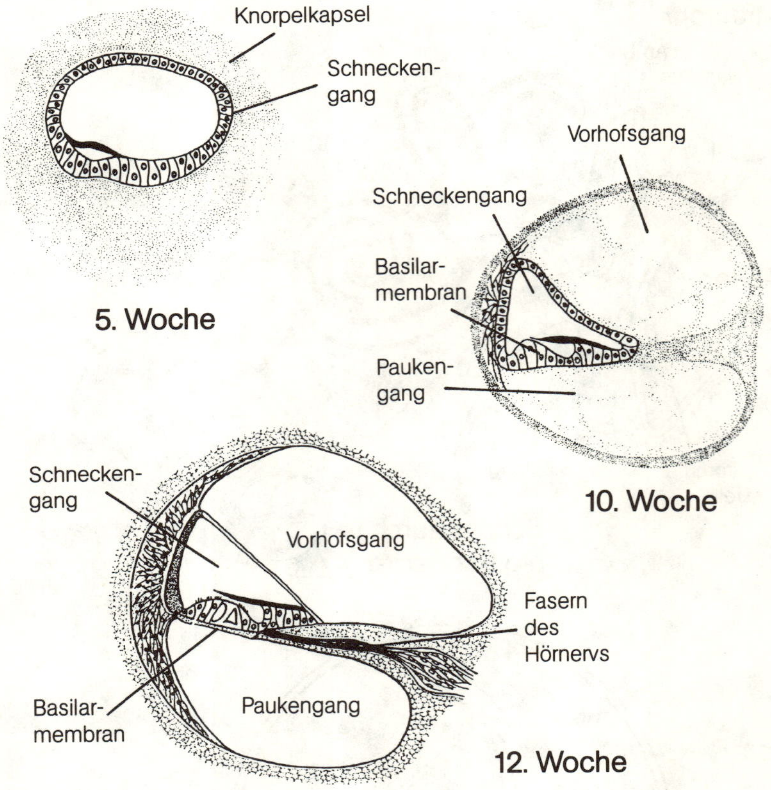

20 Entwicklung der Schnecke

die die Tonschwingungen registrieren. Es sind die sogenannten Corti-Zellen, deren Härchen durch die Flüssigkeit bewegt werden, ähnlich wie die Härchen der Zellen im Gleichgewichtsorgan. Am Eingang der Schnecke befinden sich sehr viel mehr Corti-Zellen als in der Spitze.

Um sich vorstellen zu können, was ein Fötus im Uterus hören kann, ist es notwendig, sich mit den Besonderheiten des Hörorgans (Abb. 17) vertraut zu machen: Wenn ein Ton, d.h. eine Schwingung von bestimmter Frequenz (Tonhöhe) und Intensität durch den äußeren Gehörgang, über das Trommelfell und die

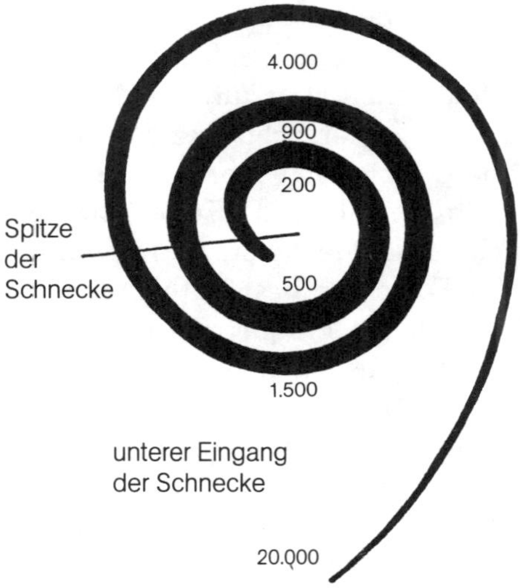

21 Die Höhe der Töne (in Hertz)
Angabe, in welchen einzelnen Abschnitten der Schnecke welche Tonhöhen registriert werden.

Gehörknöchelchen ins Mittel- und dann ins Innenohr an die Schnecke gelangt, dann sind die Corti-Zellen in der Lage, die ankommenden Töne nach ihrer Frequenz zu unterscheiden. Und zwar werden die hohen Frequenzen (hohe Töne) im Eingangsbereich der Schnecke registriert, während die tiefen Frequenzen in der Spitze der Schnecke von den dortigen Corti-Zellen aufgenommen werden (Abb. 21). Hohe Töne sind daher leichter zu hören als tiefe, weil sie nicht so weit vordringen müssen.

Wenn nun ein Ton in die Schnecke gelangt ist, bewegen seine Schwingungen die Corti-Zellen. Ist es ein Ton hoher Frequenz, dann werden nur die Zellen am Eingang gereizt; ist es ein Ton tiefer Frequenz, dringt er bis in die Spitze der Schnecke und erregt die dortigen Corti-Zellen. Da die Corti-Zellen im unteren Bereich, also dort, wo die Töne hoher Frequenz registriert werden, sehr viel dichter sitzen als in der Spitze der Schnecke, werden mehr Zellen von hohen Tönen erregt als von tiefen.

Während der fötalen Entwicklung unseres Gehörorgans entstanden zuerst die Corti-Zellen am Eingang der Schnecke, so daß wir die hohen Frequenzen zu einem früheren Zeitpunkt registrieren konnten als die tiefen. Erst im fünften Monat waren auch die Corti-Zellen in der Spitze der Schnecke voll ausgebildet.

Auch auf andere Weise hat man herausgefunden, daß ein Fötus im Mutterleib vor allem die Töne hoher Frequenz hört. Tomatis hat durch vielfältige Versuchsanordnungen, die inzwischen von anderen Forschern bestätigt wurden, festgestellt, daß im Fruchtwasser die tiefen Frequenzen herausgefiltert werden. Wir können also davon ausgehen, daß wir die vielen Geräusche niedriger Frequenz – Atmungs-, Verdauungs-, Herzgeräusche – vermutlich höchstens als Vibrationen, nicht aber als Töne registriert haben.

Dagegen haben wir zweifellos die Stimme unserer Mutter gehört, da sich die menschliche Stimme in dem Frequenzbereich unserer fötalen Hörfähigkeit bewegt. Allerdings war die Stimme unserer Mutter wahrscheinlich um die Anteile niedriger Frequenz gefiltert, so daß wir sie nur wie ein Zischen wahrgenommen haben. Tomatis geht sogar noch weiter und nimmt an, daß wir als Fötus schon unsere „Muttersprache", nämlich die Sprache, die unsere Mutter spricht, „erkennen" konnten. Da nämlich jede Sprache eine spezifische Frequenzsstruktur aufweist, wurde uns seiner Ansicht nach schon vor der Geburt die Muttersprache vertraut.[14]

Wir haben also als Fötus die Stimme unserer Mutter gehört. Wenn unsere Mutter gesungen oder ein Instrument gespielt hat, haben wir schon als Ungeborene musikalische Muster aufgenommen und gespeichert. Doch nicht nur die Stimme unserer Mutter, sondern auch andere Geräusche drangen durch die Bauch- und Uteruswand an unser uterines Ohr. Wir hörten vermutlich die Stimmen anderer Menschen, wir vernahmen Geräusche, die aus der weiteren Umwelt stammten. Wir können sogar noch weiter gehen und sagen, daß „Musikalität" das Ergebnis vorgeburtlichen Hörens von Musik ist. Es gibt Menschen – vor allem Musiker – die behaupten, daß sie bestimmte Musikstücke oder Musikarten, die sie als Ungeborene häufig gehört haben, im nachgeburtlichen Leben besonders lieben.

Das Hören von Tönen scheint nun aber auch noch andere

Funktionen für unseren Organismus zu haben. Es ist eine Alltagserfahrung, daß wir durch hohe Töne „wie elektrisiert", bis zur Nervosität stimuliert werden können, während tiefe Töne eine beruhigende, unter Umständen einschläfernde Wirkung haben. Tomatis erklärt diese Tatsache mit der Anordnung der Corti-Zellen in der Schnecke. Die größere Zahl von Corti-Zellen im Eingangsbereich der Schnecke, wo die hohen Frequenzen registriert werden, bewirkt seiner Ansicht nach dieses Mehr an Energetisierung. Der Fötus, der ja vorwiegend die hohen Frequenzen hört, erfährt also eine starke Energetisierung.[15]

Noch einige Bemerkungen zur vorgeburtlichen Taubheit: Man hat festgestellt (siehe Clauser, 1971), daß taubgeborene Kinder immer ein intaktes Vestibularorgan besitzen, daß bei ihnen nur die Schnecke nicht funktionsfähig ist. Ein Embryo oder Fötus ohne Vestibularorgan kann offenbar nicht überleben, weil im Uterus das Vestibularorgan für den Aufbau der ersten Formen der sensomotorischen Koordination unverzichtbar ist. Wenn dagegen in nachgeburtlicher Zeit der Verlust des Gleichgewichtsorgans eintritt, stirbt der Mensch nicht. Denn die bis dahin entstandenen Schaltkreise des Zentralnervensystems sind offenbar in der Lage, den Ausfall auszugleichen.[16]

Die Augen – Sehen

Das Sehen ist eine Fähigkeit, die wir erst nach der Geburt in vollem Umfang entwickeln. Zwar waren unsere Augen etwa um die zehnte Woche ausgebildet, doch konnten wir nicht viel sehen, weil unsere Augenlider etwa um dieselbe Zeit über die Augäpfel wuchsen und verklebten. Vom fünften Monat an begannen sie langsam sich wieder zu öffnen und waren um den siebten Monat wieder ganz geöffnet. Aber auch mit offenen Augen gab es im Mutterleib wegen der Dunkelheit nicht viel zu sehen. Das Sehen war daher in unserem uterinen Leben, anders als das Hören oder Fühlen, keine wesentliche Sinneswahrnehmung. Wir haben tatsächlich erst bei der Geburt das „Licht der Welt" erblickt.

Allerdings war die Finsternis im Mutterleib nicht total. Wenn sich nämlich unsere Mutter im Freien in der Sonne oder in einem sehr hellen Raum aufhielt, haben wir eine Art Dämmerlicht gesehen. Bei starker Lichteinstrahlung ist sogar denkbar, daß wir im Uterus die Farbe Rot oder Orange gesehen haben. Man kann daher spekulieren, welche Seherfahrungen Kinder aus sonnigen Ländern bzw. bei uns im Sommer oder Frühherbst geborene Kinder mit auf die Welt bringen im Vergleich zu Kindern, die wegen der Dunkelheit draußen nicht einmal Dämmerlicht sehen konnten. Wer von uns schon im Uterus die rote Farbe gesehen hat, müßte eigentlich ein stärker visuell ausgerichteter Mensch sein. Die wenigen Kinder, die im Uterus bei Beleuchtung beobachtet oder fotografiert wurden, also das gesamte Farbenspektrum gesehen haben, müßten geradezu farbsüchtig auf die Welt gekommen sein!

Wie gelangen die Reize aus unserem Auge zur Sehrinde, zu jenem Teil des Kortex, mit dem wir eigentlich erst sehen im Sinne von „ein-Bild-wahrnehmen"? Anders als ein akustischer Reiz kann ein Lichtreiz nicht sofort in einen Nervenimpuls umgewandelt werden; die Netzhaut unseres Auges ist nämlich so gebaut, daß immer eine größere Gruppe von Rezeptoren über ein kompliziertes Netzwerk verschiedener Zellen mit einer bestimmten weiterleitenden Nervenzelle verbunden ist. Es gibt viele optische Phänomene, die nahelegen, daß ein Bild auf der Netzhaut nicht aus den Sinnesreizen zusammengesetzt wird, sondern daß die Sinneszellen beim Auftreffen des Reizes sozusagen kollektiv reagieren, also sich gegenseitig beeinflussen in bezug auf das, was jede einzelne Zelle registriert. Dafür spricht auch, daß sich die Augäpfel beim Sehen in ständiger Bewegung befinden und daß bei starrer Fixierung auf einen Gegenstand sogar Sehen unmöglich wird. In diesem Zusammenhang ist interessant, daß wir schon als Fötus unsere Augäpfel ununterbrochen bewegten. Es ist als hätten wir uns für die späteren Aufgaben trainiert.

Mund und Nase – Schmecken und Riechen[17]

Was konnten wir als Fötus schmecken und riechen? Geschmacks- und Geruchsempfindungen werden durch Rezeptorzellen aufgenommen, die wie die Zellen im Hör- und Gleichgewichtsorgan mit Härchen besetzt sind. Allerdings reagieren diese Härchen nicht auf Schwingungen, sondern sie sind in der Lage, Geruchs- oder Geschmacksmoleküle zu unterscheiden und als Reiz zu registrieren.

Die Geschmacksnerven befinden sich auf der Zunge. Sie sind zu einer Knospe zusammengefaßt, die in die Schleimhautfalten der Zunge eingelagert ist. Wir haben heute etwa zweitausend Geschmacksknospen, jede enthält vierzig bis sechzig Zellen. Die Geschmackszellen haben die Fähigkeit, in Wasser gelöste Stoffe nach den Geschmacksarten süß, sauer, salzig, bitter und auch noch seifig und metallisch zu unterscheiden.

Diese Geschmacksknospen waren bereits zwischen unserer 13. und 15. uterinen Woche ausgereift. Humphrey hat festgestellt, daß der Fötus häufiger Schluckbewegungen macht, wenn das Fruchtwasser gesüßt ist, und daß er grimassiert, wenn Bitterstoffe beigegeben werden. Wir hatten also bereits im Uterus Geschmacksempfindungen, die sich wahrscheinlich durch den wechselnden Geschmack der Amnionflüssigkeit herausgebildet hatten. Durch Ausscheidungen und durch andere Austauschprozesse „schmeckte“ das Fruchtwasser unterschiedlich.

Ob wir im Uterus auch riechen konnten, ist nicht klar, denn es ist nicht zu sagen, ob die Riechzellen auch im Wasser die Duftmoleküle registrieren können, die möglicherweise im Fruchtwasser enthalten sind. Dazu kommt, daß die Nasenhöhle beim Menschen erst spät vom Fruchtwasser durchspült wird, so daß die Riechzellen wahrscheinlich nicht vor dem vierten oder sechsten Monat gereizt wurden. Es ist daher anzunehmen, daß Geruchsempfindungen erst nach der Geburt im Zusammenhang mit der Luftatmung möglich sind. Das Riechorgan befindet sich im oberen Teil der Nasenhöhle. Es besteht aus einer Schicht von Riechzellen, deren Enden mit Härchen besetzt sind, die in einer Schleimschicht liegen.

„Tiefenkommunikation“ zwischen Mutter und Fötus

Obwohl es uns im allgemeinen sehr schwerfällt, uns vorzustellen, daß Wahrnehmungen auch anders als mit den uns bekannten Sinnesorganen gemacht werden können, sollten wir die Möglichkeit einer sozusagen „außersinnlichen“ Tiefenkommunikation zwischen Mutter und Kind nicht ausschließen. Zum einen handelt es sich dabei um hormonale oder auf andere Weise bio-chemisch übermittelte körperliche Zustände, zum anderen gibt es offenbar eine Kommunikation zwischen der Schwangeren und ihrem ungeborenen Kind, für die wir keine rationale Erklärung haben.

Schwangere, die sich intensiv mit ihrem Kind „unterhalten“, die in einem schwer beschreibbaren psychischen Kontakt zu ihm stehen, scheinen dem Kind „Botschaften“ zu vermitteln und auch von ihm zu empfangen. So scheint es beispielsweise möglich zu sein, daß beide zu einer „Übereinkunft“ über den Zeitpunkt der Geburt kommen. Der Beginn der Wehen muß keineswegs nur als rein physiologischer Vorgang, sondern kann auch als Folge einer solchen unbewußten Abstimmung zwischen Mutter und Kind betrachtet werden. Auch manche Frühgeburten oder sogenannte „spontane“ Aborte scheinen von einer solchen Kommunikation zwischen dem Ungeborenen und der Schwangeren bestimmt zu sein.[18]

Das Kind scheint ebenfalls bestimmte Grundhaltungen der Mutter wahrzunehmen und in eigenes Verhalten umzusetzen. In einer Untersuchung hat Rottmann die Einstellung von Schwangeren zu ihrem Kind ermittelt und diese Daten verglichen mit Beobachtungen des Verhaltens der Neugeborenen am dritten bis vierten Tag. Es wurden unterschieden: (1) „Ideale Mütter“, die eine optimale, positive Einstellung zu Schwangerschaft, Geburt und zu Kindern hatten; (2) „kühle Mütter“, die ängstlich, depressiv und dabei aggressiv und unbeherrscht waren; (3) „ambivalente Mütter“, die emotional labil und ängstlich, aber dennoch positiv zur Schwangerschaft eingestellt waren, und (4) „Katastrophen-Mütter“, die offene Aggressivität und Reizbarkeit zeigten und die Schwangerschaft und das Kind explizit ablehnten. Die Kinder wurden auf ihre Motorik, ihr Saugverhalten, Erbrechen und andere Merkmale hin untersucht. Es zeigten sich deutliche Verbindungen zwischen den Reaktionen der Kinder und der jeweiligen Einstellung der Mutter:

Von den 46 Neugeborenen der „Idealmütter“ erwies sich nur eines als gestört. Für die anderen Müttergruppen macht Rottmann leider keine Zahlenangaben, doch er erwähnt, daß die 38 Säuglinge der „katastrophalen“ Mütter in ihrem Verhalten von einem Extrem ins andere wechselten, also von apathischem Verhalten zu überaktivem Schreien. Die 34 Kinder der „ambivalenten“ Mütter zeigten häufiger Erbrechen und Überaktivität, während sich die 23 Säuglinge, deren Mütter als „kühl“ eingestuft worden waren, deutlich weniger bewegten, aber auch kein Erbrechen oder Überaktivität aufwiesen.

An diesen und ähnlichen Untersuchungsergebnissen zeigt sich, daß auch die uterine Zeit unseres Lebens nicht frei war von sozialen Einflüssen. Denn wie eine Schwangere sich fühlt, ist abhängig von ihrem gesamten Umfeld, ihren Beziehungen zu anderen Menschen, ihrer besonderen Lebenssituation. Eine ungewollte Schwangerschaft, die der Frau von ihrer Umwelt aufgezwungen wird, kann das Kind „erspüren“, ebenso fühlt es, wenn es ein „Wunschkind“ ist. Die Einstellung der Frau zum Kind ist nicht irreversibel, sie kann sich ändern, vor allem auch nach der Geburt. Auch kann einer bewußten Ablehnung der Schwangerschaft ein unbewußter Wunsch nach dem Kind gegenüberstehen, ebenso wie der Wunsch nach dem Kind unbewußt mit einer Ablehnung einhergehen kann. Die Grundhaltung zum Kind ist daher nie eindeutig oder unveränderbar. Doch scheint es sehr wichtig, sie in alle Betrachtungen mit einzubeziehen. Das Kind und die Frau, in deren Leib es wächst, sind auf eine äußerst subtile, in Worten nicht zu beschreibende Weise miteinander verbunden.

Das Zentralnervensystem des Fötus – Die Kortex-Entwicklung[19]

Vielleicht ist es auch deshalb so schwer, sich über die besondere „Tiefenkommunikation“ zwischen dem ungeborenen Kind und seiner Mutter eine Vorstellung zu machen, weil wir so wenig darüber sagen können, wie unser Gehirn unsere Wahrnehmungen in Erfahrungen umwandelt, und wie diese Erfahrungen dann wieder unsere nächsten Wahrnehmungen und unser Verhalten steuern. Mit dieser Frage stoßen wir an die Grenzen unseres Wissens über-

Das fötale Groß- und Zwischenhirn in der 8. Woche

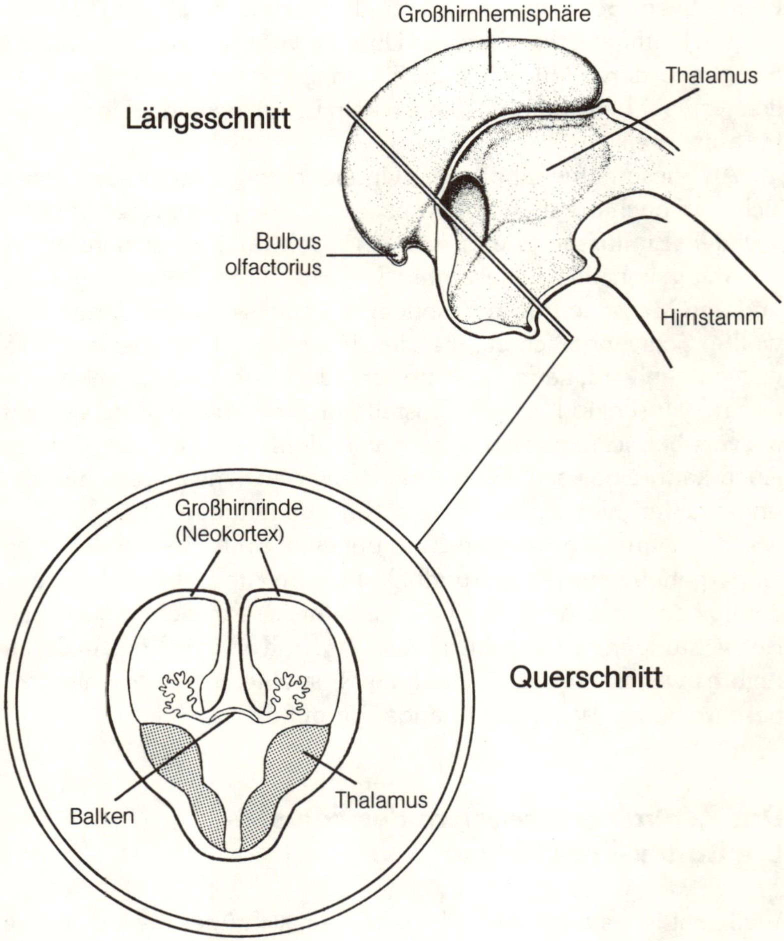

22 Entwicklung des Gehirns von der 8.Woche zum 4. Monat. Die Großhirnhemisphären wachsen über den Hirnstamm hinweg.

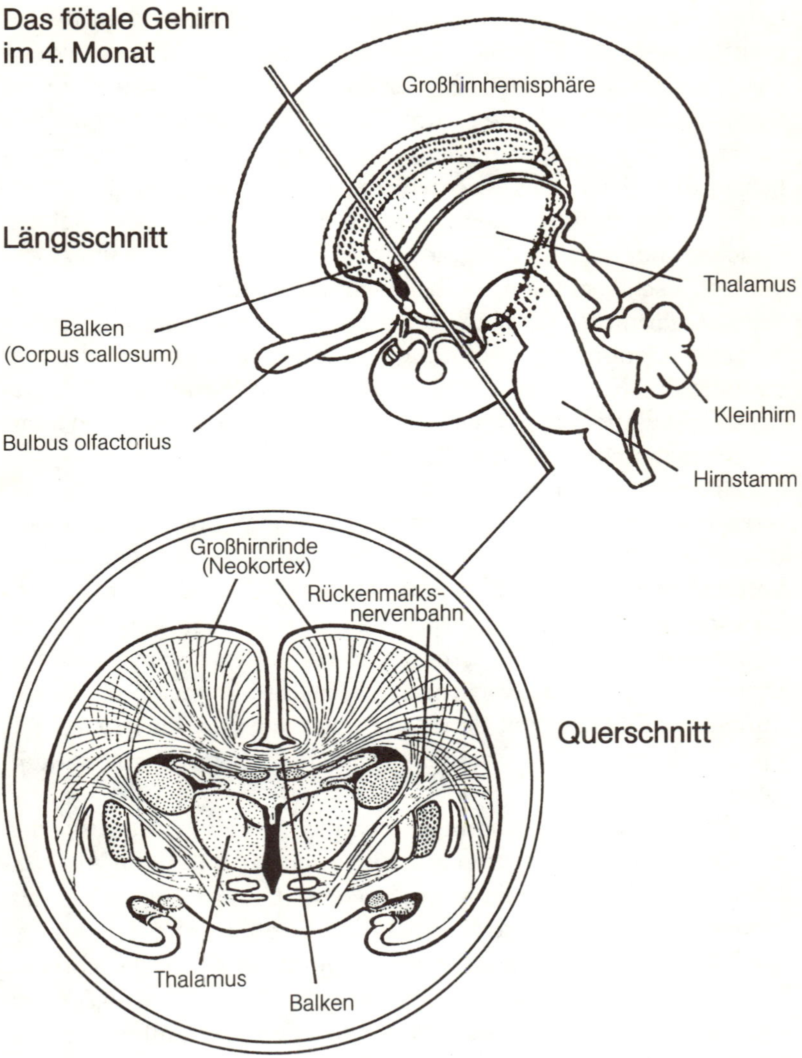

Die Nervenzellen der Großhirnrinde senden ihre Axone in die schon bestehenden Gehirnteile. Über den Balken werden Verbindungen zur jeweils anderen Hirnhemisphäre hergestellt.

haupt. Denn wir machen ja damit den Versuch, mit dem Instrument unserer Erkenntnis – eben dem Gehirn – dieses Gehirn selbst zu erfassen. Wir wissen, daß das Großhirn, insbesondere die Großhirnrinde (Neokortex, auch Kortex genannt) die Sinnesreize in „Erfahrungen" umwandelt, daß gezielte „Willkürmotorik" möglich wird; doch wie dies geschieht, darüber können auch die Experten nur in metaphorischen Bildern reden. So spricht der Gehirnforscher und Nobelpreisträger John C. Eccles von einem über dem Ganzen „schwebenden" selbstbewußten Geist und der französische Gehirnforscher Jean-Pierre Changeux stellt sich die Vernetzung des Gehirns „kristallförmig" vor. Wir sind, wenn wir die Entstehung des Kortex beschreiben wollen, immer nur auf fantasievolle Spekulationen angewiesen. Auch meine Beschreibung kann daher nur eine „Geschichte" sein.

Besonders bemerkenswert ist, daß der Kortex erst in einer späteren Phase entsteht. Das „Urgehirn" – noch ohne Kortex – hielt unsere Lebensfunktionen als Embryo aufrecht. Ab der fünften Woche begann das Großhirn und ab der siebten Woche die Großhirnrinde sich über das Urhirn zu wölben (vgl. oben Abb. 9, S. 38). Von nun an wurden alle Lebensäußerungen in neuartiger Weise koordiniert, denn die Kortexneurone steuerten gezielt die Bewegungen in Einklang mit den Reizen aus den zur selben Zeit sich entwickelnden Sinnesorganen. Zunächst einige Vorbemerkungen:

Während der Hirnstamm ein richtiger „Stamm" ist, besteht das Großhirn aus zwei Hälften, die nur über ein Band von Assoziationsfasern, den sogenannten „Balken" (Corpus callosum), miteinander verbunden sind (Abb. 22). Die Großhirnrinde ist anfangs noch glatt. Erst im fünften Monat beginnt sie sich in Furchen zu legen. Beim Erwachsenen hat sie eine Dicke von 1,3 bis 4,5 Zentimetern und eine Fläche von etwa 2200 Quadratzentimetern. Sie ist durch die Einfurchungen und Verlappungen in dem kleinen Raum des Schädels sozusagen zusammengefaltet (Abb. 23).

Wie die anderen Nervenzellen sind auch die Kortexzellen zunächst unspezifische „Neuroblaste", also einfache Zellkörper, die sich von selbst fortbewegen können und erst dann, wenn sie an „ihrem" Platz angelangt sind, ihre endgültige Form ausbilden. Die

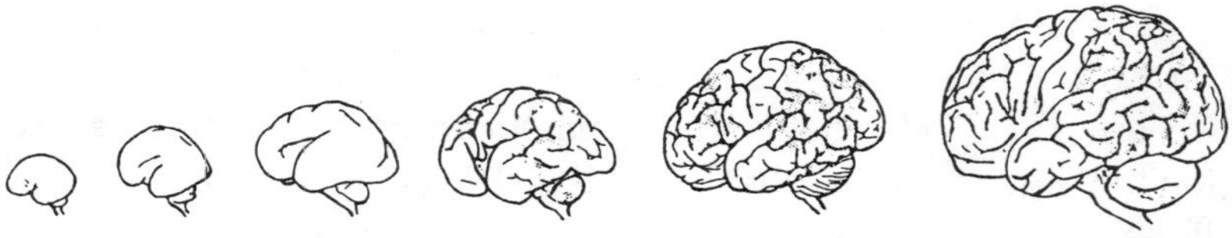

23 Wachstum des Gehirns

Milliarden Kortexzellen, die in der Zeit bis zu unserer 16. Woche, aber auch noch danach entstanden (Abb. 24), sind nur dadurch Teil unseres Gehirns geworden, weil sie aktiviert wurden. Es entstanden auch im Kortex sehr viel mehr Zellen, die nicht „gebraucht" wurden und deshalb gleich wieder abgestorben sind.

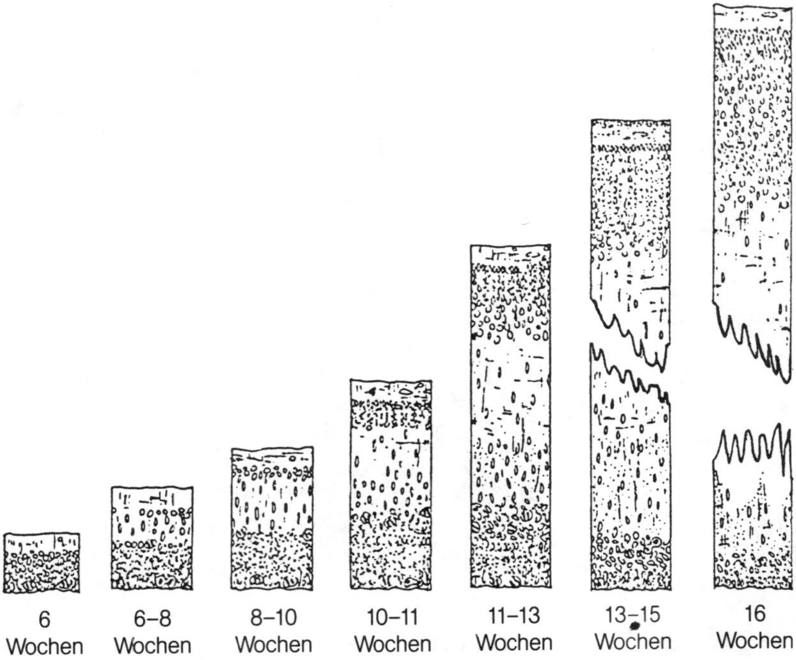

24 Wachstum der Großhirnrinde (Neokortex)

Mit dem Elektronenmikroskop hat man die Zellwanderungen im Kortex beobachtet (Abb. 25) und dabei festgestellt, daß eine Zelle, die am Boden des Kortex in einer Zellschicht entsteht, relativ lange Wege durch darüberliegende Zellschichten zurücklegt. Wie finden die Kortexzellen „ihren“ Platz? Offenbar werden sie bei ihrer Wanderung von spezialisierten Stützzellen geleitet. Und außerdem scheinen wieder die bereits vorhandenen Neurone mit ihren Aktivitäten den neuen Zellen den Weg zu bahnen. Das „Urgehirn“ ist ja bereits vorhanden und aktiv. Die von daher kommenden Impulse – so können wir uns vorstellen – regen die neuen Nervenzel-

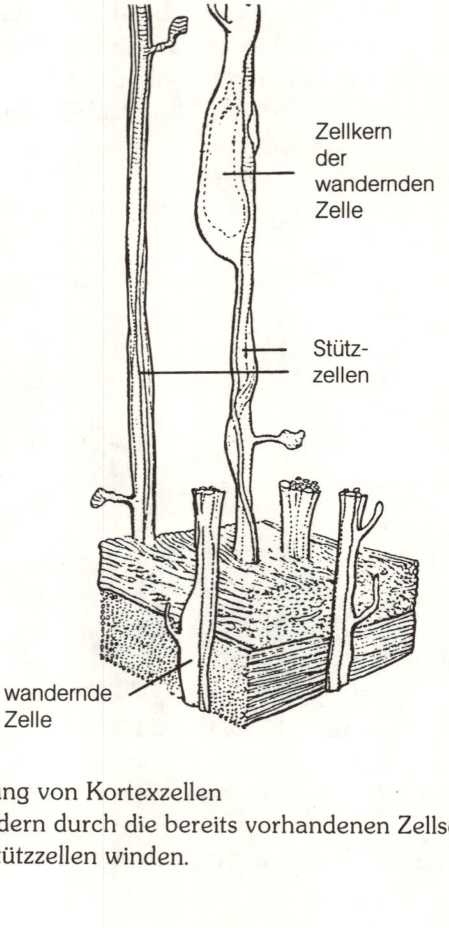

25 Wanderung von Kortexzellen
Neurone wandern durch die bereits vorhandenen Zellschichten, indem sie sich um Stützzellen winden.

len an, synaptische Verbindungen herzustellen und damit stabile Strukturen auch im Kortex zu etablieren.

Und da gegen Ende der embryonalen und zu Beginn der fötalen Phase auch die Sinnesorgane Reize aufnehmen und als Impulse über den Hirnstamm oder direkt ins neu entstehende Großhirn leiten, tragen auch diese Aktivitäten zur Strukturierung des Kortex bei.

Mit anderen Worten: Es war notwendig, daß wir als Fötus etwas hörten, denn nur so konnte sich im Kortex ein „Hörzentrum" entwickeln, es war notwendig, daß wir die Arme bewegten, denn nur so konnte sich ein Zentrum für die Steuerung der Arme herausbilden. Wenn bestimmte Körperpartien, z. B. das Gesicht (insbesondere die Lippen) und die Hand (und da wieder besonders der Zeigefinger) eine sehr viel größere Fläche des Kortex in Anspruch nehmen als der Arm oder das Bein, dann läßt sich das aus der Entwicklung des Kortex in der fötalen Zeit erklären: Da an Lippen und Zeigefinger mehr taktile Empfangszellen vorhanden sind, wurden von diesen Körperpartien entsprechend mehr Reize ins Gehirn gesendet, sie beanspruchten daher auch eine größere Kortexfläche. Anders gesagt: Es hätte sich in meinem Kortex kein Bereich für die Lippen gebildet, wenn ich im Mutterleib keine Lippen gehabt hätte.

Oder noch anders gesagt: Nur wenn Impulse von den Sinnesorganen über bestimmte Nervenbahnen in den Kortex gelangen, bilden sich Areale an diesen Stellen heraus. Würden die Bahnen andere Wege nehmen, oder wäre der Kortex an diesen Stellen verletzt, würden sich die jeweiligen Zentren an einer anderen Stelle bilden (vgl. Kapitel 3 und 5).[20]

Es würde zu weit führen, hier im Detail die vielen Verbindungen zwischen Kortex, Hirnstamm und den Sinnesorganen bzw. den Bewegungsneuronen im Rückenmark darzustellen. Fast alle Nervenbahnen überkreuzen sich auf ihrem Weg zum Kortex. Die ins Rückenmark laufenden Nervenstränge, die die Körperbewegungen unter die Kontrolle des Kortex bringen – sie sind beim Erwachsenen bis zu einem Meter lang! – , überkreuzen sich einmal, so daß die linke Körperseite von der rechten Großhirnhälfte gesteuert wird und umgekehrt die rechte Körperseite von der linken

Großhirnhälfte. Sie werden nicht im Hirnstamm verschaltet wie andere Nervenbahnen, die beispielsweise aus den Sinnesorganen kommen. Auch die beiden Zweige des Hör- und Vestibularnervs und des Sehnervs überkreuzen sich und wandern in die entgegengesetzte Kortexhälfte, allerdings in komplizierterer Weise als bei den Rückenmarksnerven. Nur der Riechnerv hat weder eine Verschaltung im Hirnstamm oder Zwischenhirn noch wird er gekreuzt. Reize aus dem Riechorgan in der Nase gelangen direkt über den Riechnerv zum Kortex, von wo aus allerdings auch Nervenverbindungen zu anderen Teilen des Gehirns, vor allem zum limbischen System bestehen.

Auch wenn es möglich ist, die zwischen den Sensorien und dem Kortex laufenden Nervenbahnen relativ gut zu verfolgen und bestimmte Bereiche im Kortex für die einzelnen Sinnesorgane zu ermitteln, ist damit noch immer kein plausibles Modell für die sensomotorische Koordination auf Kortexebene gegeben. Denn der größte Teil des Neokortex ist nicht spezifisch und dient offenbar der unfaßbar komplexen Verknüpfung sämtlicher Bereiche. Die menschliche Großhirnrinde ist in viel größerem Maße unspezifisch als die von anderen Säugetieren. Was immer den Menschen vom Tier unterscheidet, scheint also mit diesen Teilen des Kortex zu tun zu haben, über deren Funktionsweise auch die moderne Neurophysiologie so gut wie nichts sagen kann.[21]

Schlußfolgerungen: Die Welt des Fötus

Fassen wir zusammen: Unsere fötale Welt unterschied sich von der embryonalen darin, daß wir nach der Entwicklung der Sensorien und des Kortex unseren eigenen Körper wahrnehmen konnten. Wir waren nicht nur Körper wie als Embryo, sondern wir konnten „uns" fühlen. Die Berührungs-, Bewegungs-, Hör-, Geschmacks- und anderen Reize, die von unserem Körper und von dem unserer Mutter ausgingen, konnten wir mit unseren Sinnen aufnehmen. Zwar konnten wir noch nicht zwischen den verschiedenen Reizquellen unterscheiden, wußten auch nicht, daß manche Reize aus einer noch weiteren Umgebung, also von außerhalb ihres Leibes kamen. Doch „erkannten“ wir Muster von Sinnesreizen, wenn sie sich wiederholten. Selbstverständlich war mit diesem Wiedererkennen keine Bewußtheit verbunden. Es war ein rein körperlicher Vorgang, der dazu führte, daß wir einzelne Bewegungen oder bestimmte Körperreaktionen schneller, gerichteter, intensiver ausführen konnten als beim ersten Mal. Wir waren sogar auch schon imstande, bis zu einem gewissen Maße gezieltes Verhalten zu entwickeln, etwa am Daumen zu lutschen oder Purzelbaum zu schlagen. Auf einen bestimmten Reiz reagierten wir mit gleichartigem Verhalten.

An solchen Reiz-Reaktionsmustern waren immer mehrere Sensorien beteiligt: Ein schnellerer Herzschlag unserer Mutter etwa ging einher mit mehr Bewegt-Sein, mit mehr Berührungen an den Uteruswänden. Wir lernten, immer komplexere Muster zu unterscheiden und wiederzuerkennen. Manche Reize wurden zu Signalen: Immer wenn sie auftraten, folgte ein bestimmtes Muster von anderen Reizen. So etablierten sich für uns allmählich erkennbare Strukturen, so etwas wie Orientierungsmarkierungen, die uns unsere fötale Welt vertraut machten.

Wir können vermuten, daß uns unsere Eigenbewegungen auch schon ein zentrales Orientierungsmuster, nämlich unser eigenes Körperschema geliefert haben. Die Unterscheidungen, die beim taktilen Fühlen zwischen Eigen- und Fremdberührung möglich waren, könnten zur Wahrnehmung unseres Körpers geführt haben.

Jeder Mensch hat als Fötus sehr ähnliche Wahrnehmungen mit seinen Sinnen gemacht. Wir alle fühlten die Berührungen an der Uteruswand, das Schweben im Fruchtwasser, wir hörten die Geräusche im Körper der Mutter, ihre Stimme. Die uterine Welt war für alle Menschen auf der ganzen Welt relativ gleich.

Und dennoch war alles, was wir im Uterus unserer Mutter erlebten, auch wieder völlig einmalig und unterschied sich von dem, was ein anderer Fötus erfuhr, in vielen Aspekten. Ich habe beispielsweise meine Mutter deutsch reden gehört und infolgedessen ein rhythmisch-klangliches Hörmuster erworben, das anders ist als das eines Fötus, dessen Mutter englisch sprach. Als Fötus wußte ich natürlich nichts davon, und dennoch – so scheint es –

war ich nach meiner Geburt in der Lage, das „Muster“ der Stimme meiner Mutter wiederzuerkennen.

Eine lebhafte, redselige Mutter liefert dem Kind andere akustische Muster als eine schweigsame Mutter, eine körperlich aktive Mutter andere Bewegungsreize als eine, die während der Schwangerschaft bettlägerig sein muß. Zwillinge haben im Uterus andere taktile Erfahrungen als Einzelföten. Und auch die verschiedenen Lagen von Föten (normale Kopflage, Quer- oder Steißlage) führen dazu, daß die sensomotorischen Muster sich zwischen ihnen unterscheiden. Ganz besonders gravierende Unterschiede bestehen zwischen zeitlich normal und zu früh geborenen Kindern. Frühgeborene haben nicht nur die uterinen Sinneseindrücke weniger lange und weniger intensiv erlebt, sondern auch die außergeburtlichen Sinneseindrücke äußerst kraß erfahren müssen. Dazu im nächsten Kapitel noch mehr.

Unsere fötale Welt unterschied sich von der anderer Menschen aber auch dadurch, daß unsere Mütter zu ihrer Schwangerschaft unterschiedlich eingestellt waren. Aus den Untersuchungen von Rottmann (vgl. oben) geht ein solcher Einfluß hervor, ohne daß wir jedoch sagen können, auf welche Weise sich die Haltungen der Mütter dem Kind vermitteln. Wir können vermuten, daß dies auf biochemischen Prozessen basiert, es könnte aber auch sein, daß wir als Menschen Wahrnehmungsfähigkeiten besitzen, für die wir keine rationalen Erklärungen haben.

Schon im Mutterleib war auch die weitere soziale Umwelt der Mutter für uns relevant: Denn es hing entscheidend von dem Umfeld ab, in dem sie lebte, wie sie ihre Schwangerschaft empfand. Ob für sie die Schwangerschaft ungewollt war oder die beglückende Erfüllung ihrer Wünsche, hing von ihrem Partner, ihren Eltern, ihrer gesamten Lebenssituation ab. Wir als Fötus konnten auf dem Wege der „Tiefenkommunikation“ mit ihr indirekt erspüren, wie die soziale Umwelt unserer Mutter auf uns reagierte. Wir selbst konnten damals die allgemeinen, bei allen Föten gleichen Gegebenheiten von den besonderen, die nur wir erlebten, nicht unterscheiden. Erst jetzt als Erwachsene können wir uns darüber klarwerden, daß wir etwas Besonderes erlebt haben und daher mit ganz eigenen Erfahrungen auf die Welt gekommen sind, die sich von denen anderer Menschen unterscheiden. Auch unsere Geschwister haben ihren Aufenthalt im Leib unserer Mutter anders erlebt, denn sie waren nicht zur selben Zeit darin, unsere Mutter war daher auch eine andere Herberge für sie als für uns.

Wir erlebten eine „Geschichte“ im Leib unserer Mutter, die zu einer Art „Orientierungskarte“ von der Welt wurde. Sie bestand aus vielerlei Sinneseindrücken, die wir mit auf die Welt brachten. Wie wir unsere eigene Geburt und die neue Welt außerhalb des Körpers unserer Mutter erlebten, konnten wir an diesem Maßstab messen. Der Vergleich zwischen der uterinen Welt und der ganz anderen Welt draußen gehört bis heute zu den zentralen Erfahrungen unseres Lebens. Die uterine Welt blieb für unsere Sinne ein Maßstab, an dem wir die „Welten“, die wir später kennenlernten, gemessen haben. Noch heute „erinnert“ uns der dröhnende, mit starken Vibrationen verbundene Rhythmus eines Schlagzeugs an die Rhythmen unseres eigenen Herzschlags und an den unserer Mutter in ihrem Leib. Körperberührungen wie etwa Massage sind uns heute ein Genuß, weil wir uns dabei an Körpersensationen aus unserer frühesten Zeit „erinnern“. Und wenn wir die Augen schließen, um uns zu entspannen, um zu meditieren oder einfach nur zu „fühlen“, sind wir ein kleines Stück wieder in die dunkle Gebärmutter zurückgekehrt. Die fast vollständige Konflikt- und Schmerzfreiheit des vorgeburtlichen Lebens bleibt in unserer Körper-„Erinnerung“ eingegraben und läßt uns nie wieder los. In unserem jetzigen Leben spüren wir sie als Sehnsucht nach totaler Zufriedenheit, nach Eins-Sein mit uns und der Welt, nach vollkommenem Umfangen-Sein in einer noch unangezweifelten Geborgenheit.

Hören wir zum Abschluß Alfred Tomatis, der in sehr einfühlsamer Weise diese Erfahrungen beschreibt (Tomatis 1987, S. 207, Übers. M. K.):

„... die Hände mit ihren vielen sensorischen Punkten berühren zufällig einmal die Uteruswand, dann die Nabelschnur, die – wie wir wissen – sich nicht wie ein Teil des eigenen Körpers anfühlt, weil sie keine Sinneszellen aufweist, und dann berühren die Hände auch den eigenen Körper. Dabei ist nicht zu vergessen, daß sich der Körper selbst in einem ununterbrochenen Kontakt mit den mütterlichen Uteruswänden und der Nabelschnur befindet. Tausende von Ursensationen werden auf diese Weise gemacht, die als Engramme im allerfrühesten Stadium festgehalten werden, in einem Stadium, das noch kaum Differenzierungen zuläßt, in dem die Sammlung der Eindrücke völlig ungeordnet und deshalb schwer vorstellbar stattfindet. Erst später werden diese Eindrücke inventarisiert, weil dann erst höhere Ebenen verfügbar sind, die das, was sich bereits angesammelt hat, entschlüsseln und auflisten. Diese Analyse ist notwendig und wirkt auch zurück, denn die 'Erinnerung' an frühere Erfahrungen ruft sinnliche Reize wach. In der Tat vervollkommnen sich die Funktionen der sensorischen Organe während der Zeit, in der die höheren Ebenen im Gehirn, die die Sammlung und Verarbeitung ermöglichen, in ihrer Reifung fortschreiten. In ununterbrochenen Wellen werden Informationen ins Gehirn geleitet, darunter auch jene ersten, noch sehr unscharfen, aber durchaus vorhandenen Sinneswahrnehmungen, die dann später wiedererkannt werden, so beim Kontakt mit dem Wasser, mit Plüsch oder Pelz. Es braucht lange, bis irgendwelche neuen Sinneswahrnehmungen vom Kortex registriert werden können, die nicht an irgend etwas bereits Erfahrenes erinnern. Eine Berührung erinnert an eine andere, ein Ton erweckt Tausende von Erinnerungen."

DIALOG II

Was ist „Vererbung"?

(Mein Gesprächspartner ist diesmal zusammengesetzt aus vielen Menschen – Studentinnen und Studenten in meinen Lehrveranstaltungen, Kolleginnen und Kollegen, Freunde und Bekannte – , die so wie „ER" zunächst völlig unreflektiert von der „Beweiskraft" der Zwillingsforschung für die Vererbungstheorie überzeugt waren und sich sehr zögernd klargemacht haben, wie dubios und wissenschaftlich unhaltbar die Vorgehensweise bei diesen Forschungsvorhaben ist.)

ER: Verehrteste! Ich glaube, Sie gehen mit Ihren Behauptungen doch ein wenig zu weit. Es gibt schließlich wissenschaftliche Belege dafür, daß Ihre Thesen nicht stimmen. Die Untersuchungen an Zwillingen haben, soweit ich informiert bin, bewiesen, daß Vererbung beim Menschen doch eine enorme Rolle spielt. Weshalb haben Sie die Ergebnisse der Zwillingsforschung in Ihrer bisherigen Darstellung völlig ignoriert? Das ist unwissenschaftliches Vorgehen, wenn man wesentliche Forschungen zum eigenen Forschungsgebiet außer acht läßt.

ICH: Gut, daß Sie diese Bemerkung zum wissenschaftlichen Vorgehen machen. Ich werde darauf gleich noch zurückkommen. Gehen wir also auf die Zwillingsforschung an der University of Minnesota in Minneapolis ein, wo man seit 1979 unter der Leitung von Thomas J. Bouchard getrennt aufgewachsene eineiige Zwillinge untersucht, um die Theorie der Vererbung von komplexem menschlichen Verhalten zu „beweisen". Diese Studie ist durch die Berichterstattung in den Medien auch in Deutschland sehr bekannt geworden[22] Ich habe mir die Unterlagen aus Minneapolis schicken lassen und mir einen Überblick darüber verschafft, welche Untersuchungen an den dreißig Zwillingspaaren (es sind inzwischen einige mehr) durchgeführt wurden. Die Ergebnisse der verschiedenen Tests werden jedoch nicht der Öffentlichkeit bekanntgegeben, da sie der ärztlichen Schweigepflicht unterliegen. Wir werden daher immer nur mit ähnlichen Berichten vorlieb nehmen müssen, wie sie in journalistisch sensationeller Aufmachung durch die Medien gegangen sind.

ER: Ich kann mir vorstellen, daß Ihnen diese Ergebnisse nicht in Ihr Konzept passen, Sie sollten sie aber dennoch sachlich darstellen. Denn da diese Ergebnisse einfach überwältigend für die Vererbungsthese sprechen, brauchte auch kein Journalist sie künstlich aufzubauschen.

ICH: Ich behaupte nicht, daß die Journalisten die Ergebnisse aufgebauscht haben, sondern daß es Bouchard und seine Mitarbeiter selbst sind, die uns zu täuschen versuchen – wobei ich auch Bouchard keinen bösen Willen unterstelle. Der Wunsch, die Vererbungstheorie zu „beweisen“, ist eben bei vielen Menschen so groß, daß man bereit ist, über alles hinwegzugehen, sogar über die Forderung nach wissenschaftlicher Redlichkeit, die Sie eben selbst als Vorwurf gegen mich gerichtet haben.

ER: Jetzt müssen Sie aber den Beweis für diese Behauptungen führen!

ICH: Gern! Den Forschern ist es also gelungen, dreißig Zwillingspaare ausfindig zu machen, die in verschiedenen Elternhäusern aufgewachsen sind, einige sogar in verschiedenen Ländern. Mehrere hatten sich erst durch die Studie getroffen, andere hatten im Verlauf ihres Lebens regelmäßigen Kontakt miteinander. Die Studie ist von den Forschern so angelegt, daß nach Ähnlichkeiten zwischen den Zwillingen in vielen Bereichen ihres Verhaltens gesucht wird. Diese Ähnlichkeiten werden dann als genetisch verursacht hingestellt, da – so die Forscher – die „Umwelt“ keinen Einfluß auf die Entstehung der Ähnlichkeiten gehabt haben könne, eben weil die Zwillinge in verschiedenen Familien großgeworden sind. Ich frage Sie, was Sie von diesem methodischen Vorgehen halten.

ER: Nun, ich finde das in Ordnung. Man muß natürlich darauf achten, daß die beiden Familien, in denen die Zwillinge aufwuchsen, nicht allzu ähnlich waren, sonst könnten bei den beiden ja auch Ähnlichkeiten aufgetreten sein, die nicht genetisch sind.

ICH: So sehe ich es auch. Zumindest müßte man sorgfältig den Zeitpunkt der Trennung, die späteren Kontakte zwischen beiden, den Verwandtschaftsgrad der aufnehmenden Familien, die Art der Kontakte mit den leiblichen Eltern und vieles mehr festhalten. Das ist aber nicht geschehen. Nur beiläufig erfährt man, daß von manchen Paaren ein Zwilling bei den Eltern blieb, daß viele zu Verwandten kamen, daß das soziale Milieu beider Familien sehr ähnlich war. Auch wird hin und wieder erwähnt, daß sie sich häufig trafen oder auf andere Weise miteinander Kontakt hatten. In jedem Fall sind sie ja gefunden worden! Also in allen Fällen mußte irgendwer gewußt haben, daß sie Zwillinge sind.

ER: Nun, das sind für mich Detailfragen, die vielleicht nur nicht in den veröffentlichten Berichten enthalten sind, die aber die Forscher genau erhoben haben.

ICH: Auch da muß ich Sie enttäuschen. Aus dem Plan für die Untersuchung (Bouchard, Keyes et al.,1981) geht hervor, daß derartige Zusammenhänge für sekundär angesehen wurden. Denn von den etwa fünfzig Stunden Untersuchungszeit während einer Woche wurden die Zwillinge nur jeder eineinhalb Stunden nach ihrer Lebensgeschichte befragt, dazu etwa zwei Stunden nach der Geschichte ihrer Krankheiten und noch einmal etwa zwei Stunden nach der Geschichte ihres Sexuallebens. Zwar mögen auch in den umfangreichen Test-Batterien noch einige Fragen über die Herkunftsfamilie und über das gesamte Familiennetz, aus dem die Zwillinge stammen, enthalten sein, eine systematische Erhebung der Informationen, die für eine familiendynamische Betrachtung wesentlich wären, wird jedoch nicht vorgenommen.

ER: Also, ich gebe zu, daß das offenbar ein Schwachpunkt der Untersuchung ist. Aber das hindert mich nicht daran, sie dennoch für wissenschaftlich fundiert zu halten.

ICH: Ich bin nicht Ihrer Meinung. Denn Bouchard geht ja von der These aus, daß er mit seiner Untersuchung die Vererbung von menschlichem Verhalten „beweisen“ könne. Wenn er aber nicht dafür sorgt, daß alternative Erklärungsmöglichkeiten ausgeschlossen werden, dann kann er seinen „Beweis“ nicht führen.

ER: Vielleicht hat er aber wirklich nur solche Paare gefunden, die kaum oder gar nicht zusammenlebten.

ICH: Wenn dem so wäre, würde er es sicher ganz groß herausstellen und nicht verschweigen. Meine Vermutung erscheint also doch sehr berechtigt, daß sie gar nicht so „getrennt“ aufgewachsen sind.

ER: Ist das Ihr einziges Argument gegen die Studie?

ICH: Keineswegs. Nehmen wir also einmal an, die Zwillinge wären alle tatsächlich sofort nach der Geburt getrennt worden und hätten sich danach nie wieder gesehen. Dann können irgendwelche Ähnlichkeiten immer noch daraus entstehen, daß sie voneinander wußten. Stellen Sie sich vor, Sie wüßten, daß irgendwo auf der Welt ein Zwillingsbruder von Ihnen lebt. Glauben Sie nicht, daß alles, was Sie von ihm erfahren, für Sie interessant wäre und zur Identifikation anregen würde?

ER: Gut. Also man müßte auch noch ausschließen, daß sie etwas voneinander wußten, oder wenigstens dann nur solche Ähnlichkeiten zwischen ihnen festhalten, die nichts mit so einem Wissen zu tun haben können.

ICH: Genau. Und ich gehe noch einen Schritt weiter: Selbst wenn sie nichts voneinander wußten, aber die Menschen, bei denen sie großwurden, vom Werdegang des anderen Zwilling etwas wußten, könnten sogar auch Ähnlichkeiten über diese anderen Personen auf sie gekommen sein.

Er: Also das ist nun aber doch an den Haaren herbeigezogen. Kinder können schließlich nicht hellsehen!

ICH: Das vielleicht nicht, aber sie können unglaublich viel „tiefenkommunikativ", d. h. nonverbal aufnehmen, darüber schreibe ich auch ausführlich in diesem Buch. Aber wenn Sie mir an dem Punkt nicht folgen wollen, schauen wir uns einmal die Merkmale an, die Bouchard und seine Mitarbeiter als „Ähnlichkeiten" bei den verschiedenen Paaren festgehalten haben. Ich zitiere aus seinem ersten Bericht von 1981 (Bouchard et al., 1981), der durch die neu hinzugekommenen Fälle in den folgenden Jahren noch erweitert wurde (siehe Zimmer; Ditfurth). Hier Bouchard in Original-Ton mit meinen Zwischenbemerkungen:

„Männer, 39 Jahre alt, getrennt seit etwa ihrem 37. Tag. Untersucht kurz nachdem sie sich gefunden haben. Minimaler Kontakt vor Teilnahme an der Studie."

Was heißt das? Ich konstatiere erstmal: Sie hatten Kontakt! Aber ich wünschte noch erheblich mehr Information über den Familienhintergrund.

„Diese Zwillinge waren konkordant (d. h. übereinstimmend) in einer großen Zahl von physischen und psychologischen Merkmalen."

Daß sie in physischen Merkmalen übereinstimmten, ist selbstverständlich, es sind schließlich eineiige Zwillinge! Eigentlich hätte sich Bouchard die diesbezüglichen Tests auch sparen können!

„Eine der beeindruckendsten Konkordanzen betrifft ihre Kopfschmerzen. Beide Zwillinge entwickelten sinus-artige Kopfschmerzen mit etwa zehn Jahren. Einige Jahre später entwickelten sie auch migräne-ähnliche Kopfschmerzen. Die Kopfschmerzen werden in fast genau derselben Weise beschrieben, und die Geschichte der Kopfschmerzen ist sehr ähnlich."

Ohne irgendwelche weiteren Angaben darüber, was bei beiden Zwillingen in ihrem zehnten Jahr los war – ob sie sich vielleicht da getroffen hatten, ob irgendetwas anderes in ihrem Leben geschehen war, was eine Verbindung zu den Kopfschmerzen knüpfte, ist mir so eine „Konkordanz" absolut nichtssagend im Hinblick auf die Vererbungsthese!

„Beide haben eine ähnliche Geschichte von Brustschmerzen

und Schmerzen, die in den linken Arm wandern. Sie beschreiben den Schmerz auf dieselbe Weise und waren beide wegen dieser Beschwerden im Krankenhaus."

Gleicher Kommentar wie eben.

„Beide berichteten über zunehmende Nervosität in den letzten sieben Jahren und beide wurden mit Valium behandelt."

Was war bei beiden in diesen sieben Jahren los? Und warum die überflüssige Erwähnung des Valiums?

„Beide pflegen seit ziemlich langer Zeit das Hobby der Tischlerei."

Erste Frage: Und welche Hobbies teilen sie nicht? Zweite Frage: Wer in ihrer Familie war außerdem Tischler? Dritte Frage: Wieviele Menschen könnte ich über ihre Hobbies ausfragen und bei ihnen zwei gleiche Hobbies finden?

„Beide haben bei der freiwilligen Polizei gearbeitet, als sie etwa gleich alt waren."

Ist in Amerika in ähnlichem Milieu nichts Ungewöhnliches. Außerdem wieder die Frage: Gab es in der Familie jemand, der auch schon mal bei der freiwilligen Polizei war?

„Dies sind realistische Beschäftigungen und beide Zwillinge erreichten denselben Punktwert im Bereich der 'Realistischen Themen' des Allgemeinen Berufs-Tests des 'Strong-Campbell Interest Inventory' (SCII)."

Warum wird dieser Test genannt? Hatten sie vielleicht in den anderen Tests keine gleichen Punktwerte?

„Beide arbeiten in Büroberufen und erlangten gleiche Punktwerte im Bereich der 'Konventionalitätsthemen' des Allgemeinen Berufs-Tests des SCII."

Das dürfte bei vielen Männern der gleichen Schicht und ähnlicher Berufe der Fall sein! Was hat das mit Vererbung zu tun?

ER: Wird über die beiden wirklich nicht mehr berichtet?

ICH: Nein!

ER: Ich muß schon sagen, daß mich das enttäuscht. Ist er denn bei den anderen Fallbeschreibungen ausführlicher?

ICH: Keineswegs. Alle Fallbeschreibungen weisen die gleichen Mängel auf.

ER: Wie ist es nur möglich, daß ich über solche Dinge hinweggesehen habe?! Ich erinnere mich an die Presseberichte, wo mich die Beispiele und die Menge der Ähnlichkeiten, die aufgezählt wurden, sehr beeindruckt haben.

ICH: Ja, so ging es den meisten Lesern. Da wird von einem männlichen Zwillingspaar berichtet, deren Ehefrauen beide denselben Namen haben und die auch ihre Kinder und ihre Hunde gleich benannt haben; von anderen Zwillingen, die sich beide eine Bank um einen Baum in ihren Gärten gebaut haben, von wieder anderen, die sich immer Gummiringe über ihre Hände streifen. Immer wieder wird betont, daß zwar einzelne Übereinstimmungen zufällig sein könnten, daß aber die Menge der Ähnlichkeiten so überwältigend sei, daß nur Vererbung als Erklärung heranzuziehen sei.

ER: Also Sie würden sagen, daß sich alle diese Dinge auch ganz anders erklären ließen?

ICH: Natürlich. Die Namensgleichheit von Frau, Kindern und Hund bei einem Zwillingspaar ist möglicherweise ganz einfach erklärt, wenn man die Namen der Großeltern, Onkel und Tanten oder anderer Verwandter der Zwillinge ermittelt hätte, die ja vielleicht Vorbild für die Namensgebung waren. Die Bank um den Baum findet sich vielleicht auch im Garten des Großvaters oder auf einem Foto, das die beiden zusammen gesehen haben. Keines der Merkmale, auch nicht ihre Häufung, kann „Beweis" für die Vererbungstheorie sein. Immer kann ich andere Erklärungen, die genauso plausibel sind, finden. Ich brauche dazu nur noch weitere Informationen.

ER: Also Sie meinen wirklich, daß Bouchard nicht wissenschaftlich gearbeitet hat?

ICH: In der Tat. Ein grundsätzlicher methodischer Fehler ist es, überhaupt nur Ähnlichkeiten feststellen zu wollen. Schauen Sie, zwischen Ihnen und mir wäre es sehr leicht, eine lange Liste von Ähnlichkeiten zusammenzustellen. Würden Sie deshalb behaupten, wir seien eineiige Zwillinge?

ER: Das ist natürlich völliger Blödsinn.

ICH: Aber gar nicht so viel blödsinniger als Bouchards These von der Vererbung menschlichen Verhaltens. Er hat nämlich keinerlei „Hintergrundtheorie“ für diese These. Wie ich im vorigen Kapitel gezeigt habe, lehnen moderne Gehirnforscher die Vorstellung völlig ab, daß das menschliche Gehirn von den Genen strukturiert wird. Bouchard scheint solche Theorien nicht zu kennen, zum mindesten bezieht er sich nicht auf sie.

ER: Aber wie kann denn dann ein namhafter, anerkannter Wissenschaftler so unredlich arbeiten und dann noch so viel Publizität bekommen?

ICH: Fragen Sie ihn! Ich glaube, daß er die Vererbungstheorie um jeden Preis verteidigen will, weil sie ihm persönlich so wichtig ist. Und ich glaube, daß seine Arbeit so viel Publizität bekommt, weil so viele Menschen sich an die Vererbungstheorie klammern, auch wenn sie inzwischen unhaltbar geworden ist, da sie eben so bequem und einfach ist. Sie gibt auf alles eine Antwort. Wenn man beim anderen irgendein Verhalten nicht versteht: Vererbung. Was man an sich oder anderen überragend findet: Vererbung. Was man an sich und den anderen nicht mag: Vererbung. Man braucht keine zwischenmenschlichen, keine sozialen Zusammenhänge mehr zu erkennen, braucht sich nicht verantwortlich zu fühlen, auch niemand anderen verantwortlich zu machen – bequemer geht's nicht! Und vor allem ist die Vererbungstheorie im politischen Bereich hervorragend anzuwenden! Die Zwillingsstudien sind dafür ein Beleg: In allen Berichten wird aus den angeblichen „Ergebnissen“ der Schluß gezogen, daß man sich ja dann die spezielle schulische Förderung von sozial Schwachen ersparen könne, um stattdessen „Eliten“, d. h. die eigene Gruppe, zu fördern. Denn wenn die Wissenschaft „beweist“, daß so viel vererbt ist, dann trifft dies natürlich auch auf die „Intelligenz“ – was immer das sein mag – zu. Man hat eine Handhabe, um keine Verantwortung für die soziale Benachteiligung von Menschen zu übernehmen. Wissenschaft ist da, um Politik zu legitimieren!

ER: Verehrteste! So weit dürfen Sie nun aber doch nicht gehen, Wissenschaft und Politik sind nun einmal zweierlei!

ICH: Schön wär's! Oder nein: Schön wär's, wenn wir endlich begreifen würden, daß alles menschliche Handeln „politisch“ ist – und daß jeder, zum Beispiel ein Wissenschaftler, der behauptet, sein Handeln sei unpolitisch, ganz besonders politisch handelt!

ER: Ich glaube, das gehört nicht mehr zum Thema. Frau Krüll, ich danke Ihnen für das Gespräch!

DIALOG III

Zur Abtreibung

(„SIE“ ist diesmal eine Freundin, die mir ernsthaft abriet, über das uterine Leben zu schreiben, weil ...:)

SIE: Also ich bin überhaupt nicht einverstanden, wie du das uterine Leben des Menschen so detailliert und einfühlend beschreibst. Das ist Wasser auf die Mühlen der Abtreibungsgegner. Du weißt doch genau, daß man in Beratungsstellen bereits den Frauen, die abtreiben wollen, Ultraschallaufnahmen ihres purzelbaumschlagenden Fötus vorführt in der Absicht, sie von ihrem Entschluß abzubringen.

ICH: Das ist für mich kein Argument. Ich habe mich als Fötus und Embryo beschrieben, denn so bin ich mal gewesen. Was Leute, deren politische Meinung ich nicht teile, damit machen, kann ich nicht beeinflussen.

SIE: Kannst du wohl! Du brauchst darüber nicht zu schreiben! Vor allem nicht so liebevoll, daß mir als Frau wirklich schlecht wird, wenn ich mir vorstelle, dieses fühlende, wache Lebewesen zu töten. Und wenn du das auch noch in der Wir-Form schreibst, denkt jede Leserin und jeder Leser doch nur daran, wie schrecklich es wäre, wenn sie oder er selbst abgetrieben worden wäre. Das ist eine Emotionalisierung, mit der du allen bewußten Frauen in den Rücken fällst.

ICH: Ich meine, daß ich das nicht tue. Ich bin ja selbst eine entschiedene Befürworterin der Abschaffung des Paragraphen 218. Aber mir gelingt es, mein Wissen um das Leben des Embryos und Fötus mit dem Plädoyer für die Abtreibung in Einklang zu bringen. Natürlich hast du recht: Es wäre viel bequemer, dieses Wissen zu ignorieren oder zu verdrängen. Aber das halte ich als Wissenschaftlerin und auch als politisch handelnde Person für unehrlich. Ich lehne es ab, dieses Wissen mir selbst und der Öffentlichkeit vorzuenthalten.

SIE: Ist dir klar, daß dies die Frage nach der Verantwortlichkeit der Wissenschaftler und Wissenschaftlerinnen ist, wie sie sich damals den Erfindern der Atombombe stellte? Da sagen heute alle, daß sie ihr Wissen nicht hätten weitergeben dürfen.

ICH: Für mich ist da ein Unterschied. Die Atombombe brachte eine qualitativ enorme Veränderung der Kriegsführung, während ein Krieg – noch dazu ein Weltkrieg – in Gang war. Dagegen ist das in meinem Buch enthaltene Wissen längst bekannt und wird – wie du ja selbst sagst – von Abtreibungsgegnern allenthalben benutzt. Ich meine, daß es möglich ist, gerade durch dieses Wissen den feministischen Interessen, die ja weit über die Kampagne für die Legalisierung der Abtreibung hinausgehen, Nachdruck zu verleihen.

SIE: Also das erscheint mir geradezu absurd!

ICH: Wenn wir als Frauen von der vorgeburtlichen Entwicklung reden, denken wir meist nur daran, daß wir selbst Mütter werden könnten oder schon sind. Wir fühlen uns verantwortlich für das Ungeborene, empfinden daher die Diskussion darüber als offenen oder versteckten Vorwurf gegen uns.

SIE: Und so ist es ja auch gemeint – als Kritik an den Frauen.

ICH: Ja, aber wir können diese Diskussion auch anders führen und den Vorwurf zurückweisen, indem wir sagen, daß keine Frau, die ungewollt schwanger wird, allein dafür verantwortlich ist. Denn schließlich ist auch der Mann daran beteiligt, immer aber auch noch viele andere Personen, die durch direktes oder indirektes Tun oder Unterlassen dazu beigetragen haben, daß die Frau keine oder keine ausreichenden Verhütungsmittel angewendet hat, daß sie nicht selbstbewußt genug war, um von dem Mann Mitverantwortung für eine mögliche Schwangerschaft zu verlangen oder daß sie überhaupt nicht aufgeklärt war über ihren eigenen Körper, ihre eigene Sexualität. Betrachtet man unsere Gesellschaft insgesamt, dann ist die extrem gespaltene Einstellung zur Sexualität mit Sicherheit einer der Hauptgründe für ungewollte Schwangerschaften, so daß man die Verantwortung sozusagen auf alle Menschen unserer Gesellschaft übertragen kann. Man kann sogar auch noch auf zurückliegende Generationen schauen, die dazu beigetragen haben, daß sich in unserer Kultur und Gesellschaft eine Körperfeindlichkeit entwickelt hat, die insbesondere für Frauen verheerende Wirkungen hat. Nur sehr wenige Frauen kennen ihre eigenen Geschlechtsorgane und sind über ihre Funktionen ausreichend informiert. Die abendländisch-jüdisch-christliche Kultur hat die weibliche Sexualität verpönt, für schmutzig, für gefährlich erklärt und läßt sie nur zur Reproduktion gelten. Frauen haben diese Definitionen weitgehend in ihr Selbstbild übernommen.

SIE: Dazu kommt, daß im Patriarchat der weibliche Körper als Besitz des Mannes gilt, der ihm für seine Bedürfnisbefriedigung zur Verfügung zu stehen hat.

ICH: Genau. Und das ist sogar noch rechtlich festgelegt, deshalb kann es Vergewaltigung in der Ehe angeblich gar nicht geben! Ich wollte aber noch auf was anderes hinaus: Wir Frauen wissen selten über die Funktionen unseres Körpers, gerade hinsichtlich Fruchtbarkeit, Menstruation, sexueller Erregbarkeit usw. Bescheid. Wir wissen auch nicht, wie stark diese Funktionen von Bildern, Gefühlen, die wir von unserem Körper haben, abhängen, wie sehr wir unsere Muskeln, Hormone, unsere Sinnesorgane, kurz unser ganzes Sein dadurch beeinflussen können. Wir wissen selten, daß Empfängnisverhütung von jeder Frau, die Zugang zum Wissen und Verständnis ihres Körpers gefunden hat, selbst auf natürliche Weise vorgenommen werden kann. Es ist im übrigen ein Wissen, das nicht zuletzt durch die patriarchalische Zivilisation im Verlauf der Hexenverfolgung vernichtet wurde, um männliche Interessen zu wahren.

SIE: Also du sagst, daß Frauen nicht abtreiben müßten, wenn sie sich mehr Wissen über ihren eigenen Körper verschafften. Damit sagst du, daß wir Frauen selbst an allem Schuld sind.

ICH: Nein! Ich suche keine Schuldigen. Ich sehe uns alle als Frauen und Männer im Patriarchat! Es sind die *gesellschaftlichen* Bedingungen, die Frauen zur Abtreibung zwingen. In solchen größeren Zusammenhängen sind wir in der Tat alle beteiligt – schuldig und unschuldig zugleich. Unsere Welt ist extrem kinderfeindlich, wenn nicht gar menschenfeindlich. Wir heutigen Menschen tragen ebenso wie die Menschen aus vorangegangenen Generationen dafür Verantwortung, daß unsere Welt zu einer unwirtlichen Stätte geworden ist, die – so scheint es mir – auf den Abgrund zurollt. Ich kann alle Frauen und Männer sehr gut verstehen, die sich aus diesem Grund weigern, überhaupt Kinder zu haben. Und selbst wenn man diesen globalen Pessimismus nicht teilt, ist es in meinen Augen mehr als verständlich, wenn sich Frauen zu einer Abtreibung entschließen, weil ihnen die Bürde der jahrelangen Sorge für ein Kind in einer Gesellschaft, die ihnen kaum etwas von der Last abnimmt, zu schwer erscheint.

SIE: Also du willst sagen, daß Frauen in unserer Zeit eigentlich gar keine Kinder mehr kriegen sollten?

ICH: Sie verhalten sich doch längst schon so. Die Geburtenzahlen sind seit etwa Mitte der sechziger Jahre rapide zurückgegangen. In der Bundesrepublik wurden vorher etwa eine Million Kinder im Jahr geboren, seitdem nur noch eine halbe Million. Aber ich begrüße diese Entwicklung nicht. Ich finde es traurig, daß wir in einer Zeit leben, in der so viele Menschen ihr eigenes Leben nicht mehr mit dem ihrer Kinder fortsetzen wollen.

SIE: Doch zurück zu unserem Thema. Mich hast du bis jetzt nicht überzeugt, wie die Beschäftigung mit dem uterinen Leben ihres Kindes eine Frau motivieren kann, eine Abtreibung zu machen!

ICH: Darauf läuft meine Argumentation auch nicht hinaus. Ich will sagen, daß eine Frau, die sich zum Abbruch einer ungewollten Schwangerschaft entschließt, weil sie die Verantwortung für ein Kind angesichts der Menschenfeindlichkeit unserer Welt nicht übernehmen will, eigentlich verantwortungsvoller handelt als diejenigen, die sie deshalb anprangern. Sie wird ja nach der Geburt mit allen Belastungen allein gelassen, auch noch verantwortlich gemacht, wenn sie das Kind nicht angemessen versorgen kann. Und ein Kind, das seinen Eltern, besonders seiner Mutter, eine Last ist, kann nur in Ausnahmefällen zu einem Menschen heranwachsen, der mit sich und der Welt eins ist. Mein Buch ist ein Versuch, diese Zusammenhänge deutlich zu machen.

SIE: Ich verstehe dich immer noch nicht. Einerseits sagst du, daß Frauen keine Kinder kriegen sollen, andererseits, daß sie sich liebevoll um sie kümmern sollen.

ICH: Ich sage vor allem, daß es nicht nur die schwangere Frau oder Mutter ist, der die volle Verantwortung für eine Abtreibung oder für die Geburt und jahrelange Versorgung eines Kindes aufgebürdet werden darf. Ich sage, daß Mensch-Werden ein Prozeß ist, der vollständig in das gesamtgesellschaftliche Geschehen eingebettet ist. Sogar schon im Mutterleib wirkt „Gesellschaft" auf das ungeborene Kind. Sie wirkt vor allem über die Mutter auf das Kind. Wenn wir also unsere Gesellschaft so gestaltet haben, daß Frauen ungewollt schwanger werden – sei es, weil sie und ihr Partner eine Empfängnis nicht verhüten konnten, sei es, weil sie nicht genügend Unterstützung nach der Geburt bekommen –, dann müssen wir daran etwas ändern. Ich meine daher, daß detailliertes Wissen über die vielfältigen Lebensäußerungen des Embryo oder Fötus *uns alle* aufrütteln sollte, die Notwendigkeit von Abtreibungen zu beseitigen. In der Tat ist in meinen Augen die Abtreibung eines Embryos die Tötung eines menschlichen Wesens und die Abtreibung eines Fötus sogar die Tötung eines fühlenden menschlichen Wesens! Es sollte alles getan werden, um eine solche Tötung zu vermeiden. Aber das ist das Wichtige: Es ist *nicht* die Frau, die tötet, sondern es sind wir alle, die sie in eine Situation gebracht haben, wo sie keinen anderen Ausweg weiß.

SIE: Du meinst also, daß eine Schwangere, die abtreibt, sich zwar klar sein sollte, daß sie tötet, aber daß diese Tötung keine private Sache, sondern ein Politikum ist. Und weil das für sie eine so ernste Sache ist, soll ihre politische Motivation umso intensiver werden.

ICH: So meine ich es. Es gibt kaum eine Frau, die bei einer Abtreibung nicht das Gefühl hat zu töten, also Schuldgefühle entwickelt – ob sie den Fötus purzelbaumschlagend im Ultraschall gesehen hat oder nicht. Man braucht daher keinen weiteren Druck auf die Frauen auszuüben, Abtreibungen zu vermeiden. Man muß ihnen aber Hilfestellungen geben, um nicht in die Situation zu kommen, eine ungewollte Schwangerschaft abbrechen zu müssen. Und wenn sie keine Hilfe bekommt, soll sie wenigstens keine Schuldgefühle haben. Solange wir unsere Gesellschaft nicht so gestalten, daß es sich für alle Menschen in ihr gut leben läßt und es daher auch gut und richtig ist, neuen Menschen das Leben in dieser Welt zu geben, solange ist die Abtreibung eines ungewollten Kindes zwar eine schlechte Lösung, sie muß aber als Ausweg unbedingt offenbleiben.

SIE: Man sollte dabei auch nicht vergessen, daß schließlich in unseren Gesellschaften das Töten zu den „normalen" Vorkommnissen gehört – in Form von lebenvernichtender Umweltverschmutzung, radioaktiver Verseuchung, von (selbst-)mörderischer Verkehrsplanung, ganz zu schweigen vom Wahnsinn der Kriegsvorbereitungen mit geplantem zigfachen Overkill. Da ist es eine scheinheilige Heuchelei, die Abtreibung eines ungeborenen Kindes als besonders schweres, moralisch verwerfliches Vergehen anzuprangern. In einer Gesellschaft, in der die Menschen so wenig Ehrfurcht vor dem Leben haben wie bei uns, hat kein Mensch das Recht, eine Frau, die sich zu einer Abtreibung entschließt, zu verurteilen.

ICH: Und deshalb glaube ich, daß mein Buch eine Argumentationshilfe für Frauen ist, die die Legalisierung der Abtreibung fordern. Ich stelle dar, daß es das menschliche Leben „an sich" nicht gibt. Infolgedessen ist es auch unsinnig, es schützen zu wollen, wie die Abtreibungsgegner verlangen. Mensch-Sein heißt Mit-anderen-in-einer-symbolisch-gefaßten-Welt-Sein. Wenn ein Kind in eine Welt geboren wird, in der es ungewollt ist, also dementsprechend auch nur ein Ich aufbauen kann, das sich selbst für unerwünscht hält, dann wird dieses Kind mit sehr hoher Wahrscheinlichkeit Destruktion oder Selbstdestruktion als Verhalten zeigen. Eine Abtreibung ist in diesem Sinne nur die Tötung eines „potentiellen“ Menschen, da jeder Embryo oder Fötus das Potential zur Symbolbildung, zum Mensch-Werden besitzt. Die Geburt eines ungewollten Kindes ist dagegen für mich so viel wie das Todesurteil für einen „wirklichen“ Menschen, denn dieses Kind erfährt ja auf den vielen Wegen der Tiefenkommunikation, daß es eigentlich nicht leben sollte. Und meist kommen diese Menschen dann auch tatsächlich irgendwann auf eine gewaltsame Weise – etwa durch Selbstmord, psychosomatische Krankheiten oder Suchtverhalten – zu Tode. Eine Frau, die diese Zusammenhänge begriffen hat, wird zum einen alles tun, um selbst eine ungewollte Schwangerschaft zu verhüten, zum anderen wird sie sich politisch dafür einsetzen, daß auch andere Frauen nicht ungewollt schwanger werden und daß Frauen, denen es doch passiert, legal abtreiben können.

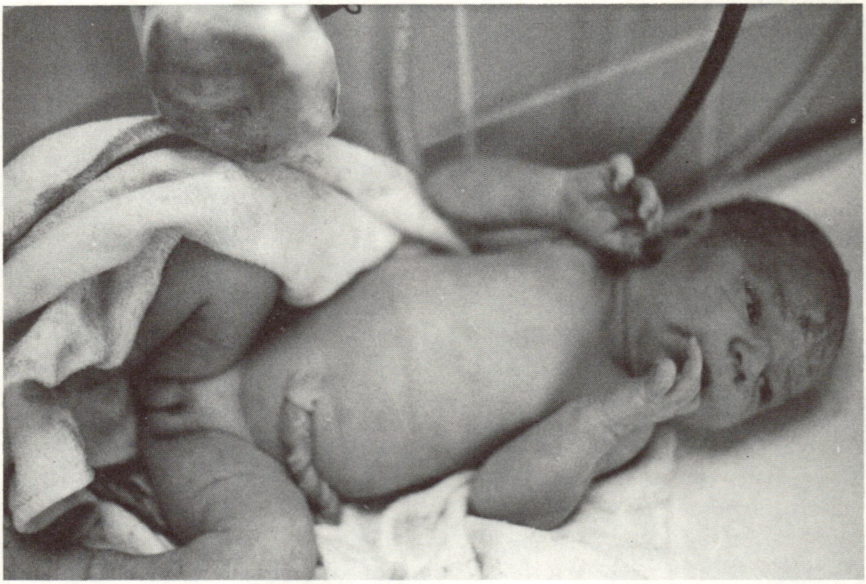

Kapitel 3
Die Geburt[13]

„Die Zeit unmittelbar nach der Geburt ist der Teil des Lebens außerhalb des Mutterleibes, der die nachhaltigsten Eindrücke hinterläßt. Was einem Baby dann begegnet, ist für sein Gefühl das Wesen des Lebens selbst, so wie es sein wird. Jeder spätere Eindruck kann, in höherem oder geringerem Maße, jenen ersten Eindruck lediglich modifizieren."
(Jean Liedloff: Auf der Suche nach dem verlorenen Glück, S. 50)

„Als Menschen, als Eltern, als Frauen haben wir nicht nur das Recht, sondern meines Erachtens auch die Verpflichtung, eine Kultur der Geburt in unserer Gesellschaft zu schaffen, die jene Werte menschlicher Beziehungen zum Ausdruck bringt, die für uns wichtig sind."
(Sheila Kitzinger: Die Geburt ..., S. 67)

Wir waren also fühlende, mit allen Sinnen empfindende Menschenkinder, als wir – im Normalfall etwa 38 Wochen nach dem Anfang unseres Seins – mit Gewalt aus unserer Behausung vertrieben wurden. Nie wieder haben wir eine ähnlich gewaltige Veränderung aller unserer Lebensumstände erlebt wie im Zusammenhang mit unserer Geburt.

Noch heute behaupten manche Menschen, darunter sogar auch Experten, daß wir als Kind unsere Geburt nicht erlebt hätten, weil unsere Sinne noch nicht weit genug entwickelt gewesen seien oder weil die Reizschwelle für die Aufnahme von Sinneseindrükken während des Geburtsvorgangs heraufgesetzt sei. Wir hätten somit nichts empfunden, also auch keine Schmerzen gehabt. Meines Erachtens ist eine solche Ansicht geradezu absurd. Zwar können wir kein Kind nach seinen Empfindungen während seiner Geburt befragen, aber alle Beobachtungen, die wir machen können, weisen auf eine außerordentliche Aufnahmefähigkeit des

Neugeborenen hin. Auch unser inzwischen vorhandenes Wissen über das vorgeburtliche Leben läßt keinen anderen Schluß zu, als daß wir unsere Geburt intensiv erlebt haben.

Vertreter der „natürlichen Geburt", allen voran Frédérick Leboyer, gehen davon aus, daß das Kind die gewaltigen Unterschiede zwischen den vor- und den nachgeburtlichen Wahrnehmungen mit äußerster Schärfe empfindet, eben weil es noch keinerlei Schutzmechanismen zur Abwehr extremer Sinnesreize entwickeln konnte.

Versetzen wir uns in das Kind zurück, das wir damals kurz vor unserer Geburt waren und stellen wir uns vor, wie wir den Übergang von der einen zur anderen Welt erlebten. Zwar ist „Geburt" nicht gleich „Geburt", wir sind auf sehr unterschiedliche Weise auf die Welt gekommen – etwa als Hausgeburt, mit Kaiserschnitt oder in einer Klinik bei Vollnarkose der Mutter – , dennoch gab es bestimmte Erfahrungen, die wir alle, oder wenigstens die meisten von uns im Verlauf unserer Geburt gemacht haben.

Bis auf diejenigen von uns, die ohne Wehen der Mutter mit Kaiserschnitt geboren wurden, haben wir alle jenen sicherlich unangenehmen, möglicherweise auch schmerzhaften Druck empfunden, als sich unsere Behausung während der Wehen zusammenzog. Durch die eingeschobenen Pausen war der Druck wahrscheinlich noch einigermaßen erträglich. Auch kannten wir das Gepreßt-Werden bereits, denn schon mehrere Wochen vorher hatte sich die Gebärmutter hin und wieder wehenartig zusammengezogen. Wir waren sozusagen auf das Zusammengedrückt-Werden vorbereitet.

Dennoch waren die intensiven Druckempfindungen wegen der immer stärker werdenden und in immer kürzeren Abständen erfolgenden Kontraktionen der Gebärmutter mit Sicherheit nicht angenehm. Wir haben uns dagegen gewehrt, haben gestrampelt und damit auch aktiv zu unserer Befreiung beigetragen. Wir mußten uns mehrfach drehen und krümmen, damit sich der Kopf und die Schultern an die Form des Beckens der Mutter anpassen konnten (Abb. 26).

Der Austritt aus der Enge muß daher eine Erlösung und Befreiung von Schmerzen und unerträglichem Druck gewesen

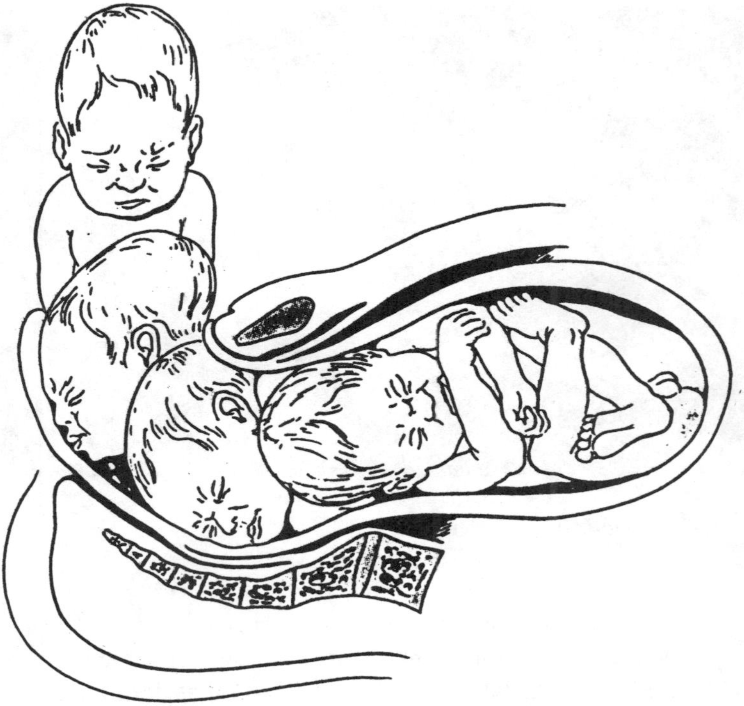

26 Die vier Phasen einer Geburt

sein. Eine normale Geburt ist wie eine Selbstbefreiung, die uns aus einer sehr unangenehmen Situation herausführt und große Erleichterung bringt (Abb. 27).

Und nun war alles anders: Wir richteten unsere Aufmerksamkeit auf die neue Welt, wenn wir in einem Zustand des hellen Wachseins waren, der aber selten lange andauerte. Meist schlafen Neugeborene nach der Geburt vor Erschöpfung zunächst einmal ein. Und wenn uns die ungewohnte Welt mit allzuvielen unangenehmen neuen Eindrücken überwältigte, dann fanden wir nicht einmal Ruhe, sondern haben geschrien. Allerdings konnte man uns mit „Erinnerungen" an unsere gerade verlassene Welt – Streicheln, Dunkelheit, Festhalten, Rhythmen, die wie der Herzschlag

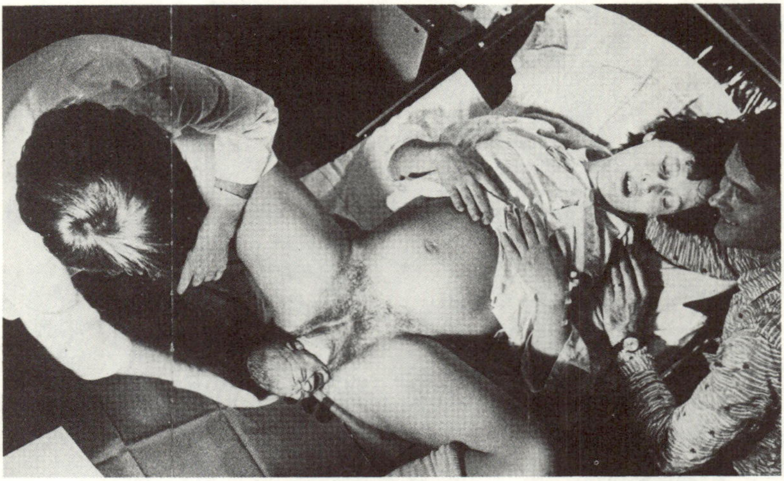

27 Halbgeboren

klingen, die Stimme der Mutter – sehr schnell wieder beruhigen.

Es ist unmöglich, das Erlebnis unserer Geburt in der Ganzheitlichkeit und Totalität wiederzugeben, in der wir es damals erfahren haben. Unsere Sprache ist dafür völlig unzureichend. Deshalb wollen wir im folgenden versuchen, uns die Veränderungen der einzelnen Sinneswahrnehmungen vorzustellen, um so wenigstens annähernd ein Gefühl dafür zu bekommen, was die Geburt für uns bedeutet hat.

Veränderungen der Sinneswahrnehmungen während und kurz nach der Geburt

Motorik – Bewegungsempfinden

Unsere Herberge, der Mutterleib, hatte uns in den letzten Wochen fest umschlossen. Wir hatten uns zusammenkrümmen müssen und konnten uns kaum bewegen. Die Geburt muß daher für uns eine explosionsartige Befreiung gewesen sein. Der Rücken, der vor der Geburt gebogen war, konnte sich strecken, die Gliedmaßen sich frei bewegen. Mit Leboyer können wir jedoch vermuten, daß wir mit dieser Freiheit zunächst nichts anfangen konnten, weil die Veränderungen viel zu heftig für uns waren. Wir brauchten einige Zeit, um uns daran zu gewöhnen. Leboyer empfiehlt, ein Neugeborenes auf den Bauch der Mutter zu legen und es zu streicheln, um ihm das Gefühl von Umschlossen-Sein wiederzugeben. Besonders der Rücken sollte eine feste Berührung erfahren.

Ebenfalls völlig neu war das Schweregefühl. Im Mutterleib konnten wir unser eigenes Gewicht nicht spüren, nach der Geburt mag es uns erschreckt haben. Leboyer rät, das Kind spielerisch daran zu gewöhnen, indem es im Bad vorsichtig aus dem Wasser gehoben und wieder zurückgesenkt wird, so daß es sich mit dem eigenen Schweregefühl langsam vertraut machen kann.

Bewegungen, die wir schon kannten, wie Dreh-, Schwenk-, Kippbewegungen waren ohne die schützende Geborgenheit des mütterlichen Leibes sehr neuartig. Vielleicht war für uns sogar die Ruhe, das Stilliegen auf einem unbewegten Untergrund erschrekkend. Denn das hatte es in unserem bisherigen Leben überhaupt noch nicht gegeben. Selbst wenn die Mutter schlief, bewegte sich ihr Körper mit der Atmung, wir waren also nie der völligen Bewegungslosigkeit ausgesetzt. Auch daran, so empfiehlt Leboyer, sollte man das Neugeborene behutsam gewöhnen.

Und was hat es mit den komplexeren Mustern von Eigenbewegungen des Neugeborenen auf sich, die gewöhnlich unter dem Begriff „Reflex“ zusammengefaßt werden? Damit sind bestimmte automatische Bewegungen gemeint, die bei allen gesunden Neugeborenen auftreten und nach einigen Wochen verschwinden. Das Vorhandensein dieser „Reflexe“ wird daher auch als Zeichen für den neurologischen Gesundheitszustand des Kindes herangezogen. Die meisten dieser „Reflexe“ beziehen sich auf die Motorik, so z.B. das Greifen: Neugeborene sind in der Lage, sich an einem Stab oder am Finger eines Erwachsenen so festzuhalten, daß sie ihr eigenes Gewicht tragen können. Der Laufreflex besteht darin, daß Neugeborene einen Fuß vor den anderen setzen, also richtige Schritte machen, wenn man sie so hält, daß ihre Füße eine feste Fläche berühren. Der Beugereflex läßt Neugeborene ihre Arme und Beine anziehen, wenn man sie an sensiblen Stellen, z.B. an den Fußsohlen berührt. Der Moro-Reflex ist ein ruckartiges Ausbreiten der Arme, wenn man den Kopf des Kindes plötzlich zurücksinken läßt. Der Suchreflex läßt das Kind den Kopf drehen, wenn man seine Wange berührt, es öffnet den Mund und beginnt zu saugen, sobald man ihm etwas in den Mund steckt. Es werden noch eine Reihe weiterer Verhaltensmuster unterschieden und als „Reflex" bezeichnet.

Nun hängen diese „Reflexe" jedoch mit dem Entwicklungsstand des Kindes zusammen. Der Moro-Reflex ist bei zu früh geborenen Kindern (unter 35 Wochen) nicht so ausgeprägt wie bei normal geborenen, und der Beugereflex ist bei Frühgeburten gar nicht vorhanden. Man betrachtet daher diese „Reflexe" allgemein als entwicklungs- oder wachstumsbedingte Anlage, die „spontan" und automatisch, also quasi angeboren auftritt. Manche Autoren glauben beispielsweise, daß der Greifreflex noch ein Verhaltensrelikt aus Zeiten ist, als Menschen noch stärker behaart waren und sich die Neugeborenen wie Affenkinder am Fell der Mutter festhielten.

Wir können aber zur Erklärung dieser „Reflexe" auch die Besonderheiten der uterinen Bewegungsmöglichkeiten des Kindes heranziehen. Denn vielleicht ist das Greifen ein naheliegendes Verhalten der Selbstberührung: Die sehr empfindsamen Fingerspitzen sind der eigenen Handfläche am nächsten, deshalb schließt sich die Hand zum Griff. Und vielleicht hat das „Laufen" etwas mit der Lage des Fötus im Mutterleib zu tun. Der Beugereflex nach der Berührung eines Fußes tritt beispielsweise bei Kindern, die in Steißlage geboren wurden, nicht auf (Schulte). Es besteht also eine direkte Beziehung zwischen der Lage des Kindes im Mutterleib und seinem Reflex-Verhalten. Wenn auch Frühgeborene den Beugereflex nicht zeigen, so könnte es ganz einfach daran liegen, daß sie noch nicht so beengt waren, also auch die Gliedmaßen nicht so eng an den Körper ziehen mußten.

Das motorische Verhalten, das wir mit auf die Welt brachten, war in diesem Sinne nicht „angeboren", sondern wir haben es uns durch Lernen und Üben im Mutterleib angeeignet. Es war sozusagen „angepaßtes" Verhalten in unserer vorgeburtlichen Welt. Wir wissen heute durch die Ultraschalltechnik, wie vielfältig und wie erstaunlich früh Bewegungen beim Fötus zu beobachten sind (vgl. Kapitel 2). Deshalb ist es nicht verwunderlich, daß ein Neugeborenes über eine Vielfalt von motorischen Verhaltensmustern verfügt. Statt nach „angeborenen Reflexen" Ausschau zu halten, sollten wir besser bewundern, wie subtil sich die Motorik des Neugeborenen auf die Art und Weise abstimmt, wie es be-„hand"-elt wird.

Die Haut – Taktiles Fühlen

Unsere Haut mußte sich nach der Geburt völlig umstellen. Im Mutterleib wurde sie besonders am Rücken, am Kopf und an den Gliedmaßen durch die dünne Fruchtblase gegen die weiche Uteruswand gedrückt. Und wo sie nicht die Wände berührte, rieben sich verschiedene Hautpartien aneinander. Das heißt, daß unsere gesamte Körperoberfläche eigentlich ununterbrochen leichten oder stärkeren Berührungs- und Druckreizen ausgesetzt war.

Mit dem Einsetzen der Wehen wurde der Druck in rhythmischen Abständen immer stärker und mit Sicherheit auch schmerzhaft. Obwohl wir möglicherweise auch in der fötalen Zeit bei irgendwelchen Eigenbewegungen oder Bewegungen der Mutter Schmerz empfunden haben, sind uns derart heftige Schmerzen, wie wir sie während der Geburt erleiden mußten, noch nicht begegnet.

Diese starken Druck- und Schmerzgefühle hörten mit dem Austritt aus dem mütterlichen Leib schlagartig auf. Dafür spürte unsere Haut einen völlig unbekannten Reiz, den Temperaturunterschied. Denn da die Temperaturschwankungen im Mutterleib sehr gering waren, haben wir sie vermutlich nicht registriert. Das änderte sich jedoch mit der Geburt. Bei einer „sanften" Geburt wird daher auch besonders darauf geachtet, daß das Kind nicht schockartig der Raumtemperatur ausgesetzt wird, sondern zunächst in Körperkontakt mit der Mutter bleibt, dann in temperiertem Wasser gebadet wird, um schließlich in weichen Decken warmgehalten zu werden.

Aber auch andere Hautreize waren neu. So das Angefaßt-Werden, was zwar den Uterus-Kontraktionen ähnlich gewesen sein mag, sich aber doch ganz anders anfühlte. Leboyer empfiehlt daher auch, das Neugeborene zu streicheln oder zu massieren, weil sich so das Kind an diese Berührungen langsam gewöhnen kann. Auch scheint das Streicheln der Haut verschiedene Körperfunktionen des Neugeborenen anzuregen. So hat man bei vielen Säugetieren beobachet, daß das Geleckt-Werden durch das Muttertier die Ausscheidungsfunktionen fördert oder sogar erst in Gang bringt (siehe Montagu, S. 17).

Und dann kamen wir in Berührung mit Tüchern, Stoffen und wurden in Jäckchen und Hemdchen gezwängt. Diese Hautreize standen in einem enormen Gegensatz zu dem, was wir im Uterus gefühlt hatten. Auch wenn es noch so weiche Materialien waren, sie waren rauh, verglichen mit der Weichheit und Glattheit der „Stoffe“, die wir innen fühlen konnten.

Aber dann wurden wir gebadet und fühlten wieder das vertraute Element des Wassers an der Haut. Leboyer beschreibt – und Fotos bestätigen es –, wie sich das Neugeborene entspannt, wie es die Augen weit öffnet und wie es offenbar genießt, in dieser neuen Welt etwas Vertrautes wiederzufinden (Abb. 28).

Die Ohren – Hören

Während der ersten etwa zehn Tage unseres nachgeburtlichen Lebens hörten wir anders als danach, denn erst nach zehn Tagen entleerte sich das Fruchtwasser aus dem Mittelohr. Das heißt, daß wir anfangs noch ähnlich hörten wie im Uterus. Zwar war die Dämpfung der Geräusche durch die Uterus- und Bauchwände nicht mehr gegeben, doch wie in der uterinen Zeit gelangten vorwiegend nur die Töne hoher Frequenz bis in unser Innenohr. Wir haben deshalb beispielsweise die Stimme unserer Mutter in den ersten Tagen nach der Geburt noch sehr ähnlich gehört wie vorher.

Das wird bestätigt durch Beobachtungen von Neugeborenen, die besonders aufmerksam zuhören, wenn man sie mit einer hohen Stimme anspricht.[24] Ganz besonders intensiv lauschen sie der Stimme der eigenen Mutter, durch die sie sich auch leichter beruhigen lassen.

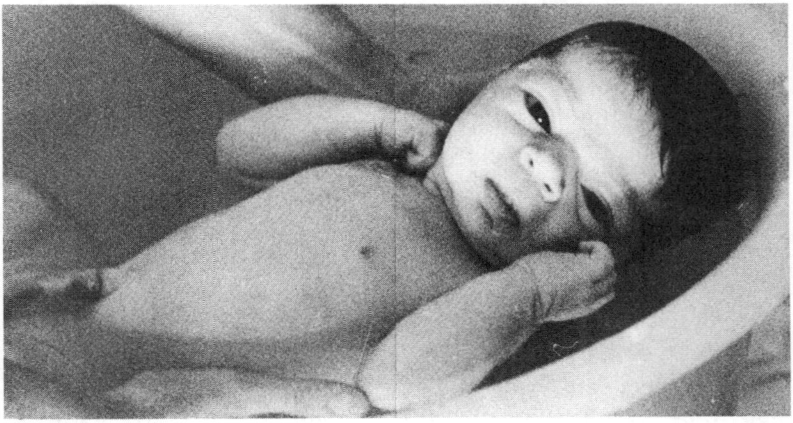

28 Das erste Bad

Interessant ist auch die Beobachtung, daß Neugeborene aufmerksamer werden, wenn man eine „richtige“ Sprache spricht und nicht irgendwelche sinnlosen Silben. Der echte Rhythmus der gesprochenen Sprache scheint dem Kind vertraut zu sein. Wie erwähnt, behauptet Tomatis sogar, daß das Kind die Sprache der Mutter, also Deutsch, Englisch usw. an der jeweils unterschiedlichen Frequenzmischung erkennen kann. Das würde heißen, daß wir bereits im Uterus und dann weiter nach der Geburt unsere „Mutter“sprache zu lernen begonnen haben.

Diese und andere experimentelle Ergebnisse zeigen ohne jeden Zweifel, daß wir als Neugeborene unsere vorgeburtlichen Hörerfahrungen in die neue Welt mitgenommen haben. Wahrscheinlich war das Hören derjenige Sinn, der sich am wenigsten veränderte. Allerdings gab es auch hier gewaltige Unterschiede. Alle Geräusche waren trotz der anfänglichen Filterung durch das Fruchtwasser im Mittelohr sehr viel lauter zu hören als im Mutterleib. Und wie mag es wohl für uns gewesen sein, unsere eigene Stimme zu hören, besonders unser Schreien? Etwas Ähnliches hatten wir noch nie gehört. Ich stelle mir diese Erfahrung als sehr eindrücklich vor.

Sehr anders war nach der Geburt auch die räumliche Ortung durch das Hören. Wahrscheinlich haben wir auch schon im Mutterleib Geräusche, die von verschiedenen Richtungen (oben-unten, rechts-links) kamen, unterscheiden können. Denn Neugeborene können sofort nach der Geburt ihre Aufmerksamkeit nach rechts oder links wenden, wenn ein Ton – z. B. eine Rassel – auf der entsprechenden Seite erklingt. Man kann dies an den Augenbewegungen erkennen, das Kind dreht sogar den Kopf in die jeweilige Richtung (Abb. 29).

Wie ich in Kapitel 5 noch ausführlicher darstellen werde, ist das Hören eine der fundamentalen Grundlagen der Sprachfähigkeit. Taubgeborene Kinder können spontan keine Sprache erlernen. Aber auch eine fehlende Bereitwilligheit hinzuhören kann die Sprachentwicklung beeinträchtigen. Wenn das Hören kein Zu-Hören ist, wenn also das Kind nicht willig ist, die Töne als Muster, als Unterschiede in Kombination mit anderen Wahrnehmungen aufzunehmen, dann kann dies zu gravierenden Kommunikationsbehinderungen und Entwicklungsstörungen führen. Schon bei der Geburt kann das Kind seine Ohren „verschließen", wenn die akustischen Eindrücke zu erschreckend sind oder die Geburt insgesamt ein Schockerlebnis ist. Tomatis erklärt den frühkindlichen Autismus, die nahezu vollkommene Abwendung eines Kindes von seiner Umwelt, als eine Verweigerung des Hin-Hörens, des Horchen-Wollens, die mit der Geburt beginnt.

Die Augen – Sehen

Das Sehen war für uns nach unserer Geburt – im Gegensatz zum Hören – eine gänzlich neue Erfahrung. Zwar konnten wir wahrscheinlich mindestens ab dem sechsten uterinen Monat, als unsere Augen wieder geöffnet waren, Helligkeitsunterschiede wahrnehmen (vgl. Kapitel 2). Auch könnte es sein, daß wir eine Rot- oder Orange-Tönung gesehen haben, wenn sich unsere Mutter in hellem Licht aufhielt. Ein differenziertes Struktur-Sehen war jedoch erst nach der Geburt möglich. Daher scheint das Sehen zum Leit-Sensorium im neuen Leben geworden zu sein. Wachsein heißt jetzt, mit offenen Augen zu sehen, während im uterinen Leben das

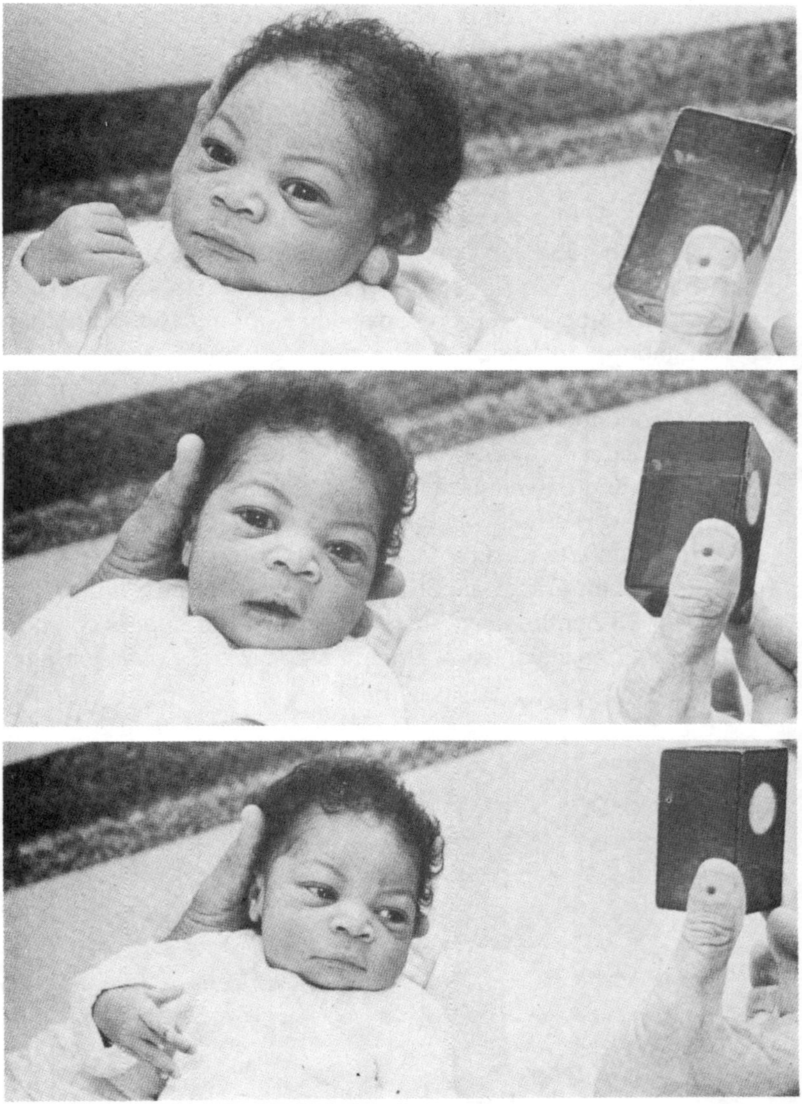

29 Hinhören
Neugeborenes, wenige Stunden nach der Geburt, verfolgt den Klang einer Rassel mit Augenbewegungen und einer Kopfdrehung

Wachsein nur mit Hören und kinästhetischem Fühlen verbunden war.[25]

Es gibt auch heute noch viele Menschen, die meinen, daß das Neugeborene keine Konturen, keine Strukturen sehen könne, sondern die Welt mit seinen Augen sozusagen als Chaos wahrnähme. Diese Vorstellung ist eindeutig widerlegt: Nur wenige Minuten nach der Geburt blicken Neugeborene die Person oder die Dinge, die sie vor sich haben, mit großer Aufmerksamkeit an. Sie folgen einem nahe vor ihren Augen gehaltenen kontrastreichen Gegenstand mit den Augen, drehen sogar den Kopf mit (Abb. 30). Man hat Neugeborenen Bilder präsentiert, die verschiedene Muster, darunter auch menschliche Gesichter, zeigten, und dabei die genauen Augenbewegungen des Kindes und die Dauer der Fixierung eines Bildes festgehalten. Die Ergebnisse zeigen, daß strukturierte Bilder und das menschliche Gesicht eine längere Fixierung des Blicks bewirken als weniger strukturierte.[26]

Vom Augenblick unserer Geburt an konnten wir demnach Formen und Farben erkennen, allerdings nur in einem Bereich von etwa 18 bis 38 Zentimetern Abstand von unseren Augen. Von dort bis zu einer Grenze von etwa einem halben Meter haben wir alles

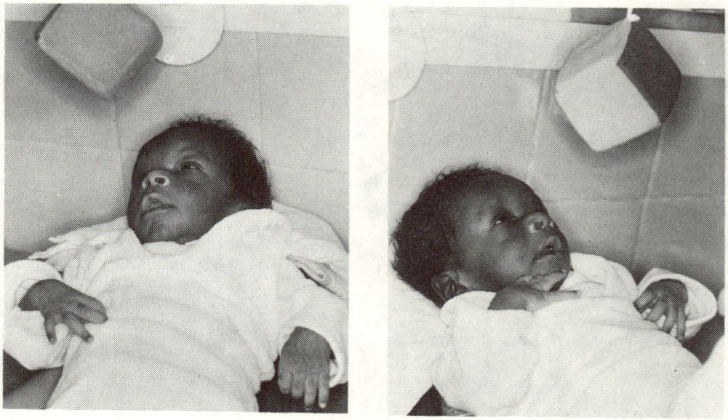

30 Hinsehen
Neugeborenes folgt einem bunten Gegenstand mit einer Kopfdrehung

nur verschwommen wahrgenommen. Unsere Sehschärfe verbesserte sich sehr schnell. Mit etwa zwei Monaten konnten wir schon bis zu 3,5 Metern scharf sehen, mit sechs Monaten besaßen wir die Sehschärfe eines Erwachsenen.

Immer wenn wir im Arm gehalten oder versorgt wurden, haben die Personen, die um uns waren, ihr Gesicht ungefähr in dem Abstand unserer optimalen Sehschärfe gehalten. Als Neugeborenes hatten wir also immer ein menschliches Gesicht vor Augen, wenn wir auf irgendeine Weise be„hand“elt wurden. Es ist einleuchtend, daß dies zu einer wesentlichen Prägung wurde: Immer wenn etwas Reizvolles, Erregendes, meist Angenehmes mit uns geschah, erblickten wir ein Gesicht – Augen, die sich bewegten, Züge, die sich veränderten, einen Mund, der sich im Rhythmus des Gehörten bewegte. Es scheint auch, als könnten Neugeborene schon sehr schnell vertraute Bilder unterscheiden. So zeigten sich acht Tage alte Säuglinge irritiert, wenn die Mutter beim Stillen eine Maske trug. Sie tranken weniger, waren unruhig und fielen nicht so leicht in Schlaf.[26]

In der ersten Zeit kurz nach der Geburt fixieren Kinder scharfe Helligkeits- oder Farb-Kontraste, also etwa die Haare des Erwachsenen gegen den verschwommenen Hintergrund des Raumes. Erst nach einiger Zeit, etwa nach zwei bis drei Monaten, bleiben die Augen auf Teilen innerhalb des Gesichts konzentriert. Interessanterweise fixieren Säuglinge nicht den Mund, aus dem die Stimme ertönt, sondern die Augen. Offenbar „sprechen“ unsere Augen eine deutlichere Sprache für das Kind. Aber auch Gegenstände, Bilder, Muster können die Aufmerksamkeit von Neugeborenen festhalten; besonders wenn die Gegenstände in Bewegung sind, folgen sie ihnen mit den Blicken.

Die Nase – Atmen und Riechen

Das Atmen ist eigentlich eine Bewegungsempfindung, wenn man an die Lungenbewegungen und ihre Rhythmik denkt, die es in der vorgeburtlichen Zeit noch nicht gab. Da die Nase jedoch unser hauptsächliches Atmungsorgan ist, wollen wir das Atmen mit dem Riechen zusammen betrachten.

Schon als Fötus kannten wir die Atembewegungen des Brustkorbs und das Gefühl, wenn beim Einatmen das Fruchtwasser unsere Nase durchspülte. Im Unterschied zum uterinen Atmen mußten wir jedoch draußen Luft einatmen, und nach der Geburt war das Atmen kein spielerisches, gelegentliches Geschehen, sondern eine automatische Bewegung, die es im Mutterleib nicht gegeben hatte.

Der erste Atemzug in der Luft muß für uns schmerzhaft gewesen sein. Leboyer vergleicht das Gefühl mit dem Schmerz bei einer Brandverletzung durch Feuer oder durch Säure und empfiehlt daher, dem Kind die Lungenatmung nicht sofort zuzumuten, sondern ihm Zeit zu lassen, sich daran zu gewöhnen. Das ist möglich, wenn die Sauerstoffzufuhr noch einige Minuten durch die Nabelschnur erfolgt, wenn also die Nabelschnur erst dann durchgetrennt wird, wenn sie nicht mehr pulsiert. Das Kind kann dann vorsichtig die ersten Atemzüge probieren, bis ihm das Atmen vertraut ist und dann auch die lebenserhaltenden Funktionen der Nabelschnur aufhören. Kinder, die so geboren werden, schreien kaum, sie geben meist geradezu ausdrucksvolle Töne des Staunens von sich.

Zur selben Zeit als unsere Lungenatmung einsetzte, stellte sich auch der Blutkreislauf um. Der sogenannte „kleine Kreislauf" zwischen Lunge und Herz setzte zum erstenmal ein. Vor der Geburt wurde unser Blut in der Plazenta erneuert, die den Sauerstoff aus dem Blut der Mutter übertrug. Nachdem unsere Nabelschnur durchtrennt war, wurde dem Blut durch unsere eigene Lungenatmung der nötige Sauerstoff zugeführt.

Das rhythmische Ein- und Ausatmen hat uns von da an bis heute begleitet. Wie waren wohl unsere ersten Atemzüge? Nachweislich haben Menschen, deren erste Atemerfahrungen angstvoll waren, auch im weiteren Leben häufiger Probleme mit dem Atmen als Menschen, die keinen Atemschock bei ihrer Geburt erleiden mußten. Solche Probleme können von der Anfälligkeit für Erkältungskrankheiten bis zum Asthma oder zu Lungenkrankheiten reichen. Die späteren Symptome treten dann immer in Verbindung mit aktuellen Angstzuständen auf, in denen sich die ursprüngliche Geburtsangst sozusagen körperlich widerspiegelt.[27]

Deshalb ist es auch sicher kein Zufall, daß in sehr vielen Therapieformen Atemübungen im Mittelpunkt stehen. Noch einmal neu atmen zu lernen, die Ängste, die mit dem Atmen zum Ausdruck kommen oder durch bestimmte Atmungsformen entstehen, zu erfahren und möglicherweise tatsächlich zur ersten Atemerfahrung zurückzufinden, kann außerordentlich heilsam sein.

Und wie war es mit dem Riechen? Da das Riechen wahrscheinlich im Mutterleib noch nicht möglich gewesen ist, war es wie das Sehen eine völlig neue Erfahrung für uns. Es scheint, daß Gerüche von Geburt an deutlich unterschieden werden können. Wenn man nämlich Neugeborene zwischen zwei Tücher legt, von denen das eine an der Brust der Mutter gelegen hatte, das andere von einer anderen Person stammt, dann dreht sich das Kind deutlich häufiger zu dem Tuch der Mutter. Alle Gerüche, die mit besonderen Situationen (Gestillt-Werden, Gewickelt-Werden usw.) verbunden waren, wurden daher sicherlich zu wichtigen „Ankern“, die unsere Wahrnehmungen in der neuen Welt mit strukturierten.

Der Mund – Trinken und Schmecken

Völlig neu war für uns nach unserer Geburt die Nahrungsaufnahme, also das Trinken an der Brust der Mutter. Wir haben zwar auch schon im vorgeburtlichen Leben gesaugt und geschluckt, dabei auch Geschmacksempfindungen gehabt, doch wurde nun das Trinken zu einer Lebensnotwendigkeit. Sofort nach der Geburt sind wir zwar noch einige Zeit ohne Milch ausgekommen, dann jedoch brauchten wir Nahrung, wir mußten trinken.

Es ist für ein Neugeborenes nicht leicht, die Milch aus der Brust zu saugen. Die notwendigen sensomotorischen Koordinationen für das Hinunterschlucken und das gleichzeitige Atmen, ohne sich zu verschlucken, müssen geübt werden. Wie schnell wir als Neugeborenes lernten, zeigt sich jedoch darin, daß wir nach wenigen Malen des Anlegens diese Integration beherrschten.

Die Erfahrung, gestillt zu werden, war für uns alle von großer prägender Bedeutung. Denn anders als beim Atmen waren wir bei der Nahrungsaufnahme immer von anderen Menschen abhängig. Wir wurden gehalten, bewegt, berührt, wir sahen das Gesicht, hörten die Stimme der Mutter oder der Person, die uns zu trinken gab. All dies wurde Teil eines Gesamtmusters, das sich viele Male am Tag wiederholte. Auch die Variationen wurden uns bald vertraut – die andere Form des Gestillt-Werdens in der Nacht oder zu Zeiten, wenn wir ganz besonders oder noch gar nicht hungrig waren. Das Muster oder besser die Muster der Nahrungsaufnahme stellten für uns eine der ursprünglichsten Formen von zwischenmenschlicher Beziehung dar, denn Gestillt-Werden ist – wie das Wort im Deutschen auch so eindrücklich besagt – weitaus mehr als Gesättigt-Werden. Es ist in gewisser Weise eine Art Rückkehr in den Mutterleib, in ein Gefühl von Wohlsein, das uns aus der anderen Welt vertraut war.

Es war dabei wahrscheinlich nicht einmal wesentlich, ob wir die Milch aus der Brust der Mutter oder aus der Flasche tranken, wichtig war vermutlich vor allem, daß wir jenes Wohlsein erlebten und uns ihm ganz hingeben konnten. Erik Erikson spricht daher auch von dem „Urvertrauen", das sich besonders in der Still-Situation entwickelt.

Wenn dagegen ein Kind von Anfang an Schwierigkeiten beim Trinken hat, und wenn die Mutter nicht mit liebevoller Geduld, sondern mit Angst oder Enttäuschung darauf reagiert, daß das Kind ihre Brust verschmäht, dann kann sich daraus sehr schnell ein Teufelskreis entwickeln, der die Nahrungsaufnahme für das Kind zu einer Qual macht. Das kann bis zur totalen Verweigerung gehen, so daß sich das Kind nicht mehr an die Bust legen läßt. Wenn man die Still-Situation als erste und wichtigste soziale Beziehung des Neugeborenen ansieht, dann bedeutet eine solche negative Erfahrung für das Kind eine schwere Belastung in der Zukunft.

Umgekehrt kann eine befriedigende Still-Erfahrung einem Kind, das eine schwere Geburt hatte, dazu verhelfen, seine traumatischen Erlebnisse zu überwinden. Die im Vergleich zum Leben im Mutterleib extrem negativen Erfahrungsmuster werden dann sozusagen durch neue, positive Muster überlagert. Damit sind die gemachten Erfahrungen nicht verschwunden, aber ihr „Ein-Druck" ist gemildert. Vertreter der natürlichen Geburt plädieren deshalb auch dafür, Neugeborene sofort an die Brust zu legen, selbst wenn bei der Mutter noch keine Milch vorhanden ist. Nach der Anstrengung der Geburt sollte das Kind über so viele Sinne wie möglich Beruhigung finden.

„Tiefenkommunikation" – Das Bonding

Offenbar konnten wir als Neugeborene auf geradezu magische Weise mit unserer Mutter oder anderen Personen, die sich uns intensiv zuwandten, tiefenkommunizieren. Man hat beobachtet, daß das Neugeborene so etwas wie ein „Gespräch" mit seiner Mutter führt, wenn sie mit ihm spricht. Das Kind folgt dem Rhythmus der Pausen, der Intonation und Lautstärke der Erwachsenen-Stimme. Es scheint, als ob das Kind auf diese Weise die Gefühle der anderen Person erfaßt und mit deutlichen eigenen Gefühlen antwortet (Abb. 31 und 32).

Manche Forscher behaupten sogar, daß ein Neugeborenes nicht nur die Gefühle der anderen Person erfassen und in Form von eigenen Gefühlen zum Ausdruck bringen kann, sondern auch schon zur Nachahmung fähig sei. Es ist wirklich verblüffend zu beobachten, wie ein Neugeborenes die eigene Zunge herausstreckt, kurz nachdem der Erwachsene seine Zunge gezeigt hat,

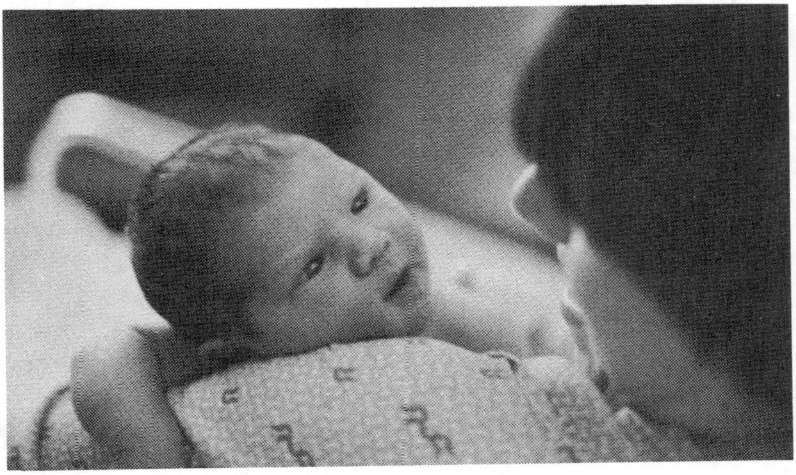

31 Die ersten Augen-Blicke nach der Geburt.

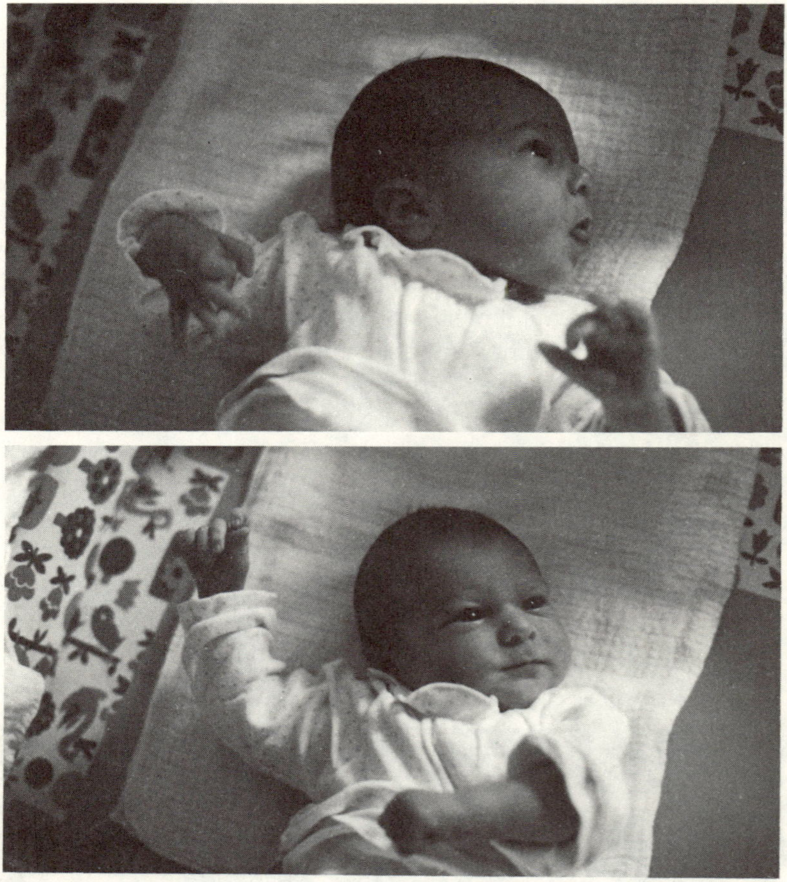

32 Am zweiten Tag: Im „Gespräch“ mit den umstehenden Erwachsenen.

oder den Mund öffnet, wenn auch der Erwachsene das getan hat. Andere Forscher meinen allerdings, daß es sich hierbei nicht um eine gezielte Nachahmung handelt, da die Mimik eines Neugeborenen im Zustand der hellen Wachheit sehr vielfältig ist. Häufig streckt es die Zunge heraus, öffnet den Mund, grimassiert. Ein Zusammentreffen des Gesichtsausdrucks des Erwachsenen mit dem des Kindes wäre daher eher zufällig.

Ganz ohne Frage ist das Kind jedoch darauf eingestimmt, mit dem Erwachsenen zu „schwingen". Die Theorie, daß das Neugeborene sozusagen eine „tabula rasa" ist, wenn es auf die Welt kommt, und erst allmählich in der Lage ist, mit anderen Menschen zu kommunizieren, ist nach diesen Beobachtungen unhaltbar. Wir sollten vielmehr davon ausgehen, daß wir alle schon im Mutterleib eine Fülle von kommunikativen Fähigkeiten entwickelt und geübt haben, die wir nach der Geburt mit den neuen Sinneswahrnehmungen verbinden konnten. Schon in der uterinen Welt haben wir über das Hören und das Bewegungsempfinden Schwingungen aufgenommen und zu Mustern integriert, die dann nach der Geburt so etwas wie ein „Gespräch" mit Personen möglich machen. Das Kind „schwingt" mit seinem Gegenüber. Da wir als Erwachsene für derartige Wahrnehmungsformen meist sehr wenig sensibilisiert sind, erscheint uns sein Verhalten unbegreiflich oder gar „außersinnlich".

Wenn jedes Neugeborene diese enorme Wahrnehmungs- und Reaktionsbereitschaft besitzt, dann war alles, was wir in den ersten Minuten und Stunden erlebten, von entscheidender Bedeutung für unser „In-der-Welt-Sein". Wir haben die Gefühle unserer Mutter, aber auch der anderen Personen, die sich uns zuwandten, gespürt, haben sie zurückgespiegelt. Wir sind mit ihnen in einen „Tanz" eingetreten, in dem sie auf unsere Reaktionen wiederum reagierten, die wir erspürten, auf die wir unsererseits reagierten.

John Bowlby hat diese wechselseitige Verbundenheit „Bonding" genannt. Es scheint, daß es kurz nach der Geburt eine sensitive Zeitspanne von wenigen Stunden gibt, in der sich dieses Bonding optimal entwickeln kann. Dabei ist die Wechselseitigkeit besonders wichtig. Das heißt, auch die Erwachsenen fühlen sich von dem Kind „angesprochen", wenn es sein Verhalten als Reaktion auf ihres verändert. Ihre Zuwendung verstärkt sich, wenn sie meinen, vom Kind wahrgenommen zu werden. Es scheint, daß jeder Mensch, der mit offenen Sinnen bei einer Geburt anwesend ist und diese ersten Reaktionen des Kindes als „Dialog" mit sich wahrnimmt, ein solches Bonding empfindet.

Allerdings sollte man sich unter dem Bonding nicht nur eine positive, liebevolle Beziehung vorstellen. Solange ein Kind überhaupt Zuwendung erfährt, nimmt es sie an, selbst wenn ihm dabei Schmerzen oder unangenehme Sinnesreize zugemutet werden. Das Bonding kann deshalb – das wird oft vergessen – sehr verschiedene Formen haben. Wird das Kind mit Freude, Glück und Liebe auf der Welt begrüßt, dann wird es diese Gefühle widerspiegeln. Wenn es dagegen nach der Geburt eine abweisende oder ungeduldige Behandlung erfährt, wird es dieses Verhalten spiegeln, also etwa seine Sinne vor der Welt verschließen oder mit verzweifeltem Schreien reagieren. Das Bonding wird dann zu einer Protest- oder Kampf-Beziehung, wie man sie so häufig zwischen Mutter und Neugeborenem beobachten kann. Nur wenn das Kind gar keine Zuwendung erfährt, reagiert es mit Abwendung von der Welt bis hin zum Tod. Es ist, als ob es auch in diesem Fall die Gefühle der Menschen erspürt und zurückspiegelt: Es ist auf dieser Welt unerwünscht, also stirbt es.

Wir alle haben demnach ein ausreichendes Maß an Zuwendung erfahren, denn wir sind am Leben geblieben! Welcher Art diese Zuwendung war, unterschied sich sehr. Die besondere, unverwechselbare Geburt, die wir erlebten und der ganz spezifische Empfang, der uns bereitet wurde, blieb als unsere ureigenste Art des Bondings in uns verankert. Unser Geburtserlebnis wurde zum Grundmuster für alle weiteren einschneidenden Übergänge in unserem späteren Leben. Es wurde auch in unserem Gehirn als Muster synaptischer Verbindungen gespeichert und daher für uns später als sensorische Erinnerung verfügbar.

Das Zentralnervensystem während und kurz nach der Geburt

Unser Gehirn war bei unserer Geburt zwar voll ausgebildet, es entstanden also keine neuen Nervenzellen mehr, doch nahm das Wachstum der dendritischen Fortsätze und der Synapsenverbindungen zwischen den Nervenzellen enorm zu. Im motorischen Projektionsfeld der Großhirnrinde hat man eine starke Vermehrung der Dendriten nachweisen können (Abb. 33). Vor der Geburt waren unsere Bewegungen noch nicht so vielfältig. Sobald sich

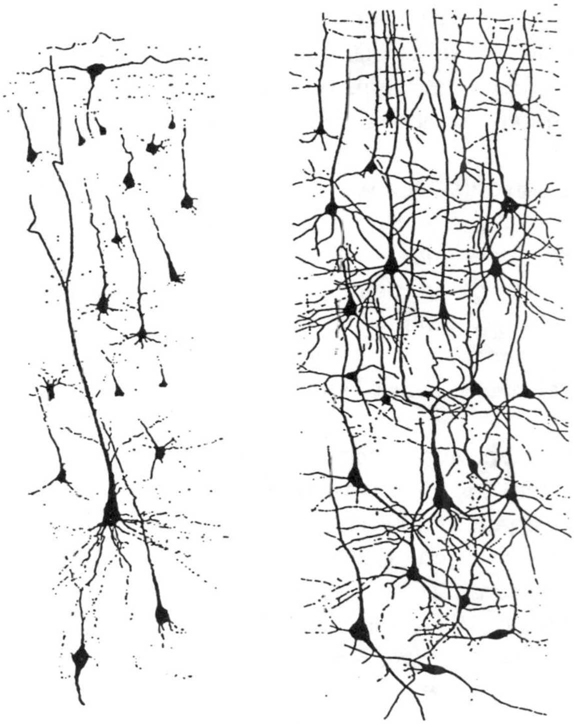

33 Vernetzung
Die Verbindungen zwischen den Nervenzellen nehmen nach der Geburt rasch zu.

dann nach der Geburt unsere Motorik frei entfalten konnte, bildeten sich Verbindungen in den motorischen Zentren des Kortex heraus. Auch bei Katzen hat man festgestellt, daß sich im visuellen Kortex deutlich weniger Synapsen als normal herausbilden, wenn die Tiere nach der Geburt in völliger Dunkelheit gehalten wurden.[28]

Das gilt auch für die anderen Sinnesorgane. So konnte man für den Tastsinn bei Ratten und Mäusen feststellen, daß sich in den entsprechenden Partien des Kortex nur dann Synapsen bilden, wenn das Tier mit seinen Tasthaaren auch tatsächlich Sinnesreize aufnimmt. Wenn man nämlich ein Tasthaar einer Maus oder einer Ratte am ersten Tag nach der Geburt zerstört, dann bilden sich die Nervenzellen im entsprechenden Bereich des Thalamus und des Kortex nicht in derselben Weise aus, wie wenn das Tasthaar sensorische Reize aufnehmen konnte. Wurde das Tasthaar vier Tage später entfernt, entstanden keine derartigen Ausfälle. Changeux schließt daraus, daß es beim Dendriten- und Synapsen-Wachstum kritische Phasen gibt, während derer Reize aus den Sinnesorganen vorhanden sein müssen, wenn sich im entsprechenden Kortexbereich ein Zentrum für dieses Sinnesorgan entwickeln soll.[29]

Wir können aus solchen Untersuchungsergebnissen den Schluß ziehen, daß alles, was wir während und kurz nach unserer Geburt wahrgenommen haben, seinen Niederschlag in unseren Gehirnstrukturen gefunden hat; mehr noch, daß sich die Verbindungen in unserem Neokortex erst durch diese Wahrnehmungen gebildet haben. Wir können nicht mehr davon ausgehen, daß unsere Wahrnehmungen nur mit entwickelten Gehirnstrukturen möglich sind, sondern wir müssen erkennen, daß – umgekehrt – unser Gehirn sich durch die Wahrnehmungen, die wir machen, erst strukturiert.

Die Konsequenzen aus dieser Überlegung sind sehr weitgehend, wie wir schon im Zusammenhang mit der fötalen Gehirnentwicklung gesehen haben: Alle höheren sensomotorischen Koordinationen, die uns kurz nach unserer Geburt verfügbar waren, bauen einerseits auf den bereits im Mutterleib verfügbaren synaptischen Mustern auf (so etwa die sogenannten Reflexe), andererseits entstehen sie durch die Wahrnehmungen und Aktivitäten im Verlauf der Geburt und danach, die ihrerseits neue Synapsenverbindungen in unserem Gehirn entstehen lassen. Die ersten Atemzüge, die wir gemacht haben, waren vielleicht schon bei der dritten Wiederholung in unserem Gehirn als Muster des Atmens gespeichert. Möglicherweise brauchten wir nur wenige Sekunden, um das erste Sehen eines Hell-Dunkel-Unterschieds als synaptisches Muster im Gehirn zu speichern.

Wenn wir alle unsere Sinnesorgane zur Verfügung hatten, also nicht blind oder taub geboren sind, haben sich „normale“ Muster im Kortex etabliert. Allerdings sind die jeweiligen Muster von Kind zu Kind auch wieder verschieden, da die Formen der Geburt und der Behandlung nach der Geburt sehr unterschiedlich sind. Bei einem Kind, das beispielsweise mit Kaiserschnitt geboren wurde, bilden sich andere synaptische Muster für die Hautempfindungen als bei einem Kind, das während einer natürlichen Geburt dem Druck beim Durchgang durch den Geburtskanal ausgesetzt war. Auch diese spezifischen sensorischen Erfahrungen, die bei jeder Geburt anders sind, werden im Kortex gespeichert, auch sie werden Teil jener Grundmuster, die den weiteren sensorischen Wahrnehmungen des Kindes zugrundeliegen.[30]

Vor allem dürfen wir nicht vergessen, daß diese Wahrnehmungen während und nach unserer Geburt deshalb so einmalig und nicht mit Sinneswahrnehmungen im späteren Leben gleichzusetzen sind, weil sie zum ersten Mal auftreten und dadurch eine erste Verbindung im Kortex entstehen lassen. Durch spätere Erfahrungen unserer Sinne können diese ersten höchstens modifiziert, nie aber wieder rückgängig gemacht werden.

Formen der Geburt

Noch vor wenigen Jahrzehnten waren Hausgeburten die Regel. Meist ohne Arzt trugen Hebammen die volle Verantwortung bei der Geburtshilfe. Aus der Perspektive des Kindes betachtet, bedeutet eine Hausgeburt meist sofortige und kontinuierliche Nähe der Mutter, so daß die Voraussetzungen für einen allmählichen Übergang in die neue Welt und ein positives „Bonding“ gegeben sind.

In allen heutigen Industrieländern kommen Kinder normalerweise in Kliniken zur Welt, die in zunehmendem Maße technisiert sind. Was eine solche Geburt für das Kind bedeutet, werden wir uns im folgenden vorzustellen versuchen. Es geht um die „normale“ Klinikgeburt, die inzwischen zur „Geburtskultur“ unserer Gesellschaft geworden ist. Aber auch die immer häufiger werdende Kaiserschnitt-Geburt und die ebenfalls zunehmenden Frühgeburten prägen unsere Geburtskultur.

Um das Bild einer ganz andersgearteten Geburtskultur zu zeichnen, werden wir uns dann in das Neugeborene hineinversetzen, das im ländlichen Bali zur Welt kommt und, so kann man sagen, vom ganzen Dorf in Empfang genommen wird.

Die „normale" Klinikgeburt

Eine Geburt ohne Medikamente, die ganz dem Rhythmus von Mutter und Kind folgt, ist in unserer Gesellschaft heutzutage eine Seltenheit. Seit etwa dreißig bis vierzig Jahren haben Frauen in zunehmendem Maße unter dem Einfluß von Medikamenten entbunden. Da sind einmal weheneinleitende oder -steuernde Medikamente, die entweder oral, durch Injektion oder durch einen intravenösen Tropf gegeben werden, zum anderen sind es die schmerzstillenden Mittel.

Die künstliche Einleitung einer Geburt mit einem wehenfördernden Mittel ist keineswegs mehr die Ausnahme, sondern die Regel bei Klinikentbindungen. Der Tropf ist besonders beliebt, da man die Medikation während der gesamten Zeit der Geburt regulieren kann. Eigentlich nur zur Beendigung der Schwangerschaft im Falle einer Übertragung oder einer Gefährdung von Mutter und Kind gedacht, wird die künstliche Geburtseinleitung heute sehr häufig durchgeführt, um einen bestimmten Geburtstermin einzuhalten, oft sogar nur um einen für die Klinik-Organisation günstigen Zeitpunkt – z. B. nicht am Wochenende – zu bestimmen. Die künstliche Einleitung der Geburt kann für Mutter und Kind negative Auswirkungen haben, besonders wenn der Muttermund noch nicht weich und geschmeidig ist und daher starke Schmerzen während der Eröffnungsphase auftreten können. Für das Kind bedeuten die hierbei verwendeten Medikamente ebenfalls eine Belastung. Auch ist die Vermutung nicht von der Hand zu weisen, daß Saugglocken- oder Zangengeburten, die für das Kind eine Gefährdung darstellen, durch die künstliche Geburtseinleitung vermehrt durchgeführt werden müssen, da die Geburt keinem harmonischen Ablauf folgt.

Kaum eine Klinikgeburt findet mehr statt ohne Verabreichung von Schmerzmitteln, die ebenfalls in den kindlichen Körper eindringen. Man verwendet zur Schmerzstillung und allgemeinen Sedierung der Gebärenden Opiate, die für das Kind besonders gefährlich sind, da sie seine Atemmuskulatur beeinträchtigen können. Tranquilizer wie Valium oder ein Lachgas-Sauerstoffgemisch zum Einatmen werden ebenfalls zur Schmerzlinderung verwendet. Eine andere Form der Schmerzbekämpfung besteht in der Betäubung von Nervenbahnen im Beckenraum. Ein Beispiel hierfür ist die Blockade des Pudendus-Nervs, die die Schmerzen beim Durchtritt des kindlichen Kopfes lindert. Schließlich wird auch die Epiduralanästhesie (Rückenmarksspritze) häufig angewendet, die den ganzen Körper unterhalb der Taille empfindungslos macht. Unter dieser Betäubung spürt die Frau auch nicht den Einschnitt ihres Dammes. Der Dammschnitt ist eine kleinere Operation, die heutzutage bei achtzig bis neunzig Prozent der Geburten durchgeführt wird. Sie ermöglicht eine schnellere Geburt des Kindes, da sich das Gewebe nicht allmählich ausdehnen muß. Nachteil des Dammschnitts ist, daß die Mutter noch Wochen nach der Entbindung eine oft schwer heilende Wunde hat.

Immer ist bei einer derartigen medikamentösen Schmerzbekämpfung auch der Organismus des Kindes betroffen. Bei der Pudendus-Anästhesie beispielsweise kann man noch Stunden später veränderte Muskelreaktionen beim Neugeborenen feststellen. Manche Kritiker der modernen Geburtspraxis sagen, daß heute fast alle Menschen gedopt auf die Welt kommen! Das Bonding ist zwischen einer narkotisierten Mutter und dem ebenfalls unter dem Einfluß von Medikamenten stehenden Kind nicht möglich. Auch bei allen anderen Formen von Schmerzminderung ist nach der Geburt nicht jene ein- bis zweistündige Phase von heller Wachheit zu beobachten, die ohne Medikamente geborene Kinder sonst zeigen. In dieser ersten Stunde nach der Geburt ist aber – wie wir gesehen haben – die Begegnung zwischen Mutter (und anderen Pflegepersonen, vor allem dem Vater) und Kind von zentraler Bedeutung für ihre weitere Beziehung.

Da in Deutschland die Mehrzahl aller Entbindungen unter dem Einfluß von Medikamenten stattfindet (in England sind es nach Macfarlane achtzig Prozent, in Schweden jedoch nur zwölf und in Holland sogar nur fünf Prozent), kann man schließen, daß der Prozeß des Bonding zwischen Mutter und Kind sehr häufig bei Menschen, die in den letzten Jahrzehnten geboren wurden, in einem gewissen Maße gestört ist.

Ich will damit nicht sagen, daß alle Menschen, die mit Medikamenten geboren wurden, „gestört" sein müssen. Selbstverständlich kann sich für das Kind eine gute Beziehung, ein positives Bonding zur Mutter oder anderen Personen auch dann entwickeln, wenn es bei seiner Geburt unter Medikamenteneinfluß stand. Es kann allerdings dann nicht sofort nach der Geburt seine wache Aufmerksamkeit auf die neue Welt richten. Seine Sinne sind nicht offen, es können sich im Kortex keine sensorischen Erinnerungen an die Geburt speichern. Es macht die Erfahrung, daß ein Wechsel von einem Zustand in einen anderen quasi im Schlaf, ohne seine Eigenbeteiligung stattfindet.

Bei einer „normalen" Klinikgeburt wird dem Kind jedoch noch mehr zugemutet: Seit einigen Jahren befestigt man routinemäßig eine Elektrode am Kopf des Kindes, um seine Herztöne besser kontrollieren zu können. Das heißt, ihm wird an der Kopfhaut ein Einstich gemacht, der selbstverständlich schmerzhaft ist. Obwohl das Kind diesen Schmerz wegen der Schmerzmittel, die die Mutter bekommt, möglicherweise nur in gedämpfter Form erlebt, zeugt diese Behandlung von dem geringen Einfühlungsvermögen der Ärzte in die Erlebnisfähigkeit des Kindes.

Das wird auch an den klinischen Hand- und Lehrbüchern zur Geburtshilfe deutlich, in denen mit keinem Wort die Erlebnisfähigkeit des Kindes erwähnt wird. Das Kind wird als „Frucht", „Geburtsobjekt", als „Fruchtwalze" bezeichnet.[31] Der normale oder pathologische Geburtsverlauf wird ausschließlich als rein organisches Geschehen geschildert. Es gibt keinerlei Gedanken über Gefühle, Wahrnehmungen und Ängste des Kindes.

Bei der Behandlung des Kindes nach der Geburt geht es ebenfalls nur darum, die Augen mit einem Tupfer auszuwischen, den Mund-Rachen-Raum abzusaugen und die Nabelschnur abzutrennen (wobei der Zeitpunkt dadurch bestimmt wird, ob eine Gefahr für das Kind durch Rückstau des Blutes gegeben ist, nicht aber, welche Bedeutung das schockartige Einsetzen der Atmung für das Kind hat), dann soll das Kind gemessen, gewogen und auf Reflexe untersucht werden.[32]

Diese und noch schmerzhaftere Maßnahmen, die beispielsweise bei Risikogeburten in der Klinik angewendet werden, zeigen, daß das Kind nicht als empfindendes Wesen betrachtet wird, sondern daß man vielmehr von der Idee ausgeht, das Neugeborene „merke von allem nichts". Auch Gefühle der Mutter, etwa ihr Bedürfnis, das Kind zu halten, zu streicheln, zu betrachten, werden in den Lehrbüchern überhaupt nicht erwähnt.

Nun muß allerdings gesagt werden, daß die meisten Gebärenden diese Art der Entbindung wünschen, sie wollen die schmerzfreie Geburt, sie verlangen selbst die Medikamente, mit denen sie und das Kind betäubt werden. Ich meine jedoch, daß man daraus keine Rechtfertigung für diese „normale" Klinikgeburt herleiten darf. Denn die Folgen der Technisierung des Geburtsvorgangs sind weitreichend.

Die Geburt wird in der Vorstellung der Frau zu einer gefährlichen „Krankheit", die sie durchmachen muß und die ihr große Schmerzen bereiten wird. Da diese Vorstellung allgemein verbreitet ist und ihre Bestätigung immer wieder darin findet, daß Frauen einander ihre schrecklichen Erlebnisse berichten und auch die Ärzte und Hebammen direkt oder indirekt einer Schwangeren vermitteln, ihr stünde eine bedrohliche Situation bevor, entwickelt die Frau Ängste, die in der Geburtssituation dann die Verkrampftheit hervorrufen, als deren Folge schließlich in der Tat Schmerzen auftreten. Der Ruf nach der Spritze ist also – so betrachtet – nicht Ursache, sondern Endprodukt einer Verhaltenskette, die notwendigerweise entsteht, wenn Angst vorhanden ist.

Dazu kommt die Zuschreibung des Krank-Seins, das einer Gebärenden besonders durch die Atmosphäre der Klinik suggeriert wird. Sie geht als Patientin, d.h. als Kranke in die Entbindungsstation, ist vorher schon vom Arzt als Patientin behandelt worden. Als Kranke oder Kranker hat man in einem Krankenhaus eine bestimmte Rolle einzunehmen, die gekennzeichent ist durch Unterordnung unter eine Reglementierung, die sehr stark vom gewohnten Alltagsrhythmus abweicht. Man gibt die Eigenverantwortung für sich und seinen Körper ab bis zu einem Punkt der Selbstaufgabe, denn nur dann, so heißt es, ist das Vertrauensverhältnis zum Arzt gegeben (vgl. z.B. Siegrist).

Liest oder hört man Berichte von Frauen, die über ihre Klinikentbindungen berichten (z.B. Stark; M. Schreiber), dann fällt immer wieder auf, wie zwiespältig sie das Geschehen erlebt haben. Einerseits wird die Beruhigung, in guten, sicheren Händen gewesen zu sein, so daß „nichts passieren" konnte, hervorgehoben, andererseits aber auch die Enttäuschung oder gar Verzweiflung über die routinemäßige Behandlung, die kalte Technik, die oft brutale Rücksichtslosigkeit ihren Gefühlen gegenüber betont. Vor allem spüren Frauen – selbst wenn sie davon überzeugt sind, daß sie in einer Klinik gut aufgehoben sind –, daß irgend etwas „nicht stimmt", was die Beziehung zu ihrem neugeborenen Kind betrifft. Sie bedauern, es nicht richtig gesehen zu haben, oder – wenn sie in Vollnarkose waren – erst später erfahren zu haben, ob es gesund ist und welches Geschlecht es hat.

Ich will mit diesen Ausführungen keineswegs die „normale" Klinikgeburt verteufeln. Nicht zuletzt durch die Verbreitung der „natürlichen" Geburt, die auch von immer mehr Frauen gefordert wird, hat sich die „Geburtskultur" in unserer Gesellschaft geändert. Die Anwesenheit des Vaters bei der Geburt ist nicht mehr tabu, oft wird das Kind der Mutter noch unabgenabelt auf den Bauch gelegt, es gibt häufig Arrangements für „Rooming-in", d.h. das Kind liegt in einem Bettchen der Mutter. Ich will allerdings aufzeigen, welche Folgen das immer noch gültige Modell der Klinikgeburt – in Lehr- und Handbüchern nachzulesen und in den meisten Kliniken weiterhin praktiziert – haben kann. „Geburtskultur" ist mehr als nur Praxis: Es ist eine umfassende Atmosphäre, in die die Geburt als Geschehen eingebettet ist.

Die Vorstellung, daß die Entbindung eine Krankheit sei oder daß eine Gebärende keine eigene Verantwortung für das Geburtsgeschehen habe, ist wesentliches Element dieser Atmosphäre. Der Geburtsprozeß wird – so scheint es – immer stärker technisiert. Die Beteiligung von Hebammen – also Frauen – bei der Geburtshilfe nimmt ab, bzw. Hebammen werden immer mehr zu Hilfspersonen des Arztes degradiert. Von Hausgeburten wird generell abgeraten, sie gelten als äußerst problematisch – die Gefahr bei Komplikationen sei zu groß, heißt es. Auch wird es praktisch immer schwieriger, einen Arzt und eine Hebamme zu finden, die sich für eine Hausgeburt bereithalten wollen.

Die Euphorie der Entdeckung der „natürlichen" Geburt scheint schon wieder zu schwinden, eben weil die Idee von vielen Menschen, vor allem von vielen der direkt Beteiligten und Maßgeblichen nicht getragen wird. Eine Frau kann kein Kind auf natürliche Weise zur Welt bringen, wenn ringsum alle Menschen sie argwöhnisch beobachten und sozusagen darauf warten, daß es schiefgeht.

Die Kaiserschnittgeburt

Der Kaiserschnitt ist eine Operation, die eigentlich nur angebracht ist, wenn eine Gefahr für das Leben von Mutter oder Kind gegeben ist: Durch eine Krankheit der Mutter, durch eine gefährliche Lage des Kindes, durch eine Diskrepanz zwischen Kopfgröße des Kindes und Größe der Beckendurchgänge bei der Mutter, durch vorzeitige Plazentaablösung oder Nabelschnurvorfall mit drohendem Sauerstoffmangel oder ähnliche Komplikationen. Man hat jedoch in den letzten Jahren die Indikation sehr erweitert und führt den Kaiserschnitt auch als vorsorgliche Maßnahme durch.

So hat sich dadurch auch die Häufigkeit der Kaiserschnittentbindungen drastisch erhöht. Bis in die Mitte der sechziger Jahre betrug sie nur 2 bis 3 Prozent, 1975 bereits 8 bis 12 und 1983 sprechen Friedberg und Hiersche von 15 bis 20 Prozent Kaiserschnittentbindungen. In den USA gibt es Städte, in denen Kaiserschnitt in bis zu fünfzig Prozent aller Entbindungen durchgeführt wird.

Gründe für diese Zunahme sind leicht zu erkennen: Bei schwierigen Geburten, z.B. in der Steißlage (etwa 3 bis 4 Prozent), der Querlage (etwa 1 Prozent) oder schwierigen Kopflagen (2 bis 3 Prozent) gehört viel geburtshelferisches Können dazu, ein Kind gesund und ohne Verletzung der Mutter zur Welt zu bringen. Die klinische Technisierung macht demgegenüber eine Operation zu einer vergleichsweise einfachen ärztlichen Handlung. Außerdem erhält ein Arzt für operative Eingriffe während der Geburt erheblich mehr Honorar als bei einer einfachen Entbindung!

Leslie Feher geht noch weiter und sieht in der Technisierung des Geburtsvorgangs, insbesondere in der Zunahme der Kaiserschnittentbindungen, eine Form der unbewußten Machtausübung des männlichen Arztes über die ihm ausgelieferte Frau. Feher meint, daß insbesondere mit der unnötigen Kaiserschnittentbindung der Arzt seine unbewußte Angst vor der Stärke der Frau als Gebärerin abzuwehren versucht.

Was erlebt nun ein Kind, das durch Kaiserschnitt geboren wird? Zunächst einmal muß man unterscheiden, ob es sich um einen Notfall handelt, ob sich also im Geburtsverlauf Komplikationen ergeben haben, die den Kaiserschnitt notwendig machen. In diesem Fall erlebt das Kind das Gepreßt-Werden und spürt mit Sicherheit auch die Ängste der Mutter, ehe es ans Licht geholt wird.[33]

Wenn dagegen bei einem Kind ein Kaiserschnitt vor dem Einsetzen der Wehen durchgeführt wird, bleiben ihm die schmerzhaften Erfahrungen erspart. Aus der Perspektive des Kindes gesehen könnte man sagen, daß dies dann eine besonders „sanfte" Geburt ist – jedenfalls, was den eigentlichen Geburtsvorgang betrifft. Da jedoch der Kaiserschnitt eine Operation ist, die für die Mutter und für das Kind einen schweren körperlichen Eingriff bedeutet, ist der Preis für diese Art von „sanfter Geburt" recht hoch. Festzuhalten bleibt auf jeden Fall, daß Kaiserschnitt-Geborene andere Körpererfahrungen mit auf die Welt bringen als normal Geborene, so daß ihre Körpererinnerungen sich unterscheiden. Wie sich diese Unterschiede im weiteren Leben niederschlagen, wäre meines Erachtens wert, eingehend untersucht zu werden.

Die Frühgeburt

Etwa 5 bis 10 Prozent aller Geburten sind Frühgeburten. Man spricht von einer Frühgeburt, wenn die Geburt mehr als zwei Wochen vor dem normalen Termin (38 Wochen nach der Befruchtung oder 40 Wochen nach der letzten Menstruation) stattfindet. Bis vor kurzem galt die 28. Woche (26. Woche seit der Befruchtung) als Grenze der Lebensfähigkeit eines Kindes. Doch in vereinzelten Fällen ist es gelungen, Kinder mit nur 21 Wochen (19 Wochen seit Befruchtung) am Leben zu halten.

Frühgeborene haben in Extremfällen ein Geburtsgewicht von unter 500 Gramm. Bei sehr früh geborenen Kindern sind meistens die Lungen oder andere Organe noch nicht ausreichend für das extrauterine Leben entwickelt, so daß sie künstlich beatmet und ernährt werden müssen. Da diese Kinder im allgemeinen erheblich kleiner sind als Normalgeborene, ist ihre Geburt nicht unbedingt schwierig; allerdings sind sie wegen ihrer meist sehr dünnen Haut mit fehlender Fettschicht gegen Verletzungen empfindlicher, weshalb man häufig den Kaiserschnitt empfiehlt, vor allem bei Mehrlingen, die oft zu früh geboren werden.

Was erwartet nun ein zu früh geborenes Kind nach seiner Geburt? Es wird in einen Inkubator, einen Brutkasten gelegt und dort – je nach Entwicklungsstand – künstlich beatmet. Es wird mit Sonden ernährt, seine Herztätigkeit, sein Blutdruck, der Sauerstoffgehalt seines Blutes werden über Apparate kontrolliert, mit denen es über Schläuche in der Nase, im Mund oder in der Haut verbunden ist. All das sind schmerzhafte Erfahrungen, die es wochenlang erdulden muß, und die in seinem Gehirn als Körpererinnerungen gespeichert werden. Es kommt nicht nur wie jedes Neugeborene in eine extrem veränderte Umwelt, sondern erlebt diese neue Welt als äußerst unangenehm.

Es ist sicher begrüßenswert, daß diese Kinder statt wie früher zu sterben, durch den technischen Fortschritt am Leben bleiben, jedoch ist der Preis sehr hoch: Sie machen extrem negative Körpererfahrungen, die – wenn wir die Geburt als das zentrale Erlebnis eines jeden Menschen ansehen – einen Schatten auf ihr ganzes Leben werfen.

Frühgeborene sind darüber hinaus extrem anfällig und sterben trotz aller medizinisch-technischen Möglichkeiten sehr häufig. 50 bis 60 Prozent aller verstorbenen Neugeborenen sind Frühgeburten. In den meisten Fällen liegt dies nicht nur an der körperlichen Schwäche der Kinder, sondern daran, daß ihnen der Kontakt zu einem menschlichen Körper so abrupt und ohne Übergang genommen wurde. Ihre Überlebenschancen wachsen, wenn sie gestreichelt und getragen werden, statt im Brutkasten zu liegen. Man plädiert daher dafür, daß Frühgeborene am Körper eines Menschen, wenn notwendig einer Pflegeperson im Krankenhaus, getragen werden.

Auch für die Mütter scheint der verhinderte Körperkontakt mit ihrem zu früh geborenen Kind äußerst problematisch zu sein. Sie haben es sehr schwer, das „Bonding", jenes tiefe Gefühl von Verbundenheit mit ihrem Kind zu erreichen, wenn sie es kurz nach der Geburt nicht einmal sehen oder berühren durften und das kleine schwache Wesen nur durch eine Glasscheibe zu sehen bekommen.

Geburt auf Bali

Versuchen wir nun einmal, uns eine völlig andere Geburtskultur vor Augen zu führen, um zu erkennen, daß es sich hierbei um mehr als nur technische oder medizinische Praxis handelt. Denn wenn die Geburt nicht wie bei uns als ein letztlich nebensächliches Ereignis angesehen wird, das nichts mit dem „eigentlichen" Leben eines erwachsenen Menschen zu tun hat, sondern als wesentlicher Wechsel von der einen in die andere Welt, dann hat das Konsequenzen für die gesamte Kultur, für die gesamte Gesellschaft. Man kann dann auch eine Ahnung davon bekommen, wie sich unser Welt- und Menschenbild verändern würde, wenn wir die vorgeburtliche Zeit und die Geburt in unsere Lebensgeschichte miteinbeziehen würden.

Bali ist eine Kultur, in der ein Bewußtsein dafür vorhanden ist, daß der Übergang vom vorgeburtlichen zum nachgeburtlichen Leben von großer individueller und kollektiver Bedeutung ist. Es ist meines Erachtens kein Zufall, daß Bali von allen Besuchern und Kennern des Landes als Insel der Gewaltlosigkeit, Kinderfreundlichkeit und Sinnenfreude geradezu schwärmerisch gepriesen wird. Die Geburtskultur Balis hängt ohne Zweifel eng mit diesen Charakterzügen seiner Bewohner zusammen.

Katharane Edson Mershon, deren Bericht über eine Geburt auf Bali ich hier wiedergeben möchte, lebte in den dreißiger und vierziger Jahren insgesamt etwa zehn Jahre auf Bali. Sie war mit der Kultur, der Sprache und der Religion sehr vertraut. Andere Bali-Forscher, so z.B. Margaret Mead und Gregory Bateson, haben sich bei ihr über Bali informiert.

Mershon beschreibt in ihrem Buch die zwei mal sieben Rituale, die im Verlauf des Lebens eines Menschen und auch noch nach seinem Tod durchgeführt werden müssen, damit er nach Vollendung seines Lebens wieder in die andere Welt zurückkehren und von dort aus wiedergeboren werden kann. Die Geburt ist das erste dieser Rituale und Mershon schildert, wie der gesamte Geburtsverlauf von jenen übergreifenden religiösen Vorstellungen geprägt ist:

Mershon hatte mit dem Geburtshelfer des Dorfes, der zugleich magischer Heiler war, vereinbart, ihm bei einer Geburt zu assistieren. Als sie zusammen in den Hof der Gebärenden gelangten, war diese schon in den Wehen. Sie saß mit gespreizten Beinen rittlings auf einem Balken in der Mitte des Hofes. Ihr Mann saß hinter ihr. Bei jeder Wehe stemmte sie sich gegen ihn. Im Hof liefen die Kinder des Paares mit den Nachbarkindern herum in Erwartung des Zeitpunkts, an dem ihre Hilfe gebraucht werden würde. Alle schauten zu, als der Kopf des Kindes herauszutreten begann. Der Geburtshelfer begrüßte es mit freundlichen Worten und lud es ein, auf die Welt zu kommen. Weitere Nachbarn und Verwandte kamen dazu. Als das Kind dann geboren war und der Geburtshelfer es in seinen Händen hielt, wurde der Mann von seinem Bruder abgelöst, der nun die Frau von hinten hielt, damit der Vater dem Kind die Nabelschnur durchtrennen konnte. Der Vater hielt dann sein Neugeborenes, bis der Geburtshelfer die Nabelschnur abgebunden hatte. Während dieser Zeit sorgten sich die Frauen um die Mutter, massierten und streichelten sie, redeten ihr gut zu, während sie gemeinsam auf die Nachgeburt der Plazenta, den „Ari-Ari“ warteten. Die Plazenta gilt als einer der vier „Brüder“ des Neugeborenen, die es während seines Lebens begleiten werden. Die Nachgeburt wurde daher mit großer Sorgfalt aufgefangen und in frische Blätter gehüllt, um gleich darauf weiter behandelt zu werden.

Zunächst aber mußte die Mutter versorgt werden. Die Kinder holten Wasser und schütteten es über die Frau, die von den anderen Frauen gehalten wurde. Dann wurde sie in einen frischen Sarong gewickelt und mit der Unterstützung der Frauen ging sie zu Fuß in ihr Haus. Man bettete sie, von Kissen gestützt, auf einen großen Mörser, der den Ausfluß auffangen sollte, gab ihr das Kind in den Arm und ließ sie für einige Zeit allein.

Draußen im Hof kümmerte sich der Geburtshelfer um die „Vier Brüder“ des Kindes, die mit ihm auf die Welt gekommen waren: Neben Ari-Ari, der Plazenta, sind dies die Nabelschnur, das Geburtsblut und das Fruchtwasser. Sie sind die Wächter des Kindes, die zugleich die Verbindung zu den vier Himmelsrichtungen und den dazugehörigen hinduistischen Gottheiten herstellen. Die Balinesen fühlen sich dadurch buchstäblich brüderlich verwandt mit ihren Göttern. Der Geburtshelfer erklärte:[34]

„... das Wasser war der Erste Bruder. Der Zweite Bruder war das Blut, als es heraustrat. Diese beiden verlieren wir meistens im Boden. Wenn das Kind abgenabelt ist, ist die Nabelschnur der Dritte Bruder. Sie trennt eine Generation von der anderen, deshalb wird sie durchgeschnitten. Der Vierte Bruder ist der Ari-Ari. Er ist der stärkste Wächter von allen. ... Wasser ist verbunden mit Iswara, dem Gott des Ostens und des Atems. Seine Farbe ist weiß. ... Der Blut-Bruder kommt von Brahma, dessen Farbe rot ist wie das Blut. Obwohl wir das meiste Geburtsblut verlieren, achte ich darauf, daß ich etwas von der blutgetränkten, geröteten Erde für die Opferungen behalte. ... Nabelschnur ist der Dritte Bruder und ist gelb wie die untergehende Sonne, denn er kommt von Mahadewa und dem Westen. Er kann Schaden abwenden, wenn er abgefallen ist und in ein Kästchen getan wird, das man dem Kind an einem Kettchen um den Hals hängt. ... Wir ehren jeden Bruder. Der stärkste ist Ari-Ari. Er hat einen besonderen Namen. ... Banaspati Radja ... das ist auch der Name des Herrn des Friedhofs ... Geburt und Tod sind die beiden Enden des Lebens. Wenn man zu den Göttern heimgekehrt ist, wacht Banaspati Radja über unseren Körper, der in seinem Boden ist. Banaspati Radja, unser Kleiner, ist unser Ari-Ari, der uns das ganze Leben hindurch vor Krankheit, Zauber und Leyaks (bösen Geistern) bewahrt.“

Der Geburtshelfer verriet Katharane Mershon, daß er selbst von seinem „Banaspati Radja“ bei allen seinen Unternehmungen, vor allem auch den Entbindungen Rat und Hilfe erhielte. Er zeigte ihr dann, wie die „Vier Brüder“ des neugeborenen Kindes behandelt werden müßten. Die Plazenta bettete er vorsichtig in die eine Hälfte einer Kokosnuß, die er mit schwarzen Blättern und Steinen ausgekleidet hatte. Er sagte magische Sprüche dazu und verschloß das Ganze mit der anderen Kokosnußhälfte. Der Vater des Kindes grub dann nahe dem Haus ein Loch, in das die Nuß unter Sprüchen vergraben wurde. Über der Stelle errichtete der Geburtshelfer einen kleinen Schrein, der in Zukunft die täglichen Opfergaben für die „Brüder“ des Kindes aufnehmen sollte.

Mich fasziniert an diesem Geburtsbericht vor allem die Art, wie das gesamte Geschehen in die Einheit des balinesischen Kosmos eingebettet ist. So wie die Welt, das heißt die Insel Bali, nach den vier Himmelsrichtungen und der fünften Richtung, der Mitte, lotosförmig eingeteilt ist, wobei für jede Richtung ein Gott mit seinen vielen Symbolen steht, so wird auch der Mensch wie die Lotosblüte fünfgeteilt vorgestellt. Das Neugeborene kommt von den Göttern und wird entsprechend ehrerbietig begrüßt. Die Kraft der Götter wird ihm in Form der „Vier Brüder“ ins Leben mitgegeben. Daß diese Vier Brüder sich zugleich in so eindrucksvollen Symbolen des vorgeburtlichen Lebens ausdrücken – Fruchtwasser, Blut, Nabelschnur und Plazenta –, beweist, daß man auf Bali ein Bewußtsein davon hat, wie wichtig diese Phase des menschlichen Lebens für jeden Menschen ist. Man verdrängt diese Zeit nicht wie bei uns, sondern bewahrt sie sich bis ins Erwachsenenleben, wie aus den Bemerkungen des Geburtshelfers über seine eigene „Plazenta“ deutlich wird.

Dieser „Vierte Bruder“ ist zugleich das Symbol für den Tod, ist aber auch im gesamten Leben präsent. Denn er taucht auch in den Dorfritualen wieder auf als Barong, der Schwarze Drache, der von zwei Männern dargestellt wird, die mit einem farbigen Tuch verkleidet sind und eine furchterregende Maske tragen. Zu rituellen Festen besiegt der Barong die Hexe Rangda, die Verkörperung des Bösen.

Und wenn wir den eigentlichen Geburtsvorgang betrachten, dann ist beeindruckend, wie der Mann seiner Frau im buchstäblichen Sinne des Wortes „den Rücken stärkt“. Höchst ungewöhnlich ist für uns die Vorstellung, daß auch andere Männer, z. B. der Schwager der Gebärenden, ihr helfen, indem sie sie auf dem Balken abstützen. Und noch befremdlicher erscheint uns, daß kleine Kinder – die eigenen sowie Nachbarkinder – während des gesamten Geburtsvorgangs dabei sind und zu wichtigen Tätigkeiten wie dem Wasserholen herangezogen werden. Kinder sind übrigens auch bei Sterbenden und während der Begräbnisrituale anwesend. Für Kinder gibt es auf Bali keine Geheimnisse um die zentralen Fragen des menschlichen Seins wie für Kinder in unserem Kulturkreis.

Das bedeutet weiterhin, daß alle Menschen, die bei einer Geburt beteiligt sind, erfahren sind, daß sie nicht, wie die meisten Frauen bei uns, zum ersten Mal eine Geburt erleben, wenn sie selbst die Gebärenden sind. Auf Bali haben sogar schon Kinder Geburten miterlebt. Dadurch entsteht eine „Geburtskultur", in der das Geboren-Werden als normales Alltagsgeschehen stattfindet. Das schafft eine Atmosphäre von Sicherheit und Geborgenheit während des gesamten Geburtsvorgangs, die – wenn wir an die Sensibilität des Neugeborenen denken – auch von ihm wahrgenommen wird.[35]

Schlußfolgerungen: Die neue Welt nach der Geburt – Die Bedeutung der „Geburtskultur" für das Individuum und die Gesellschaft

Als Embryo, so hatten wir gesehen, *waren* wir unser Körper, während wir als Fötus unseren Körper *fühlten.* Als Neugeborenes, so können wir jetzt hinzufügen, *fühlten* wir unseren Körper *mit anderen Körpern* zusammen. Nach der Geburt mußten wir eine Anpassung an ständig sich verändernde Umwelten, an andere Körper und Gegenstände erreichen. Diese neue Koordination aller unserer Wahrnehmungen durch unsere Sinne war enorm schnell und umfassend – eine wunderbare Leistung unseres Zentralnervensystems. Wir konnten unsere Reaktionen auf wechselnde Außenreize abstimmen und mit den Menschen, die uns betreuten, immer besser „zusammenschwingen“ oder „tiefenkommunizieren“.

Das bedeutete umgekehrt, daß wir auf ganz neue Weise den Einflüssen aus unserer Umwelt zugänglich wurden. Der eigentliche Prozeß der Sozialisation begann. Die Welt, in der wir uns nach unserer Geburt befanden, gewann einen allumfassenden Einfluß auf uns. Für uns bestand diese Welt aus dem Kreis von Menschen und Dingen in unserem Elternhaus, für ein balinesisches Kind aus einer balinesischen Familie. Unsere Welt und wir wurden eins, so wie die andere Welt eines balinesischen Kindes mit ihm eins wurde.

Die Ähnlichkeiten in unserer Welt, die wir mit vielen Neugeborenen im westlichen Kulturkreis teilen, machen unsere „Geburtskultur“ aus. Die balinesische unterscheidet sich stark von der unsrigen. Obwohl jede Geburt für den betreffenden Menschen einmalig ist, gibt es immer sehr spezifische Gleichförmigkeiten der Erfahrung durch die jeweilige Geburtskultur.

Für uns als Neugeborenes waren solche Zusammenhänge selbstverständlich nicht erfaßbar. Wir hatten nur einen Maßstab, mit dem wir unsere Erfahrungen in der neuen Welt vergleichen konnten: unsere uterine Welt, die wir gerade verlassen hatten. Und im Vergleich dazu gab es einen Unterschied, der alle anderen Unterschiede bestimmte, nämlich den Wechsel von Wohlsein und Unwohlsein. Das hatte es in der anderen Welt nicht oder nur in geringem Maße gegeben, dort war unser Sein ein nahezu vollkommenes, ständiges Wohlsein. Diese neue Unterscheidung lieferte uns Markierungszeichen auf unserer „Orientierungskarte“ für die neue Welt. Wir begannen nunmehr, alle unsere Wahrnehmungen zu bewerten. Was angenehm war, war „gut“, was schmerzhaft oder sonstwie unangenehm war, war „schlecht“. Wenn sich die „guten“ Erfahrungen wiederholten, war es gut, wenn eine „schlechte“ Erfahrung sich zu wiederholen drohte, reagierten wir mit Ablehnung. Wir lernten, Markierungszeichen für unterschiedliche „gute“ oder „schlechte“ Situationen zu erkennen.

Die Geburt selbst war eine unangenehme Erfahrung, ob sie eine natürliche war oder ein Kaiserschnitt. Es war in jedem Fall eine Überwältigung unserer Sinne mit neuen Reizen, was zunächst keineswegs angenehm gewesen sein kann. Nach der Geburt haben wir daher ähnlich unangenehme Reize zu vermeiden versucht. Alle Reize dagegen, die uns an das frühere Leben erinnerten, waren „gut". Wenn wir uns auf dieser Welt kurz nach unserer Geburt wohlgefühlt haben, so vor allem dann, wenn die neuen Wahrnehmungen denen, die wir schon kannten, möglichst ähnlich waren.

Wer eine „normale" Klinikgeburt erlebt hat, dem wurde die Verbindung zur bisherigen Welt sehr abrupt abgeschnitten. Alle Sinne wurden mit unangenehmen Reizen überflutet. Die Folge ist fast immer, daß sich ein solches Kind zunächst vor dieser Welt verschließt und sich ihr nicht mit wacher Aufmerksamkeit zuwendet. Nur wenn wir eine Kontinuität unserer Sinnesreize im Übergang von innen nach außen erlebten, konnten wir uns als Neugeborene mit Interesse den neuen Reizen öffnen und zuwenden.

Wenn nun viele Menschen in einer Gesellschaft bei ihrer Geburt „schlechte" Erfahrungen machen mußten, weil die Geburtskultur so ausgerichtet ist, daß Neugeborene ohne Sensibilität für ihre aus dem Mutterleib mitgebrachten Bedürfnisse behandelt werden, dann werden Generationen von Menschen heranwachsen, die wegen des gemeinsamen ähnlichen Geburtserlebnisses eine ablehnende, ängstliche Grundhaltung gegenüber Lebensveränderungen oder neuen Situationen haben. Wenn die Geburtskultur dagegen eine sanfte, liebevolle Behandlung der Neugeborenen ermöglicht, werden in dieser Gesellschaft Menschen mit einer Prägung der Offenheit für Neues auf die Welt kommen.

So etwas wie „Volkscharakter" im Sinne spezifischer kollektiver Persönlichkeitsmuster läßt sich meines Erachtens sehr deutlich auf die jeweilige Geburtskultur zurückführen. Das Fehlen von Gewaltverbrechen in der traditionellen Gesellschaft Balis läßt sich unter anderem aus dem Respekt erklären, den man dem Neugeborenen auf Bali erweist, und der auch dem Säugling und Kleinkind zuteil wird. Die brutale Behandlung dagegen, die wir in unseren Kliniken den Neugeborenen zumuten und die auch von sehr vielen Eltern fortgesetzt wird, liefert eine wesentliche Erklärung für die extreme Aggressivität der Menschen in unserem Kulturkreis.

Und auch für bestimmte, in einer Gesellschaft häufig auftretende Erkrankungen kann man einen Bezug zur Geburtskultur herstellen: So lassen sich etwa die sogenannten „Allergien", die Erkrankungen der Haut und der Atemwege, die oft zusammen auftreten, als „Markierungszeichen" von negativen Hautsensationen bei der Geburt verstehen, bzw. auf schmerzhaftes, weil abruptes Einsetzen der Atmung zurückführen. Diese Körperorgane oder -bereiche werden aufgrund gleicher Geburtserfahrungen bei vielen Menschen zu Schwachpunkten ihres Körpers, an denen sich Spannungen und Konflikte festmachen können.

Wenn dagegen die Geburtskultur einer Gesellschaft es zuläßt, daß die Neugeborenen in ihrer Mehrzahl positive Sinneswahrnehmungen machen können, dann werden Menschen mit überwiegend positiven Körpergefühlen heranwachsen. Das faszinierende Gefühl des eigenen rhythmischen Atmens, die Befreiung aus der Enge des Mutterleibs, die erstaunliche Erfahrung des Lichts und der Farben sind Erlebnisse, die sich als „Neu-Gier", als Freude am Neuen festigen können und dem Menschen lebenslang eine Lust auf Überraschungen, eine Begeisterung für sinnliche Erfahrungen und eine Bereitschaft zum Staunen mit auf den Weg geben.

Durch die jeweilige Geburtskultur kann auch die Grundhaltung von Autonomie oder aber von Ohnmacht und Passivität in den Gesellschaftsmitgliedern geformt werden. Vor der Geburt war jeder von uns ein vollkommen autonomes Wesen in dem Sinne, daß wir keine unerfüllten Wünsche kannten. Wir waren uns selbst genug und konnten nach eigenem Maß Neues wahrnehmen und aufnehmen. Als Ungeborene hatten wir noch keine Ahnung davon, daß wir auf unsere Welt Einfluß nehmen können oder daß diese Welt uns ihren Willen, ihr Maß aufzwingen kann – wir waren autonom in einem umfassenden Sinne. Diese Autonomie erlebten wir jedoch noch nicht, weil sie der einzige Zustand war, den wir kannten.

Wenn es die Geburtskultur ermöglicht, daß Neugeborene den Geschehnissen während ihrer Geburt folgen können, dann wird sich bei der Mehrzahl der Menschen in dieser Gesellschaft ein Grundgefühl der eigenen Stärke und Autonomie etablieren. Verlangt dagegen die Geburtskultur, daß man den Rhythmus des Kindes außer acht läßt und ihm alle neuen Sinneseindrücke abrupt und ohne Rücksicht auf seine Aufnahmefähigkeit zumutet, dann wird es in dieser Gesellschaft viele Menschen geben, die ein Gefühl von Hilflosigkeit und Ohnmacht in Verbindung mit Leiden und Schmerz mit auf die Welt bringen.

Mit alledem will ich allerdings nicht etwa eine Vorbestimmung des Menschen durch seine Geburt behaupten, so als wäre die Geburt „Schicksal“, das nur einen einzigen möglichen Entwicklungspfad für den Menschen offenließe. Das Erlebnis unserer Geburt kann durch vieles, was wir in unserem Leben erfahren, überdeckt werden. Allerdings stellt das, was wir während und kurz nach unserer Geburt erlebten, sozusagen eine „Anfangsstruktur“ (Maturana) dar, ein „Urmuster“ für alle unsere weiteren Erfahrungen, so daß uns in der Tat manche Wege danach nicht mehr offen sind, während andere für uns gangbar werden. Keine noch so traumatische Geburt muß einen Menschen unwiderruflich in ein lebenslanges Unglück stürzen, ebensowenig kann eine natürliche Geburt immerwährendes Glück garantieren!

Oft ist es so, daß ein Kind nach einer traumatischen Geburt angenehme Erfahrungen macht, so daß ihm sozusagen die „Rückkehr in den Mutterleib“ nach den schreckensvollen Stunden gelingt. Solche Erlebnisse überlagern dann das jeweilige Geburtserlebnis. Das durch die Geburt traumatisierte Kind lernt, daß die Welt doch nicht so feindlich ist, wie es erst den Anschein hatte. Doch glaube ich, daß dieses Kind so etwas wie Mißtrauen beibehält, eine Erwartung also, daß ihm derartiges wieder angetan werden könnte. Die guten Erlebnisse bleiben eine „Reparatur“ von etwas, das zerstört worden war.

Wenn gar keine derartigen Kompensationen angeboten werden, dann – so scheint es – können Neugeborene in der Tat nicht überleben. Die von R. Spitz (vgl. Kapitel 4) beschriebenen Säuglinge in Heimen, die trotz bester Ernährung und Hygiene an einfachen Infektionskrankheiten starben, hatten solche ausgleichenden Erfahrungen nicht. Spitz hat leider nichts über die jeweilige Geburt dieser Kinder berichtet, also auch nicht festgehalten, ob die gestorbenen Kinder stärker durch die Geburt traumatisiert waren als diejenigen, die überlebten. Solche Zusammenhänge sind jedoch sehr naheliegend.

Umgekehrt kann auch eine sanfte Geburt von traumatischen Erlebnissen gefolgt sein, die für das Kind schwer zu bewältigen sind. Man denke an Krankheit, Trennung von der Mutter oder ähnliches. Das Kind wird sich jedoch weniger leicht erschüttern lassen. Denn wenn es bei seiner Geburt erfahren hat, daß Schmerzen und Qualen von positiven, vertrauten Gefühlen begleitet oder gefolgt waren, wird es sich auch dem erneuten Leiden mit der Zuversicht zuwenden, daß alles wieder gut werden wird. Trotzdem garantiert eine „glückliche" Geburt keineswegs auch ein „glückliches" Leben.

Und selbst für einen erwachsenen Menschen ist es möglich, auf dem Wege einer Therapie, die bis in das Geburtserlebnis zurückführt, eine Traumatisierung durch die Geburt in eine positive Kraft umzuwandeln. Wer Primärtherapie, Rebirthing oder ähnliche Therapieformen selbst erlebt hat, weiß, wie gewaltig die Veränderungen in der Grundstruktur der Persönlichkeit sein können. Dennoch bleibt auch Therapie immer nur eine „Reparatur" des primären Erlebnisses der Geburt, das zwar verändert, nie aber rückgängig gemacht werden kann.

Ich meine also, daß die Geburt ein entscheidendes, wenn nicht das entscheidende Erlebnis im menschlichen Leben darstellt. Deshalb hat die jeweilige „Geburtskultur" einer Gesellschaft zugleich die tiefgreifendste prägende Wirkung für die Menschen dieser Gesellschaft. Der Einfluß der Sozialisation beginnt nicht erst mit dem Spracherwerb, mit der Übernahme von sozialen Rollen, mit der bewußten Befolgung von Normen, sondern bereits im Mutterleib, vor allem aber mit der Geburt. In dieser Phase wird die Körperlichkeit, die Sinnlichkeit der Menschen einer Gesellschaft geprägt.

Die Geburtskultur in unserer Gesellschaft ist, so meine ich, für uns alle deshalb so schädlich, weil man bei uns das vorgeburtliche Leben und die Geburt nicht für relevant für unser weiteres Leben hält. Das hat zur Folge, daß wir unsere Körperlichkeit, unsere Sinnlichkeit und auch unsere Gefühle für unsere Mitmenschen nicht auf diesen Ursprung zurückführen können. Was wir als erwachsene Menschen spüren, erklären wir uns als unkontrollierbares Geschehen, als „Trieb", „Anlage" oder ähnliches, vor dem wir Angst bekommen. Wir sind gewohnt zu sagen, daß wir einen „Nervenzusammenbruch“ oder einen „Schock“ erleiden, wenn sich unser Beziehungsgefüge plötzlich verändert, etwa durch den Tod eines nahestehenden Menschen oder durch andere Verlusterlebnisse. Aber weshalb erleiden manche Menschen einen „Schock“, während andere auch in Krisensituationen gelassen bleiben? Man stellt nicht die Frage, ob solche Unterschiede vielleicht mit unserem jeweiligen Geburtserlebnis zusammenhängen.

Solange solche Zusammenhänge nicht gesehen werden, entsteht ein Teufelskreis, der – so scheint es – von Generation zu Generation eskaliert: Die mangelnde Fähigkeit, die eigene Kindheit und vor allem die eigene Geburt in ihrer prägenden Bedeutung für jeden Menschen zu erkennen, führt zu einer Geburtskultur, die Neugeborene äußerst negativen Erfahrungen aussetzt, was bei diesen Menschen dann später zu Angst vor ungewohnten Veränderungen, vor dem Neuen schlechthin führen kann. Da sie diese Angst aber nicht als primäre Geburtsangst verstehen können, bereiten sie der nächsten Generation erneut ein traumatisches Geburtserlebnis: Der Teufelskreis schließt sich.

Dieser Teufelskreis scheint sich immer schneller zu drehen, denn die ins Unbewußte verdrängte Urangst wird gerade bei denjenigen Menschen aktiv, die mit dem Geburtsprozeß zu tun haben, also bei den Müttern selbst und bei den Ärzten und Hebammen. Bewußt gebärende Frauen können fühlen, wie sie während des Geburtsprozesses in der Tiefe ihres Körpers die eigene Geburt noch einmal spüren. Denn dieses Erlebnis ist für jede Frau eine Grenzsituation, die sie an ihre erste Grenzsituation zu Beginn ihres nachgeburtlichen Lebens zurückführt. Die Art und Weise, wie sie damals die Angst bewältigte, prägt ihr Verhalten als Gebärende. Geburtshelfer, die diese Zusammenhänge sehen und mitfühlen, könnten ihr helfen, mit der Geburt ihres Kindes ihr eigenes Geburtstrauma – wenn sie eines erlebt hat – zu überwinden. Dem eigenen Kind eine bessere Erfahrung zu vermitteln als sie selbst hatte, gibt einer Mutter Gefühle des Glücks und des Stolzes.

Ein solches Gefühl ist auch für einen Mann nachzuvollziehen, der bei einer Geburt anwesend ist und zuläßt, daß tiefe Gefühle in ihm aufsteigen. So wie das Bonding zwischen Vater oder einer anderen männlichen Pflegeperson und dem Kind möglich ist, so ist es auch einem Mann gegeben, sich mit den Gefühlen bei seiner eigenen Geburt wieder zu konfrontieren, wenn er sich dafür öffnet.

Doch genau dies ist für einen medizinisch geschulten Geburtshelfer tabu. Er darf seine eigenen Gefühle nicht zulassen, schon gar nicht die verborgenen, von seiner Geburt herstammenden Körperängste. Und so schafft er im Verein mit anderen Männern die medizinische Geburtskultur, mit der die eigene Angst zwar in Schach gehalten werden kann, mit der sich jedoch der Zirkel der Angstproduktion fortsetzt.

Ich bin davon überzeugt, daß die übermächtigen irrationalen Ängste, die die Menschen in unseren modernen Industrieländern erfüllen, die unsere sozialen Beziehungen zu einzelnen, in Gruppen und ganzen Völkern vergiften, sehr viel mit der bei uns üblichen Geburtskultur zu tun haben. Wenn es „normal" ist, unsere Neugeborenen mitleidslos negativen Sinnesreizen auszuliefern und nicht dafür zu sorgen, daß sie auch ausgleichende, angenehme Erlebnisse haben können, dann braucht man sich nicht zu wundern, wenn in dieser Gesellschaft Angst ein zentrales Thema ist. Denn diese von der Geburt her stammende Urangst ist organisch-körperlich verankert. Sie ist mit dem Verstand nicht faßbar, deshalb eben auch irrational. Diese Angst führt zu Abwehr in Form von Aggression, Selbstzerstörung, Verleugnung, Projektion, Somatisierung und ist, so meine ich, das Hauptproblem der industrialisierten Länder unserer Zeit.

Ich gehe so weit zu behaupten, daß wir eine menschenfreundliche Gesellschaft nur dann haben können, wenn wir den Empfang der neuen Menschen bei ihrer Geburt freundlich gestalten. Wir können Respekt vor der Integrität anderer Menschen nur bei Menschen erwarten, denen schon bei ihrer Geburt Respekt vor ihrer körperlichen Integrität erwiesen wurde. Wir können Liebe und Freude am Leben nur bei Menschen erwarten, denen Liebe entgegengebracht wurde und denen die neue, nachgeburtliche Welt freudvoll erschienen ist.

DIALOG IV

Ein Brief an meine Kinder

Liebe Billa, liebe Jule,

ihr kennt die Geschichte, die ich hier aufschreiben will.
Ich habe sie euch in vielen Versionen bei den verschiedensten fröhlichen und traurigen Gelegenheiten erzählt. Ihr wolltet sie manchmal gar nicht mehr hören, weil ihr spürtet, wie sehr mich diese Geschichte bedrückte und ich euch damit auch bedrückte. Laßt mich sie euch noch einmal – vielleicht zum letztenmal – erzählen.

Als ich euch 1966 und 1967 zur Welt brachte, wußte ich weder etwas von eurem uterinen Leben noch von euren Erfahrungen während und nach der Geburt. Obwohl ich mich sicher als sehr sensible Frau empfand, ist mir nie die Idee gekommen, mich in euch, die ihr da in meinem Leib gewachsen seid, hineinzuversetzen, um mir vorzustellen, daß ihr bereits hören, fühlen, schmecken und ein bißchen sehen konntet und was deshalb die Geburt, die ich euch zumutete, für euch bedeutet hat. Ich ging davon aus, daß ein Kind als Tabula rasa geboren wird, und ich weiß noch, wie verblüfft ich war, als ich nach der Rückkehr aus der Klinik bemerkte, wie du, Billa, einen Gegenstand vor deinen Augen fixiert hast. Ich hatte mir nicht einmal vorgestellt, daß Neugeborene sofort sehen können.

Dieses Buch zu schreiben und die vielen Forschungsergebnisse zusammenzutragen, war daher nicht nur eine interessante, spannende Aufgabe, sondern verband und verbindet sich bei mir auch mit viel Wehmut, weil ich dies alles damals nicht gewußt habe und euch deshalb auch eine schreckliche Geburt zugemutet habe.

Bei dir, Billa, war die Entbindung besonders schlimm. Ich hatte eine problemlose, heitere Schwangerschaft gehabt, du warst in jeder Beziehung ein Wunschkind. Ich hatte mich auf eine natürliche Geburt ohne Medikamente nach der Dick-Read-

Methode vorbereitet. Aber gegen die Routine auf der Entbindungsstation eines katholisch-konfessionell geführten Krankenhauses kam ich nicht an. Meinen Kampf gegen die Hebamme, die mir eine wehenfördernde Spritze geben wollte, damit „es schneller vorbei ist", verlor ich, ebenso den gegen zwei Ärzte, die mir dann doch eine Vollnarkose verabreichten. Obwohl ich mich anfangs noch mit Vehemenz dagegen gewehrt hatte, ließ ich es am Ende doch zu, weil, wie sie sagten, es auch für dich „wahrscheinlich am besten" sei, nun schnell herausgeholt zu werden.

Ich wachte erst in meinem Zimmer auf, erfuhr, daß du ein Mädchen geworden bist und daß „alles dran" sei. Ich verlangte, dich zu sehen, aber das „ging nicht". Trotz aller Proteste wurdest du mir nicht gebracht, weil „das so üblich ist, um Mutter und Kind eine Ruhepause nach der Anstrengung zu gönnen". Ich gab mich drein, dein Papa beruhigte mich, er hatte dich schon durch die Scheibe sehen können und dich sehr süß und rosig gefunden. Erst 24 Stunden später legte man dich zu mir ins Bett. Ich wickelte dich heimlich aus, um deine Füßchen zu sehen und zu fühlen, wurde dafür von der Nonnen-Schwester beschimpft. Erst Tage später zu Hause habe ich deinen ganzen Körper bestaunt.

In der Nacht nach der Entbindung, als ich dich noch nicht gesehen oder gefühlt hatte, hatte ich einen Alptraum, der sich mehrfach wiederholte: Ich sah ein kleines Vögelchen, eine schwarze Amsel, hilflos am Boden flattern, wollte ihr helfen, kam aber nicht hin. Dieser Traum heißt für mich, daß ich ganz genau fühlte, daß alles falsch war, was hier geschehen war und weiter geschah, daß man dir einen entsetzlichen Empfang auf dieser Welt bereitet hatte und mir den Prozeß des Bonding versagt hatte. Mit meinem Verstand aber sagte ich mir, daß alles nicht so tragisch sei, daß du ja wie alle Neugeborenen eine erhöhte Reizschwelle hättest und sowieso nichts spürtest und daß du und ich über alles schon hinwegkommen würden. Gewiß, das ist auch geschehen. Aber in der Tiefe ist die Wunde bei uns beiden nur sehr schwer verheilt und hat deutliche Narben hinterlassen.

Ich selbst war in den ersten Wochen sehr depressiv, hatte das Gefühl, zu dir kein richtiges Verhältnis zu haben und litt darunter, eine schlechte Mutter zu sein. Ich hatte Mühe, dir beim Stillen in die Augen zu sehen, es war mir entsetzlich, dich schreien zu hören – und du schriest oft! Man konnte dich nur beruhigen, wenn man dich auf dem Arm hin und her trug. Die Nächte waren in den ersten Wochen für uns Eltern eine Qual, weil du nicht allein schlafen wolltest, wir aber meinten, dich nicht zu uns ins Bett nehmen zu dürfen.

Ich weiß heute, daß man bei deiner Geburt nur hätte Geduld haben müssen, dir und mir hätte Zeit lassen müssen, bis wir so weit gewesen wären, daß du herauskommen konntest. Unsere gute Beziehung aus der Schwangerschaft hätte nicht abzureißen brauchen, sondern hätte über ein gutes Bonding kontinuierlich weitergehen können. Wir hätten uns gegenseitig die neuen Markierungen in unsere „maps", die Orientierungskarten unserer Welt, gesetzt, die du zwar in viel größerer Menge und Intensität lernen mußtest, die ich aber auch dringend benötigte.

Bei der Geburt von dir, Jule, hatte ich keine Medikamente bekommen, war bei Bewußtsein und konnte dich gleich sehen und hören, bekam dich auch – allerdings erst nachdem du gebadet und angezogen warst – für kurze Zeit in den Arm. Ich lag in einem Raum, der direkt neben dem Säuglingszimmer lag, aus dem ich während der mehrstündigen Entbindung die jämmerlich verzweifelten Schreie der Neugeborenen anhören mußte. Nach der Entbindung wartete ich schlaflos in meinem Zimmer darauf, daß man dich wieder zu mir bringen würde. Ich stellte mir vor, daß auch du nun mit den anderen dort drüben schriest, anstatt an meinem Körper zu liegen und mich zu spüren. In diesem Krankenhaus bekam man die Kinder schon nach wenigen Stunden und auch für etwas längere Zeit. Aber all die vielen Stunden, die auch du allein und schmerzvoll auf dem Rücken liegend weit weg von meinem Körper, meiner Stimme, meinem Herzton, meiner Wärme verbringen mußtest, haben dich geschädigt.

Warum habe ich das zugelassen, warum hat mir niemand

geholfen, auf meine eigene Stimme, meinen eigenen Körper zu hören und danach zu handeln? Warum treibt man noch immer die meisten Frauen dazu, gefühllos gegen ihre Kinder, gegen ihren eigenen Körper zu sein? Weil es so unendlich schwer ist, den Teufelskreis zu durchbrechen, der die Erfahrungen unserer eigenen Geburt, die wir als unbewußte Körpererinnerungen in uns tragen, mit dem Erlebnis, ein Kind zur Welt zu bringen, verknüpft.

Es ist gut, daß es heute eine weitgehend veränderte Haltung zur Geburt gibt, doch müßte noch viel mehr geschehen, damit Frauen in der Lage sind, dann, wenn ihr Körper „spricht", nicht in Panik zu geraten, sondern locker und entspannt zu reagieren. Die meisten Menschen, Frauen wie Männer, sind in unserer Gesellschaft sich selbst und ihrem Körper so weit entfremdet, daß sie die Signale des Körpers nicht erkennen.

Für eine Gebärende ist es ein geradezu überwältigender Kampf, gegen eine gefühlsfeindliche Welt anzutreten, die sie selbst in sich trägt, während sie gleichzeitig für einen anderen Menschen kämpft, den sie auf sanfte Weise auf die Welt bringen will. Es ist ein doppelter Kampf gegen die Welt draußen und gegen die Welt in sich selbst. Ich bin nicht sicher, ob ich mit meiner heutigen Einsicht es wirklich geschafft hätte, meine eigene, von Kind an erworbene Entfremdung in der Grenzsituation der Entbindung zu überwinden.

Deshalb, meine Töchter, laßt uns gemeinsam dafür streiten, daß sich die Geburtskultur in unserer Gesellschaft verbessert. Nicht nur für euch selbst, für eure Kinder (meine Enkelkinder!), die ihr vielleicht einmal zur Welt bringen wollt, nicht nur für andere Frauen laßt uns eine humane Geburt fordern, sondern für uns alle. Es geht uns schließlich alle an, wenn weniger Menschen mit psychischen Narben geboren werden, denn wir alle müssen darunter leiden, wenn diese Menschen irgendwann einmal sich selbst, ihre Mitmenschen und damit uns selbst zu zerstören drohen.

Nachtrag:
Als ich diese Erinnerungen an eure Geburten zum erstenmal aufschrieb, hatte ich ein mich sehr beeindruckendes Erlebnis, das mir die Theorie vom Wiedererleben der eigenen Geburt bestätigte: Während ich schrieb – es war im Urlaub – wurde ich für zwei Tage mit starken Kopfschmerzen und leichtem Fieber krank. Ich mußte im Bett bleiben, konnte nichts lesen, ließ nur die Gedanken schweifen. Ich fragte mich, was mir mein Körper gerade jetzt sagen wollte. Ich erinnerte mich, daß ich eigentlich die Idee hatte, über meine eigene Geburt zu schreiben, daß ich aber davon Abstand genommen hatte, weil ich zu wenig Informationen habe. Alles, was ich weiß, ist, daß meine Geburt vierzig Stunden gedauert hat. Mir kam der Gedanke, daß die Kopfschmerzen und die Fieberschauer ein Wiedererleben meiner Geburt sein könnten. Genau vierzig Stunden nach dem Beginn der Erkrankung war ich symptomfrei!

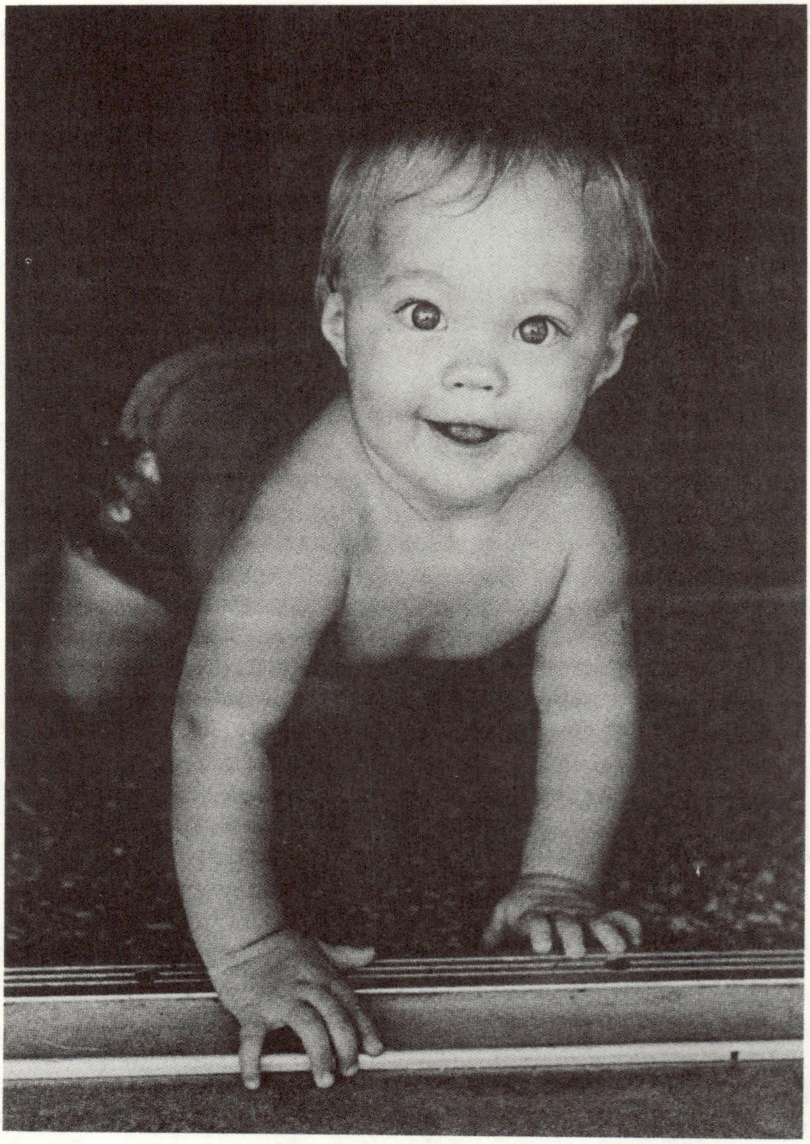

Kapitel 4
Mensch-Sein vor der Sprache

> „Da wir niemals in einen Säugling hineinkriechen können, scheint es sinnlos, sich vorzustellen, was so ein kleines Kind für Erfahrungen macht. Und doch ist genau dies der Kernpunkt all dessen, was wir wirklich wissen wollen und wissen müssen. Denn die Fantasien, die wir uns über die Erfahrungen des Säuglings machen, prägen unsere Vorstellungen darüber, was und wie der Säugling ist. ... Und diese Theorien bestimmen auch, wie wir als Eltern auf unsere eigenen Säuglinge reagieren. In letzter Konsequenz prägen solche Vorstellungen auch unser gesamtes Bild vom Menschen."
> *(Daniel N. Stern: The Interpersonal World of the Infant, S. 4, Übers. M.K.)*

> „Wenn ein sechs Monate altes Baby Haferschleim schlucken soll und dabei seiner Mutter ins Gesicht sieht und die Mutter denkt: 'Dieses gräßliche Zeug stinkt!', dann liest das Baby diese Botschaft vom Gesicht der Mutter ab und spuckt den Haferschleim aus."
> *(Milton Erickson in S. Rosen: Die Geschichten von Milton H. Erickson, S. 185)*

So wie es in verschiedenen Gesellschaften unterschiedliche Geburtskulturen gibt, so gibt es in noch viel größerem Maße unterschiedliche Formen der Behandlung von Kindern in ihrem ersten Lebensjahr nach der Geburt. Zwar sind der Vielfalt auch hier einige nicht über- oder unterschreitbare Grenzen durch das biologische Wachstum gesetzt, doch ist innerhalb dieser Grenzen eine unendliche Fülle von unterschiedlichen Entwicklungsverläufen möglich.

Wenn wir also Entwicklungsverläufe vergleichen wollen, müssen wir immer den Kontext mit angeben, innerhalb dessen ein Kind aufwächst: die Personen, die dazugehören, die Art, wie es gestillt, bewegt, angesprochen wird, welche Sinnesreize ihm dargeboten werden usw. Wenn wir Phasen für die Entwicklung des Kindes festlegen wollen, dürfen wir nicht den Fehler machen, sie als universelle, biologische Muster anzusehen. Damit eine „Entwicklungsphase“ auftritt, müssen bestimmte Umweltbedingungen gegeben sein, sonst findet sie nicht statt.[36]

Wir können dann allerdings auch keine „Retardierung“, „Störung“ oder „Stagnation“ der kindlichen Entwicklung mehr festmachen, ohne einen Kontext anzugeben, der das „Normale“ definiert. So wie ich zu einem bestimmten Zeitpunkt in meiner Entwicklung war, war ich genau richtig, denn mein Verhalten fügte sich in den Rahmen ein, in dem ich lebte. Und das trifft für jedes andere Kind genauso zu.

Sobald wir uns bemühen, nicht mehr von einem „natürlichen“, oder in einem absoluten Sinne „optimalen“ sozialen Milieu für jeden Säugling zu sprechen, wird es wichtig zu betrachten, *wie* sich ein Kind mit den im Mutterleib und im Verlauf der Geburt gewonnenen Erfahrungsmustern in die neue Welt einfügt. Die Blickrichtung kehrt sich sozusagen um: Wir interessieren uns dafür, wie wir es geschafft haben, am Leben zu bleiben, indem wir uns an die Umstände anzupassen vermochten, die wir vorfanden. Wir interessieren uns für das breite Spektrum von Kontexten, die trotz großer Gegensätze das Überleben eines Kindes ermöglichen.

Schauen wir uns also an, wie Kinder unter Bedingungen, die wir in unserer Kultur als „normal“ bezeichnen, ihr erstes Lebensjahr verbringen, und vergleichen wir dieses Sein mit dem von mißhandelten oder vernachlässigten Kindern. Kehren wir dann nach Bali zurück, um nachzuempfinden, wie ein Kind eine Welt erlebt, die ganz auf seine aus dem Mutterleib stammenden Bedürfnisse eingestellt ist.

Das erste Lebensjahr in unserer Kultur

Mit unserer Geburt begannen die Menschen, die uns versorgten, unser Leben zu formen, ihm Struktur zu geben. Wir wurden von ihnen abhängig. Es gab während unserer Säuglingszeit keine Erfahrung, die nicht in irgendeiner Weise von diesen Menschen vorgegeben wurde. Wir konnten zwar alle saugen, schlucken, schlafen, wach sein, sehen, hören, fühlen, riechen, doch *was* wir mit unseren Sinnen aufnahmen, in welchem Rhythmus, mit welcher Intensität, war davon abhängig, wie man mit uns umging. Unsere „Orientierungskarte" für die neue Welt enthielt Markierungsmuster, die von den Besonderheiten der Menschen abhingen, die sich mit uns beschäftigten.

Alles, was wir wahrnahmen, war außerdem mit Gefühlen des Wohlseins oder Unwohlseins verknüpft. Dieser Gegensatz war nach unserer Geburt immer verbunden mit den Personen, die uns be„hand"elten. Sie waren in der Lage, uns Wohlsein oder Unwohlsein zu bereiten. Der Wechsel von „gut" und „schlecht" geschah im Zusammenhang mit ihrem Tun.

Im Verlauf des ersten Lebensjahres entwickelten wir immer mehr Eigenaktivität und wurden so von anderen Personen unabhängiger. Wir konnten uns zunehmend selbst Lust bereiten oder Unlust beseitigen. Aber es blieben doch noch gewaltige Unterschiede zwischen uns und den Menschen, die uns versorgten, bestehen. Die Personen um uns herum lebten in einer anderen Welt, der Welt der Sprache. Unsere Kommunikation verlief auf sehr verschiedenen Ebenen. Als Säugling lebten wir ganz und gar in der Gegenwart und waren nicht imstande, über das Erlebte zu reflektieren. Die Erwachsenen dagegen kommentierten und interpretierten, was sie mit uns machten und an uns beobachteten. Diese Interpretationen beeinflußten rückwirkend wieder ihre Beobachtungen. Sie hatten feste Vorstellungen davon, was in uns vorging, wie wir zu sein hatten, und verhielten sich dementsprechend. Was wir erlebten, war – ohne daß wir davon wußten – durch ihre Sprachwelt vermittelt.

Ein solcher Gegensatz zwischen Erwachsenem und Kind besteht übrigens nur beim Menschen. Bei keiner anderen Tierart sind die Eltern von ihren Jungen durch die Welt der Sprache getrennt. Eine Hunde- oder Schimpansenmutter ist mit ihrem Jungen ausschließlich auf derselben Ebene im Hier und Jetzt. Sie ist nicht in einer anderen Sprache als ihr Kind, kann sich daher keine „Geschichten“ über Motive ihres Kindes ausdenken. Eine Menschenmutter kann daher niemals jenes rein physische, biologische Verhalten ihrem Kind gegenüber haben wie eine Tiermutter. Wir sind als Erwachsene immer in der Welt der Sprache unserer Gesellschaft und Kultur verankert, d. h. wir haben Vorstellungen darüber, wie Kind-Sein und Mutter-Sein ist oder zu sein hat, die teilweise extrem weit von dem entfernt sein können, was wir selbst oder das Kind mit den Sinnen wahrnehmen. Das wird besonders deutlich im Zusammenhang mit vernachlässigten oder mißhandelten Kindern (siehe unten).

Das heißt nun aber nicht, daß wir als Menschen außerstande sind, mit dem Säugling auf nichtsprachlicher Ebene zu kommunizieren. Denn auch unter Erwachsenen ist unsere gesprochene Sprache ständig von „analoger“ Kommunikation, also von Gestik, Mimik, Stimmklang begleitet (Watzlawick). Dennoch ist die Rückkehr zum ausschließlich nonverbalen Verhalten für uns Erwachsene unmöglich. Wenn wir mit dem Säugling tiefenkommunizieren und uns in ihn einfühlen wollen, können wir nicht einfach nach dem Prinzip des Wohl- oder Unwohlseins mit ihm fühlen, denn wir können unsere Sprache nicht vergessen, können also auch nicht aufhören zu deuten und zu interpretieren.

Es gibt aber einen Ausweg: Wir können uns eine Geschichte von der vorsprachlichen Welt erzählen und uns auf diese Weise in die unwiederbringlich verlorene Welt vor der Sprache zurückversetzen. Sprache schafft Welten. Wir können uns daher durch unsere Sprache sogar eine Welt ohne Sprache schaffen! Dazu später noch mehr (Kapitel 5).

Die frühe Säuglingszeit

Gleich nach der Geburt waren alle unsere Sinne noch auf das Leben im Mutterleib hin orientiert. Doch allmählich wurde uns auch die neue Welt vertraut. Es gab viel Angenehmes und Lustvol-

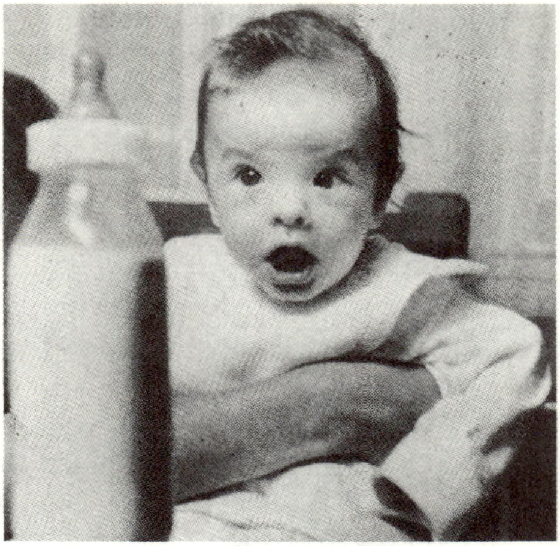

34

les zu sehen, zu hören, zu fühlen, zu schmecken, zu riechen. Die Phasen von Unwohlsein störten uns, doch hatte es auch seinen Reiz, den „Unterschied des Unterschieds“ zwischen Unwohlsein und Wohlsein zu erfahren. Wir lernten, auf Signale zu achten, die ankündigten, was wir als nächstes erleben würden. Da war zum Beispiel ein menschliches Gesicht, dazu eine Stimme, bestimmte Berührungen, Gerüche, die sich immer wiederholten, wenn etwas stattfand, das wir heute als „Nahrungsaufnahme“ bezeichnen. Wir begannen hin-zusehen, hin-zuhorchen, hin-zufühlen, um möglichst schnell zu erfassen, was als nächstes geschehen würde.

Vermutlich hatten wir auch schon im Mutterleib derartige „Erwartungen“ gehabt, doch wurden sie jetzt zu „Bedürfnissen“, d. h. zu Erwartungen, die Unwohlsein bereiteten, wenn sie nicht erfüllt wurden. Derartiges hatte es im vorgeburtlichen Leben noch nicht gegeben. Unsere Bedürfnisse entstanden also zum einen dadurch, daß wir einen Mangel erlebten, der uns Unwohlsein bereitete, zum anderen aber erlebten wir auch, daß dieser Mangel wieder aufhörte. Bedürfnisse können nicht entstehen, wenn diese Erfahrung fehlt, d. h. wir mußten gestillt worden sein, um ein bestimmtes Unwohlsein als „Hunger“, als Bedürfnis nach Nahrung zu entwickeln.

„Hunger" ist zwar ein ursprüngliches, primäres Bedürfnis, doch haben wir es erst als Säuglinge gelernt, indem uns unsere Mutter oder andere Menschen einen Mangel, den wir als Unwohlsein gespürt haben, durch Füttern beseitigt haben.

Diejenigen Bedürfnisse, die wir sozusagen aus dem Mutterleib mitgebracht haben, weil wir nach der Geburt bestimmte Wohlgefühle vermißten (Wärme, Dunkelheit, Umfangen-Sein), werden mit der Zeit überlagert von denjenigen Bedürfnissen, die erst draußen entstanden sind – eben z. B. von Bedürfnis nach Nahrung, nach Kontakt mit Menschen, nach visueller Anregung.

Alle Bedürfnisse unterscheiden sich nach Stärke und Intensität. Wir sollten daher besser nicht von *dem* Hunger reden, sondern von verschiedenen „Hungern", also Formen von Bedürfnissen nach Nahrung. Ein Kind, das lange warten muß, so daß das Unwohlsein ins Unerträgliche wächst, erfährt „Hunger" als furchtbare Qual und das Gestillt-Werden als ein gieriges Verschlingen oder ein erschöpft-resignatives Geschehenlassen. Ein Kind, das nach seinem eigenen Rhythmus gestillt wird, erlebt „Hunger" als einen Zustand, der sich kaum vom Satt-Sein unterscheidet. Ein Kind, das nach regelmäßigen von den Erwachsenen festgelegten Zeiten trinken muß, erlebt „Hunger" als etwas, auf das nicht immer Trinken folgt, denn manchmal muß es trinken, obwohl das Gefühl, das wir „Hunger" nennen, nicht da ist. So entstehen grundsätzlich verschiedene Muster für „Hunger". Man konnte sagen, daß es eigentlich nicht gerechtfertigt ist, dafür denselben Begriff zu verwenden.

Wenn wir in unserer Sprache derartig unterschiedliche Erfahrungen mit „Hunger" bezeichnen, versperren wir uns den Blick für diese Unterschiede. Sie werden als „Abweichungen" von einem „normalen" Hunger bezeichnet. Wenn wir dagegen den Prozeß des Entstehens von Bedürfnissen als Erfahrung in der Interaktion mit anderen Menschen betrachten, ist jedes Verhalten des Kindes richtig und angemessen in bezug auf die Erfahrungen, die es mit seiner Mutter und anderen Menschen macht. Das Kind kann gar nicht anders, als sich so zu verhalten, wie es sich verhält.

Jeder von uns hatte also nicht einfach „Hunger", sondern wir hatten alle *unseren* Hunger, d.h. es entstand ein spezifisches

Muster, das eine Antwort darauf war, wie wir auf das Gestillt-Werden warten mußten und wie dann der regelmäßige Wechsel zum Wohlbefinden des Satt-Seins stattfand.

Und so wie das scheinbar eindeutig biologische Bedürfnis nach Nahrung und das damit verbundene Gefühl von Hunger durch die Interaktion mit der Mutter entstanden sind, so können wir auch das Entstehen unserer anderen Bedürfnisse nach Schlaf, nach Berührt-Werden, nach Kontakt betrachten:

Ein Kind, das Schlafen verbunden mit Satt-Werden erlebt, dem ein Lied gesungen wird, das sanft gewiegt wird, wird ein anderes „Schlafbedürfnis" entwickeln als eines, das man schreien läßt, bis es vor Erschöpfung irgendwann einschläft. Zum Beispiel ist bei einem Säugling auf Bali, der immer am Körper eines Menschen getragen wird, das „Schlafbedürfnis" mit Körperkontakt verknüpft, also anders als bei uns.

Das „Bedürfnis nach Hautkontakt" muß daher auf Bali auch sehr anders ausgeprägt sein als bei uns. Bezeichnenderweise haben wir in unserer Sprache nicht einmal einen Begriff für dieses Bedürfnis, obwohl es mit Sicherheit für uns alle nach der Geburt besonders stark war. Mir scheint, daß uns in unserer Kultur schon von Anfang an dieses bei Menschen anderer Völker viel stärker vorhandene Bedürfnis ausgetrieben wird, indem wir es schon den Säuglingen verweigern.

Auch unser Bedürfnis nach Ausscheidung, also zu urinieren und defäkieren, wird so gesteuert, wie Kultur und Gesellschaft es vorschreiben. Als Säugling entstand in uns allmählich ein Bedürfnis, gesäubert zu werden, eine frische Windel umgelegt zu bekommen und dabei von der Mutter oder Pflegeperson auf bestimmte Weise berührt, bewegt zu werden. Ein sehr anderes Bedürfnis entsteht dagegen dann, wenn ein Kind – wie in vielen Völkern – nackt herumgetragen wird und seinen Ausscheidungen wenig Beachtung geschenkt wird.

Alle Bedürfnisse werden mit Schlüsselreizen verbunden, die sozusagen „Anker" für ihr Auftreten und ihre Befriedigung darstellen. Die Brust oder die Flasche zu sehen, war für uns ein Zeichen, daß wir jetzt gleich gestillt werden würden. Der Geruch der vollen Windel bestärkte das Bedürfnis, saubergemacht zu werden.

Viele dieser Anker waren Aspekte des Verhaltens der Mutter oder der Person, die uns betreute, ohne daß diese sich dessen gewahr wurde. Das Gesicht der Mutter und ihre Mimik waren für uns sichtbar, nicht für sie. Sie merkte also gar nicht, wie intensiv ihre Mimik „Anker" lieferte, mit denen wir unsere Bedürfnisse wiedererkennen konnten. Wenn ihr Lächeln mit lustvollen Körpergefühlen einherging oder das Stirnrunzeln mit unlustvollen, dann verknüpfte sich beides für uns, so daß wir bei ihrem Stirnrunzeln schon erwarteten, wieder etwas Unangenehmes zu erleben.

Genauso war ihre Stimme ein Anker für uns. Obwohl die Mutter ihre Stimme selbst hörte, war ihr doch selten bewußt, wie anders sie in unseren Ohren klang, je nachdem, was sie mit uns machte. Wenn sie in hohen, warmen Tönen sprach, erlebten wir meist Angenehmes, wenn sie scharf und schrill klang, war die Situation unangenehm.

Ganz besonders ein„drück"lich waren ohne Zweifel die Berührungen für uns. Wie wir angefaßt, gedrückt, gedreht wurden, waren Signale, die sich fest mit den sich regelmäßig wiederholenden Situationen verbanden. Wir können nur ahnen, wie stark sich gerade diese kinästhetischen Erfahrungen als bleibende Schlüsselreize bis in unser Erwachsenenleben erhalten haben.

Um diese Signale besser zu erkennen, bemühten wir uns immer stärker, unsere Aufmerksamkeit auf sie zu lenken, also hinzuhören, hinzusehen, hinzufühlen. Wir wandten uns der Welt zu, weil es für uns wichtig war, ihre Regelmäßigkeiten zu erfassen. Dazu mußte diese Welt allerdings auch regelhaft strukturiert sein. Wenn wir erlebt haben, daß es in der Welt erkennbare Strukturen und sich wiederholende Muster gab, dann waren wir bereit, uns ihr zuzuwenden, es entstand „Urvertrauen" (E. Erikson), jene Sicherheit, daß die Welt geordnet, in Ordnung ist.

Urvertrauen entsteht durch die Eindeutigkeit der Signale, die es uns ermöglicht, als Säugling eine klare Unterscheidung zwischen Situationen des Wohlseins und solche des Unwohlseins zu treffen. Es ist dabei keineswegs notwendig, nur positive Erfahrungen zu machen. Vertrauen in die Welt entsteht nicht dadurch, daß man niemals Schmerz oder Versagungen erlebt. Denn das ist einerseits sowieso nicht möglich, weil immer irgendwann einmal etwas Unangenehmes geschieht, andererseits ist die Geburt selbst ein Prozeß gewesen, bei dem heftiges Unwohlsein auftrat, so daß in jedem Fall das Muster von Unwohlsein vorhanden ist.

Auch wenn sie uns unangenehme Situationen bereitete, konnten wir der Welt vertrauen, wenn es klare Zeichen gab, daß das Unwohlsein wieder aufhören würde. Wir waren dann bereit, uns weiterhin nach außen zu orientieren, denn es hatte einen Sinn, die Regelhaftigkeit der Welt zu entdecken.

Urmißtrauen entsteht dagegen, wenn das Kind nicht unterscheiden kann, welcher Kontext gilt, weil die Mutter zum Beispiel einmal sanft und behutsam stillt, ein anderes Mal dagegen beim Stillen unwirsch, laut und schmerzhaft mit ihm umgeht. Das Kind lernt dann, daß es keine ihm erkennbare Regel für den Wechsel des mütterlichen Verhaltens gibt. Damit erlebt es den Kontext des Gestillt-Werdens als ambivalent, als uneindeutig. Es wird dem Stillen mit Unsicherheit begegnen, denn es kann nicht abschätzen, was es zu erwarten hat.

Wird das Kind auch in anderen Situationen verwirrt, dann kann die Welt ihre Sicherheit verlieren, so daß es ihr generell mit Mißtrauen begegnet. Wenn auch die Geburt für das Kind traumatisch war, können solche Erfahrungen von Mißtrauen in dieser neuen Welt dazu führen, daß es sich auf sich selbst zurückzieht, sich der Außenwelt verweigert. Frühkindlicher Autismus scheint seinen Ursprung hier zu haben (vgl. unten).

Dabei sei betont, daß eine solche Verwirrung von der Mutter oder Pflegeperson keineswegs bewußt oder gar böswillig gemeint sein muß. Sie macht sich Vorstellungen von ihrem Kind und seinen Bedürfnissen, ohne sich darüber klar zu sein, daß sie es ist, die dem Kind sozusagen die Bedürfnisse „macht". So schwankt sie auf der Suche nach dem, was das Kind will, hin und her und verstärkt damit die Verwirrung des Kindes. Häufig kommt die Verwirrung daher, daß sich die Mutter oder Pflegeperson Vorstellungen über die Bedürfnisse des Kindes macht, die nichts mit der konkreten Situation zu tun haben und dann ihre Wahrnehmung trüben, wenn sie das Kind betrachtet. Das Kind ahnt davon nichts, es spürt nur die Verwirrung der Situation.[37] Solch ein Zirkel kann sich spiralförmig hochschaukeln und alle Betroffenen zur Verzweiflung bringen.

Meist lösen sich derartige Störungen mit dem nächsten Entwicklungsschritt des Kindes auf. Wenn sich das Kind mehr bewegen kann, sind bestimmte Situationen nicht mehr so verwirrend oder unangenehm wie in der frühen Säuglingszeit. Durch die neuen Möglichkeiten der Fortbewegung entstehen neue Kontexte, die die Verwirrung aufheben.

Die Anfänge der selbständigen Erkundung der Welt

Durch die Regelmäßigkeit der Wahrnehmungen, die uns andere vermittelten, begannen wir allmählich, uns unsere Sinnesreize selbst zu verschaffen. Der Übergang von der passiven zur aktiven Wahrnehmung war fließend. Schon vom ersten Tag an haben wir unsere Welt aufmerksam betrachtet. Die Manipulation, das Be-„Greifen" der Objekte unserer Welt ist jedoch eine Fähigkeit, mit der wir nicht auf die Welt gekommen sind, die wir vielmehr erst langsam entwickelt haben.

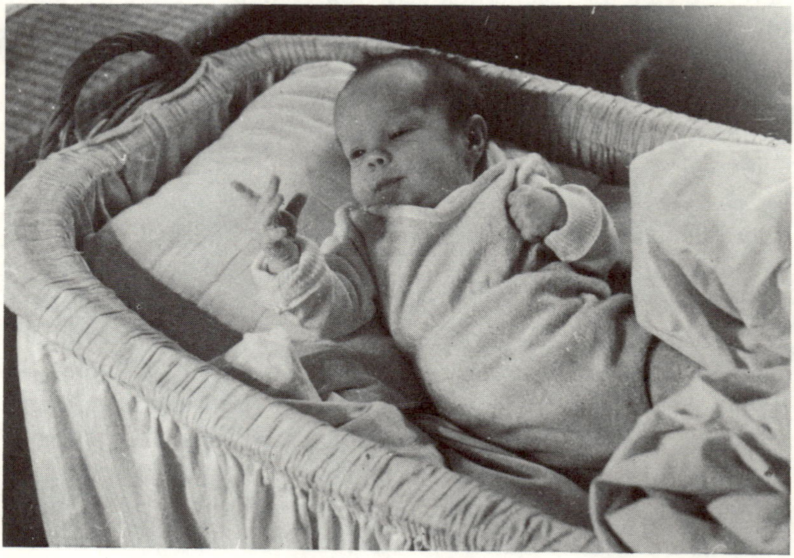

35

Wir lernten unsere Welt allmählich kennen als eine, in der wir etwas tun, etwas bewegen konnten, in der die Dinge antworteten. Die Klapper, die wir ergriffen und die Krach machte, wenn wir sie schüttelten, das Spielzeug, das sich drehte, wenn wir es anstießen, waren Objekte, die in unserer Welt erst dadurch existierten, daß wir mit ihnen etwas taten. Vorher waren sie für uns vielleicht auch als Dinge da, die wir sehen oder fühlen konnten, doch hatten sie sich grundsätzlich verändert, seit wir sie im wahrsten Sinne des Wortes be„griffen" hatten.

Das wurde erst dadurch möglich, daß wir unser Sehen und Greifen koordinieren konnten, was ungefähr zwischen dem zweiten und dritten Monat geschah. Als Fötus oder Säugling konnten wir auch schon mit der Hand greifen; das aber war nur eine Reaktion auf die Berührung der Handfläche, wenn sich – vor der Geburt – die Finger um die Nabelschnur schlossen oder wenn wir unsere andere Hand oder den Fuß zufällig zu packen bekamen. Als wir dagegen einen Gegenstand visuell erfassen konnten und ihn dann zu greifen versuchten, hatten wir einen völlig neuartigen Zu„griff" auf unsere Welt.

Wir lernten nun auch, unseren Körper selbst zu bewegen. Wir konnten jetzt den eigenen Mund mit dem Daumen oder den Fingern finden und lutschen, was bis dahin nur durch zufällige Berührungen möglich war. Alle Gegenstände wurden erst einmal in den Mund gesteckt, denn die Mundregion war der sensibelste Körperbereich geblieben. Wir erkundeten unsere Welt dadurch, daß wir die Gegenstände „schmeckten", wobei die Berührung mit Lippen und Zunge wahrscheinlich wichtiger war als das eigentliche Schmecken.

Aber wir gewannen nicht nur durch die Koordination von Sehen, Greifen und Schmecken Einfluß auf unsere Welt, auch die eigene Stimme setzten wir jetzt gezielt ein. Unser bisheriges unwillkürliches Schreien benutzten wir nun als Ruf, mit dem wir das vertraute Gesicht der Mutter, ihre Stimme, ihre Berührungen herbeilockten. Wir lernten auch, das Gesicht, das sich uns näherte, zu manipulieren, denn wir bemerkten, daß wir etwas tun konnten – lächeln, quietschen, strampeln –, um das Gesicht zum Lächeln, zum Sprechen zu bringen.

So bildeten sich wieder neue Muster von Wahrnehmungen, die sich mehrfach in gleicher Weise wiederholen mußten, bis sie sich in unsere „Orientierungskarte“ einfügten. Sie unterschieden sich von früheren Mustern darin, daß sie unsere eigene, gezielte Aktivität mit umfaßten. Erst jetzt begann die im eigentlichen Sinne soziale Interaktion mit den Menschen unserer Umwelt, da wir nunmehr mit unserem eigenen Tun auf die Welt einwirkten. Wieder geschah dies nur deshalb, weil die Personen unserer Welt gleichmäßig und in angemessenem Zeitabstand auf uns reagierten.

Ein Vater brachte zum Beispiel seine zwei Monate alte Tochter dazu, mit ihm ein „Gespräch“ zu führen.[38] Er hielt sie zunächst nur auf dem Schoß, machte ein maskenhaftes Gesicht und wartete, bis sie einen Ton von sich gab. Daraufhin reagierte er mit einem breiten Lächeln, beugte sich vor und sagte „bumpty-bump“. Dann versteinerte sich wieder sein Gesicht, bis das Kind ein weiteres Geräusch von sich gab, was von ihm auf dieselbe Weise beantwortet wurde. Innerhalb von wenigen Tagen hatte das Kind gelernt, daß es mit eigenen Lauten das amüsante Verhalten des Vaters produzieren konnte und gab nun fast ununterbrochen Töne von sich, wenn es das Gesicht des Vaters sah, auf die dieser mit Begeisterung reagierte, weil er sich wirklich von seinem Kind „angesprochen“ fühlte.

An diesem Beispiel kann man sehen, wie wir alle als Kind gelernt haben, mit eigenem Tun auf die Welt einzuwirken. Es war dazu unabdingbar, daß die Welt Reaktionen zeigte, die wir als solche wahrnehmen konnten, d.h. die deutliche Unterschiede der Wahrnehmung zuließen.

Diese Welt existierte für uns allerdings nur so lange, wie wir sie mit unseren Sinnen erfaßten. Wenn das Gesicht des Erwachsenen aus unserem Blickfeld verschwunden war, wenn wir den Klang eines Geräusches nicht mehr hörten oder den Gegenstand nicht mehr in unserer Hand spürten, dann war für uns dieser Gegenstand nicht mehr Teil unserer Welt. Man kann Kinder bis zu sechs oder acht Monaten extrem leicht ablenken, indem man sie mit irgend etwas anderem beschäftigt. Sie wechseln in Sekundenschnelle von einem Gegenstand ihres Interesses zum anderen.

Jean Piaget hat mit seinen eigenen Kindern ein inzwischen vielfach wiederholtes Experiment durchgeführt, das diese noch fehlende Beständigkeit der Dinge (Objektkonstanz) deutlich macht.[39] Er hat ihnen im Alter von fünf bis sieben Monaten ein Spielzeug gezeigt, das sie sofort intensiv betrachteten. Dann versperrte er ihnen die Sicht auf das Objekt und stellte fest, daß sie sich ohne Zeichen von Frustration sofort etwas anderem zuwandten, so als existiere das Spielzeug nicht mehr. Das ist wenige Monate später völlig anders.

Wir können also sagen, daß in dieser Zeit die Welt für uns nur so lange existierte, wie sie präsent war. Wir hatten kein Bewußtsein dafür, daß die Dinge beständig sind. Auch wenn wir unseren eigenen Körper berührten, war für uns der eigene Mund, die eigene Hand noch ungetrennt von anderen Dingen. Der Gegenstand, den wir ergriffen oder das Gesicht, dem wir zustrampelten, war Teil unseres Selbst. Welt und Ich waren noch eine Einheit.

Dieses Gefühl des Einsseins und der Einigkeit mit der Welt konnte sich aber nur dann entwickeln, wenn diese Welt sich mit einer gewissen Regelhaftigkeit veränderte, also wenn die Menschen um uns herum in geordneter Weise mit uns umgingen. Obwohl wir in dieser Phase selbständiger wurden, waren wir eigentlich noch stärker auf die erwachsenen Menschen angewiesen, die uns antworten mußten. Nur dann setzten wir unsere Erkundungen fort. Wir mußten auf Töne, die wir ausstießen, Antworten bekommen, um das Hinhören zu lernen. Wir mußten alles, was wir erblickten, greifen können, wenn das Hinsehen für uns bedeutsam bleiben sollte. Dieses hier entstehende „Kern-Ich" (Stern, 1985) stellt die Basis dar für alle weiteren „Ichs" bis hin zum versprachlichten Ich.

Kinder, die in dieser Phase keine bestätigenden Reaktionen auf ihre Aktivitäten erleben, wenden sich der Welt nicht weiter mit Interesse und Eigeninitiative zu. Sie entfremden sich der Welt, ziehen sich auf sich zurück, selbst wenn sie in der vorangegangenen Phase eine Offenheit der Welt gegenüber entwickeln konnten.

Wieder ist es extrem bedeutsam, was die Eltern oder Pflegepersonen des Kindes sich für Vorstellungen von der Welt des Kindes machen. Der Vater im obigen Beispiel war einfühlsam, vermochte es, sich auf die Wahrnehmungsfähigkeit des Kindes einzustellen. Aber oft werden dem Kind Intentionen, Fähigkeiten unterstellt, die es in dieser Phase überhaupt nicht haben kann. Ein extremes Beispiel dafür ist eine Mutter, die ihr halbjähriges Kind prügelte, weil es eine Nachbarin, die zu Besuch gekommen war, nicht anlachte.

Die selbständige Fortbewegung

Sobald wir uns selbständig fortbewegen konnten, veränderte sich unsere Beziehung zu den Dingen in unserer Welt sehr stark: Als wir zu krabbeln begannen oder uns an Möbeln festhaltend fortbewegen konnten (etwa zwischen dem sechsten und neunten Monat), konnten wir uns den Dingen nähern. Wir brauchten nicht mehr darauf zu warten, bis sie auf uns zukamen. In dieser Zeit bekamen wir ein Gefühl dafür, daß wir und die anderen Objekte in unserer Welt getrennt voneinander waren. Die Fähigkeit, sich auf etwas zuzubewegen oder sich von etwas wegzubewegen, bietet, so scheint es, die Grundlage dafür, daß das Kind sich als eigenständiges, konstantes Wesen erfährt, das von den anderen Wesen und Objekten verschieden ist.

Zum Beispiel sucht ein Kind in dieser Phase einen Gegenstand, den man vor seinen Augen versteckt hatte, und findet ihn wieder, was ein sechsmonatiges oder jüngeres Kind nicht kann. Die Objekte haben von nun an für das Kind Konstanz erlangt. Das Kind weiß, daß sie existieren, auch wenn es sie nicht mehr sieht, hört oder fühlt.

Der Zusammenhang zwischen der Entwicklung dieser Fähigkeiten und den Anfängen unserer selbständigen Fortbewegung ist augenfällig. Als wir noch auf dem Rücken oder Bauch liegend die Welt erfaßten oder auf Armen getragen wurden, wechselten Kontexte nicht durch unsere eigene Aktivität. Dadurch, daß wir selbst aktiv wurden, wurden die Dinge in der Welt für uns „gegen“-ständlich – sie standen uns buchstäblich im Weg. Aber dadurch wurden wir auch „eigen“-ständig, denn auch wir waren nun getrennt von den Dingen.

„Objektkonstanz“ heißt zugleich Konstanz der eigenen Person.

Wir gewannen ein Gefühl von Beständigkeit, das wir vorher nicht besaßen. Bis dahin waren wir mit unserer Welt eins. Was immer sich um uns herum und in uns veränderte, war für uns ununterscheidbar. Als wir uns jedoch von allein fortbewegen konnten und sich die Dinge in Abhängigkeit von unseren Bewegungen veränderten, entstand für uns ein neues „Muster der Muster“, das wir heute unsere „Person“ nennen. Viele Monate später haben wir dafür das Wort „Ich“ gelernt.

Es ist bezeichnend, daß wir nun auch eine Unterscheidung zwischen vertrauten und fremden Personen machten. Während wir bis dahin jedem Gesicht freundlich zugelächelt und jeden Menschen als Kontaktperson akzeptiert hatten, begegneten wir in dieser Phase Fremden meist mit Mißtrauen oder Angst. Allerdings kann man auch beobachten, daß Kinder, die ständig von wechselnden Personen betreut werden, also mit vielen Menschen vertraut sind, kaum „fremdeln“. Der „Fremde“ kann eben nur im Gegensatz zum „Vertrauten“ entstehen.

Welches Persongefühl sich in dieser Phase in uns als konstant herausbildete, oder *welche* Beziehungen wir zu Menschen und Dingen entwickelten, hing also wieder davon ab, wie die Menschen uns begegneten, wie sie unsere Welt strukturierten. Man kann beobachten, daß sich Krabbelkinder ständig bei ihren Aktivitäten durch Blickkontakt mit den Erwachsenen rückversichern. Sie lächeln, stoßen Töne aus und fahren dann erst mit ihrer Aktivität fort. Sie brauchen die Bestätigung von außen, daß das, was sie gerade tun, „richtig“ ist. Man kann daraus ersehen, daß die neuen Fähigkeiten in einem Wechselspiel entstehen, das die Erwachsenen – weitgehend unbewußt – steuern. Unsere Eltern setzten uns durch ihr nonverbales Verhalten die Zeichen, die wir in unsere „Orientierungskarte“ der immer größer werdenden Welt aufnahmen und grenzten uns damit die Kontexte ab, die auch für sie in ihrer Welt bestanden.

Wenn wir uns als Erwachsene aufmerksam einem Kleinkind zuwenden, geraten wir sehr leicht in jenes gleichstimmige Mit-Schwingen auf nonverbaler Ebene, das man als „Tiefenkommunikation“ bezeichnen kann. Wir bewegen den Kopf in gleichem Rhythmus wie das Kind, wir heben unsere Stimme, wenn es sich

36

lebhafter bewegt, wir lächeln, wenn es uns anlacht, wir richten uns mit ihm auf usw. Aus der Perspektive des Kindes legen diese Reaktionen den Kontext fest, in dem es sich bewegt.

Daniel Stern und sein Team beobachteten eine Mutter, die ihrem neunmonatigen Krabbelkind liebevolle Klapse auf sein Hinterteil gab, während es fröhlich lärmend mit einem Spielzeug auf den Boden schlug. Diese Klapse waren – von ihr völlig unbewußt – mit dem Rhythmus seines Krachschlagens abgestimmt. Das Kind ließ sich von den Klapsen der Mutter nicht stören. Als sie jedoch den Rhythmus ihrer Klapse beschleunigte oder verlangsamte, unterbrach das Kind seine eigene Aktivität und drehte sich zu ihr um. Sie hatte ihm mit dem Rhythmus eine Kontext-Bestätigung gegeben und mit der Änderung des Rhythmus eine Kontext-Veränderung signalisiert, was das Kind sofort „verstand".[40]

Als Bestätigung dienen also sehr subtile Zeichen, die die Erwachsenen meist gar nicht registrieren. Diese Form der „Tiefenkommunikation" wenden wir auch als Erwachsene ständig an und verlassen uns auf sie im Umgang mit anderen. Sie wird, so meine ich, in dieser Phase in der Interaktion mit den Menschen, die um uns sind, erworben und bleibt ein „Muster, das verbindet" für unser ganzes Leben.[41]

Wenn ein Kind keine Bestätigungen für seine Aktivitäten erhält oder aber widersprüchliche und verwirrende Reaktionen aufnimmt, dann etabliert sich dies als ein Muster von Mustern, eben als eines, das widersprüchlich ist. Die Welt wird nicht vorhersehbar, nicht selbstverständlich, sondern fragwürdig und bedrohlich. Hierzu ein Beispiel:[42]

Eine Mutter, als schizophren diagnostiziert, ging zwar äußerst fürsorglich mit ihrem zehnmonatigen Kind um, war jedoch außerstande, mit dem Kind zu schwingen, also etwa seine Bewegungen auf irgendeine Weise nachzuahmen, mit ihm zu lächeln oder auf seine Laute zu antworten. Wie sie selbst zugab, war sie vollkommen absorbiert in Gedanken darüber, was dem Kind zustoßen könnte: daß es sich an einer scharfen Tischkante verletzen könnte, daß ein Autohupen draußen bedeuten könnte, daß es zu Schaden kommen würde usw. Abgesehen von der Wahnhaftigkeit ihrer Fantasien gab sie dem Kind keine Möglichkeit, eine stabile Welt wahrzunehmen. Denn aus der Perspektive des Kindes reagierte die Mutter unregelhaft. Seine Welt wurde daher ein undurchschaubares Chaos, dem es sich nur passiv anvertrauen konnte. Bezeichnenderweise schien das Kind für einen außenstehenden Beobachter symbiotisch mit der Mutter verbunden. Auf der Ebene des rein körperlichen Kontaktes war zwar eine harmonische Übereinstimmung gegeben, das Kind hatte also in der vorangegangenen Phase ein „Kern-Ich" erworben. Es konnte aber auf der Ebene der Objektkonstanz, der Herausbildung von Ich und Gegenüber, die normalerweise mit zehn Monaten erreicht ist, keine Unterscheidungen machen, da sie ihm von der Mutter nicht präsentiert wurden.[43]

Wenn ein Kind dagegen erfahren hat, daß die Welt und seine eigene Person beständig sind, dann wird es aktiv und bemüht sich, selbst Bedingungen herzustellen, in denen Angenehmes geschieht. Der achtmonatige Jon, von dem Bruner berichtet, liefert dafür ein schönes Beispiel:[44]

Jon hatte gelernt, die Arme auszustrecken, um ein Spielzeug außerhalb seiner Reichweite zu bekommen. Die Mutter gab ihm dann den Gegenstand und sprach dabei mit hoher Stimme zu ihm. Einmal streckte Jon die Arme aus, da aber kein Spielzeug in der Nähe war, meinte die Mutter, daß er mit ihrer Hand spielen wollte. Jon spielte ohne Begeisterung mit und streckte kurz darauf wieder die Hände aus. Die Mutter nahm an, daß er eine Wiederholung des Fingerspiels verlangte; er beteiligte sich widerstrebend und beim nächsten Mal wendete er sich ab. Nach einer Pause streckte er die Arme noch einmal vor und faßte dabei die Hand der Mutter, so daß er sich hochziehen konnte. Die Mutter begann mit ihm ein Aufsteh-Spiel, das ihn sehr erfreute. Jon hat nicht nur signalisiert, daß er ein Spiel, das er schon kannte, wiederholen wollte, sondern sogar ein neues Spiel initiiert, als die Mutter ihn nicht verstand.

37

Allmählich wurden unsere Aktivitäten auch begleitet von Worten, die wir zwar noch nicht selbst aussprechen konnten, die wir aber immer besser verstanden. Wir konnten nun einen Ball mit dem Wort „Ball“ verbinden und ihn wiederfinden, wenn man uns das Wort sagte. Ebenso waren wir in der Lage, mit bestimmten Lauten die Erwachsenen zum Handeln zu bewegen, also etwa auf bestimmte Weise zu krähen, wenn wir ein Spielzeug haben wollten.[45]

Wir begannen etwa zur gleichen Zeit zu sprechen, wie wir uns aufrichteten und frei im Raum zu laufen anfingen. Der aufrechte Gang scheint nicht zufällig mit dem Beginn der Sprachfähigkeit zusammenzuhängen. Ich werde darauf in Kapitel 5 noch zurückkommen. Auf jeden Fall hatten wir, als wir laufen konnten, noch mehr Möglichkeiten, uns und die Dinge als beständig, die Kontexte aber als veränderlich zu erfahren. Die Welt drehte sich nicht mehr um uns, sondern wir drehten sozusagen die Welt um uns herum, während wir uns bewegten. Wir konnten Dinge erreichen, konnten auf Menschen zugehen, konnten vor ihnen weglaufen. Doch wieder war die besondere Art unseres Zugehens, unserer Hinwendung davon abhängig, welche Kontexte unsere Eltern uns für unsere neue Bewegungszunahme eröffneten. Wenn sie uns fest an der Hand gehalten haben und uns nicht allein auf Entdekkungsreise gehen ließen, waren wir auf andere Weise „in der Welt“, als wenn wir – wie in manchen Naturvölkern[46] – auf einem Dschungelpfad hinter ihnen hergelaufen sind, ohne daß sie große Rücksicht auf uns genommen haben. Die Grundlagen für unser Selbst- und unser Weltgefühl bildeten sich so heraus.

Neurophysiologische Veränderungen in der vorsprachlichen Phase

Es gibt eine Reihe von Untersuchungen und Fallbeschreibungen, an denen man sich sozusagen rückschließend die Prozesse der Gehirnstrukturierung im ersten Lebensjahr vorstellen kann. Die Therapiemethode von Moshé Feldenkrais beispielsweise basiert darauf, die Prozesse der sensomotorischen Koordination, die normalerweise im Kindesalter stattfinden, im Fall einer Störung zu wiederholen. So wie sich beim Säugling und Kleinkind die Bewegungsmuster in zunehmender Komplexität allmählich aufbauen, so vermittelt auch Feldenkrais seinen Patienten schrittweise Erfahrungen, um verlorengegangene motorische Fähigkeiten wiederzuerlangen. Einer seiner Fälle ist in unserem Zusammenhang besonders eindrucksvoll:[47]

Es handelt sich um eine sechzigjährige Frau, deren linke Hirnhälfte durch einen Schlaganfall beeinträchtigt worden war. Sie konnte nicht mehr lesen und war räumlich desorientiert. So fand sie in ihrer Wohnung nicht die richtigen Türen und konnte sich auch nicht die Schuhe anziehen, da sie nicht mehr in der Lage war, sich selbst und die Dinge in ihrer Umgebung so auszurichten, daß sie mit ihnen umgehen konnte. Wenn die Schuhe beispielsweise mit den Spitzen zu ihr standen, konnte sie sie nicht zu sich herumdrehen, um mit den Füßen hineinfahren zu können.

Feldenkrais stellte sich vor, daß diese Frau auf der Stufe eines Kindes war, das noch keine Orientierung im Raum erworben hat. Er brachte ihr beispielsweise die Körperorientierung „oben-unten" dadurch bei, daß er auf ihrem Körper mit seinem Finger kleine Striche „zeichnete", die immer von oben nach unten liefen. Diese Zeichen ließ er sie dann selbst ausführen, indem er ihre Hand führte, die erst mit einem Finger, dann mit einem Bleistift diese Striche nachzeichnete. Ebenso ging er vor mit Strichen von unten nach oben, dann mit Kreisen.

Daß die Frau ihre Orientierung und ihre Lese- und Schreibfähigkeit wiedergewann, sei nur nebenbei bemerkt. Wichtiger ist in unserem Zusammenhang, daß Feldenkrais hier den Erwerb sensomotorischer Koordination beim Kind simuliert hat. Ein Kind muß offenbar tatsächlich lernen, jeden einzelnen Finger zu krümmen, ehe es eine Greifbewegung machen kann, es muß wie Feldenkrais' Patientin Bewegungen nach oben und unten machen, um ein Gefühl von „oben" und „unten" zu bekommen.[48]

Wieder zeigt sich also, daß das menschliche Gehirn in seinem Kortexbereich nicht festgelegt ist, daß keine fest lokalisierten Bereiche für bestimmte Funktionen bestehen. Denn wenn wie hier bei schweren Ausfällen durch Gehirnverletzungen die Funktionen der zerstörten Gehirnpartien von anderen Partien übernommen werden können, kann der Kortex nicht genetisch vorstrukturiert sein. Wenn der Prozeß der sensomotorischen Koordination wiederholt wird, können sich offenbar neue neuronale Verbindungen herausbilden. Es ist niemals nur *eine* Kombination von Verbindungen, die ein bestimmtes Verhaltensmuster hervorruft, sondern es sind unendlich viele neuronale Aktivitätsmuster, die dasselbe Verhalten hervorrufen können. Diese Muster sind dynamisch, sie werden nur durch die Interaktion der Neurone aufrechterhalten. Wenn sie an einer Stelle des Kortex nicht mehr existieren, können sie sich an anderer Stelle erneut aufbauen.

Bezogen auf unsere Gehirnentwicklung als Kleinkind können wir uns also vorstellen, daß sich alle Verhaltensmuster, die wir entwickelten, etwa das Seh-Greif-Muster (der Anblick des Balles, die Bewegung der Hand und das Gefühl des Balles in der Hand) als dynamische Strukturen von neuronalen Aktivitäten etabliert haben. Durch Wiederholung wurden diese Muster stabil. Wenn wir in unserer vorsprachlichen Zeit nicht müde wurden, einzelne Bewegungen immer wieder auszuführen, dann diente dies nicht zuletzt dem Aufbau neuronaler Schaltkreise in unserem Gehirn. Jedes dieser Muster wurde in weitere, übergreifende Muster integriert. Doch auch der umgekehrte Prozeß ist möglich: Das Laufvermögen kann zum Beispiel bei organischen Verletzungen, aber auch bei psychosomatischen Lähmungen gestört werden. Auf der neurophysiologischen Ebene heißt dies, daß sich bestehende synaptische Verbindungen wieder auflösen, so daß die übergeordneten Muster aufhören zu funktionieren. Doch selbst dann können sich an anderer Stelle des Kortex neue Nervenverbindungen aufbauen, wie Feldenkrais und andere Therapeuten bewiesen haben.

Mißhandlung und Vernachlässigung

Einem Kind, das in der vorsprachlichen Zeit mißhandelt oder vernachlässigt wird, fehlt der Vergleichsmaßstab von „normaler" Behandlung. Auch die brutalste Mißhandlung oder Vernachlässigung erscheint ihm normal, denn es kennt nichts anderes. Was es erlebt, ist seine Welt, ist *die* Welt. Daß diese Welt in den Augen anderer Menschen höchst „unnormal" ist, können Kinder dieses Alters nicht erkennen. Und auch die Eltern kennen meist nichts anderes, weil auch sie häufig selbst geschlagene oder vernachlässigte Kinder waren oder weil sie in einer Umwelt leben, in der diese Art der Behandlung von Kindern als „normal" gilt.

Wenn wir uns in Kinder hineinversetzen, die geschlagen wurden, können wir uns fragen, wie sie es schafften, unter den zu schildernden Umständen zu überleben. Zugleich knüpft sich daran die Überlegung, wie breit das Spektrum der Behandlungsweisen ist, denen ein Kind ausgesetzt werden kann, ohne daß es stirbt.

Ich meine, daß bei diesem Thema nicht der weitere soziale Kontext außer acht gelassen werden darf, innerhalb dessen Gewalt gegen Kinder oder Kindesvernachlässigung überhaupt erst möglich wird. Denn es gibt Gesellschaften, z.B. die balinesische, wo Gewalt gegen Kinder nicht vorkommt. Niemand kommt in Bali auf die Idee, ein Kind zu schlagen, nicht einmal den „Klaps auf den Hintern" kann man auf Bali beobachten.

Unsere Gesellschaften sind dagegen durchdrungen von Gewalt. Selbst wenn Eltern bei uns Gewalt verabscheuen und bestrebt sind, ihre Kinder gewaltlos zu behandeln, sind sie dazu meist nicht imstande. Ihre eigenen Erfahrungen mit Gewalt, die sie aus ihrer Kindheit in sich tragen, bringen sie immer wieder dazu, selbst auch Gewalt anzuwenden.

Das vorsprachliche Kind ist der physischen Gewalt seiner Eltern oder anderer Menschen ohnmächtig ausgeliefert. Es kann sich nur den Gegebenheiten, so gut es geht, anpassen, also das tun, was auch ein Kind in einer gewaltlosen Umgebung tut: nach einem Optimum an Wohlsein streben und Situationen von Unwohlsein möglichst vermeiden. Da es nicht weiß, daß es in einem anderen Elternhaus erheblich weniger zu leiden hätte, lebt das mißhandelte Kind so, als gäbe es überhaupt nur so wenig Wohlsein und Zufriedenheit. So gesehen, sind die Symptome von vernachlässigten oder mißhandelten Kindern (Retardierung, Autismus usw.) auch nicht als Schwächen oder Fehler zu betrachten, sondern als einzig angemessene Reaktion auf eine gegebene Lebenssituation.

Wie das sprachlose Erleben eines geschlagenen Säuglings oder Kleinkinds wirklich ist, wie es sich anfühlt, als Säugling ständig alleingelassen zu werden, zu hungern usw., kann sich niemand vorstellen. Selbst die Menschen, die es erlebt haben, können sich nicht mehr vollkommen zurückversetzen. Doch es steht außer Frage, daß derartige Erfahrungen die gesamte weitere Entwicklung des Kindes prägen. Durch René Spitz' bekannte Untersuchungen aus den vierziger Jahren ist wohl zum ersten Mal gezeigt worden, wie tiefgreifend die Auswirkungen von Mißhandlung oder Vernachlässigung im ersten Lebensjahr sind.

Was sonst sehr schwierig ist, nämlich die Mißhandlung von Säuglingen direkt zu beobachten, gelang ihm durch die besondere Situation der Mütter: Sie waren zwischen 16 und 23 Jahre alt und Insassinnen eines Gefängnisses. Die Kinder waren in einem Kinderheim bzw. in einem Findlingsheim untergebracht. Sie wurden von ihren Müttern oder, wenn die Mütter sie verlassen hatten, von Kinderschwestern versorgt.[49]

Säuglinge, die total und aktiv von ihren Müttern abgelehnt wurden, starben sehr häufig. Diese Mütter hatten meist auch schon die Schwangerschaft abgelehnt, sie reagierten nun auf das Kind mit unverhüllter Feindseligkeit. Ihre Kinder starben oft „zufällig" durch Unfälle oder wurden direkt von ihren Müttern ermordet, bestenfalls wurden sie zur Adoption freigegeben.

Aber nicht nur bei totaler Ablehnung starben die Säuglinge sehr häufig, sondern auch wenn ihnen das, was Spitz „affektive Zufuhr" nennt, völlig entzogen wurde. Dieser Entzug ist für das Kind nur dann spürbar, wenn anfangs eine gute Beziehung zwischen Mutter und Kind bestanden hatte, die dann plötzlich völlig abbrach, beispielsweise durch den Weggang der Mutter. Die Säuglinge wurden nach einer solchen Trennung im Findlingsheim zu zehnt oder zwölft von einer Schwester versorgt, die ihnen nur sehr wenig Zeit widmete.

Bei diesen Kindern betrug die Sterblichkeit in den ersten zwei Lebensjahren 35 Prozent, obwohl sie hygienisch gut versorgt waren. Sie waren sehr anfällig für Infektionskrankheiten, an denen sie dann starben. Diese Form der Vernachlässigung nennt Spitz „Hospitalismus". Er trat nur auf bei Säuglingen, die nach einer

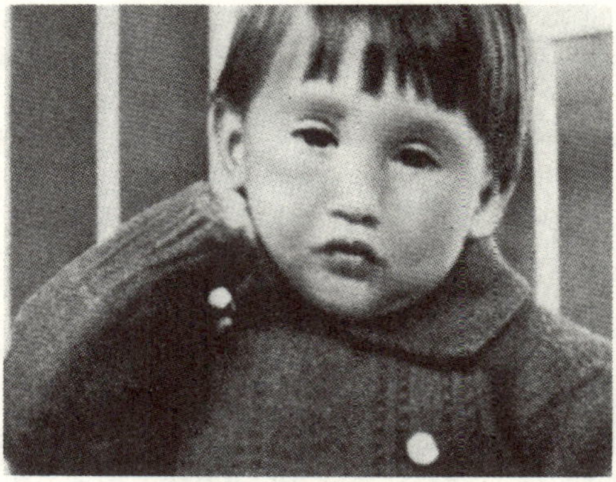

38 Hospitalismus-Syndrom

positiven Beziehung zu ihren Müttern von diesen mit etwa sechs bis acht Monaten getrennt worden waren. Das Kind reagierte auf die Trennung zunächst mit Weinerlichkeit, dann mit Kontaktverweigerung, nach längerer Zeit trat eine „gefrorene" Starre des Gesichtsausdrucks auf (Abb. 38). Die Kinder lagen mit weit geöffneten, ausdruckslosen Augen da und wirkten wie betäubt. Sie schienen nicht mehr wahrzunehmen, was um sie herum geschah. Wenn die Mutter zurückkehrte, verschwanden die Symptome sehr schnell; wenn sie jedoch fortblieb und keine andere Person ihre Stelle einnahm, wurden diese Kinder völlig passiv. Sie lagen nur noch auf dem Rücken, bekamen teilweise spastische Verkrampfungen der Gliedmaßen. Im schlimmsten Fall trat „Marasmus" auf, eine Körperstarre, die zum Tod führt (Abb. 39).

Die überlebenden Kinder waren in vieler Hinsicht stark zurückgeblieben. In einer Nachuntersuchung vier Jahre später konnten 5 von 21 dieser Kinder nicht laufen, 12 nicht mit dem Löffel essen, 20 sich nicht allein anziehen, 6 waren überhaupt nicht sauber, 15 nur zum Teil, 6 konnten überhaupt nicht sprechen, 5 hatten einen Wortschatz von zwei Wörtern und nur eines konnte ganze Sätze sprechen.

Wenn wir uns in diese Kinder hineinversetzen, dann ist ihre Reaktion vollkommen angemessen für ihre Situation. Sie haben

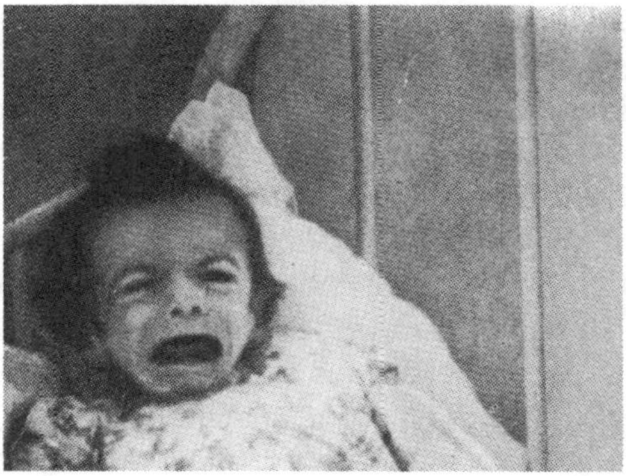

39 Marasmus-Syndrom

sich den Schmerz des Verlustes durch Abschottung nach außen erträglich gemacht. Weil sie kein liebevolles Gesicht mehr zu sehen bekamen, erstarrte ihr Blick. Weil sie nicht mehr in den Arm genommen wurden, hat sich ihr Körper versteift und verkrampft, weil sie spürten, nicht gewollt zu sein, starben sie an einfachen Infektionskrankheiten.

Neben diesen extremen Formen von Vernachlässigung und Ablehnung hat Spitz andere Formen von gestörter Beziehung zwischen Mutter und Säugling beobachtet: Kinder mit kolikartigen Leibschmerzen hatten häufig Mütter, die ängstlich besorgt waren. Es scheint so, als ob das Kind die Spannungen der Mutter, die sich bei ihr als ängstliche Besorgnis äußern, direkt übernimmt und in eigene Körperspannungen umsetzt. Dieses Symptom tritt in den ersten Wochen auf und verschwindet meist gegen Ende des dritten Monats. Das Aufhören des Symptoms hängt vermutlich mit der größeren Eigenbeweglichkeit des Kindes zusammen. Es kann die übernommenen Spannungen der Mutter dann durch eigene Körperbewegungen abreagieren. Kinder, die ständig am Körper eines Erwachsenen getragen oder sonstwie bewegt werden, können nach Spitz keine Dreimonatskolik entwickeln, selbst wenn die Mutter ängstlich besorgt ist.

Das Säuglingsekzem (ein Hautausschlag vor allem in den

Hautfalten wie Achselhöhle, Kniebeuge, Leistenbeuge, Ellenbogen) trat dann auf, wenn die Mütter eine deutliche Feindseligkeit in Form von manifester Ängstlichkeit zeigten. Ihre Feindseligkeit äußerte sich darin, daß sie ihre Kinder nicht gern berührten und lieber anderen Frauen in den Arm gaben und ihnen mehr oder weniger absichtlich Schaden zufügten. So fütterte eine Frau ihrem Kind eine offene Sicherheitsnadel mit dem Brei, eine andere schnürte ein Band so fest um den Hals des Kindes, das es fast erstickte. Es ist als ob auch dieses Hautekzem wieder ein sehr adäquater Ausdruck für das Bedürfnis nach Hautkontakt dieser Kinder darstellt. Das Ekzem verschaffte ihnen – wenn auch schmerzhaft – die fehlenden Berührungen. Das Ekzem verschwindet meist, wenn die Kinder sich selbst fortbewegen können, so als könnten sie sich nun die Berührungen selbst verschaffen.

Ein besonders auffälliges Symptom ist das Schaukeln von Kleinkindern. Sie bewegen sich mit großer Heftigkeit auf allen Vieren oder auch später im Stehen hin und her und entwickeln kein anderes Bewegungsverhalten. Spitz stellte fest, daß die Mütter dieser Kinder ein wechselndes Verhalten von Verwöhnung und Feindseligkeit zeigten. Die Frauen waren sehr spontan und intensiv liebevoll zu den Kindern, brachen dann aber abrupt in heftige Aggressionen aus. Das Schaukelkind verschafft sich somit durch Selbststimulation die anregenden Bewegungsreize, die die Mutter ihm vorenthält bzw. so häufig abrupt abbricht und in unangenehme Reize umwandelt.

Spitz' Untersuchungsergebnisse sind, wie schon gesagt, vielfach bestätigt worden. In den meisten Fällen zeigen Kinder, die vernachlässigt wurden oder denen Gewalt angetan wurde, jedoch keine klar abgrenzbaren Symptome, wie er sie beschreibt, sondern eine Vielfalt von Verhaltensweisen. Auch hat Spitz die häusliche Gewalt nicht erfaßt, da in jenen Säuglingsheimen die schlimmsten Mißhandlungen unter den Augen des Personals vermutlich verhindert wurden. Wenn man jedoch Berichte wie den folgenden liest, kann man sich eine vage Vorstellung davon machen, was es für ein Kind heißt, der unkontrollierten Gewalt der eigenen Eltern ausgesetzt zu sein:[50]

„Ein Mädchen von zwanzig Monaten wurde in eine Klinik mit

dem klassischen Syndrom eingeliefert. Sie hatte am ganzen Körper verschiedene Verletzungen unterschiedlichen Alters. Das Kind war zwergenwüchsig... Sie hatte eine schwere, auf Eisenmangel beruhende Anämie. Röntgenuntersuchungen zeigten zwei Schädelbrüche neueren Datums wahrscheinlich von zwei unterschiedlichen Zeitpunkten. Sie hatte zwei gebrochene Rippen, die ihr wahrscheinlich drei Wochen vor der Einlieferung zugefügt worden waren. Bei der Einlieferung zeigte das Kind eine auffällige gefrorene Aufmerksamkeit. Sie hob ihren Kopf nicht, bewegte die Hände nicht auf sinnvolle Weise. Sie war vollkommen stumm, weinte nicht und gab auch keine Gurr-Laute von sich. Die einzige Ausnahme war ihre Reaktion auf einen erwachsenen Mann: Sie starrte ihn an mit fixiertem Blick, und wenn er sie hochnahm, stieß sie einen kurzen durchdringenden Schrei aus."

Solche Schilderungen machen deutlich, daß Spitz' Untersuchungen trotz aller Eindrücklichkeit noch sehr wenig von dem wiedergeben, was alltägliche Gewalt für ein Kind bedeutet, das in der Isolation einer abgeschlossenen Wohnung der grauenvollen Behandlung durch Eltern oder andere Erwachsene ausgesetzt ist. Geschlagene Kinder lernen, dem Schmerz zu entgehen. Sie machen sich unempfindlich gegen Schmerz. Man hat bei manchen Kindern bemerkt, daß sie nicht einmal auf Nadelstiche reagieren.[51] Sie lernen, ihr Verhalten so zu steuern, daß es keinen Anlaß für erneute Schläge gibt – also beispielsweise nicht zu weinen, wenn das Weinen die Erwachsenen zum Losschlagen provoziert. Und sie ziehen sich auf sich selbst zurück, verfallen in Körperstarre, wenn es keine eindeutigen Zeichen für das Geschlagen-Werden gibt und die Welt völlig unberechenbar ist.

Wenn ein Kind unter solchen Bedingungen überlebt, so nur, weil es doch noch „Inseln des Wohlseins" gibt, auf die es immer wieder hoffen kann. Es wird hin und wieder zärtlich in den Arm genommen, beim Füttern kann es sich vielleicht wohlfühlen. Wenn der Terror ohne solche Phasen des Wohlbefindens ununterbrochen anhält, muß das Kind sterben. Es ist als könnten wir in jener Zeit sogar extremes Leid nur dann ertragen, wenn wir wenigstens gelegentlich Erfahrungen von Wohlsein machen, die an das verlorene Wohlsein vor der Geburt anknüpfen. Die Rückerinnerung an die uterine Welt scheint Lebenswillen und Lebenskraft zu geben. Wenn alle Fäden zu jener Welt abgeschnitten sind, ist das Leben nicht mehr lebbar.[52]

Das erste Lebensjahr auf Bali

Wie bei seiner Geburt, so wird auch in den weiteren Lebensmonaten das balinesische Kind mit Ehrfurcht behandelt, da es den Göttern noch so nahe ist. Einen größeren Gegensatz als den zu mißhandelten Kindern bei uns kann es kaum geben.

Diese Haltung der Ehrfucht spiegelt sich in allem wider, was balinesische Kinder in ihrem ersten Lebensjahr erfahren. Ein Säugling ist bis zu seinem sechsten Monat noch so heilig, daß er nicht den Boden berühren darf. Er wird daher ständig auf dem Arm, auf der Hüfte von Erwachsenen oder älteren Kindern getragen. Das Körpergefühl, das balinesische Kinder dadurch erwerben, befähigt sie offenbar dazu, später eine ausgeprägte Beweglichkeit zu entwickeln. Von den Personen, die sie tragen, werden die Kinder frühzeitig zu Eigenbewegungen angehalten. Man formt ihre Hände zu Schalen, um Wasser zu schöpfen, man biegt ihre Körper in Haltungen, die zum Tanz gehören. Es ist eine kinästhetische, körperliche Unterweisung, die vollkommen den vorsprachlichen Aufnahmefähigkeiten des Kindes entspricht. Balinesische Kinder sind auch außergewöhnlich musikalisch. Da man auf Bali sehr viel Musik macht, sind schon kleine Kinder immer dabei, wenn ein Orchester spielt. Sie sitzen nicht selten auf dem Schoß eines Erwachsenen, der für ein Fest auf einem Instrument übt. Bali ist eine bunte Welt, in der auch schon die Kleinsten auf dem Arm eines Erwachsenen an den farbigen Festen teilnehmen. So werden alle ihre Sinne ununterbrochen angeregt.

Wie schon erwähnt, gibt es auf Bali keine Gewalt gegen Kinder. Man sieht auch keine Kinder, die miteinander streiten oder sich gar prügeln. Margaret Mead (1955) beschreibt, wie die Erwachsenen mit den Kleinkindern umgehen, so daß in ihnen kein aggressives Verhalten aufkommen kann: Säuglinge und Kleinkinder werden von den Erwachsenen und älteren Kindern gelobt, man bewundert ihr Äußeres, streichelt sie, kitzelt sie, spielt auch mit ihren Genitalien. Man läßt aber niemals zu, daß das Kind zu einem Höhepunkt der Lust kommt. Denn immer wenn es für das Kind am schönsten ist, wendet sich der Erwachsene plötzlich ab oder beginnt mit dem Kind ein anderes Spiel. Kleinkinder werden von ihren Müttern absichtlich eifersüchtig gemacht, zum Beispiel indem sie ein anderes Kind auf den Arm nehmen, dann aber sofort den Wutausbruch des eigenen Kindes ablenken.

Das Ziel ist, dem Kind beizubringen, Gefühle in ausgewogener Form zum Ausdruck zu bringen. Wenn Kleinkinder einen Wutanfall bekommen, wird ihnen immer zugutegehalten, daß sie noch nicht die notwendige Beherrschung ihrer Gefühle erreicht haben. Man ist ihnen gegenüber äußerst nachsichtig. Nichts geschieht mit Zwang. Ältere Kinder werden angehalten, den Kleinen nachzugeben und damit zugleich zu beweisen, daß sie schon die erstrebte Ausgeglichenheit des Gefühlsausdrucks gelernt haben.

Menschen auf Bali fallen im übrigen sehr leicht in Trance. Bestimmte rituelle Tänze, an denen auch Kinder beteiligt sind,

40 Kinder auf Bali beobachten die Vorbereitungen für eine Totenverbrennungs-Zeremonie

werden in Trance ausgeführt. Mir scheint, daß die Art der Behandlung der Kinder als Säuglinge und Kleinkinder damit zu tun hat, daß auf Bali diese Fähigkeit weit verbreitet ist. Denn dadurch, daß Kindern schon in der vorsprachlichen Zeit körperlich vermittelt wird, wie sie ihre Sinne und ihre Gefühle abschalten und umwandeln können, wird ihnen der Trancezustand, der ein solches Ausblenden von Sinneswahrnehmungen voraussetzt, vertraut. Gleichzeitig ist die Trance in gewisser Weise eine Rückkehr in den Uterus. Margaret Mead bemerkt, daß Erwachsene und Kinder in beunruhigenden Situationen in Schlaf oder tiefe Trance fallen. Den Menschen auf Bali ist der Weg nach rückwärts nicht abgeschnitten. Die Fluidität und Flexibilität der Übergänge wird auf Bali gepflegt, auch der Übergang zurück in die vorgeburtliche Welt.

Für das kleine Kind müssen die Rituale, die in den ersten Monaten für sein Wohlergehen gefeiert werden, besonders beeindruckend sein. Ein balinesisches Kind gilt nicht als Besitz seiner Eltern, sondern ist in den größeren Zusammenhang der sozialen Gemeinschaft oder sogar des ganzen Kosmos eingebettet. Die Eltern erscheinen sozusagen nur als Hüter dieses Lebens, das aus jener anderen Welt gekommen ist und in die es zurückkehren wird. Mit den insgesamt sieben Ritualen, die die Eltern für das Kind feiern, wird die Erwartung verbunden, daß später, wenn die Eltern sterben, das Kind für sie jene anderen sieben Rituale gestaltet, die den Menschen die Heimkehr zu den Göttern ermöglichen. Ohne diese Rituale muß der Mensch als böser Geist unter den Menschen weilen. Man sieht, wie die Verbindung mit dem Jenseits für die Balinesen eine tiefe Verbundenheit zwischen den Generationen mit sich bringt.

Das erste Ritual im Kindesalter findet drei Tage nach der Geburt statt. Man opfert vor allem den „Vier Brüdern“ (Fruchtwasser, Blut, Nabelschnur, Plazenta) des Kindes, die seine Lebenskraft repräsentieren und bei seiner Geburt sorgfältig begraben worden waren (vgl. Kapitel 3).

Das nächste Ritual findet am zwölften Tag nach der Geburt statt. Es ist Brahma, dem Herrn des Feuers, gewidmet, der mit dem Blut-Bruder des Kindes verbunden ist. Alle Elemente des Rituals müssen rot sein. Es findet in der Küche statt, der Stätte des Feuers.

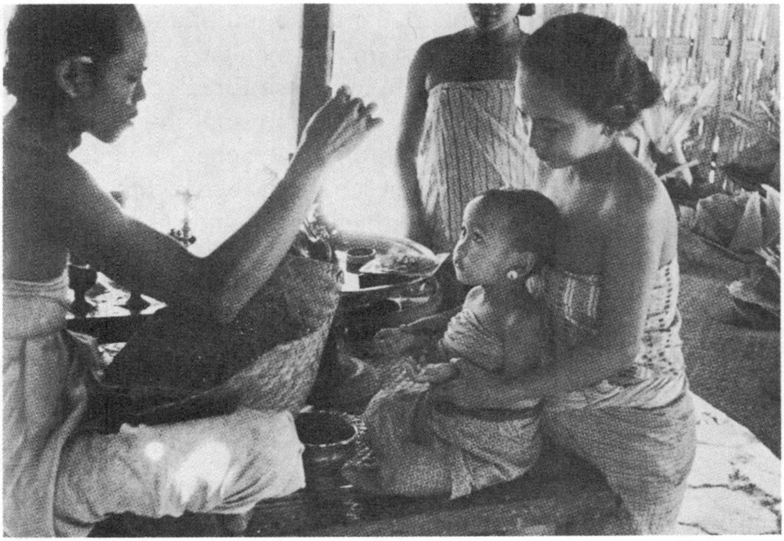

41 Ritual für ein 6 Monate altes Kind auf Bali

Das Kind erhält bei diesem Ritual seinen Namen, der per Zufall, d.h. nach dem Willen der Götter aus einer Auswahl möglicher Namen ausgewählt wird.

42 Tage nach der Geburt findet das dritte Ritual statt, das als Fest des Wassergottes Wisnu gefeiert wird. Die nun verwendete Farbe ist blau. Das Kind erhält einen kleinen Behälter um den Hals, in dem sich das Stück getrocknete Nabelschnur befindet. Die Opfergaben zu diesem Fest symbolisieren die Reichtümer des Lebens, die man dem Kind wünscht.

Wenn das Kind drei Monate alt ist, wird gefeiert, daß es nun anfängt, „ins Leben zu gehen". Für das sechsmonatige Kind wird dann der erste Geburtstag gefeiert, weil der balinesische Kalender die Monate anders einteilt. Die Opfergaben sind besonders prunkvoll. An diesem Tag wird das Kind zum ersten Mal mit der Erde in Berührung gebracht. Bis dahin wurde es stets von anderen Menschen getragen oder so hingelegt, daß es nicht den Boden berührte. Die Vier Brüder sind wieder durch ein wichtiges Symbol, einen Kampfhahn repräsentiert, der dem Kind Stärke geben soll. Die weiteren Rituale folgen erst im Jugendalter.

Katharane Mershon kommentiert diese Rituale:[53]

„So werden die Vier Brüder durch die sinnlichen Wahrnehmungen des Riechens, der Berührung, des Sehens und des Lauschens zu einem Ganzen vereinigt. Ich konnte beobachten, wie das Kind bei seiner Geburt mit Ehrerbietung behandelt wurde, da es ‚direkt von den Göttern' gekommen war. Diese Haltung dauerte während der prägenden Jahre fort, sie vermischte sich mit den süßen Düften des Weihrauchs und der Blumen, mit dem Geschmack der Muttermilch, dem herrlich-süßen Geschmack der Banane und der Kokosnuß-Kuchen; mit den Klängen der Glocke des Priesters, begleitet vom Lachen und den zutraulichen Stimmen der Menschen, die um das Kind waren; und schließlich mit den vielen visuellen Wahrnehmungen – dem Anblick der farbigen Opfergaben mit ihren fröhlichen Stoffen, den leuchtenden Farben der Früchte und dem Glanz der goldenen Schmuckgegenstände.

Balinesische Kinder wachsen auf reichem Boden auf, der sich rhythmisch bewegt wie die Sonne und die Sterne und wie die Erde. ... Sind die Götter nicht Teil der Menschheit, weil sie auch in den Körpern der Menschen sind – die Säfte, Wisnu; Wärme und Blut, Brahma; Fleisch und Knochen, Mahadewa; Atem, Luft und Geist, Iswara? Und so lernt das Kind von Anfang an durch die Verflechtung der Formen des Rituals, der Melodien, Farben, Bewegungen und der Anbetung, daß es ein Teil eines verehrungswürdigen GANZEN ist. Es ist eins mit der Natur, dem Leben und den Göttern."

Schlußfolgerungen: Sozialisation in der vorsprachlichen Zeit und ihre Bedeutung für das Individuum und die Gesellschaft

Wenn wir die Geburt als unsere erste und einschneidendste Konfrontation mit unserer Gesellschaft und Kultur ansehen, dann folgt danach die Periode der tiefsten soziokulturellen Prägung unseres körperlichen Seins. Durch die Art, wie uns unsere Eltern oder andere Pflegepersonen behandelten, wurden uns die sinnlichen Erfahrungen buchstäblich eingraviert, denn sie wurden über vielfältigste Muster von Nervenverbindungen fest vercodet. Wir könnten daher auch von unserem körperlichen „Unbewußten" sprechen, das sozusagen als Reservoir unserer physischen Möglichkeiten in dieser Zeit entsteht und aus dem wir auch als Erwachsene noch immer schöpfen.

Beispielsweise als wir damals laufen lernten und unsere ersten schwankenden Schritte versuchten, koordinierten sich aus diesem Reservoir unzählige einzelne Bewegungsmuster, die wir bis dahin bereits gespeichert hatten. Es waren Muster, die sich aus jenen ersten Schaltkreisen zwischen Motoneuron und Muskel in unserem embryonalen Rückenmark zusammensetzten. Alle diese Muster waren als synaptische Verbindungen vorhanden und konnten nun in das übergreifende Muster des Laufens einbezogen werden. Dieses neue sensomotorische Muster wurde ebenfalls gespeichert und konnte in noch übergreifendere Bewegungsmuster integriert werden. Denn als unser Laufen automatisch, d.h. „unbewußt" wurde, brauchten wir nicht mehr jeden Fuß vorsichtig vor den anderen zu setzen, sondern konnten ohne nachzudenken einem Menschen entgegenlaufen und während des Laufens andere Dinge tun.

Das übergreifendste Muster war unser Körper als Ganzes. Alle Körpererfahrungen, die wir – zunächst rein passiv, allmählich aber immer aktiver und eigenständiger – machten, gingen ein in dieses Gesamtmuster. Unser Körper mit allen sensomotorischen Möglichkeiten und Fähigkeiten, über die wir verfügen, ist in dieser Zeit entstanden. Und ich meine dies nicht in einem metaphorischen Sinn oder im Sinne des Erwerbs eines Körper„gefühls", sondern ich möchte in der Tat die Lernleistung in unserem ersten Lebensjahr als ein „Hervorbringen" (Maturana) unseres Körpers auffassen. Unser Körper entstand dadurch, daß sich eine „Orientierungskarte" aller unserer Bewegungs- und Berührungswahrnehmungen herausbildete, daß sich unsere Erfahrungen „verkörperten".

Ich meine, daß man gerade an den extremen Beispielen von Kindesmißhandlung und -vernachlässigung erkennen kann, wie in der Tat ein Kind seinen Körper „lernt". Das Schaukel-Kind oder das Kind mit einer völlig erstarrten oder schlaffen Körperhaltung hat einen anderen Körper als das „normale“ muntere, bewegliche Kind. Spitz’ Untersuchungen belegen, wie ein Kind einen solchen Körper durch die Art der Behandlung durch seine Mutter oder andere Pflegepersonen erwirbt. Die von ihm beschriebenen Symptome von Säuglingen sind Ausdruck der Verkörperung ihrer Erfahrungen.

Diese Verkörperung findet immer statt. Jede Mutter oder Pflegeperson eines Säuglings vermittelt ihm ihre eigene Körperlichkeit, die sie auch in ihrer frühen Kindheit erworben hat und die sich im Verlauf ihres Lebens im Kontext der jeweiligen Kultur und Gesellschaft weiter herausgebildet hat. Dafür liefern andere Kulturen eindrückliche Beispiele. So kann man beobachten, wie auf Bali die Behandlung von Säuglingen im ersten Lebensjahr dazu führt, daß Balinesen einen sehr flexiblen, geschmeidigen Körper erwerben und beispielsweise in der Lage sind, sich jederzeit in Trance zu versetzen und in diesem Bewußtseinszustand höchst komplizierte Tänze zu vollführen. Liedloff (1980) beschreibt einen Indianerstamm in Venezuela, dessen Angehörige schwindelfrei auf Baumstämmen über reißende Flüsse laufen und dabei auch noch schwere Lasten auf dem Kopf tragen können. In beiden Kulturen werden Kleinkinder fast ununterbrochen am Körper von Erwachsenen getragen. Das Kind erwirbt offensichtlich dadurch einen Körper, der um vieles beweglicher, aber auch von ihm kontrollierbarer und damit zuverlässiger ist als der Körper, über den die meisten Menschen bei uns verfügen.

Doch nicht nur die Berührungs- und Bewegungswahrnehmungen, sondern auch die mit den anderen Sinnen aufgenommenen Reizmuster haben sich in dieser Zeit durch unsere Interaktionen mit unseren Kontaktpersonen herausgebildet. „Musikalität“ zum Beispiel entwickelt sich bei einem Kind, wenn es in eine akustisch anregende Welt hineingeboren wird, wo Musik gemacht oder gesungen wird. Das Kind lernt dann, klangliche Unterscheidungen zu machen und rhythmische Muster zu erkennen, es wird für eigene Töne, die es von sich gibt, gelobt. In einer klanglosen Welt dagegen hört das Kind wenig, es wird kein auditiver Mensch. Wie bedeutsam das Hören für den Spracherwerb ist, werde ich im nächsten Kapitel darstellen.

Die sogenannten „Seh-Menschen“ wiederum sind stärker visuell stimuliert worden. Wenn ein Säugling wenig berührt und bewegt wird, wenn es um ihn herum weitgehend still ist, dann wird er sich auf das Sehen konzentrieren. Und wenn es dann auch noch reizvolle, abwechslungsreiche Dinge zu schauen gibt, entwickelt sich das Sehen zum bevorzugten Sensorium.

Wer als Säugling über alle Sinne vielfältig stimuliert wurde, wird sich mit sinnlicher Offenheit der Welt zuwenden. Die Kinder auf Bali gehören zu diesen Glücklichen: Sie werden nicht nur in ständigem Körperkontakt mit anderen Menschen gehalten, sondern sind auch mit dabei, wenn die Feste gefeiert werden, die dem Auge eine unendliche Fülle von Farben, Formen, Gestalten, Bewegungen bieten und auch dem Ohr Klänge und Rhythmen von großer Intensität, dazu Gerüche, Geschmacksempfindungen, die ständig wechseln. Und wenn man bedenkt, wie ungemein aufnahmefähig Neugeborene und Säuglinge für die Gefühle ihrer Pflegepersonen sind, dann ist eine wesentliche Stimulierung balinesischer Kinder zweifellos die Freude und Lebensoffenheit, die die Menschen, von denen sie versorgt werden, permanent zum Ausdruck bringen.

Damit will ich nun nicht etwa sagen, daß die Sozialisation von Säuglingen und Kleinkindern auf Bali in einem absoluten Sinne „besser“ sei oder gar bei uns eingeführt werden müßte. Die balinesische Sozialisation ist eingebettet in den kulturellen Rahmen dieser Gesellschaft, aus dem sie nicht herausgelöst werden kann. Wahrscheinlich sind Menschen mit einer balinesischen Sozialisation in unserer Gesellschaft unglücklich, und es könnte auch sein, daß wir mit unserer Sozialisation in Bali nicht gut leben könnten.

Die Bewertung einer bestimmten Form von Sozialisation kann immer nur vor dem Hintergrund des jeweiligen sozio-kulturellen Kontextes erfolgen. Was eine „gute“ oder „schlechte“ Sozialisation ist, kann nie absolut festgelegt werden. Wer die balinesische Kindheit für besser oder glücklicher hält als unsere, drückt damit gleichzeitig den Wunsch nach einer Veränderung unserer Gesellschaft aus, denn die „normale“ Kindheit bei uns ist offenbar angemessen für unsere leistungs- und konkurrenzorientierte, wenig sinnenfreudige Gesellschaft.

Das bezieht sich auch auf die Verurteilung von Kindesmißhandlung oder -vernachlässigung. Wir können die brutale Behandlung von Kindern nur kritisieren und zu beseitigen versuchen, wenn wir davon ausgehen, daß Kinder zärtlich und liebevoll behandelt werden sollen. Das aber ist kein absolut gültiger Wert, was sofort einleuchtet, wenn wir Kulturen betrachten, in denen Kindesmißhandlung oder -vernachlässigung „normal“ ist. Margaret Mead beschreibt ein Volk auf Neuguinea, die Mundugumor, wo zur Zeit der Untersuchung in den dreißiger Jahren noch Kannibalismus betrieben wurde.[54] Säuglinge wurden bei den Mundugumor in harte Körbe gelegt. Man ließ sie schreien und versorgte sie lieblos, die Säuglingssterblichkeit war hoch. In diesem Volk wurden jedoch kriegerische, kämpferische Männer und Frauen hochgeschätzt, sanfte und weiche Menschen galten als Außenseiter. Die Behandlung der Säuglinge legte also – sofern sie überlebten – eine angemessene Erfahrungsgrundlage für ein Leben in dieser Kultur.

Auch in unserem Kulturkreis gibt es Milieus, in denen von den Menschen Härte als Lebensform gefordert wird. Ich denke an unwirtliche Vorstädte, an Slumviertel in modernen Großstädten, in denen Kinder als Säuglinge sehr häufig vernachlässigt oder mißhandelt werden. Sie entwickeln dadurch eine Haltung des Mißtrauens gegenüber ihrer Welt, was ihnen jedoch in den Verhältnissen, in denen sie weiterhin leben müssen, vielleicht erst das Überleben ermöglicht. Menschen, die als Säuglinge gelernt haben, sich vertrauensvoll und offen ihrer Umwelt zuzuwenden, wären als Heranwachsende oder Erwachsene in einer solchen Umgebung verloren.

Als Kind jedenfalls hatten wir kein Kriterium, um unsere eigene Sozialisation zu bewerten. Wenn wir geschlagen wurden, wurde dies zu unserer Welt. Als vorsprachliches Kind kannten wir nur den Wechsel von Wohlbefinden zu Unwohlsein und wieder zu Wohlsein. Das Muster dieses Wechsels konnten wir nicht als solches erkennen und als gut oder schlecht bewerten, denn dazu hätten wir andere Muster kennen müssen. Diese Überlegungen werden im Zusammenhang mit dem Spracherwerb bedeutsam, denn die Sprache ist ein Weg, um die Erfahrungen der vorsprachlichen

Zeit dadurch zu verändern, daß wir sie in andere Kontexte stellen.

Und da wir unsere eigene Sozialisation in der vorsprachlichen Zeit noch nicht beurteilen konnten, hat uns alles, was wir damals erlebten, so unvergleichlich viel intensiver und tiefer beeinflußt als spätere Erfahrungen in der sprachlichen Zeit. Die mit unseren Sinnen aufgenommenen Eindrücke prägten im wahrsten Sinne des Wortes unser Sein, unseren Körper, die Grundstrukturen unserer Beziehungen zu anderen Menschen. Was man gemeinhin „Temperament", „Charakter", „Persönlichkeit" nennt, können wir aus dieser grundlegenden Strukturierung und Verkörperlichung von Erfahrungen in der vorsprachlichen Zeit herleiten.

Und wenn nun viele Menschen in einer Gesellschaft aufgrund ihrer ähnlichen Sozialisationserfahrungen eine mehr oder weniger gleiche Grundstruktur ihrer Person erworben haben, entstehen kollektive Persönlichkeitsstrukturen, die Menschen gleicher Kultur miteinander verbinden. Wie schon gesagt (Kapitel 3), schafft die jeweilige „Geburtskultur" eine kollektive Erfahrung für die Mehrzahl der Menschen in einer Gesellschaft. Die jeweils vorherrschende „Sozialisationskultur" setzt die kollektiven Muster fort. Das kann in einer Kontinuität geschehen, also etwa wie auf Bali, wo auf die sanfte Geburt eine sanfte Behandlung in der vorsprachlichen Zeit folgt, oder auch wie bei den Mundugumor, wo eine unsanfte Geburt von einer ebenfalls rauhen Behandlung der Säuglinge gefolgt ist.

Wenn die Behandlung, die ich als Säugling und Kleinkind erfuhr, in die „Sozialisationskultur" paßte, wenn ich somit zu einem Kind heranwuchs, das so wie die anderen, mithin „normal" war, dann war meine Sozialisation für die Menschen in meiner Umgebung gut und richtig. Das heißt, wenn ich als Mundugumor-Kind geboren worden wäre und meine Eltern mich wie die Balinesen behandelt hätten, dann wäre meine Sozialisation „schlecht" gewesen, ich wäre kein „richtiges" Mundugumor-Mädchen geworden, man würde mich zu verweichlicht, zu sanft gefunden haben. Umgekehrt wäre ich auf Bali mit einer Sozialisation wie bei den Mundugumor ein schwer gestörtes Kind geworden, das wenig Vertrauen in andere setzt und den Kampf sucht, was auf Bali verpönt ist. Diese grundlegenden Prägungen in der vorsprachlichen Zeit bestimmen, so meine ich, die Formen des Normal- und des Anomal-Seins, die in der jeweiligen Kultur gelten. Auch sie sind nicht absolut, sondern nur ihm Kontext einer bestimmten Kultur und Gesellschaft gültig.

Wenn nun in einer Gesellschaft ein Ideal von Mensch-Sein vertreten wird, das Toleranz, Weltoffenheit, Demokratie, Selbstsicherheit hochschätzt, doch die Geburts- und die Sozialisationskultur Angst, Unsicherheit, Wut und Sinnenfeindlichkeit vermitteln, dann entstehen Spannungen, Konflikte, Widersprüchlichkeiten im Einzelnen und in der gesamten Gesellschaft. Wenn wir in unseren modernen Industriegesellschaften weltoffene, mitmenschliche, verantwortungsbewußte Menschen haben wollen, müssen wir dafür sorgen, daß unsere Sozialisationskultur dafür die notwendigen Grundlagen schafft. Weltoffenheit und Mitmenschlichkeit erfordern Offenheit der Sinne, auf die der Körper vorbereitet werden muß. Dies geschieht in unserer Gesellschaft nicht oder in einem so viel geringeren Maße als beispielsweise auf Bali, daß es in meinen Augen nicht verwunderlich ist, wenn wir ein Zuviel an Egoismus und einen Mangel an Verantwortung für andere bei uns beklagen.

In unserem Kulturkreis werden die meisten Menschen, so meine ich, schon im Säuglingsalter dafür hergerichtet, „sinn-los", d. h. mit abgestumpften Sinnen die Welt wahrzunehmen. Unser Körper, unsere Sinne werden durch die Art, wie bei uns Säuglinge behandelt werden, nicht in dem Maße angeregt wie z.B. auf Bali, wo ein Kind ständig einer sehr viel größeren Fülle von Reizen ausgesetzt ist. Viele Menschen sind bei uns später mit minimalen Sinnesreizen zufrieden, können stundenlang am Tag „stumpf-sinnige" Arbeit machen. Selbst in der Freizeit haben wir oft nur das Bedürfnis, uns durch die künstlichen Fantasiewelten des Fernsehens anregen zu lassen oder uns Bewegung durch den Druck des Fußes auf das Gaspedal eines Autos zu verschaffen.

Diese Einengung der Sinneswahrnehmungen hat weitreichende Folgen für die zwischenmenschlichen Beziehungen in unserem Kulturkreis. Wir verlassen uns vorwiegend auf unsere Sprache, wenn wir miteinander umgehen. Es gilt hauptsächlich das gesprochene Wort; die nonverbale Sprache des Körpers, der

Stimme, der Mimik und Gestik wird weder beim Gegenüber noch bei uns selbst in ihrem vollen Umfang wahrgenommen. Wir merken meist nicht einmal, daß uns etwas fehlt, denn da die frühe Prägung nicht stattfand, konnte in uns auch kein Bedürfnis nach anderen Reizen entstehen. Wir sind – so könnte man pointiert und provokativ sagen – in gewissem Sinne wie die von Spitz beschriebenen vernachlässigten Kinder, die auch nur minimale Reize durch ihre Augen, Ohren, durch ihren ganzen Körper aufnehmen können, weil sie eine sensorische Neugier für die Welt nicht entwickeln durften.

Doch ist es nie zu spät, denn auch die größte Einengung der Sinne ist weitgehend wieder aufzuheben, wenn wir Erfahrungen machen, die uns an die primären, noch aus dem Mutterleib stammenden Bedürfnisse wieder heranführen. Bruno Bettelheim hat mit seiner Therapie autistischer Kinder beeindruckende Belege dafür erbracht, wie auch diese Kinder bei liebevoller, einfühlsamer Behandlung wieder bereit waren, sich dem Leben zuzuwenden.

Mit dem Spracherwerb ergab sich jedoch für uns alle die Chance, Verwirrungen und Defizite, die wir in der vorsprachlichen Zeit erworben haben, zu überwinden. Denn wir konnten nun allmählich erfahren, warum uns unsere Eltern und die anderen Bezugspersonen so behandelt haben, welche „Geschichten" sie sich über uns und unsere Entwicklung erzählt haben. In der vorsprachlichen Phase waren uns diese Vorstellungen unserer Eltern unbekannt, sie strukturierten die Welt für uns, ohne daß wir dies hinterfragen konnten. Nun aber traten wir in die „eigentlich-uneigentliche" Welt der Erwachsenen, in die Welt der Sprache ein. „Eigentlich", weil wir mit der Sprache den Zugang zur Gemeinschaft unserer Mitmenschen fanden, „uneigentlich", weil wir mit dem Spracherwerb, mit dem „Geschichten-Erzählen", die Welt der Sinne leicht vergessen, in der wir bis zu diesem Zeitpunkt ausschließlich gelebt haben und die uns auch in unserem weiteren Leben ständig präsent bleibt.

DIALOG V

Über den Trieb-Begriff

(ER spricht diesmal für viele meiner Freunde – Frauen und Männer – für die „Triebe" eine unhinterfragte Realität sind.)

ER: Willst du mit diesen Ausführungen über den Hunger, den du als gelerntes Bedürfnis darstellst, etwa sagen, daß Menschen überhaupt keine Triebe haben?

ICH: Diese Frage kann ich dir nur beantworten, wenn du mir erst mal sagst, was du als „Trieb" bezeichnest.

ER: Das ist doch klar: Ein Trieb, z.B. der Sexualtrieb oder der Hungertrieb ist das, was wir mit den Tieren gemeinsam haben. Es ist ein natürlicher Drang, der bei allen Lebewesen vorhanden ist.

ICH: Würdest du sagen, daß ein Mann und eine Frau, ein Hund und eine Hündin denselben „Sexualtrieb" haben? Oder daß mein Hunger auf Lachsbrötchen mit dem Hunger eines Menschen, der tagelang nichts gegessen hat, identisch ist? Oder daß eine Ameise oder eine Fisch den gleichen „Hungertrieb" haben?

ER: Natürlich nicht. Triebe unterscheiden sich nach Tierart und Ausprägung. Also, der Sexualtrieb ist auf die Betätigung der Sexualorgane gerichtet, die sich natürlich je nach Tierart und Geschlecht unterscheiden. Und der Hunger ist auf Zufuhr von Nahrung gerichtet, die auch je nach Tierart verschieden ist. Der jeweilige Trieb äußert sich anders, aber er ist trotzdem da.

ICH: Kann man einen „Trieb" als solchen, in seiner „reinen" Form jemals sehen?

ER: Nein.

ICH: Ein Trieb ist also immer nur in seinen spezifischen Ausprägungen zu beobachten?

ER: Ja.

ICH: Woher weißt du dann, daß es den „reinen“ Trieb gibt?

ER: Es muß ihn geben, sonst kann man das Sexualverhalten oder die Nahrungssuche nicht erklären.

ICH: Also, der „Trieb“ ist nur ein Gedankenkonstrukt, das du brauchst, um dir bestimmtes tierisches und menschliches Verhalten zu erklären?

ER: Nein, so kann man das auch wieder nicht sagen. Natürlich ist der Trieb kein bloßes Gedankenkonstrukt, sondern real.

ICH: Also nochmal: „Trieb“ ist nie beobachtbar, du brauchst die Vorstellung, um bestimmtes Verhalten zu erklären und deshalb ist er für dich real?

ER: Ich weiß nicht, worauf du hinaus willst. Jetzt frage ich mal zurück: Wie erklärst du dir denn deine Sexualität oder dein Bedürfnis nach Nahrung?

ICH: Wenn ich dir meine Antwort gebe – du kennst sie ja schon aus dem letzten Kapitel – wirst du sie nicht annehmen, weil du sagst, daß der Mensch (und das Tier) einen Hunger- oder Sexualtrieb *haben.*

ER: Ja, das sage ich in der Tat.

ICH: Und deshalb kommen wir so nicht weiter. Denn ich sage eben, daß deine Vorstellung, daß es einen Trieb „gibt“, eine Vorstellung ist, die dir zur Erklärung für bestimmte Phänomene dient. Bateson nennt das ein „dormitive principle“.

ER: Ein einschläferndes Prinzip?

ICH: Ja, er sagt, daß solche einschläfernden Erklärungsprinzipien eingesetzt werden, wenn man keine andere Erklärung hat oder haben will. Sie erklären aber eigentlich nichts – so wie dein „Trieb“.

ER: Also jetzt mußt du mir aber doch sagen, wie du dir deine Sexualität erklärst.

ICH: Bist du wirklich bereit, mir zuzuhören und für einen kurzen Moment deine Überzeugung zu vergessen, daß es einen Trieb „gibt“?

ER: Gut. Ich will mir Mühe geben.

ICH: Also wenn ich mir einmal in allen Einzelheiten überlege, was alles passieren muß, damit ich eine Person sexuell attraktiv finde oder was passiert, wenn ich jemand abstoßend finde, dann sind das unendlich viele Details, die mit meiner Biographie, meinen Moralvorstellungen, den Rollen von Mann und Frau in meiner Kultur, mit meiner gegenwärtigen Situation, mit meinen äußerlichen Bedingungen, meiner innerlichen Stimmung zusammenhängen; dazu kommt dann das Verhalten des anderen, wie er sich mir gegenüber verhält, was er sagt, wie sein Körper „spricht".

ER: Ja, ja. Und dann wirst du erregt und der Trieb erwacht.

ICH: Oder auch nicht! Es passiert irgendwas, aber warum ich dazu „Trieb" sagen soll, sehe ich nicht ein.

ER: Ja, wie nennst du denn das.

ICH: Verschiedenerlei. Ich kann es sogar auch „Trieb" nennen, bloß ich sage nicht, daß es ein „Trieb" *ist!*

ER: Was hast du nur gegen den „Trieb"!

ICH: Das sage ich gleich. Aber erst mal an dich die Frage: Warum bestehst du so vehement darauf, daß es einen „Sexualtrieb" *gibt?* Du behauptest doch auch nicht, daß es einen „Händeschüttel-Trieb" gibt, oder? Da passiert auch immer was zwischen zwei Leuten, aber da sagt niemand „Trieb".

ER: Händeschütteln kann aber bei manchen Leuten zwanghaft werden.

ICH: Also ein „Trieb" ist immer ein Zwang?

ER: Ja schon. Da kann man nichts gegen machen, das kommt einfach so in dir hoch.

ICH: Aber du kannst doch viel machen: Nicht Hände schütteln, keinen Geschlechtsverkehr haben …

ER: Aber dann muß ich eben was anderes machen, onanieren, mich in Arbeit stürzen, also sublimieren, mich sonstwie ablenken.

ICH: Und warum haben diese anderen Aktivitäten etwas mit „Trieb" zu tun?

ER: Na verdammt, weil man das eben immer machen muß, wenn der Trieb sich regt!

ICH: Ich sage, es ist wie beim Händeschütteln: Wenn bei einer Begegnung mit einem anderen Menschen bestimmte Signale bestimmte Reaktionen in dir auslösen, dann wirst du aktiv. Es ist ein Muster, das du in dieser Kombination und im Zusammenhang mit den Auslösereizen gelernt hast. Daß du das Händeschütteln nicht als Trieb bezeichnest, aber sehr unterschiedliches Verhalten, das deiner Ansicht nach mit „Sexualität" zusammenhängt, auf deinen „Sexualtrieb" zurückführst, ist deine Entscheidung. Für mich ist „Sexualtrieb" ein Name, für dich ein dormitive principle! Schau, du kannst es dir auch anders klarmachen: Ehe die Leute darauf kamen, daß es „Triebe" gibt, hatten sie andere Erklärungen – die Mischung der Säfte im Körper z. B. war eine Theorie, die lange galt.

ER: Aber wir sind doch heute nicht mehr im Mittelalter. Die Hormone, die die Sexualität steuern, die kennt man doch heute.

ICH: Wir kennen die Hormone, aber wir wissen nicht, wie sie unser Verhalten bestimmen. Kein Mensch kann mit den Hormonen erklären, warum jemand Voyeur ist, jemand anders promisk und noch ein anderer wiederum keusch lebt. Niemand kann im übrigen auch sagen, ob der Hormonausstoß vorher kommt oder ob erst die psychische Einstellung die Hormone aktiviert.

ER: Aber da gibt es Untersuchungen über Triebe bei Tieren, die eindeutig beweisen, daß Tiere beispielsweise instinktiv die Inzestregeln einhalten. Daraus kann man doch sehen, daß Tiere einen Trieb haben, der instinktiv gesteuert wird. Warum soll das beim Menschen anders sein?

ICH: Bitte, komm nicht wieder mit Untersuchungen, die etwas „beweisen" wollen. Das gibt es nämlich nicht. Empirische Untersuchungen können eine Theorie höchstens bestätigen, aber ein Beweis ist nie möglich. Doch wenn du diese Tieruntersuchungen erwähnst, dann ist die Übertragung der Ergebnisse auf den Menschen sowieso höchst problematisch, weil wir eben ein ganz anderes Gehirn haben. Von Hühnern, Graugänsen, aber auch von Schimpansen oder anderen Primaten auf den Menschen zu schließen, ist nicht gerechtfertigt. Wir haben mit unserer Sprachfähigkeit eben ganz andere Formen sozialen Zusammenlebens entwickelt. Konrad Lorenz hat hervorragende Tierbeobachtungen gemacht. Wenn er sie jedoch auf Menschen überträgt, ohne die menschliche „Biologie" – eben unsere Sprachfähigkeit – zu berücksichtigen, dann ist das Ideologie.

ER: Ich weiß, man macht den Ethologen und den Soziobiologen den Vorwurf des Rassismus. Dagegen wehren sie sich jedoch mit Vehemenz.

ICH: Und dennoch ist es so. Denn die Schlußfolgerung, die sie selbst aus allen ihren Untersuchungen ziehen, ist genau die, daß Menschen, die ihren persönlichen ethischen und politischen Maßstäben entsprechen, „biologisch" oder „erbgenetisch" besser sind als alle anderen. Der Schritt zum Rassismus ist dann nicht mehr weit. Aber ich möchte meine Kritik noch anders formulieren: Die Ethologen und Soziobiologen wollen im Menschen das Tier finden und uns suggerieren, wie „tierisch" wir sind. Ich möchte dagegen in jedem Menschen das Kind, das neugeborene, das noch nicht geborene finden. Ich meine, damit kommen wir weiter. Wir bleiben „menschlich". Mir gefällt das besser. Denn erfunden und ausgedacht sind diese Vorstellungen ja allemal!

ER: Also ich finde, du gehst zu weit, wenn du uns Menschen unsere Verwandtschaft mit den Tieren absprichst. Das ist doch gerade das Verdienst von Darwin, uns unsere Überheblichkeit als „Krone der Schöpfung" ausgetrieben zu haben.

ICH: Das war eine ehrenhafte Absicht, die Darwin da verfolgte. Nur macht das seine Theorie damit nicht „wahrer"! Sie ist und bleibt für mich eine Geschichte. Und ich möchte mir jetzt eine andere Geschichte über uns Menschen erzählen als Darwin. Aber wenn du dich unbedingt als Tier fühlen willst, dann such dir auf jeden Fall ein nettes Tier aus! Eins, das zärtlich und sanft in seinem Sexualverhalten ist. Da ja alles nur „Geschichten" sind, ist es geradezu deine Pflicht, dir eine schöne Geschichte zu erfinden, denn sie wird ja dann deine Realität! Und vergiß dabei auch nicht, dich hin und wieder einmal in den Bauch deiner Mutter zurückzufantasieren! Ich persönlich finde das viel naheliegender als mir irgendwelche Fantasien über meine Ähnlichkeit mit Perlhühnern zu machen!

Kapitel 5
Mensch-Sein in der Sprache

> „Alles, was gesagt wird, wird von einem Beobachter zu einem anderen Beobachter gesagt. Der Beobachter kann außerdem stets in rekursiver Weise Beobachter seines eigenen Beobachters sein und sich außerhalb der Beschreibung seiner Umstände stellen."
> *(Humberto R. Maturana: Erkennen, S. 148)*

> „The map is not the territory."
> (Die Landkarte ist nicht die Landschaft.)
> *(Alfred Korzybski nach Gregory Bateson: Ökologie des Geistes, S. 576)*

> „The map *is* the territory.
> There is no other territory,
> but our maps."
> (Die Landkarte *ist* die Landschaft. Es gibt
> keine Welt außer der,
> die wir abbilden.)
> *(Heinz von Foerster nach Lynn Hoffman, 1987, S. 78)*

Was ist die menschliche Sprache? Wie haben wir unsere Sprache erworben? Wenn wir uns zurückversetzen und Schritt für Schritt verfolgen, welch ungeheure Leistung wir als winzige Kleinkinder vollbrachten, als wir die Sprache lernten, die um uns herum gesprochen wurde, dann können wir uns eigentlich nur voller Ehrfurcht bewundern!

Was sind die Voraussetzungen für diese erstaunliche Fähigkeit, die wir innerhalb von knapp zwölf Monaten entwickelten? Wie ist erklärbar, daß wir „wohlgeformte", grammatisch richtige Sätze zu bilden lernten, ohne die Regeln der deutschen Grammatik bewußt zu kennen? Wie konnten wir Äußerungen machen, die wir nie vorher gehört hatten? Was bedeutete für uns der Erwerb der Sprache, wie unterschied sich unsere Welt von der vorangegangenen vorsprachlichen Welt?

Zunächst einmal soll es darum gehen, die anatomischen und neurophysiologischen Grundlagen der Sprachfähigkeit des Menschen in groben Zügen aufzuzeigen, um dann die Sprachentwicklung als einen Prozeß des Erwerbs der sozialen Welten zu betrachten, die jedem von uns durch die Umwelt, in die wir hineingeboren wurden, vorgegeben waren.

Anatomische und neurophysiologische Voraussetzungen der Sprachfähigkeit

Die Anatomie des Sprechens

Um artikuliert sprechen zu können, mußten unsere Mund- und Rachenmuskeln, der Kehlkopf und die Stimmbänder auf vielfältige Weise miteinander koordiniert werden. Dabei ist interessant, einen Vergleich mit Tieren, besonders mit den Menschenaffen zu ziehen, die keine Sprache entwickeln können:[55]

Wir Menschen haben um die Lippen und Mundwinkel herum ein ungemein dichtes Geflecht von Muskeln, wie sie kein Tier besitzt. Ebenfalls einmalig sind unsere Wangenmuskeln, die besonders kräftig sind. Die Bildung der Vokale und der Lippenlaute sind ohne diese Muskulatur nicht möglich. Aber auch unser innerer Schädelaufbau unterscheidet sich stark vom Menschenaffen. Zwar haben wir die Knochen, Muskeln, Gewebe gemeinsam, die Art des Aufbaus ist jedoch bei uns Menschen deutlich verschieden, vor allem wegen der vielen Resonanzräume in unserem Kopf.

Unsere Zunge ist auch sehr anders geformt als bei den Menschenaffen. Sie liegt niedriger, so daß Laute, die mit der Zunge gebildet werden, durch die Mundhöhle nach außen geleitet werden können, während bei den Primaten die Laute durch die Nasenhöhle gelangen. Von besonderer Bedeutung für das Sprechen ist der Kehlkopf (Larynx) mit den Stimmbändern. Beim Menschenaffen sind die Stimmbänder nach Form und Lokalisation im Kehlkopf nicht geeignet, modulierte und kontrollierte Laute zu bilden.

Während Affen sowohl beim Aus- als auch beim Einatmen Laute von sich geben, was mit der andersartigen Form ihres Kehlkopfes und der entsprechenden Luftführung zu tun hat, erzeugen wir Menschen nur oder hauptsächlich beim Ausatmen Laute. Auch das scheint für die sprachliche Artikulation von Bedeutung zu sein.

Unsere Sprachfähigkeit ist allerdings nicht allein aus der Anatomie unserer Sprechwerkzeuge erklärbar. Menschen mit schweren Munddeformationen oder mit fehlendem Kehlkopf können bekanntlich trotzdem eine verständliche Sprache entwickeln.

Für den normalen Spracherwerb mußten sich die Muskeln unseres Mundes neu koordinieren. Denn wir hatten ihn ja zunächst nur zur Nahrungsaufnahme, zum Atmen, zum Ausstoßen von Lauten benutzt, nun wurde daraus das Instrument unserer Sprechstimme.

Wenn wir an die Voraussetzungen für die Sprachfähigkeit denken, vergessen wir oft, daß zur spontanen Entwicklung des Sprechens die Hörfähigkeit erforderlich ist. Für ein taubgeborenes Kind ist es außerordentlich schwierig, die in seiner Umwelt gesprochene Sprache zu erwerben. Ein tauber Mensch kann immer nur einen Bruchteil der Welt seiner hörend-sprechenden Mitmenschen erfassen.

Schon im Mutterleib konnten wir sehr differenziert hören (vgl. Kapitel 2). Nach unserer Geburt kam als völlig neue Erfahrung hinzu, daß wir selbst Töne produzierten und sie hörten. Dieses Hören unserer eigenen Stimme wurde dann für unseren Spracherwerb von zentraler Bedeutung.

Anatomisch ist dabei interessant, daß die Lage unseres Ohres im Felsenbein ideal geeignet ist, unsere eigene Stimme über die Knochenleitung des Felsenbeins zu hören. Dieser härteste Knochen in unserem Körper ist ein perfekter Verstärker, Empfänger und Resonanzboden der eigenen Stimme. Bei Menschenaffen ist das Labyrinth mit dem Hörorgan teilweise überhaupt nicht in den Schädel eingebettet oder aber nicht in einem so stark verknöcherten Teil des Kopfes gelegen.

Die Schnecke, unser eigentliches Hörorgan, das mit den Hörzellen des Corti-Organs ausgestattet ist, kann außerordentlich differenzierte Klangreize aufnehmen. Denn die meisten dieser Corti-

Zellen sind nur mit einer einzigen Nervenzelle verbunden, die den akustischen Reiz eines sehr engen Frequenzbereichs unvermischt weiterleitet. Das heißt, daß wir mit unseren Hörzellen sozusagen die einzelnen Frequenzbereiche scharf voneinander getrennt aufnehmen können. Das scheint die Grundlage des Spracherwerbs zu sein. Denn um Sprache zu verstehen und nachsprechen zu können, müssen wir in der Lage sein, auch feinste Nuancen der Klangunterschiede wahrzunehmen.

Neurophysiologische Grundlagen des Sprechens

Wenn wir uns die neurophysiologischen Grundlagen unserer Sprache klarmachen wollen, dann dürfen wir nicht nur unsere Sprachzentren in der Großhirnrinde betrachten. Wir müssen uns auch ein Bild davon machen, wie sich über die Sprache unsere gesamten Körperfunktionen koordiniert haben, so daß wir heute beispielsweise beim Hören eines Wortes oder Satzes erröten, erbrechen, Atembeschwerden oder Herzklopfen bekommen. Unsere Sprache ist eben keineswegs beschränkt auf die sogenannten „höheren" Funktionen unseres Geistes wie Denken, Erinnern, Selbstbewußtsein, vielmehr verbindet uns unsere Sprache auf höchst intensive, unbewußte Weise mit unserem Körper.

In unserer embryonalen und frühen fötalen Phase, noch vor Herausbildung unseres Großhirns und der Großhirnrinde, war es unser „Urgehirn", die Formatio reticularis im Hirnstamm, das die aus dem Rückenmark kommenden motorischen und sensorischen Impulse mit den entstehenden Sinnesorganen – darunter besonders dem Ohr mit dem Gleichgewichtsorgan – verband (vgl. Kapitel 1 und 2). Besonders wichtig wurde dabei der große beidseitige Nervenstrang des Vagus-Nervs, der schon in dieser frühen Phase die in unserem Körper entstehenden Organe erreichte und Impulse vom Hirnstamm zu den Nerven in den Muskeln dieser Organe und zurück leitete. Da in diesem „Urgehirn", unserem jetzigen Hirnstamm, auch schon die Impulse, die von unseren Sinnesorganen kamen, verknüpft wurden, war schon in dieser Zeit, noch bevor unser Kortex entstand, die Grundlage für alle unsere sensomotorischen Koordinationen gelegt.

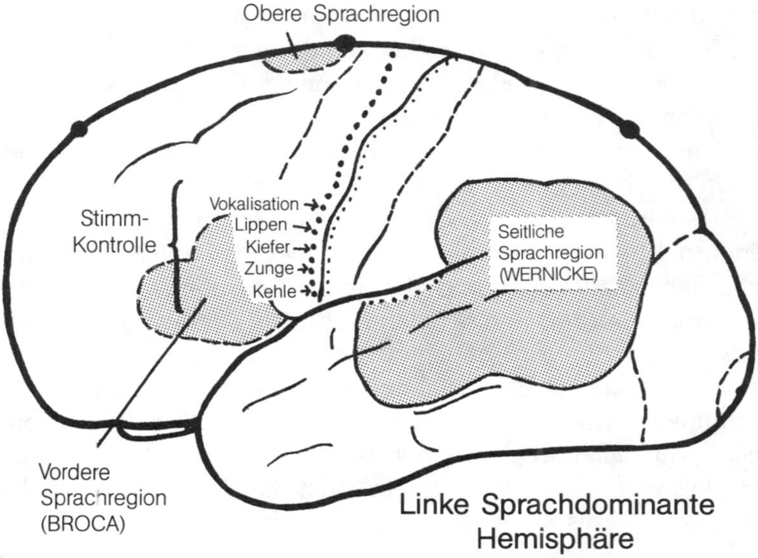

42 Sprachfelder des Neokortex

Als dann unser Großhirn über den Hirnstamm hinwegwuchs, wurden diese neuen Nervenzentren mit den bereits existierenden Verknüpfungen in unserem „Urgehirn" und in den anderen Kernen des Hirnstamms verbunden. So auch unser Sprachzentrum, das ein außergewöhnliches Koordinationszentrum im Neokortex darstellt. Es handelt sich um zwei bzw. drei Zentren: das Brocasche Zentrum im vorderen Teil der Großhirnrinde, das die Motorik unserer Sprachmuskulatur zu steuern scheint; das weiter hinten liegende Sprachzentrum von Wernicke, das – so wird vermutet – mit dem gedanklichen Aspekt des Sprechens zusammenhängt, sowie ein untergeordnetes kleines Zentrum oben auf der Großhirnrinde. Die Sprachzentren befinden sich normalerweise in der linken Hirnhälfte, was weitreichende Konsequenzen hat, auf die ich gleich noch eingehen werde (Abb. 42).

Man hat diese Sprachzentren lokalisiert, indem man hirnverletzte Menschen auf ihre sprachlichen Ausfälle hin untersuchte.

Auch durch punktuelle Reizung von Rindengebieten bei geöffnetem Schädel hat man die Funktionen der verschiedenen Sprachzentren voneinander abgrenzen können.[56] Die Lokalisation der einzelnen Sprachzentren ist jedoch nicht als absolut zu verstehen, denn offensichtlich liegen diese Zentren nicht bei allen Menschen in den gleichen Arealen der Hirnrinde.

Das wird belegt durch Beispiele von Gehirnverletzungen bei Kindern. Kinder können die Sprache erwerben, selbst wenn ihre linke Gehirnhälfte im Bereich des Sprachzentrums zerstört wurde. Ihr Sprachzentrum kann sich dann sogar auf der rechten Hirnhälfte ausbilden. Kimura[57] berichtet von einem Mädchen, das bis zu seinem dreizehnten Lebensjahr völlig verwahrlost und ohne Sprache aufgewachsen war und dann innerhalb von zwei Jahren sprechen lernte, allerdings mit gravierenden Mängeln. So konnte sie beispielsweise die Negativa „nicht" oder „kein" nicht in ihre Sätze einbauen. Dieses Mädchen hatte ihr Sprachzentrum rechts entwickelt. Man vermutet, daß das „normale" Lokalisationszentrum wegen des späten Erwerbs der Sprache nicht mehr verfügbar war.

Aber auch ohne Verletzungen gibt es wahrscheinlich nicht wenige Menschen, die ihr Sprachzentrum in der rechten Hirnhemisphäre haben, ohne davon etwas zu wissen. Es kommt auch vor, daß die Sprachzentren beidseitig vorhanden sind.[58]

Aus diesen Beobachtungen ergibt sich wiederum, daß unser Gehirn, auch was den Spracherwerb angeht, außerordentlich flexibel und veränderbar ist. Denn ohne Frage hat sich unser Sprachzentrum bzw. haben sich unsere anderen funktionellen Zentren auf der Hirnrinde an bestimmten Stellen lokalisiert, weil dort noch „Platz" war, während andere Partien bereits besetzt und verknüpft waren. Vor allen Dingen zeigt sich immer wieder, wie unsere Hirnfunktionen dadurch entstanden sind, daß wir sensorische Erfahrungen machten. Dadurch bildeten und verfestigten sich Synapsenverbindungen, so daß wir sagen können, daß sich unser Gehirn auch in seinen höheren sprachlichen Funktionen sozusagen selbst „programmierte".

Diese Plastizität unseres Gehirns wird auch bei der Entstehung der Asymmetrie unserer beiden Großhirnhälften und unserer Seitigkeit (Lateralisierung) augenfällig. Anders als die Menschenaffen oder irgendwelche anderen Tiere bevorzugen wir Menschen eine Seite unseres Körpers, meistens die rechte. Wegen der Überkreuzung der meisten Nervenbahnen aus dem Rückenmark und aus den Sinnesorganen ist damit unsere linke Hirnhälfte dominant. Diese Lateralisierung fehlt nicht nur bei allen anderen Tierarten, sie ist auch beim Menschen nicht ursprünglich gegeben, sondern tritt zeitlich etwa im Zusammenhang mit dem Spracherwerb auf. Als Säugling hatten wir noch keine Präferenz für eine Körperseite.

Im allgemeinen denkt man bei der Lateralität nur an die Händigkeit, doch ist auch unser rechtes Ohr und unser rechtes Auge „dominant" gegenüber linkem Ohr und linkem Auge. Wie ist unsere Rechtsseitigkeit entstanden? Alfred Tomatis hat dazu eine sehr plausible Theorie entwickelt, die besagt, daß die Lateralität mit der Bewußtheit zu tun hat, die über die Sprache vermittelt wird.[59] Er geht davon aus, daß der Mensch ursprünglich bilateral ist, daß beim Säugling beide Hemisphären symmetrisch sind. Mit der Umwandlung des Lallens in artikulierte Sprache entwickelt sich die Sprechmotorik und es entstehen neue sensomotorische Koordinationen. Dabei spielt der Vagus-Nerv eine bedeutende Rolle, jenes Nervenpaar, das mit vielen Verzweigungen rechts und links den gesamten Körper als Teil des vegetativen Nervensystems durchzieht und an der Regulation nahezu aller inneren Organe beteiligt ist. Obwohl das vegetative Nervensystem autonom arbeitet, läßt es sich bis zu einem gewissen Grade durch kortikale Einflüsse modulieren. Dies bedeutet, daß auch die scheinbar ganz automatischen Funktionen unserer Eingeweide und Organe einer willentlichen Steuerung zugänglich gemacht werden können. So erweitern sich unsere Blutgefäße, wenn wir uns entspannen, während sie sich zusammenziehen, wenn wir psychisch angespannt sind; wir erröten, wenn wir uns schämen. An solchen psycho-vegetativen Reaktionen ist stets der Vagus-Nerv als Vermittler beteiligt.

Ein Zweig des Vagus-Nervs, der sogenannte Rekurrens-Nerv, ist unter anderem auch zuständig für das Öffnen und Schließen des Kehlkopfes und steuert damit in wesentlichem Maße die Sprechmotorik. Der Rekurrens ist nun aber auf der rechten Seite kürzer als auf der linken, und diese Tatsache ist nach Tomatis dafür verantwortlich, daß die rechte Seite (d. h. die linke Hirnhälfte) dominant wird, da die Impulse auf dieser Seite schneller zum Kortex gelangen. Das ist nach seiner Theorie auch der Grund, weshalb diese Seite im Zusammenhang mit dem Spracherwerb die bewußte, willkürliche, aktive Steuerfunktion für den gesamten Körper übernimmt, der sozusagen das „Instrument“ der linken Hirnhemisphäre wird.

Was heißt das nun aber, wenn wir von der Steuerung, Kontrolle oder Bewußtheit sprechen, die unsere linke Hirnhälfte übernommen hat? Wir können uns dies wiederum anhand von Störungen, d. h. Verletzungen der jeweiligen Hirnhälfte klarmachen. Wenn die linke Hirnhälfte beeinträchtigt ist, ist die Beweglichkeit und Sensibilität der rechten Körperhälfte gestört, die Person ist rechtsseitig gelähmt. Sie hat aber dann auch immer eine Störung des Körperbewußtseins, d. h. sie kann sich nicht mehr fühlen und leidet meist auch unter einer räumlichen Orientierungsstörung, so daß sie rechts-links oder unten-oben nicht mehr unterscheiden kann. Wenn das Sprachzentrum nicht verletzt ist, bleibt die Sprachfähigkeit erhalten oder ist nur teilweise beeinträchtigt. Meist tritt aber auch Aphasie, d. h. Sprechunfähigkeit auf, die viele Formen haben kann (vgl. dazu das Beispiel der Feldenkrais-Patientin in Kapitel 4).

Eine Verletzung der rechten Hirnrinde bewirkt Lähmung der linken Körperhälfte. Die Gefühllosigkeit der rechten Seite beeinträchtigt diese Menschen aber nicht in dem Maße wie bei einer linkshemisphärischen Verletzung. Trotz der Beeinträchtigung haben diese Menschen keinerlei Orientierungsprobleme. Tomatis sieht dies als Bestätigung für seine These, daß die linke Hirnhälfte die Rolle des „Virtuosen“ für das „Instrument Körper“ spielt.[60]

Der Spracherwerb

Diese Betrachtung der physiologischen Grundlagen des Sprechens liefert nun allerdings keineswegs eine Antwort auf die Frage danach, wie und weshalb wir unsere Sprachfähigkeit entwickelt haben. Es bleibt ein großes Rätsel, wie sich unsere schon im Mutterleib erworbenen und in unserem ersten Lebensjahr weiterentwickelten Fähigkeiten des Hörens, des Atmens, der Bewegungen der Mundmuskulatur zum Sprechen koordinierten und sich dabei neuronal in unserer Großhirnrinde verankerten. Eines steht jedoch außer Zweifel: Wir haben nur sprechen gelernt, weil wir mit sprechenden Menschen zusammenlebten. Wir haben mit unserer Sprache Erfahrungen koordiniert, die wir bereits mit unseren Eltern und auch mit anderen Bezugspersonen in verschiedensten Kontexten gemacht haben.

Sprache ist keineswegs nur die Bezeichnung von Dingen in der Welt. Als wir unsere Sprache lernten, haben wir nicht nur auf einen Gegenstand gezeigt und das passende Wort dafür zu sagen gelernt. Vielmehr haben wir beim Erlernen von einzelnen Begriffen für Gegenstände immer ein komplexes Interaktionsmuster mitgelernt. Wir haben zugleich gelernt, wie die Menschen in unserer Umgebung sich zu uns und zu diesem Gegenstand in Beziehung setzten. Wir haben also gleichzeitig erfahren, wie wir uns in diese Sprachgemeinschaft mit anderen Menschen einfügen.

Betrachten wir zunächst als Vorläufer der Sprache das Lallen, das wir als Säugling produzierten, und das allmählich überging in die eigentliche Sprache, durch die sich dann die Fülle von Welten erschloß, die wir mit den anderen Menschen unserer Sprachgemeinschaft teilen.

Vorläufer der Sprache

Gleich nach der Geburt haben wir Schreie oder Töne ausgestoßen, die vermutlich rein vegetativ waren. Im Gegensatz zu den etwas später auftretenden Lall-Lauten blieben die Schrei-Laute nämlich unverändert bis in unser heutiges Leben bestehen. Sie haben in diesem Sinne keinen Anteil an der Sprachentwicklung gehabt.[61] Man kann das auch daran ersehen, daß ein Kind zunächst auf die eigenen Laute nicht anders reagiert als auf alle anderen Geräusche. Allmählich, nach etwa sechs bis acht Wochen, beginnt es, eigene Laute von fremden zu unterscheiden. Es reagiert auf gehörte Laute mit eigenen, so als würde es „antworten“.

Etwa um den zweiten Monat begannen wir mit dem artikulierten Lallen. Zu Anfang waren es kurze, schwache Gurr-Laute, die meist mit einem Lächeln verbunden waren. Beim normalen Schreien ist dies nicht der Fall. Unsere ersten Gurr-Laute waren also bereits Versuche, Töne selbst hervorzubringen. Allerdings war das immer noch keine Nachahmung von gehörten Lauten, denn diese Lall-Laute um den sechsten Monat herum umfaßten das gesamte Spektrum an Zisch- und Schnalzlauten, an komplizierten Vokalen, die in den verschiedensten Sprachen vorkommen. Wir haben diese Laute nicht gehört, weil es sie in unserem Sprachraum nicht gab. Alle Kinder, gleich welchen Sprachraums, produzieren in dieser Phase sehr ähnliche Laute. Die meisten dieser Laute sind in späterem Alter dann nicht mehr verfügbar.

Die Lall-Laute sind wahrscheinlich noch unkoordiniertes Verhalten, ähnlich wie das Strampeln mit Händen und Füßen, das auch erst allmählich zu koordinierten Greif- oder Krabbelbewegungen wurde. Beim Lallen bewegten sich die beteiligten Körperteile – Zunge, Mundmuskeln, Lippen, Kehlkopf – zusammen mit dem Strom des Atems noch zufällig und produzierten Laute unabhängig davon, ob wir sie hörten oder nicht. Vermutlich waren es die Vibrationen und Schwingungen im Mund, die uns anregten, immer wieder solche Töne auszustoßen, so wie wir auch aus Lust an der Bewegung mit Armen und Beinen ruderten.

Dafür spricht auch die bemerkenswerte Tatsache, daß taube Kinder ebenfalls in dieser Phase lallen, obwohl sie ja die produzierten Töne nicht hören können. Die Lall-Laute basieren also nicht auf Nachahmung wie die späteren Laute. Die frühen Laute mit dem breiten Spektrum von Vokalen und Konsonanten verlieren sich, wenn das Kind die ersten Worte zu sprechen vermag. Taub geborene Kinder werden dagegen zu dieser Zeit stumm.[62]

Das eigentliche Sprechen begann, als wir die Intonation und die Klangmuster, die wir hörten, zu imitieren vermochten, was etwa zwischen dem neunten und zwölften Monat der Fall war. Unsere Lall-Laute bekamen nun den Klang einer Frage, eines Ausrufs, einer Bejahung, weil wir unseren Kehlkopf und damit unsere Stimme immer besser kontrollieren und steuern konnten. Die Verkörperung der Sprache, aber auch die Einflußnahme von Körpersensationen auf die Sprache basiert nach Tomatis auf den Verbindungen des Vagus-Nervs (vgl. oben).

Signal – Symbol

Etwa um den zwölften Monat herum hörten wir auf, spontan zu lallen, und konnten die gehörten Laute immer besser nachahmen. Nun begann das eigentliche Sprechen. Die von Piaget und Inhelder eingeführte Unterscheidung zwischen Signal und Symbol ist meiner Meinung nach für die Beschreibung dieses Sprungs in die Sprachwelt sehr sinnvoll.

Ein *Signal* ist ein Zeichen für kommende oder bereits stattfindende Ereignisse. Wir haben Gesten, Bewegungen, Worte, Geräusche als Zeichen dafür genommen, daß jetzt oder gleich etwas geschehen würde. Wenn zum Beispiel die Mutter die Mäntel vom Haken nahm, war dies für uns ein Zeichen, ein Signal dafür, daß wir nun aus dem Haus gehen würden. Es waren auch oft unsere eigenen Körperempfindungen, die uns Signal für ein besonderes Ereignis wurden: Ein bestimmtes Schreien, das Signal für das Auftauchen der Mutter wurde, weil sie immer kam, wenn wir auf diese Weise brüllten. Gerüche und Geschmacksformen hatten für uns sicherlich einen sehr hohen Signalwert, weil sie darauf hinwiesen, daß das Essen bevorstand. Und Töne, die wir erst später als Worte zu unterscheiden lernten, zeigten uns viele Kontexte als Signal an, weil die Mutter oder andere Pflegepersonen während ihrer Aktivitäten redeten.

Signale haben uns also schon in der vorsprachlichen Zeit geholfen, unsere Welt in Bereiche unterschiedlicher Bedeutung einzuteilen, so daß dieselben Handlungen je nach abgegrenztem Kontext verschiedene Bedeutungen hatten. Auch Tiere können auf Signalebene untereinander und mit Menschen kommunizieren. Es kommt nur darauf an, daß die Tiere oder Mensch und Tier ein gemeinsames Repertoire an Signalen entwickelt haben, das ihre Interaktionen strukturiert. Sprachliche Signale werden dabei vom vorsprachlichen Kind oder vom sprachunfähigen Tier nicht in ihrer inhaltlichen Bedeutung erfaßt, sondern sind lediglich Klangzeichen, rhythmische Zeichen oder ähnliches. Signale haben in diesem Sinne keinen „Inhalt" wie die Symbole.

Ein Signal ist also immer Teil eines Handlungsablaufs, der im Hier und Jetzt stattfindet, wobei es meist die Handlung einleitet oder auch beendet und somit den Kontext des Geschehens abgrenzt. Man erkennt das daran, daß derjenige, dem das Signal gilt, erstaunt, enttäuscht oder verärgert ist, wenn der signalisierte Handlungsablauf nicht stattfindet. Wenn wir erleben mußten, daß die Mutter trotz der üblichen Zeichen des Mantelanziehens nicht die Tür aufmachte, sondern noch einen Telefonanruf entgegennahm, haben wir unsere Unlust wahrscheinlich deutlich zum Ausdruck gebracht. Ein Hund würde dasselbe tun, da er auf Signale genauso reagiert wie wir damals als vorsprachliches Kind.

Das *Symbol* ist dagegen ein Zeichen, das ein Tier nicht verstehen kann. Ein Symbol ist vom aktuellen Hier und Jetzt ablösbar, mit ihm können viel weitergehende Kontexte markiert werden. Als wir auf der Symbolebene sprechen konnten, vermochte die Mutter uns zu erklären, daß Opa angerufen hatte, weil er krank geworden war. Wir konnten den konkreten Zusammenhang der Situation mit der telefonierenden Mutter verlassen und uns in die Situation „Opa“ und „Krank-Sein“ hineinversetzen. Dies ist eine Fähigkeit, die ein Hund nie erreicht, eben weil er keine Sprache hat, die eine solche Symbolbildung möglich macht.

Ein Signal ist für uns als außenstehende Beobachter erfaßbar, wenn wir die Reaktion des Menschen oder des Tieres wiederholt beobachten können. Ein Symbol ist dagegen für eine außenstehende Person nur verstehbar, wenn sie die inneren Vorstellungen und Denkprozesse nachvollziehen kann, die bei der beobachteten Person zum Symbol geführt haben.[63]

Ungefähr vom 18. bis 20. Monat an konnten wir Ein-Wort-Sätze sagen, also etwa „dede“ zum Teddy oder „ata-ata“, wenn wir spazierengehen wollten. Solche Worte hatten zwar auch noch Signalcharakter, bezeichneten also in erster Linie konkrete Handlungsabläufe in der jeweiligen Situation. Dennoch waren sie schon mehr. „Dede“ war nicht nur ein Zeichen, das auf den Teddy hinwies, den wir im Arm hielten, sondern „dede“ konnte von der konkreten Situation abgelöst werden, wir konnten vom „dede“ unserer kleinen Freundin auf dem Spielplatz sprechen.

Mehr noch: Als „dede“ zu einem Symbol wurde, konnten wir die Beziehung, die zwischen dem Teddy und uns bestand, auf etwas anderes übertragen, also auch ein Holzstück „dede“ nennen, wenn wir es genauso im Arm hielten. „Baba“ war nicht mehr nur, wie auf der Signalebene, ein Wort für Schlafen, wenn man uns ins Bett legte, sondern wir konnten „baba“ auf andere Menschen beziehen. Meine Mutter hat notiert, daß ich mit 19 Monaten sagte: „Omi baba weit wet“, das heißt, daß ich zum Ausdruck bringen konnte, daß meine Großmutter in einem anderen Stadtviertel schlafen geht. Ich hatte „baba“ vom aktuellen Kontext gelöst, es war ein Symbol für eine Klasse von Aktivitäten geworden, die ich auch unabhängig von mir selbst auf andere Personen anwenden konnte.

Das Erreichen der Symbolebene bedeutete einen qualitativen Sprung, denn nun ergaben sich unendlich viele Möglichkeiten, mit anderen Menschen gemeinsame Welten zu schaffen und in ihnen sprachlich und konkret zu handeln. Diese Unterscheidung ist meines Erachtens außerordentlich wichtig, wenn man von sprachlichem Handeln redet. Wenn man sagt, daß Tiere auch eine „Sprache“ haben, dann trifft das nur zu, wenn man die Signalebene meint. Die Signal„sprache“ zeigt an, grenzt Kontexte ab usw. Auf der Symbolebene jedoch wird „Sprache“ etwas qualitativ anderes. Sie macht es uns Menschen möglich, über die Sprache, die wir verwenden, zu reden, und uns somit rekursiv auf uns selbst zu beziehen.

Wir können beispielsweise einem Hund eine Geschichte erzählen von einem saftigen Knochen, der wunderbar riecht, den er ins Maul nehmen kann und auf dem er nach Herzenslust herumbeißen kann. Er wird uns aufmerksam zuhören und auf „Signale“ für irgendwelche nun folgenden Handlungen von uns warten. Er wird aber nichts von der schönen Geschichte verstehen. Und auch als vorsprachliches Kind waren wir nicht in der Lage, eine schöne Geschichte zu verstehen, die man uns erzählte. Mit dem Spracherwerb jedoch konnten wir einer solchen Geschichte folgen, konnten in die erzählten Welten eintauchen und unsere Gegenwart darüber vergessen.

Anders gesagt: Sprache ist eine Symbolisierung, die eine Koordination der Koordinationen von Handlungen (Maturana) ermöglicht oder die die Muster der Musterbildung (Bateson) erfaßbar macht. Sie macht es möglich, daß wir die Regeln, die einen

Kontext steuern, nicht nur anwenden, sondern auch beschreiben können, so daß wir sie auf andere Kontexte übertragen können.[64]

Symbolisierung ist allerdings nicht an die Sprachfähigkeit gebunden. Taubgeborene Kinder sind auch imstande, Symbole zu bilden. Sie erfassen gefühlte oder gesehene Signale und könnten daraus eine Symbolsprache entwickeln, wenn die Umwelt ihnen frühzeitig ein Angebot in diesen „Sprachen" machen würde. Ich werde darauf noch zurückkommen.

Tiere können Sprache auf der Symbolebene nur im Ansatz erlernen. Es ist allerdings erstaunlich, wie weit das Symbolverständnis von Schimpansen reicht, denen man die Taubstummensprache beigebracht hat. Ein amerikanisches Psychologen-Ehepaar hatte ein Schimpansenbaby am ersten Tag „adoptiert" und es völlig in ihre Familie integriert.[65] Lucy konnte etwa hundert Worte der amerikanischen Taubstummensprache verwenden, mit ihnen Wünsche und Gefühle äußern sowie Fragen über ihre Umgebung stellen. Menschliche Laute konnte sie nicht nachahmen, wenngleich sie sie verstand. Sie lernte nicht lesen und schreiben, lernte auch nur in begrenztem Maße ihre Gefühle zu beherrschen und äußerte ihre Emotionen fast nur spontan. Sie lernte aber sogar zu lügen, um einer Bestrafung zu entgehen.

Interessant ist auch, was Villiers und Villiers über die Begrenzung des Spracherwerbs von Schimpansen berichten. Es scheint, daß alle Versuche, Schimpansen das Sprechen beizubringen, dann scheiterten, wenn es darum ging, die Tiere zum Formulieren eines grammatikalisch wohlgeformten Satzes zu bringen. Die inhaltliche Bedeutung, die die Reihenfolge der Worte in einem Satz haben kann, blieb ihnen verschlossen. Sie konnten die Sprache nur in dem Umfang beherrschen wie wir als etwa zweijähriges Kind. Die weitergehenden Symbolisierungen der Symbolisierungen waren ihnen unzugänglich.

Menschenaffen, die die Taubstummensprache gelernt haben, sind übrigens nicht imstande, dieses Können ihren Jungen weiterzugeben. Junge Tiere müssen wieder von Menschen zur Sprache geführt werden. Daß wir Menschen als Kinder in der Lage waren, die um uns herum gesprochene Sprache aufzunehmen und zu unserer eigenen zu machen, bleibt ein Rätsel.[66]

Vom Ein-Wort-Satz zum grammatisch wohlgeformten Satz

Im Normalfall beginnen Kinder in allen Völkern mit etwa fünfzehn bis achtzehn Monaten Ein-Wort-Sätze zu sprechen. Der folgende Dialog zwischen einem achtzehn Monate alten Kind und seiner Mutter soll einerseits veranschaulichen, wie diese ersten Worte teilweise noch Signal, aber auch schon Symbol sind und andererseits, wie sich nun dem Kind mit dem Verständnis und der Verwendung von Ein-Wort-Sätzen neue Welten auftun:[67]

„Nigel sitzt auf dem Küchenregal und trinkt seinen Saft. Er findet ein altes Stück Zwieback.
‚Örou' (engl. rusk), sagt er fröhlich und fängt an, daran herumzuknabbern.
‚Willst du immer noch Zwieback nach all dem, was du schon gegessen hast?' sagt die Mutter.
Nigel schaut erwartungsvoll auf die Saftflasche.
‚Noumo' (engl. no more), sagt er langsam und betont.
Das ist eine Routine und die Mutter antwortet entsprechend: ‚Nichts mehr. Weil Dr. Thompson gesagt hat, nicht mehr als ein Teelöffel voll für einen kleinen Jungen!' Sie zeigt auf eine Schüssel mit Obst. ‚Das sind Aprikosen und du kriegst morgen welche zum Nachtisch.'
‚Äpko'. Das ist eine annehmbare Nachahmung von ‚Aprikosen' (engl. apricots).
Seine Mutter hebt ihn herunter, und er läuft zur Eingangstür. ‚Do' (engl. door), sagt er fünfmal. Er meint ‚Ich will hinausgehen'. Sie öffnet die Wohnungstür und Nigel läuft zur Eingangstür gegenüber. Es wird dunkel.
Durch das Seitenfenster kann Nigel den klaren Himmel mit Mond und Sternen sehen.
‚Da' (engl. stars) sagt er. Er zeigt auf den Mond: ‚Adjda' (engl. what's that), was ist das?
‚Das ist der Mond', sagt die Mutter.
‚Mu' (engl. moon). So ahmt Nigel Erwachsene nach, die das Muhen einer Kuh imitieren.
‚Nein, das ist nicht, wie die Kuh macht', sagt die Mutter. ‚Es ist 'Mond', nicht 'muh'!'

Die Katze erscheint. ‚Bä' sagt Nigel (engl. pussycat). ‚Bä'.
‚Ja, das ist die Pussy-Katze.'
Nigel schaut sehnsuchtsvoll zur Eingangstür. ‚Noumo', sagt er.
‚Nein, wir gehen nicht mehr raus, heute.' ‚Noumo', sagt er neunmal nacheinander.
Der Tag ist zuende; Nigels Mutter bringt ihn ins Bett. ‚Und wenn du morgen aufwachst, dann gehen wir spazieren', sagt sie.
‚Tikwa.'
‚Und du wirst die Stöcke sehen, ja.'
‚Lou.'
‚Und ein paar Löcher, ja.'
‚Da', sagt er dreimal.
‚Ja, jetzt wird es dunkel' (aber es kann auch sein, daß er meinte ‚und ich werde den Stern sehen' – ein großes Plakat, an dem er auf der Straße vorbeigeht).
‚Ö' – ich will (engl. I want), sagt er dreizehnmal.
‚Was?' fragt die Mutter.
‚Ö' (siebenmal); dann jammernd ‚Öö' – bitte! (engl. please).
‚Ö!'
‚Jamie?' (seine Puppe)
‚Ä-ä' – Nein!
‚Du willst deine Daunendecke!'
Nigel grinst. ‚Ä' – ja das will ich.
‚Äilö' (engl. eiderdown), sagt er dreimal.
‚Da hast du sie!'
Nigel drückt sie voller Zufriedenheit an sich und steckt seinen Daumen in den Mund.
‚Gwigwigi' – jetzt will ich schlafen.
Er sagt noch ein paar Worte vor sich hin. ‚Ba' (dreimal) – ‚Busse' (engl. buses). ‚Jigogo' – Wetterhahn (engl. weathercock). ‚Du' – Steine (engl. stones). ‚Tikwa' – Stöcke (engl. sticks). ‚Da' – Stern (engl. star).
Mit dieser Sammlung von Bildern vom vergangenen oder vielleicht vom nächsten Tag schläft er ein."

Nigels Ein-Wort-Sätze haben sowohl Signal- als auch Symbolcharakter. Wenn er die Katze sieht und „bä" sagt oder beim Sehen des Sterns „da" sagt, dann kann man diese Worte als Signale ansehen, die nur im aktuellen Kontext Sinn haben. Mit dem Wort „bä“ bezeichnet er den Kontext „Katze“, was immer das für den kleinen Jungen bedeutet.

Sagt er jedoch vor dem Einschlafen „da“ oder zur Mutter das Wort „tikwa“, wenn sie von ihrem gemeinsamen Spaziergang spricht, dann hat er diese Worte als Symbole verwendet, da sie von der aktuellen Situation, in der er ja keinen Stern oder Stock vor Augen hat, abgehoben sind. Er kann also sich selbst einen Kontext schaffen, der in einer Vergangenheit oder Zukunft liegt.

Und er kann auch mit der Mutter gemeinsam einen Kontext schaffen. Wenn er nämlich das Wort „spazierengehen“ der Mutter aufgreift und „tikwa“ (Stock) sagt, dann tritt er zusammen mit der Mutter in einen Handlungszusammenhang ein, den sie beide in der Vergangenheit erlebt haben. In diesem Kontext fanden viele konkrete Handlungen statt, unter ihnen eine, die mit einem Stock zu tun hatte. Beide interagieren nun weiter in dem erinnerten Kontext von „Spazierengehen“, ohne tatsächlich auf einem Spaziergang zu sein. Über die sprachlichen Symbole bringen sie gemeinsame Handlungsmuster hervor, die in dem fiktiven Kontext „Spaziergang“ gegeben sind. Sie handeln nicht mehr konkret, sondern über Sprache, oder anders gesagt, ihr Handeln ist sprachlich.

Der kleine Nigel besitzt auch bereits die Fähigkeit, die Verneinung zum Ausdruck zu bringen. Sein wiederholtes „no more“ (nicht mehr), während er nach draußen schaut, oder wenn er auf den Saft zeigt, bezeugt, daß er „nicht“ oder „nein“ als Symbol verwenden kann. Mit der Verneinung haben wir eines der wichtigsten Symbole erworben, das wir in jener Zeit auch unermüdlich anwandten, um die lästigen Forderungen der Erwachsenen abzuwehren. Auf der Signalebene konnten wir die Verneinung noch nicht zum Ausdruck bringen. Wir konnten zwar durch Wegwenden oder durch Schreien anzeigen, daß uns etwas nicht paßte, aber wir hatten keine Möglichkeit, nonverbal „kein Saft“ oder „nicht rausgehen“ auszudrücken, wie es der kleine Nigel mit seinem „nomore“ kann.[68]

Am Beispiel des kleinen Nigel kann man auch sehen, daß Kinder in der Ein-Wort-Phase die Worte noch nicht miteinander verbinden. Er wiederholt zwar das einzelne Wort, verknüpft jedoch nicht mehrere miteinander. Lustig ist allerdings, wie Kinder in diesem Alter mit ausdrucksvoller Betonung ganze, aus unverständlichen Worten bestehende Sätze laut vor sich hinsprechen. Diese Kauderwelsch-Sätze klingen wie Fragen oder Rufe, ja sogar so, als würden die Kinder aus einem Buch vorlesen. Man kann daraus schließen, daß wir alle in dieser Zeit nicht nur diejenigen Worte nachgesprochen haben, die wir hörten, sondern daß wir sozusagen improvisierten, daß wir auch den Sprachfluß und die Stimmführung von den Personen in unserer Umwelt imitierten.

Sprache war für uns in dieser Phase ein Mittel der Kommunikation, um bestimmte Ziele zu erreichen. Wenn die dabei verwendeten Worte diesen Zweck erfüllten, d.h. wenn wir uns verständlich machen konnten, haben wir uns nicht um eine Verbesserung unserer Sprache bemüht. Der kleine Nigel liefert dafür auch ein Beispiel. Seine Verständigungsprobleme mit seiner Mutter, als er seine Daunendecke haben wollte, haben vermutlich dazu geführt, daß er in Zukunft das Wort „äilö“ oder etwas Ähnliches verwenden wird, statt lediglich „ö“ zu sagen, was die Mutter nicht verstand.

In allen Sprachen benutzen Kinder in der Ein-Wort-Phase bestimmte sprachliche Vereinfachungen. So werden mehrere Konsonanten auf einen Konsonanten reduziert. Das Kind sagt nicht „Blume“, sondern „Bume“, es sagt nicht „Wasser“, sondern „Wawa“. Die Vereinfachung erfolgt also nicht zufällig, sondern hat eine Regelhaftigkeit, die mit der allmählich zunehmenden sensomotorischen Koordination der Sprechmuskulatur zusammenhängt. Doch auch hier ist es nicht so, daß das Kind nur aufgrund physiologischer Unreife bestimmte Laute nicht ausspricht. Man hat beobachtet, daß ein Kind in bestimmten Worten das englische „th“ aussprach, in anderen den Konsonanten durch „f“ ersetzte. Interessant ist auch, daß manche Kinder zu einem frühen Zeitpunkt ein Wort korrekt aussprechen, in einer Zwischenphase diese Fähigkeit aufgeben und sie erst später wiedererlangen. Die jeweilige Fähigkeit oder Unfähigkeit ist abhängig davon, wie die Bezugspersonen des Kindes mit ihm umgehen.

Die meisten Kinder beginnen etwa um den zweiten Geburtstag herum zwei Worte miteinander zu verbinden. Es ist dies wieder ein Schritt in eine neue Dimension, vergleichbar mit dem Schritt vom

Signal zum Symbol. Denn nun begannen wir, uns die Grundlagen der Grammatik unserer Muttersprache zu eigen zu machen. Mit der Fähigkeit, Zwei-Wort-Sätze zu bilden, erweiterten sich unsere Möglichkeiten enorm, Beziehungen innerhalb eines Kontextes oder zwischen Kontexten zu erfassen. Wir konnten nun beispielsweise einer anderen Person verständlich machen, daß wir einen Autozusammenstoß gesehen hatten, indem wir „Atto bum" sagten. Mit einem Ein-Wort-Satz ist eine solche „Geschichte" nicht zu erzählen, denn mit dem einen Wort wird lediglich ein bestimmter Kontext angesprochen, nicht aber Spezifikationen innerhalb dieses Kontextes. Dazu müssen mehrere Worte miteinander verknüpft werden.

Mit den Zwei-Wort-Sätzen fingen wir an, die ersten syntaktischen Regeln, d. h. Regeln der Wortfolge im Satz, anzuwenden. Die Reihenfolge der beiden Worte entsprach nämlich den Regeln der Stellung von Subjekt, Prädikat und Objekt, wie wir sie von den Erwachsenen hörten. Wir sagten „Mama weg", aber nicht „weg Mama", wir sagten „Atto put" (Auto kaputt), und nicht „put Atto", wir sagten „Papa Tul", denn wir hörten „Papas Stuhl".

Bald konnten wir auch andere grammatikalische Regeln anwenden. Was ein Kind im einzelnen äußert, ist von Sprache zu Sprache natürlich höchst verschieden, weil sich die Sprachen in ihrer Grammatik sehr unterscheiden. Die meisten Kinder in unserem Kulturkreis verwenden schon bald die Steigerungsform, z. B. „groß – größer" oder die Besitzform, z. B. „Mamis Mütze". Unsere Eltern haben sich über die Fehler, die wir dabei machten, amüsiert, wenn wir etwa sagten „er gingte" statt „er ging". Das eigentlich Verwunderliche war jedoch, daß wir grammatikalische Regeln anwenden konnten, die uns niemand erklärt hatte, die wir lediglich aus dem Gehörten ableiten konnten.

Es ist erstaunlich, wie Kinder schon vor dem eigenen Sprechen solche grammatikalischen Regeln erkennen können. Man hat an siebzehn Monate alten Kindern festgestellt, daß sie ein bereits sehr differenziertes grammatikalisches Sprachverständnis haben: Man zeigte einer Gruppe von Kindern eine Art Puppe und sagte dazu: „Das ist Saw." Einer anderen Gruppe von gleichaltrigen Kindern zeigte man dieselbe Puppe und sagte dazu: „Das ist *ein* Saw."

Darauf zeigte man ihnen andere Spielzeuge, darunter mehrere ähnlich wie „Saw" aussehende Puppen. Die Kinder der ersten Gruppe wählten nur die eine, zuerst gezeigte Puppe aus, als man sie bat, „Saw" zu nehmen. Die anderen Kinder wählten auch die anderen, ähnlich aussehenden Puppen aus. Kinder dieses Alters können also anhand des Wortes „ein" verstehen, ob ein Wort eine Namensbezeichnung oder ein Klassenbegriff ist.[69]

Mit zweieinhalb Jahren kann ein Kind normalerweise ganze Sätze grammatikalisch richtig formulieren, die in ihrer Struktur zwar noch sehr einfach sind, doch Verben, Adjektive, Pronomen, Substantive mit weitgehend korrekten Konjugationen und Deklinationen enthalten. Trotz der Fülle von Erklärungsversuchen, auf die ich hier nicht eingehen möchte, da sie äußerst kontrovers sind, bleibt die Frage, wie es einem Kind gelingt, grammatikalisch richtige Sätze hervorzubringen, weiterhin unbeantwortet. Man kann letztlich nur beschreiben, daß und wie Kinder diese erstaunliche Fähigkeit zur Ableitung von Regeln der Sprache entwickeln. Worauf diese Fähigkeit basiert, bleibt offen.

Sprache und Interaktion

Als wir sprechen konnten, erreichten wir eine weitere Stufe des selbständigen Handelns, sozusagen in Fortsetzung dessen, was wir bereits seit unserer Geburt erlebten: Wir agierten mit Menschen, die mit uns agierten, auf die wir wiederum re-agierten und so fort in einem unaufhörlichen Tanz.

In der vorsprachlichen Phase mußten sich unsere Eltern auf unsere Kommunikationsebene begeben, mußten ihre eigenen nonverbalen Kommunikationsformen anwenden, um uns etwas zu vermitteln bzw. um zu verstehen, was wir ihnen mitteilen wollten. Mit dem Spracherwerb glich sich die Asymmetrie unserer Kommunikation allmählich aus. Wir konnten nun immer mehr teilnehmen an der Produktion von „Geschichten" über uns, über andere Personen, über unsere Welt. Damit veränderten sich unsere Interaktionen gewaltig.

Schon in der Ein-Wort-Phase begannen wir, uns an den verbalen Interaktionen zu beteiligen. Wenn der kleine Nigel beispielsweise mit der Mutter ein „Gespräch“ über den Spaziergang führt und dabei Worte sagt, mit denen Einzelheiten des Spaziergangs angedeutet werden, steht er mit ihr in einem sprachlichen Interaktionszusammenhang, der von ihm mit gesteuert wird. Es ist noch eine sehr begrenzte Steuerung. Doch kann man sich vorstellen, daß ein ähnliches „Gespräch“ über ein ihn noch direkter betreffendes Ereignis auch schon Elemente einer einfacheren eigenen „Meinung“ des Kindes enthalten könnte.

In der Zwei- und Mehr-Wort-Phase machten wir weitere Fortschritte in der sprachlichen Koordination der gemeinsamen Handlungen mit unseren Gesprächspartnern. Wir „verstanden“ jetzt, warum etwas so oder so gemacht werden mußte, wir lernten Begründungen für bestimmte Verhaltensweisen, konnten aber auch selbst eigene Begründungen, „Geschichten“ erfinden und diese sogar als Gegenmodell aufstellen. Mit unserer Fähigkeit, „Nein“ oder „Nicht“ zu sagen, setzten wir unsere ersten eigenen Modelle dagegen. Mit unseren Fragen, vor allem den Warum-Fragen, wollten wir solche Begründungs-Zusammenhänge erfassen.

Als Beispiel hier ein Mädchen von zwei Jahren und acht Monaten, das seinen Vater ins Kreuzverhör nimmt:[70]

Tochter: Was hat dein Vati gemacht?
Vater: Er hat in einem Büro gearbeitet.
Tochter: Du hast ihn jetzt nicht mehr, nicht?
Vater: Wer hat dir das erzählt?
Tochter: Ich weiß es eben. Du hast ihn jetzt nicht mehr, nicht?
Vater: Nein, Liebling.
Tochter: Was hat dein Vati gemacht?
Vater: Er ist gestorben.
Tochter: Warum?
Vater: Weil er sehr alt war.
Tochter: Er war nicht sehr alt, als du ein kleiner Junge warst.
Vater: Wir werden älter.
Tochter: Als du ein paar Kinder hattest, ja?
Vater: Ja, Liebling.
Tochter: Warum hast du keinen kleinen Schwester-Jungen zum Spielen gehabt?
Vater: Ich hatte einen.

Tochter: Was hat der denn gemacht? Wer ist das?
Vater: Du kennst ihn – du kennst Onkel …
Tochter: Aber warum ist er gestorben? Wie alt warst du, als er gestorben ist?
Vater: Fünfunddreißig.
Tochter: Warum warst du ein Mann? Warum nicht, als du fünfzehn warst. Du hättest ein großer Junge sein können, nicht? Warum bist du kein großer Junge gewesen, als er gestorben ist?

In diesem Text ist die Originalsprache des Kindes Englisch. Ein deutschsprechendes Kind dieses Alters hätte wahrscheinlich andere Worte und Sätze gewählt. Doch soll es hier nur darum gehen zu veranschaulichen, welche Vorschläge das Kind selbst schon einbringt und mit welchen Fragen es den Vater veranlaßt, Begründungen abzugeben. Für Brittons kleine Tochter erschlossen sich damit Kontexte, die über ihre eigenen Erfahrungen hinausgingen und sogar in die Kindheit ihres Vaters zurückführten.

Wir haben allerdings in dieser Zeit unseres Spracherwerbs nicht nur mit einer Person gesprochen, sondern es waren immer auch noch andere Personen da, die zugleich oder abwechselnd mit uns sprachen und von denen wir lernten, in Sprache zu interagieren. Aber mehr noch: Wir hörten auch zu, wenn andere Personen in unserer Umgebung miteinander sprachen. Durch dieses Zuhören erschlossen sich uns die Beziehungen, die zwischen ihnen bestanden.

Nicht selten gehen Erwachsene davon aus, daß ein Kind, das selbst noch nicht richtig sprechen kann, „ja auch noch nichts versteht“, wenn sie in seiner Gegenwart über irgend etwas reden. Das ist zweifellos ein großer Irrtum. Kinder erfassen auf sehr subtile Weise Kontexte, auch wenn sie sie selbst noch nicht sprachlich bezeichnen können. Man braucht nur daran zu denken, wie Kinder die grammatikalischen Regeln aus der gehörten Sprache herleiten. Genauso erfassen sie auch die Regeln der Interaktion zwischen den Menschen, mit denen sie zusammenleben. Ich bin davon überzeugt, daß einem Kind letztlich nichts verborgen bleibt, was zwischen den Menschen, mit denen es verbunden ist, vorgeht. Es ist daher auch vollkommen unsinnig, einem Kind, um es zu

„schonen", irgendwelche existentiellen Fragen verheimlichen zu wollen. Auch wenn das Kind das Geheimnis sprachlich nicht fassen kann, „weiß" es darum und verhält sich auch entsprechend. Was dann als symptomatisches oder störendes Verhalten beim Kind auftritt, ist die Bemühung, das Unaussprechliche symbolisch zu fassen.

Hierzu ein Beispiel das zeigt, wie Kinder gerade auch die Unsicherheiten oder Spannungen ihrer Eltern zu erfassen vermögen und dann sehr adäquat darauf reagieren können.[71] Es handelt sich um eine mit der Video-Kamera aufgenommene Live-Beobachtung in einer Familie. Die vierjährige Tochter sitzt mit ihrem einjährigen Bruder in der Badewanne. Die Mutter ist in der Küche und der Vater fragt die Tochter, ob sie schon tauchen könne. Die Tochter reagiert mit einem übertriebenen Nein, obwohl oder weil sie weiß, daß der Vater weiß, daß sie tauchen kann. Der Vater versucht (offensichtlich um den Beobachter mit der Videokamera zu beeindrucken), der Tochter zu zeigen, wie sie tauchen soll. Daraufhin dreht sie noch mehr auf, quietscht schließlich ängstlich und ruft nach der Mutter:

Tochter: Mutti!
Mutter: (aus der Küche, freundlich): Jaha.
Tochter: Komm! Der Papa läßt mich nicht in Ruhe.
Vater: Na also hör mal. Ich mach doch überhaupt nichts.
Tochter: Bääääääääääää!
Sohn: Äääääää (imitiert).
Vater: (an den Sohn gewandt) Wie macht die?
Mutter: Wie macht die Andrea?
Vater: Hm?
Mutter: Sag bää.

Die Forscher interpretieren das Verhalten der Kinder als Erfassen von latenten Sinnstrukturen, die in der Familie als Regeln gelten. Deutlich ist auf jeden Fall, daß die vierjährige Andrea es sehr gut versteht, ihren Vater bloßzustellen, der sich als besonders guter Pädagoge zeigen wollte. Sie spielt auch die beiden Eltern gegeneinander aus, denn als sie die Mutter ruft, muß diese sich entscheiden, ob sie Andrea oder den Vater unterstützt. Die Mutter entscheidet sich dafür, dem Vater beizustehen, vielleicht auch, weil ein

Beobachter da ist. Es ist denkbar, daß ähnliche Szenen in dieser Familie sonst zu einer Auseinandersetzung zwischen Vater und Mutter führen. Die kleine Andrea ist also in der Lage, mit ihren Reaktionen eine erstaunliche Macht zu entfalten, um sich für das „dumme“ Verhalten des Vaters ihr gegenüber zu rächen! Interessant ist auch, daß der einjährige Bruder das aufsässige Verhalten der Schwester imitiert. Auch im präverbalen Alter sind Kinder – wie ich schon im vorigen Kapitel dargestellt habe – in der Lage, die unausgesprochenen Beziehungsregeln in der Familie zu begreifen.

Die Formen, wie Kinder solche latenten Regeln begreifen, sind so vielfältig und subtil, daß auch detaillierte Forschungen dazu nicht viel weiterhelfen würden. Man kann im Grunde genommen immer nur die Resultate beschreiben, nicht aber den Prozeß der Wahrnehmung. Eine Form der Vermittlung ist jedoch sehr leicht zu erkennen: Die Verneinung oder das Verbot. Wenn unsere Mutter uns irgendetwas verboten hat und dabei die Verneinung verwendet hat, also etwa sagte „Kirschkerne schluckt man nicht runter“ oder „Du darfst nie allein auf die Straße laufen“, dann verstanden wir dieses Verbot zwar, doch lernten wir zugleich auch die Möglichkeit der Übertretung. Mit der Verneinung einer Handlung wird eben dennoch die Handlung bezeichnet. Wir hören, daß man Kirschkerne runterschlucken kann oder daß wir auf die Straße laufen könnten. Jede Verneinung bringt sozusagen den Kontext erst einmal hervor, der sogleich verneint oder verboten wird. Das treffendste Beispiel für diese Gegebenheit ist die Aufforderung „Denke nicht an einen rosa Elefanten“!

In der Phase unseres Spracherwerbs hätten unsere Eltern also tunlichst vermeiden müssen, die Verneinungsform zu verwenden, wenn sie uns beibringen wollten, etwas nicht zu tun. Denn sobald sie es verboten oder verneint haben, lernten wir, daß es ein solches Verhalten gab. Man kann überspitzt sagen, daß Kinder, die überwiegend mit verbalen Verboten „erzogen“ werden, nicht nur ein äußerst genaues Bild davon gewinnen, wie sie sein oder werden könnten, sondern geradezu eine Aufforderung der Erwachsenen heraushören müssen, das andere Verhalten einmal auszuprobieren!

Es war für unseren Spracherwerb offenbar auch sehr wichtig, daß wir mit uns selbst geredet haben. Wir übernahmen damit das, was anfangs nur die Mutter oder die anderen Personen, die mit uns zu tun hatten, machten, wenn sie unsere Aktitiväten kommentierten. Es scheint so, als seien solche Selbstgespräche Vorläufer für den sogenannten „inneren Dialog", den wir auch im Erwachsenenleben – meist ohne es bewußt wahrzunehmen – mit uns selbst führen.[72] Das handlungsbegleitende „Geschichten-Erzählen" ist offensichtlich notwendig zum Verständnis und zur sinnhaften Einordnung des Stroms unserer Wahrnehmungen. Wir müssen uns selbst Symbolisierungen „vorsagen", um unser Handeln zu begründen. Ein sprachloses Handeln wie in der vorsprachlichen Zeit ist nicht mehr oder nur ansatzweise in Ausnahmezuständen wie Trance oder Meditation möglich.

Mit dem Sprachverständnis wurden für uns also die Regeln, nach denen wir mit den anderen Menschen in unserer Umgebung verbunden waren, einerseits deutlicher, andererseits aber auch verwirrender. Denn es konnten nun Widersprüche auftreten. Die Regel „Du sollst nicht frech sein" konnte sich beispielsweise widersprechen mit einem strahlenden Lächeln unserer Mutter, wenn wir zu unserer Oma „frech" waren. Wir mußten uns entscheiden, ob wir ihren Worten folgen wollten, zur Oma lieb zu sein oder ihrer nonverbalen Botschaft, frech zu sein. Für diese Entscheidung brauchten wir auch wieder Hinweise auf sprachlicher oder nichtsprachlicher Ebene, beispielsweise aus dem Verhalten der Oma oder anderer Personen. Wenn uns keine derartigen Symbolisierungen verfügbar waren, um den Widerspruch aufzulösen, entstand für uns eine kritische Situation, die, falls sie sich wiederholte, zu einer Desorientierung oder Verhaltensstörung führen konnte.

Das war besonders problematisch, wenn es sich um eine Inkongruenz unserer eigenen Person handelte. Denn mit dem Spracherwerb konnten wir nun auch erfahren, was die anderen Menschen über uns dachten. Was wir nonverbal schon über uns erfahren hatten, bekam nun Begründungen, wurde faßbar, gerade auch in der Unterschiedlichkeit, in der „Ich" von verschiedenen Personen mit Worten beschrieben wurde.

Nur wenn Menschen um uns waren, die sich bereits in der

sprachlichen Welt orientierten und wie selbstverständlich untereinander und mit uns gesprochen haben, konnten wir uns diese neue Welt aneignen. Wenn wir keine sprachfähigen Menschen um uns hatten, z.B. wenn unsere Eltern taubstumm waren, konnten wir unsere Sprache nicht oder nur sehr unzureichend erwerben.

Hannah Greens Roman „Mit diesem Zeichen“ enthält die erschütternde Geschichte eines Mädchens, dessen taubstumme Eltern miteinander „das Zeichen“, also die Gebärdensprache verwendeten, was für das Kind in den ersten Jahren die einzige Sprache darstellte. Sie hatte anfangs dieselbe Mühe wie die Eltern, die Welt der Hörenden draußen zu verstehen, obwohl sie ihre Worte hörte. Erschwerend war für sie, daß die Eltern sehr isoliert lebten. Zwar lernte sie sprechen und lesen, doch war sie in ihrem Sprachverständnis und ihrer Sprechfähigkeit sehr eingeschränkt, konnte viele Begriffe in ihrer Mehrdeutigkeit nicht verstehen und keine syntaktisch korrekten Sätze bilden, sie blieb bis in ihr Erwachsenenleben hinein unsicher in ihrem Sprechen. Man kann aus Hannah Greens sehr einfühlsamer, aus der Sicht dieser Tochter geschriebenen Geschichte nachvollziehen, wie wenig die gesprochene Sprache „Information“ über die Welt vermittelt, wenn man nicht die unendlich vielen Erfahrungen in dieser Welt bereits gemacht hat, über die ein normal hörendes Kind mit sprechenden Eltern automatisch verfügt.

In einem anderen Fall wurde ein Kind von taubstummen Eltern nicht einmal von ihnen in die Zeichensprache eingeweiht. Der Junge lernte das Sprechen durch das Fernsehen, konnte aber aus dem Gehörten nicht die Regeln der Grammatik ableiten. Er sprach mit fast vier Jahren Sätze, in denen er nicht einmal die Reihenfolge der Worte einhielt. Er konnte auch die Verneinung nicht richtig verwenden. Er sagte beispielsweise:[73]

„Haus. Zwei Haus. Nicht ein Haus. Das zwei Haus.“ „Nicht Fenster. Zwei Fenster.“ „Haus Schornstein. Mein Haus. Mein Schornstein.“ „Meine Mami im Haus Äpfel.“ „Zwei Buntstift. Groß zwei Buntstift.“ „Das nicht starten Flugzeug.“

Wir können daraus ersehen, daß das bloße Hören von Sprache nicht ausreicht, um in die Welt der Sprache einzudringen. Sprache ist eben sehr viel mehr als das einfache Lernen von Begriffen und

Bezeichnungen. Mit Sprache schaffen wir uns die Welt, in der wir gemeinsam leben. Der Erwerb der Sprache ist die Orientierung in und die Teilnahme an der gemeinsam geschaffenen Welt.

Die durch Sprache entstehenden Welten

Anhand von Helen Kellers Bericht über ihre „Entdeckung" der Sprache können wir uns eine annähernde Vorstellung davon machen, wie durch Sprache unsere Welt geschaffen wird. Helen hatte mit neunzehn Monaten durch eine Meningitis (Hirnhautentzündung) ihre Seh- und Hörfähigkeit verloren. Als sie sechs Jahre alt war, engagierten ihre Eltern eine Lehrerin, die ihr die Fingersprache beizubringen versuchte, was anfangs nicht gelang. Helen vermochte nicht die Symbolhaftigkeit der in ihre Hand geklopften Zeichen zu verstehen. Eines Tages hatte sie ein Erlebnis, das ihr plötzlich die Welt der Sprache eröffnete. In ihren eigenen Worten:[74]

„Sie (Helens Lehrerin) brachte mir meinen Hut, und ich wußte, nun ging's in den warmen Sonnenschein. Dieser Gedanke, wenn ein wortloses Gefühl ein Gedanke genannt werden kann, ließ mich vor Freude hopsen und springen. Wir gingen den Weg hinunter zum Brunnenhaus, angezogen vom Duft des Geißblatts, das den Brunnen bedeckt. Jemand pumpte Wasser, und meine Lehrerin führte meine Hand unter den Strahl. Als der kühle Strahl über meine Hand floß, buchstabierte sie in die andere Hand das Wort *Wasser*, erst langsam, dann schneller. Ich stand still, meine ganze Aufmerksamkeit auf die Bewegung ihrer Finger gerichtet. Plötzlich fühlte ich ein nebelhaftes Bewußtsein wie von etwas Vergessenem ... und irgendwie war mir das Mysterium der Sprache enthüllt. Ich wußte dann, daß W-a-s-s-e-r das wundervolle kühle Etwas bedeutet, das über meine Hand floß. Dieses lebende Wort erweckte meine Seele, gab mir Licht, Hoffnung, Freude, befreite sie. Natürlich gab es weiter Hindernisse, aber Hindernisse, die mit der Zeit beseitigt werden konnten. Ich verließ das Brunnenhaus mit dem Wunsch zu lernen. Alles hatte einen Namen, und jeder Name weckte einen neuen Gedanken. Als wir zum Haus zurückkehrten, schien jeder Gegenstand, den ich berührte, von Leben zu zittern. Das kam daher, daß ich allem mit der fremden neuen Einsicht begegnete, die ich gewonnen hatte."

An diesem bewegenden Bericht können wir uns noch einmal den Unterschied zwischen Signal und Symbol deutlich machen. Der Hut war für Helen ein Signal für das Hinausgehen, das sie ohne Sprache verstand. Als sie aber begriff, daß das, was man ihr in die Hand buchstabierte, ein Symbol für das Wasser war, was ihr über die andere Hand floß, hatte sie den Sprung in die Sprache vollzogen. Und nun begann für Helen die Entdeckung der Welten, die erst durch die Sprache gegeben sind. Wir alle haben diesen Sprung getan, meist jedoch zu einem so frühen Zeitpunkt und in so allmählichem Übergang, daß wir kein Bewußtsein davon haben, wie Helen Keller es sich bewahren konnte.

Jedes neugelernte Wort schuf für uns einen neuen Kontext, indem aus der Fülle der sensorischen Wahrnehmungen einige ausgewählt wurden, die wir möglicherweise gar nicht registriert hatten, die nun ein „Ding", eine Realität wurden. Auch für uns war „Wasser" zunächst ein Wort, mit dem wir eine konkrete Erfahrung verbunden haben wie Helen im Brunnenhaus. Bald lernten wir, mit „Wasser" auch die heiße Flüssigkeit zu bezeichnen, mit der man Tee kocht, oder auch die Wellen am Strand oder den Regen so zu nennen. Daß das Wasser aus dem einen Kontext mit dem Wasser in dem anderen Kontext zusammenhängt, ist nur in Sprache faßbar. So haben sich für uns Kontexte zusammengefügt, die ohne Sprache nicht verbunden waren. Es ist nicht mehr nur die sensuelle Welt, die wir bis dahin mit den eigenen Sinnen aufgenommen haben, sondern die kon-sensuelle Welt, die nur existiert, weil wir sie mit anderen Menschen derselben Sprachgemeinschaft teilen.

Mit der Sprache wurden unsere bisherigen Erfahrungen neu strukturiert und klassifiziert. So etwas wie „Apfel" gab es für uns vor der Sprache nicht. Wir kannten bis dahin nur Gegenstände, die mit unseren Aktivitäten in Verbindung standen, es gab da etwas, in das wir hineinbeißen konnten. Mit dem Wort „Apfel" wurden bestimmte rote oder grüne oder gelbe Dinge, die manchmal groß und rund, manchmal in Scheiben geschnitten und abgeschält, manchmal süß, manchmal sauer waren, zu „Apfel". Andere Dinge, in die wir auch hineinbeißen konnten, wurden zu „Pflaume" oder „Zwieback".

Auch Abstraktionen wie „Freude" oder „Traurigkeit" waren erst in Sprache für uns erfahrbar. In der vorsprachlichen Zeit *waren* wir fröhlich oder traurig, wir konnten uns aber nicht selbst betrachten und wahrnehmen, daß wir uns freuten, wir konnten nicht traurig sein und gleichzeitig uns an unsere Freude von gestern erinnern. Für solche Wahrnehmungen mußten wir uns selbst zum Objekt der Betrachtung nehmen können, was nur in Sprache möglich ist.

Wir haben die Welt der Sprache, als wir sie uns aneigneten, nicht neu geschaffen, sie war da und wurde uns von anderen Menschen vorgelebt. Wir begannen die Konstruktionen der Welt nachzuvollziehen, die die Erwachsenen um uns herum, vor allem unsere Eltern und nahen Bezugspersonen, für selbstverständlich nahmen. Das, was wir mit unseren Sinnen erfahren hatten, machten wir uns nun durch die Sprache zu eigen. Unsere Sozialisation in die Sprache hatte, so gesehen, nichts mit Zwang oder Druck seitens der Gesellschaft zu tun. Wir verwendeten die Worte so, wie wir sie von anderen Menschen hörten und fügten uns damit bereitwillig in die vorhandene Ordnung ein. Ähnlich wie Helen Keller waren wir in der Zeit unseres Spracherwerbs begierig, „neu"gierig, diese Ordnung zu verstehen, um daran teilzuhaben.

Wenn wir im folgenden nun die Welten betrachten, die in jener Zeit allmählich für uns entstanden, kann dies nur in einer Auswahl geschehen, die lediglich andeuten soll, was Sprachwelten sind. Ich habe dazu einige, mir zentral erscheinende Bereiche der sprachlichen Welt herausgehoben, ohne Anspruch auf Vollständigkeit zu erheben. Darüber hinaus hängen alle Bereiche eng miteinander zusammen, so daß Überschneidungen unumgänglich sind.

Die sensorischen Welten in der Sprache

Unser Körper und unsere Sinne haben sich mit dem Spracherwerb ähnlich grundlegend verändert wie die Dinge und Personen in unserer äußerlichen Umgebung. So wie wir als Krabbelkind noch keinen „Stuhl" kannten, sondern nur den Gegenstand, an dem wir uns hochziehen konnten, und erst mit der Sprache „Stuhl" von anderen Gegenständen abzugrenzen lernten oder einen Stuhl mit einem anderen vergleichen konnten, so gab es für uns in der vorsprachlichen Zeit auch noch keinen „Arm", keine „Nase", kein „Sehen", kein „Fühlen". Wir können sagen, daß wir in der vorsprachlichen Phase noch keinen Körper, keine Sinne „hatten" und sie erst mit der Sprache als erfahrene Welten erworben haben.

Die Wahrnehmungen, die wir nach dem Spracherwerb mit unseren Sinnesorganen machten, waren von nun an qualitativ andere als vor der Sprache. So wie wir nicht mehr in den Mutterleib zurück konnten, nachdem wir einmal geboren waren, so konnten wir auch nicht mehr in die Welt vor der Sprache zurück. Nach dem Spracherwerb wurden alle unsere Sinneswahrnehmungen unentwegt von unserem inneren Dialog, das heißt von Sprache begleitet. Jeder Reiz, den wir mit unseren Sinnesorganen von nun an aufnahmen, war als Wahrnehmung symbolisch strukturiert.

Das belegen beispielsweise Forschungen über die visuelle Wahrnehmung. Neurophysiologen und Biologen haben festgestellt, daß die Art des physikalischen Reizes – also beispielsweise die Wellenlänge einer bestimmten Farbe – nicht bestimmt, wie diese Farbe wahrgenommen wird, sondern daß dabei komplexe Vorgänge stattfinden, die nicht nur die Rezeptorzellen in der Retina oder die Nervenzellen im visuellen Zentrum des Großhirns einbeziehen, sondern auch die sprachlichen Unterscheidungen, die wir bei Farben machen. Wir sehen also die „gleiche" Farbe nicht nur wegen der physikalischen Qualitäten der Lichtquelle, sondern weil wir eine innere Disposition mitbringen, die auf sprachlichen Symbolisierungen basiert.[75] Eine Apfelsine wird z. B. unter verschiedensten Lichtverhältnissen, die ihre „eigentliche" Farbe sehr verändern, als orangefarben wahrgenommen.

Die Farbwahrnehmungen, die wir in unserer vorsprachlichen Zeit gemacht haben, wurden sozusagen erst durch die sprachliche Festlegung zu einer „Farbe". Vor dem Spracherwerb konnten wir nicht wahrnehmen, daß bestimmte Dinge die gleiche Farbe hatten. Erst mit dem Lernen des Begriffs „rot" konnten wir eine neue Ordnung der Dinge vornehmen, eben zum Beispiel nach der Farbe

Rot, die uns aber vorher sprachlich vermittelt worden sein mußte.

So betrachtet, sieht der Eskimo „wirklich" mehr Farben, wenn er mehr als fünfzig Töne von Weiß namentlich unterscheidet (die Farbe des Schnees hat für ihn existentielle Bedeutung), während wir „wirklich" nur Schattierungen ein und derselben Farbe Weiß sehen, weil wir sie nicht weiter sprachlich differenzieren. Die Angehörigen eines amerikanischen Indianer-Volkes, die Maidu, kennen überhaupt nur drei Farbunterscheidungen, lak für rot, tit für grünblau und tulak für gelb-orange-braun.[76]

Sehen beruht auf Unterscheidungen, auf die wir uns im Rahmen unserer Sprachgemeinschaft konsensuell, d.h. nach unhinterfragter Übereinkunft geeinigt haben. Wir nehmen nur das wahr, was wir „für wahr" nehmen. Es gibt immer unendlich viel mehr Sinnesreize, die wir nicht registrieren, weil wir nicht gewohnt sind, sie von anderen zu unterscheiden. Und diese Sinnesreize werden nicht zu „Wahrnehmungen", sondern bleiben Hintergrund.

Es scheint so, als habe unsere linke Hirnhälfte, die sich im Zusammenhang mit dem Spracherwerb zur Steuerungsinstanz entwickelte, entscheidenden Einfluß darauf, wie sich durch den Spracherwerb unsere Körperwahrnehmung veränderte. Alle sensomotorischen Koordinationen, die schon in der vorsprachlichen Zeit in unserem Kortex verknüpft waren, blieben nach dem Spracherwerb in beiden Hirnhälften bestehen. Sobald die linke Hemisphäre zur dominanten geworden war, wurde die rechte Hemisphäre zunehmend für die nonverbale, ganzheitliche, „rein" sensorische Wahrnehmung zuständig. In der Phase des Spracherwerbs scheinen demnach noch einmal große Veränderungen in unserem Gehirn stattgefunden zu haben.

Worte, die unsere sinnlichen, körperlichen Erfahrungen fassen, haben von nun an für uns auch die Kraft, uns diese Erfahrungen ins Gedächtnis zurückzurufen, Es ist uns jederzeit möglich, durch ein Wort Farben, Formen, ganze Ereignisabläufe zu „sehen"; Wärme, Körperberührungen oder -bewegungen, Schmerzen zu „fühlen"; Stimmen, Geräusche, Musik durch die Nennung eines Namens zu „hören"; bestimmte Gerüche oder Geschmacksempfindungen zu riechen oder zu schmecken. Solche intensiven Vorstellungen bewirken direkte körperliche Veränderungen: Unsere

Hände werden warm, wenn wir uns – wie im autogenen Training – Wärme in die Hände suggerieren.

Auch auf der Signalebene kann ein Wort eine Vorstellung wekken. Doch ist das Signal fest mit einer konkreten Erinnerung verbunden. Es ist sozusagen ein Anker für eine Sinneserfahrung, die an eine bestimmte Situation in der Vergangenheit gebunden ist. Auf der Sprachebene weckt ein Wort eine Fülle von Erinnerungen an sehr unterschiedliche Situationen, für die wir das betreffende Wort gelernt haben. Wir haben gelernt, das Wort „Wärme" in vielen Situationen anzuwenden: in der Nähe eines Ofens, im Sonnenschein, auf dem Schoß der Mutter usw. Mit dem Wort „Wärme" können wir diese vielen Situationen miteinander in Verbindung bringen. Jede Situation stellt einen eigenen Kontext dar, alle diese Kontexte verknüpfen sich mit dem Begriff „Wärme". Über die Sprache sind daher Assoziationssprünge, Kontextüberschneidungen, Querverbindungen zwischen Bereichen verschiedenster Sinneswahrnehmungen möglich.

Durch die Versprachlichung unserer Sinnes- und Körperwahrnehmungen können wir sie auch anderen Menschen vermitteln. Wir können einem anderen Menschen davon erzählen, wie herrlich blau der Himmel über dem Meer und wie warm der Strand unter unseren Füßen war. Genauer gesagt, vermitteln wir eigentlich doch nicht einem anderen Menschen, was wir wahrgenommen haben, vielmehr wecken wir mit unseren Worten immer nur bei unserem Gegenüber Erinnerungen an dessen Erfahrungen in ähnlichen Situationen. Wenn wir als Kind noch nie an einem Strand waren, mußte man uns mit Worten zu Erfahrungen lenken, die einer „Strand-Erfahrung" ähnelten, also etwa einen Vergleich ziehen zwischen dem Sand im Sandkasten, den wir kannten, und dem Sand am Strand. Erst dann konnten wir mit unseren Sinnen den Erzählungen von Sinneswahrnehmungen folgen. Wenn unsere Erfahrungen mit denen eines anderen in etwa übereinstimmen, „verstehen" wir uns, wenn nicht, können die Worte ein gemeinsames Verstehen vortäuschen, was zu großer Verwirrung zwischen uns führen kann.

Genau genommen können wir nach dem Spracherwerb auch unsere eigenen Erfahrungen nicht „wirklich" erinnern, sondern nur über unsere sprachlich-symbolischen Begriffe abrufen. Auch wir können uns täuschen, wenn die sprachlich gefaßten Erinnerungen mit unseren eigenen sensorischen Wahrnehmungen nicht übereinstimmen. Das ist insbesondere der Fall bei Tabu-Themen, wo Erfahrungen nicht verbalisiert werden dürfen. Welche schwierigen Probleme dann auftreten können, soll noch ausführlich behandelt werden.

Es ist eine wenig beachtete Tatsache, daß wir alle meist eines unserer Sensorien – Sehen, Hören, Berührungs- oder Bewegungs-Fühlen, seltener auch Riechen und Schmecken – den anderen vorziehen, d.h. daß wir die Welt stärker visuell, auditiv, taktil oder kinästhetisch strukturieren und wahrnehmen und uns auch überwiegend in diesem einen Repräsentationssystem erinnern. Dieses bevorzugte Repräsentationssystem drückt sich in der Wahl von Worten aus. Eine visuell orientierte Person wählt Worte wie „hell", „dunkel", „bunt", „rot" bzw. andere Farben, sie sagt „zeigen", „schauen", „Blick", „Perspektive", „leuchten", „Bild machen". Wenn jemand in einer Situation dagegen vorwiegend auf Gesprochenes oder auf Geräusche orientiert ist, wird er auditive Worte verwenden, also z.B. von „laut", „leise", „rufen", „sagen", „hören", „Harmonie", „klingen" reden. Dagegen wird jemand im taktil-kinästhetischen Repräsentationssystem eine Szene mit Worten wie „stark", „scharf", „fühlen", „berühren", „drücken", „grob", „schwer", „leicht", „entspannt", „hart", „rennen", „tragen" beschreiben (vgl. hierzu die Bücher von John Grinder und Richard Bandler).

Wenn wir uns in die Phase unseres Spracherwerbs zurückversetzen und uns vorstellen, wie beispielsweise unsere Mutter mit uns ein Bild betrachtet hat, dann waren ihre Kommentare zu dem Bild von dem jeweiligen Repräsentationssystem geprägt, das sie bevorzugte. Wenn sie also vorwiegend visuell orientiert war, wird sie uns vor allem auf zu sehende Dinge hingewiesen und etwa gesagt haben: „*Schau* da, das Kind mit der *roten* Mütze und dem *bunten* Ball! *Zeig* der Mama den *schwarzen* Hund!" Wir haben dann gelernt, unsere visuelle Wahrnehmung zu benutzen und haben das Sehen vermutlich auch zu unserem bevorzugten Repräsentationssystem gemacht.

Wenn dagegen unsere Mutter das Hören bevorzugt hat, waren

ihre kommentierenden Worte bei der Betrachtung desselben Bildes etwa: „Das Kind *weint* laut. Der Ball macht ‚*bop*', wenn er runterfällt! Wie *bellt* der Hund?" Damit hätte sie bei uns unser auditives Repräsentationssystem aktiviert.

Und falls unsere Mutter die kinästhetisch-taktile Repräsentation bevorzugt hätte, würde sie vielleicht gesagt haben: „Das Kind *hält* den Ball nicht *fest*, deshalb *rollt* er weg. Der Hund *kriecht* auf dem Bauch." Damit hätte sie unsere Aufmerksamkeit auf dieses Wahrnehmungssystem gelenkt.

Aber auch das Schmecken und Riechen hätte sie uns als bevorzugte Repräsentationssysteme vermitteln können, indem sie etwa gesagt hätte: „Das Kind gibt dem Ball ein *Küßchen*. Der Hund hat *Hunger*." Oder: „Der Ball *stinkt*, deshalb läßt das Kind ihn fallen. Der Hund *schnuppert*."

Dasselbe Bild oder dasselbe Geschehen, das man uns gezeigt und kommentiert hat, konnte also von sehr unterschiedlichen Bemerkungen begleitet werden. Je nach Repräsentationssystem hätte sich unsere Aufmerksamkeit auf unterschiedliche Wahrnehmungskanäle gerichtet. Die bevorzugte Orientierung drückt sich nicht nur sprachlich aus, sondern auch in direkter nonverbaler Aktion. Eine kinästhetisch orientierte Mutter hätte uns mehr berührt, eine auditive mehr angesprochen, eine visuelle mehr Blickkontakt mit uns gesucht, eine gustatorisch orientierte Mutter hätte uns beim Schauen etwas zu essen gegeben, und eine olfaktorisch orientierte hätte uns auf Gerüche aufmerksam gemacht.

Wir benutzen allerdings nicht nur ein einziges Repräsentationssystem. Die jeweilige Verwendung hängt von der Situation ab, von den beteiligten Menschen. Es ist möglich, daß z.B. jemand in einer intimen Zweierbeziehung stark auditiv orientiert ist, in Gruppensituationen dagegen visuell. Auch sind Kombinationen von Wahrnehmungsformen häufig, beispielsweise visuell-auditiv, oder visuell-kinästhetisch.

Solche bevorzugten Wahrnehmungsformen sind zwar relativ stabil, doch nicht unveränderbar. Es ist möglich, sich in späterer Zeit ein anderes bevorzugtes Wahrnehmungssystem anzueignen. Meist bringt das für die Person das Gefühl von weitgehender Veränderung der Persönlichkeit mit sich. Wenn ein Mensch, der beispielsweise bislang vorwiegend eine visuell-auditive „Orientierungskarte“ benutzt hat, das kinästhetische Repräsentationssystem für sich entdeckt, ist es, als täte sich ihm eine neue Welt auf. Es gibt Therapieformen, die sich dieser Tatsache bedienen und oft sehr dramatische und tiefgehende Veränderungen der Person bewirken.[77]

Bestimmte Repräsentationssysteme werden auch von einer Sprachgemeinschaft, z.B. in einer Gesellschaft oder in einem Kulturkreis vorgeschrieben, so daß die Mehrzahl ihrer Mitglieder sie bevorzugt. Es wäre sehr interessant, einmal einen Vergleich zwischen Kulturen zu machen, um festzustellen, wie sich die zwischenmenschlichen Kommunikationsformen in unterschiedlichen sprachlichen Repräsentationen niederschlagen. Meine Vermutung ist beispielsweise, daß sich in Sprachen unseres Kulturkreises weniger sprachliche Differenzierungen für das Bewegungs- oder Berührungs-Fühlen finden als in der balinesischen Sprache, weil bei uns kinästhetische und taktile Kommunikationsformen weitaus weniger ausgeprägt sind als auf Bali.

Ich – Du

Die vielfältigen Welten, die sich uns beim Spracherwerb präsentierten, waren nicht durcheinandergewürfelt, sondern um einen Kern zentriert: um unsere Person selbst, unser Ich. Schon in der präverbalen Zeit konnten wir im Zusammenhang mit der Objektkonstanz ein gewisses Maß an Bewußtheit unserer selbst entwikkeln. Mit dem Spracherwerb erwarben wir nun ein Bewußtsein von unserem Ich. Wir erfuhren, wie wir von unseren Eltern oder anderen Personen unserer Umgebung beschrieben, verglichen, beurteilt wurden. Es hieß, wir seien ruhig, brav, traurig, lieb usw. oder im Vergleich zu anderen Kindern frecher, fleißiger, dümmer.

Durch diese Beschreibungen, die als Seins-Definitionen Festschreibungen waren, erfuhren wir ein Selbstbild, aus dem wir nicht aussteigen konnten, weil es von den wichtigsten Menschen unserer Umgebung stammte. Solche Zuschreibungen gab es schon in unserer nonverbalen Zeit: Ohne daß wir es begriffen, gingen unsere Eltern davon aus, daß wir einen bestimmten Charakter, bestimmte Eigenschaften hätten. Die sprachliche Information über uns selbst führte nun aber einen wesentlichen Schritt weiter: Wir konnten diese Definitionen übernehmen und damit uns selbst betrachten, so wie die anderen uns betrachteten.

Als wir in der Mitte unseres zweiten Lebensjahres selbst „Ich" sagen konnten, war noch ein weiterer Schritt getan. Schon in vorsprachlicher Zeit konnten wir unseren Namen verstehen und uns in der frühen Zeit des Spracherwerbs auch schon mit unserem Namen bezeichnen. Doch solange wir uns nur mit unserem Namen bezeichneten, verwiesen wir auf uns wie auf einen Gegenstand. So wie die anderen Menschen uns als Objekt bezeichneten, so bezeichneten wir uns auch selbst. Als wir jedoch „Ich" sagten, verwiesen wir auf uns als Sprecher. Wir vollbrachten damit eine enorme Leistung, denn vom Zuhören, wie die anderen den Begriff „Ich" verwendeten, hatten wir abgeleitet, daß auch wir uns mit dem Wort „Ich" rekursiv auf uns selbst beziehen konnten.

Diese Rückbezüglichkeit, die mit der Sprache möglich wird, ist vielleicht die wichtigste Erweiterung der „Orientierungskarte" unserer versprachlichten Welt. Der Bezug auf uns selbst ist ohne Sprache nicht möglich. Mit Sprache jedoch können wir über Sprache reden, mit Sprache können wir über uns selbst reden. Sprache bringt uns als Betrachter unseres Betrachtens hervor.

Mit der Verwendung des „Ich" hatten wir auch ein Selbst-Bewußtsein erlangt. Wir konnten mit uns selbst – oder genauer – mit Teilen unseres Selbst in Interaktion treten, wir konnten über diese Teile reflektieren. Die sprachlich-symbolische Konstruktion unseres Ichs wurde zu einer Integrations-Instanz, die ein Bewußtsein von der Beständigkeit unserer eigenen Person ermöglichte. Es wurde zu einem Muster der Muster unserer eigenen Person, es bestimmte den Kontext für sämtliche Kontexte unseres Handelns. Diese Errungenschaft, die wir im Normalfall als zwei- bis zweieinhalbjähriges Kind erreichten, kann man meines Erachtens nicht hoch genug einschätzen. Sie ist es, die unser eigentliches Mensch-Sein ausmacht – eben das eines seiner selbst bewußten Wesens.

Da wir nun aber das Symbol des „Ichs" nur dadurch erwerben konnten, daß andere Menschen mit uns interagierten, die auch „Ich" sagten, war das, was sich inhaltlich als unser Selbstbewußtsein herausbildete, abhängig von dem Kontext, in dem wir lebten.[78]

Auf Bali ist ein „Ich“ beispielsweise nicht so scharf abgegrenzt wie in unserer Gesellschaft, weil die Balinesen die Individuation viel weniger betonen als wir. Ein Kind auf Bali hört, auf welche besondere Weise die Menschen in seiner Umgebung „Ich“ sagen, es wird daher, wenn es selbst „Ich“ sagt, einen erheblich anderen Kontext meinen als wir. Bei den Dogon in Westafrika haben die Menschen beispielsweise sogar Schwierigkeiten, „Ich“ zu sagen. Ein Dogon, der mit europäischen Forschern sprach, redete von sich in der Anredeform „Du“, mit der er, als er Französisch lernte, angeredet worden war. Er konnte die Übertragung auf die Ich-Form nicht vollziehen.[79]

Mit der Fähigkeit, „Ich“ zu sagen, ging die Symbolisierung des „Du“ einher. Wir konnten uns nun auch in die Welt unseres Gegenübers hineinversetzen und sozusagen von dort her die Welt, einschließlich unserer eigenen Person, betrachten. Dieser Schritt ist von außerordentlich großer Tragweite, denn nun erschloß sich uns eine Welt, in der wir das Gegenüber eines anderen Menschen waren. Als sich uns die Welt unseres Gegenübers eröffnete, begriffen wir, wie dieses „Du“ uns selbst wahrnahm. Damit gewannen wir eine kontextuelle Meta-Ebene: Die andere Person war nicht mehr nur unser Gegenüber in unserer Welt, sondern wir konnten sozusagen hinübersteigen in ihre Welt, wir konnten sie als handelndes Subjekt erfahren. Wir konnten die Erwartungen der anderen Person erwarten, ja sogar erwarten, daß sie erwartete, was wir selbst erwarteten, daß sie erwartete usf.[80]

In dieser Altersstufe lieben alle Kinder daher auch besonders Rollenspiele, durch die sie ihre neugewonnene Fähigkeit, sich in immer weiter übereinandergeschichtete Kontexte hineinzuversetzen und dabei ihr „Ich“ zu erweitern, üben können. Meine etwa zweieinhalbjährige Tochter inszenierte mit mir unermüdlich und mit großer Begeisterung folgendes Rollenspiel: Wir waren beide zwei befreundete Mütter und unterhielten uns über unsere Töchter. Sie redete von ihrer Puppe und ich von ihr. Wenn ich von meiner Tochter erzählte, lauschte sie mit Hingabe. Was ich über sie erzählte, waren in der Tat Informationen, die sie sonst selten so direkt von mir zu hören bekam. Und wenn sie dann an der Reihe war, über ihre „Tochter" zu reden, wiederholte sie vieles von dem, was ich gesagt hatte, fügte aber auch interessante Variationen hinzu, indem sie z.B. sagte: „Bei mir ist das aber anders" oder „Meine Tochter macht das so ...". Sie bemühte sich dabei offensichtlich, ihre Mutterrolle „echt", d.h. nicht nur durch Imitation meiner Worte zu spielen, und erweiterte damit auch ihre eigenen Möglichkeiten des Tochter-Seins in ihrer Beziehung zu mir.

Männlichkeit – Weiblichkeit

Im Verlauf des Spracherwerbs bildete sich als Kern unseres Ichs unsere Geschlechtsidentität heraus. In unserer vorsprachlichen Zeit konnten wir auch schon Männer und Frauen unterscheiden, nicht aber den Unterschied auf uns selbst beziehen. Erst mit der Sprache lernte ich, mich als Mädchen mit dem Frau-Sein meiner Mutter und anderer Frauen gleichzusetzen und damit das Mann-Sein von mir abzugrenzen, während ein kleiner Junge sich zu zu dieser Zeit mit der Männlichkeit seines Vaters und anderer Männer identifiziert und sich von den Frauen, vor allem der eigenen Mutter, abgrenzt.

Diese unterschiedliche Beziehung zur Mutter scheint für die Identifikation mit dem eigenen Geschlecht eine große Bedeutung zu haben. Wie erwähnt, konnte ich mit meiner kleinen Tochter spontan ein Rollenspiel inszenieren, in dem wir beide „Mütter" waren – sie eine Puppenmutter, ich ihre Mutter. Ein Sohn wird bei einem solchen Spiel von seiner Mutter mit großer Wahrscheinlichkeit nicht zu einer „Mutter" gemacht, sondern sie wird ihn als „Vater" seiner Puppe ansprechen und auf diese Weise den Geschlechtsunterschied zwischen sich und ihm deutlich machen.

Forschungen von Carol Hagemann-White, Sheila Kitzinger, Dorothy Dinnerstein, Nancy Chodorow und vielen anderen haben gezeigt, daß Mütter sich in der Tat einem Sohn gegenüber grundsätzlich fremd fühlen, er gehört eben zur „anderen Welt" der Männer. Das muß nicht heißen, daß ein Sohn von seiner Mutter immer bevorzugt wird, wie frühere Studien von Ursula Scheu und Elena Belotti nahelegen. Denn oft verbindet sich bei der Mutter sogar eine Abneigung gegen das Kind des anderen Geschlechts. Entscheidend ist für den Jungen, daß er mit dem Spracherwerb begreift, daß diese Frau, die ihn versorgt, nicht so ist wie er. Er wird angehalten, nach den Vertretern des anderen Geschlechts Ausschau zu halten, die aber meist in der frühen Zeit nicht so nah sind wie die Mutter, so daß für den Jungen Orientierungsprobleme entstehen.

Bei dieser Suche nach dem Modell für seine Männlichkeit hat es der Junge also einerseits schwerer als das Mädchen, andererseits aber auch leichter, denn das Mann-Sein hat in unserer patriarchalischen Gesellschaft erheblich höheres Prestige. Wenn der kleine Junge sich „männliches" Verhalten aneignet, indem er sich gegen andere durchsetzt, kämpferisch ist, Initiative ergreift, wird er auch von der Mutter belohnt, die sich über ihren „richtigen kleinen Mann" freut. Er muß nur vermeiden, „weibisches" Verhalten zu zeigen, sonst erfährt er Ablehnung und Mißfallen.

Die Merkmale der „Männlichkeit" sind dem kleinen Mädchen nicht in dem Maße verboten wie dem Jungen das Weiblich-Sein. Dennoch weiß auch sie schon sehr früh, daß sie in der Welt der Frauen ihren Platz hat. Sie kann sich also mit der Mutter identifizieren, übernimmt damit aber auch die negativeren Seiten der Frauenrolle, die in unserer Gesellschaft nicht so attraktiv ist wie die der Männer.

Besonders in den letzten Jahrzehnten haben sich zwar die Geschlechtsrollen stark gewandelt, der Gegensatz zwischen der Welt der Männer und der der Frauen ist jedoch weiterhin fundamental. Jede, jeder von uns spürt den starken Druck, den die Gesellschaft auf uns ausübt, auf der „richtigen" Seite zu bleiben und nicht die traditionellen Rollen zu verändern.

Das Besondere an diesen beiden Welten ist, daß sie in engster Verschränkung nebeneinander bestehen. Zwar ist jeder Mensch einem Geschlecht zugehörig, doch lebt er oder sie mit Menschen des anderen Geschlechts in intimer Nähe zusammen. Als Kind haben wir daher nicht nur gelernt, welches Verhalten unserem Geschlecht angemessen ist, sondern auch, wie sich die Menschen beiderlei Geschlechts zueinander in Beziehung setzen. Unsere eigene Geschlechtsrolle wurde entscheidend davon geprägt, wie wir die uns vorgeschriebene Beziehung zum anderen Geschlecht wahrgenommen haben.

Die Regeln der Beziehungen zwischen Mann und Frau brauchte man uns nie explizit zu erklären. Wir haben sie wie eine „Grammatik der Geschlechterbeziehungen“ aus unseren Beobachtungen abstrahiert. Wie wenig diese Zuordnungen mit den biologischen Geschlechtsmerkmalen zu tun haben, zeigen Befragungen von Kindern. Sie nennen fast ausschließlich Unterschiede der Kleidung und der Aktivitäten, um Frauen und Männer zu unterscheiden.[81]

Wir haben also als Kind die „Sprache unseres Geschlechts“ gelernt. Als Kind wußten wir das nicht. Und meist wußten auch unsere Eltern nicht, daß wir unsere Geschlechtsrolle lernen mußten. Denn in unserem Kulturkreis gehen wir im allgemeinen davon aus, daß das Geschlecht eine biologische Kategorie ist und deshalb Jungen und Mädchen „natürlich“ ihr jeweiliges geschlechtsspezifisches Verhalten entwickeln. Wenn ein Junge sich „weibisch“ verhält oder ein Mädchen „zu jungenhaft“ ist, und vor allem wenn wir als Erwachsene mit dem, was wir unsere Sexualität nennen, nicht zurechtkommen, dann nehmen wir dies als unser Schicksal, als unsere zu starke oder zu schwache Triebhaftigkeit, eben als unsere „Natur“ hin.[82]

Weil die Bilder und die damit verbundenen Gefühle über die Beziehung der Geschlechter so tief in unserem Unbewußten verankert sind, ist es so schwer, uns ihre Entstehung im Verlauf der Sozialisation und des Spracherwerbs vorzustellen. Wenn wir uns jedoch in unsere Kindheit zurückversetzen, als wir Mutter, Vater, Großeltern, Freunde, Fernsehstars, Märchenfiguren – kurz, alle Menschen um uns herum als Männer und Frauen zu identifizieren lernten, und uns erinnern, wie wir selbst von anderen, vor allem den eigenen Eltern, als Geschlechtswesen wahrgenommen wurden, dann können wir nicht umhin, unsere Geschlechtsidentität als gelernt zu begreifen.

In ihren tagebuchartigen Notizen über ihre eigene Tochter hat Marianne Grabrucker diesen Lernprozeß aus nächster Nähe verfolgt. Als bewußte Feministin wollte sie verhindern, daß ihre Tochter mit dem herkömmlichen Frauenleitbild aufwuchs, doch mußte sie an sich selbst beobachten, wie auch sie von ihr als Mädchen mehr Rücksichtnahme, mehr Empfindsamkeit, also mehr „Weiblichkeit“ erwartete als von den gleichaltrigen männlichen Spielgefährten. Auch war sie verblüfft, wie das eineinhalbjährige Kind bereits wahrnahm, daß „Frau nackig“ ist und „Mann redet“! Diesen Kommentar gab das Kind bei jeder Gelegenheit, an Zeitungskiosken, vor Plakatwänden, beim Fernsehen. Nie sagte sie „Mann nackig“. Als sie im Fernsehen einmal eine Frau reden hörte, kommentierte sie erstaunt: „Frau redet“. Wie ein Schwamm hatte das Kind die Allgegenwart des Sexismus im Patriarchat aufgesogen.

Es war demnach für uns nicht allein entscheidend, wie uns unsere Eltern als Mädchen bzw. Junge behandelten, es war auch nicht nur ihr eigenes, bewußtes Verhalten als Mann oder Frau, das uns zum Modell für unsere Geschlechtsidentität wurde. Vielmehr waren es Erfahrungen mit realen Menschen, mit Geschichten, Märchen, Bildern, Filmen, die uns das Anschauungsmaterial lieferten, aus dem wir die Regeln der Geschlechterrollen erfaßten und in eigenes Verhalten umsetzten.

Vergangenheit – Zukunft

Der oben zitierte Dialog zwischen James Britton und seiner Tochter zeigt, wie Kinder in dieser Phase nun auch die Vergangenheit als eine Welt erfassen können. Die zweieinhalbjährige Tochter interessiert sich für die Kindheit ihres Vaters, also für etwas, das sie selbst nicht erlebt hat.

Das ist eine gänzlich andere Art der Erinnerung als in vorsprachlicher Zeit. Ohne Sprache oder in der Ein-Wort-Phase erinnerten wir uns an vergangene eigene Erlebnisse. Der kleine Nigel beispielsweise erinnerte sich lebhaft an den Spaziergang mit der Mutter vom Nachmittag oder vom vorangegangenen Tag. Auch Tiere verfügen über diese Art der Erinnerung. Ich kenne einen Hund, der vor mehreren Jahren in eine Hündin namens Katharina „verliebt“ war. Die Begegnung mit ihr versetzte ihn immer in große Erregung. Und auch das Wort „Katharina“, von seiner Herrin mit besonderer Betonung ausgesprochen, ließ ihn geradezu aus dem

Häuschen geraten. Er jaulte, zitterte am ganzen Körper, sprang herum und war nicht mehr im Haus zu halten. Auch als die Hündin Katharina gestorben war und er sie schon monatelang nicht mehr gesehen hatte, verlor er die Erinnerung an seine „Freundin" nicht, wenn man ihren Namen nannte, wurde er immer noch wild.

Sprachlose Erinnerung bezieht sich nur auf Erlebtes. Nach dem Spracherwerb konnten wir wie Brittons kleine Tochter Geschehnisse, die wir nie erlebt, nie gesehen oder gehört hatten, zu unserer eigenen Erfahrung machen. Das wird auch deutlich, wenn man mit Kindern Fotos anschaut. Ein vorsprachliches Kind, das Kinderfotos der eigenen Eltern betrachtet, wird „Kinder" erkennen. Dem sprachfähigen Kind dagegen kann man die Vorstellung vermitteln, daß diese Bilder die eigenen Eltern im Kindesalter darstellen.

Allerdings konnte die Tochter Brittons nur deshalb die Ereignisse aus der Vergangenheit ihres Vaters verstehen, weil sie ähnliche Erlebnisse in ihrer Vergangenheit gemacht hatte. Sie mußte die Dinge, von denen ihr Vater sprach, bereits kennen, um seiner Erzählung folgen zu können. Sie mußte aus eigener Erfahrung wissen, was ein „Vater" ist, was „sterben", was „älter werden" heißt. Ihre Eigenleistung bestand dann darin, diese einzelnen Elemente in einen anderen Kontext zu übertragen, eben in die Kindheit ihres Vaters, die sie selbst nicht erlebt hat.

Als wir uns als Kind in unsere eigene Vergangenheit oder in die anderer Menschen zurückversetzen konnten, gewann auch die Gegenwart für uns eine neue Qualität. Wir konnten verstehen, wie sich Dinge in der Zeit verändern. Während wir in der vorsprachlichen Phase zeitlos-gegenwärtig waren, bekam die Gegenwart mit der Sprache eine zeitliche Dimension. Was immer in der Gegenwart geschah, stand in Verbindung mit Vergangenem und Zukünftigem, wir konnten die Vorstellung von Ursache und Wirkung entwickeln.

Wir konnten nun auch vergangene Erfahrungen in die gegenwärtige Situation einbringen. Ein Wort konnte eine Serie von vergangenen Erlebnissen in uns wachrufen, die als volle sinnliche Wahrnehmungen in uns aufstiegen und – einzeln betrachtet – wenig miteinander zu tun hatten. So verknüpften wir etwa beim

Hören des Wortes „Frühling“ vielfältige Einzelerinnerungen – gesehene blühende Bäume, gehörtes Vogelgezwitscher, Gesichter von Menschen, Gerüche – aus unterschiedlichsten Zeiten unseres Lebens miteinander. Sprache schafft eine Beständigkeit von sinnlichen Erfahrungen über die Zeit.

Was wir erinnerten, war immer eine Auswahl dessen, was wir tatsächlich in der Vergangenheit wahrgenommen haben. In diesem Sinne ist die sprachlich-symbolische Erinnerung an Vergangenes immer eine „Geschichte“, in der Geschehenes aufbereitet, umstrukturiert und damit immer auch verändert wird.[83]

Die Zeitdimension erstreckt sich allerdings nicht nur in die Vergangenheit, sondern auch in die Zukunft. Es wurde für uns nun auch möglich, uns planend vorzustellen, wie etwas sein würde. Wir verstanden jetzt, daß unsere Mutter „zur Arbeit“ ging und wir daher in den Kindergarten gebracht wurden, daß sie aber zurückkommen würde, wie es auch in der Vergangenheit geschehen war.

Eine besonders wichtige Zukunftsvorstellung betraf unsere eigene Person. Wir konnten jetzt die Welt des „Wenn-ich-groß-bin“ entwickeln. Auch hier haben wir Erlebtes in die Zukunft projiziert. Wir haben uns vorgestellt, so zu werden oder nicht so zu werden wie Mutter, Vater, wie andere Personen unserer Umgebung. Wir begriffen auch, wie andere Menschen, vor allem unsere Eltern, sich unsere Zukunft vorstellten, daß wir etwas Besonderes werden sollten, daß wir etwas nicht tun oder werden sollten usw. Wir erfaßten die „Delegationen“ (Stierlin), mit denen sie uns ins Leben schickten.

In diesem Alter haben die meisten Kinder auch schon eine Vorstellung vom Tod als dem Ende des Lebens erlangt. Auch hierzu ist Sprache erforderlich. Ein vorsprachliches Kind oder ein Tier kann zwar erfahren, daß ein anderes Wesen neben ihm tot ist, doch ist diese Erfahrung nicht übertragbar. „Tod“ ist ein Symbol, eine in Sprache gefaßte Vorstellung, die vom konkreten Erleben abgelöst und auf alle Lebewesen übertragbar ist.

Mit der Vorstellung vom Tod haben wir gleichzeitig erfahren, welche Gefühle die Menschen in unserer Umgebung mit dem Tod verbanden und welche Vorstellungen sie sich von ihrem eigenen Tod machten. Diese Gefühle haben wir übernommen. In einer Gesellschaft, in der die Menschen den Tod nicht fürchten, weil er als natürlicher Übergang in andere Welten angesehen wird, erleben schon die Kinder die ruhige Gelassenheit der Erwachsenen angesichts eines Sterbenden. In unseren Gesellschaften wird dagegen der Versuch gemacht, den Tod zu ignorieren. Der Gedanke an ihn bereitet zu große Furcht, denn wir glauben, daß der Tod das Ende unseres Seins ist. Wir verbergen ihn daher vor den Augen der Kinder in der Meinung, sie vor dem Schrecken bewahren zu müssen. Daß das Verbergen jedoch den Schrecken eigentlich erst hervorbringt, vergessen wir.

Fantasiewelten

Eine der schönsten und für uns als Kind aufregendsten Errungenschaften des Spracherwerbs waren die Fantasiewelten. Wir haben sie in direktem Handeln hervorgebracht, also als Rollenspiel mit Erwachsenen oder anderen Kindern, anhand von Spielsachen oder Dingen des Alltags, oder auch, indem wir uns Geschichten anhörten. In unserer Kultur und Zeit lernen Kinder Fantasiewelten immer häufiger durch das Fernsehen kennen.

Alles, was wir fantasierten, mußten wir vorher gehört, gesehen, also erfahren haben. Die Geschichten, die man uns erzählte, lieferten uns Kontexte, in die wir uns hineinversetzen und in denen wir eine Rolle übernehmen konnten. Wenn uns unsere Eltern solche Geschichten erzählten, lenkten sie bewußt oder unbewußt unsere Aufmerksamkeit auf die passenden Identifikationsfiguren in der Geschichte. Wir lernten dabei diejenigen Zusammenhänge, Merkmale oder Eigenschaften, die unsere Eltern besonders anregten. Das mußten keineswegs nur positive Helden sein, auch Monster, Bösewichte, arme benachteiligte Sündenböcke konnten uns zur Identifikation oder aber als abschreckendes Beispiel vorgestellt werden.

Unsere tiefen Gefühle wie Begeisterung oder auch Angst werden bei solchen Geschichten besonders dann geweckt, wenn Strukturähnlichkeiten zwischen der Erzählung und unseren eigenen Erlebnissen in unserer Familie auftreten. Unsere Lieblingsfiguren oder -geschichten waren immer auf irgendeiner Ebene Abbilder von Personen oder Strukturen unserer eigenen Familien, wobei wir damals solche Zusammenhänge überhaupt nicht bewußt wahrnahmen und auch heute als Erwachsene nicht wahrnehmen.

Die konkreten Familiengeschichten, die wir erzählt bekamen oder mithörten, waren eine besonders attraktive Quelle für unsere Fantasiewelten. Typisch sind hier Familiengeschichten von irgendwelchen Heldentaten des Großvaters oder einer Urgroßmutter, aber auch von den Missetaten der schwarzen Schafe oder von den tragischen Schicksalen anderer Familienmitglieder. Die Geschichten über diese Menschen haben wir vor allem dann in unsere Fantasiewelten übernommen, wenn unsere Eltern eine Beziehung zwischen uns und dieser anderen Person herstellten, also etwa sagten, daß wir der Tante Ida ähnlich seien oder daß wir möglicherweise den Charakter von XY geerbt hätten.[84]

Die Fantasiewelten, die wir in unserer frühen Kindheit aus den verschiedensten Quellen entwickelten, spiegelten somit nicht nur die Welt wider, die wir bewußt verstanden hatten, sondern es waren sehr häufig kindliche Versuche, uns die unerklärten Elemente in unserer Welt symbolisch begreifbar zu machen. Große schöpferische Werke in Literatur, Malerei, Wissenschaft sind solche Fantasiegebilde, die nicht nur für ihren Autor, sondern auch für viele andere Menschen eine Symbolisierung ihrer frühkindlichen Erfahrungen darstellen. Sigmund Freuds Faszination für die Ödipus-Sage oder seine „Erfindung" der mythischen Urhorde läßt sich beispielsweise aus der besonderen Familienkonstellation erklären, in der er groß wurde und deren Geheimnisse ihn nie losließen.[85]

Die wichtigsten Fantasiewelten entwickelten wir jedoch nicht neu, sondern übernahmen sie als Ganzes aus unserer Umwelt. In jeder Kultur gibt es Vorstellungen, die wir fraglos als „real" hinnehmen, die sozusagen unsere Wirklichkeit sind. Es ist nicht leicht, auch diese Vorstellungen als Fantasie zu erkennen, also zu begreifen, daß auch unsere „Realität" eine Fantasiewelt ist, die durch Sprache entsteht, und daß sie für uns zur Wirklichkeit wird, weil wir mit anderen Menschen in unserer Gesellschaft gemeinsam diese Welt für wirklich halten.

Die „großen" Welten – Transzendenz

Gleiches gilt auch für die Vorstellungen, die in einer Gesellschaft, in einer Kultur über den Sinn des Lebens oder des Todes, über eine transzendentale Welt, über Gott oder die Götterwelt bestehen. Diese Vorstellungen von einer jenseitigen Welt sind immer Spiegelbild der sozialen Beziehungen, wie sie im Diesseits gelebt werden: Patriarchalische Kulturen haben einen Vater-Gott im Himmel, matriarchale eine Mutter-Göttin. Gibt es auf der Erde Hierarchien, finden sie sich auch im Jenseits. Die jeweilige soziale Ordnung einer Gesellschaft findet durch die jenseitige Welt ihre Begründung und Stabilität. Denn wenn die Götter genauso leben wie die Menschen, wenn Gott die Menschen nach seinem Bild geschaffen hat, dann ist die Welt, so wie sie ist, richtig.

Wie wir gesehen haben, erschließt sich für das balinesische Kind die „andere" Welt aus der Alltagswirklichkeit, die von der transzendentalen Welt der Götter und Geister durchdrungen ist. Die Legitimation für alles, was existiert, ist offenkundig: Schiwa, Wischnu, Brahma und alle anderen Götter haben die Welt geschaffen und halten sie aufrecht; die Geister müssen mit Opfergaben beschenkt und mit Ritualen bedacht werden, damit sie den Menschen wohlgesonnen bleiben.

Uns hat man als Kind die Existenz der Welt und der Menschen in erster Linie materiell begründet: Wenn wir fragten, warum eine Pflanze wächst und blüht, sagte man uns, daß sie Wurzeln hat, um damit Wasser aus der Erde zu holen, daß sie blüht, weil die Sonne sie ausreichend bescheint. Erst wenn man keine derartigen materiellen Begründungen hatte, sprach man von „Gott", der auch die unscheinbare Pflanze wachsen und blühen läßt. Dieser Gott blieb jedoch für die meisten von uns eine sehr vage, unverbindliche Gestalt. Wir lernten daher vor allem dies: Wenn nichts mehr „richtig", d. h. materialistisch zu erklären ist, dann gibt es da noch etwas, was „Gott" genannt wird, an das wir aber nicht so recht glauben konnten, weil uns anschauliche Vorstellungen dafür fehlten.

In unserer Gesellschaft – so scheint es – leben die meisten Menschen in der Überzeugung, daß das Diesseits die einzig gültige Realität darstellt, daß die Frage nach dem Sinn unseres Seins, weil unbeantwortbar, letztlich uninteressant ist. Dies wurde uns schon als Kind mehr oder weniger eindrücklich vermittelt. Denn im Elternhaus, in der Schule, überall lernten wir, auf die Errungenschaften der Menschheit, insbesondere aber der Menschen in den industrialisierten Ländern, stolz zu sein. Die Fortschritte der modernen Technik und Wissenschaft werden Kindern in unserer Gesellschaft als „Beweis" dafür präsentiert, wie unermeßlich groß die Fähigkeiten des Menschen sind, so daß wir scheinbar uns selbst genug sind.

Die Folge aber ist, daß alles Unerklärliche, insbesondere Geburt und Tod, Angst erregen. Auch als Kinder haben wir die Angst und die Hilflosigkeit der Erwachsenen angesichts dieser Fragen gespürt, so daß wir sie möglicherweise nicht einmal mehr selbst zu stellen wagten. Und so überschatten diese Fragen unser Erwachsenenleben, wirken fort aus dem Unbewußten und lassen viele von uns verzweifeln in der vergeblichen Suche nach Antworten.

Die Alltagswelt

Die Alltagswelt war und ist für uns die „eigentliche" Welt, die fraglos gegebene Realität, die sozusagen alle anderen Welten mit einschließt. Vor allem in unserer frühen Kindheit erschien diese Welt uns unverrückbar wirklich, und es war für uns existentiell notwendig, daß sie beständig war, weil sie die Basis für die Herausbildung der übrigen Welten darstellte.

Die Alltagswelt erlangte für uns Beständigkeit dadurch, daß alle Menschen in unserer Umwelt sie für beständig hielten. Alle gingen von der unhinterfragten Vorannahme aus, daß diese Welt auch morgen noch sein wird, daß wir nach dem Schlaf wieder aufwachen, daß Menschen sich wechselseitig verstehen können (Schütz und Luckmann). Unsere Alltagswelt konnte dabei sehr unruhig und abwechslungsreich sein. Was sie für uns stabil machte, war die Wiederholung der Muster und die Sicherheit, daß sie sich weiter wiederholen würden.

Unsere Alltagswelt war für uns so selbstverständlich, daß wir über sie nicht einmal zu sprechen brauchten, sie blieb daher auch weitgehend nonverbal. Schon in der vorsprachlichen Zeit wurde uns die Alltagswelt über unsere Sinne vertraut. Mit dem Spracherwerb bekamen die Dinge, Menschen, Situationen Namen und Bezeichnungen, die sie uns allmählich vertraut machten. Es war für uns und ist für uns noch heute sehr schwer vorstellbar, daß diese Welt nur dadurch ihre Selbstverständlichkeit für uns hat, weil viele andere Menschen diese Welt genauso beschreiben und erleben wie wir. Wir bezeichnen Menschen, die das nicht tun, als „verrückt" oder „geisteskrank" und bemerken nicht mehr, daß diese Menschen lediglich in einer anderen Alltagswelt leben als wir.

Genauso verschließen wir uns oft den Blick dafür, daß sich auch unsere Alltagswelt in einem ständigen Fluß befindet. Sie verändert sich durch Erweiterung, durch Hinzufügung von Bereichen, durch den Ausschluß anderer. Was für uns heute selbstverständlich und normal ist, können wir schon morgen für verrückt ansehen. Bereits als Kind mußten wir uns ständig bemühen, die vielen Ungereimtheiten und Widersprüche zu integrieren, die dadurch entstanden, daß die Alltagswelten von Mutter, Vater und anderen Bezugspersonen nicht in allen Aspekten identisch waren. Auch die Kenntnis anderer Alltagswelten außerhalb der eigenen Familie gab uns ein Bewußtsein dafür, wie veränderlich diese selbstverständliche Welt ist. Es war notwendig, sozusagen eine eigene „Alltagswelt der Alltagswelten" hervorzubringen, die diese Wechsel integrierte. Es ist erstaunlich, wie kreativ Kinder sind, Lösungen für unvereinbare Gegensätze in ihrer Umwelt zu finden.

Und wenn im Leben eines Kindes diese Alltagswelt durch eine Katastrophe verschwindet – etwa durch den plötzlichen Tod der Eltern –, ist auch dieser schwere Verlust erträglich, wenn ein neuer Alltag entsteht, der dann allerdings, anders als in der Zeit davor, die Möglichkeit des Verlustes mit beinhaltet.

Wie weit wir als Kind oder Erwachsene in der Lage sind, in einer wechselhaften Alltagswelt zu leben und uns wohlzufühlen, oder wie weit wir schwere Verlusterlebnisse überwinden können, hängt ohne Zweifel auch davon ab, wie wir unsere eigene Geburt erlebt haben. Sie ist und bleibt das primäre Erlebnis für radikale Veränderungen unserer Welt. Wenn wir sie als Befreiung, als Öffnung zu angenehmen neuen Erfahrungen erlebt haben, werden wir in unserem weiteren Leben weitaus weniger Schwierigkeiten bei Veränderungen der Alltagswelt haben als wenn unsere Geburt voller Schrecken und Angst war. Bis zum Spracherwerb haben sich zwar viele andere Erfahrungen über unser Geburtserlebnis gelagert, es bleibt jedoch immer eine „Anfangsstruktur", die uns begleitet.

Störungen der Versprachlichung

Die sprachlich-symbolischen Welten haben, wie wir gesehen haben, nur insoweit Bestand, wie wir sie mit anderen Menschen teilen. Sie sind Geschichten, die wir für wahr nehmen und die dadurch real werden. Mit den unweigerlichen Veränderungen in unserem Beziehungsgefüge verändern sich auch diese sprachlich-symbolischen Welten. Und umgekehrt: Wenn die Menschen in unserer Umwelt oder wir selbst unsere Symbolisierungen verändern, hat dies Konsequenzen für unsere gemeinsame Realität.

Wenn wir im folgenden Störungen der Kommunikation, der Beziehungen, also der gemeinsamen sprachlich-symbolischen Welten betrachten wollen, ist es wichtig zu beachten, daß „Störung" selbst schon wieder eine Symbolisierung ist. Meist ist es so, daß die handelnde Person, ob Erwachsene oder Kind, ein bestimmtes Verhalten als angemessen und richtig betrachtet und nur durch einen Perspektiven-Wechsel dasselbe Verhalten plötzlich als „gestört" erlebt. Umgekehrt kann jedes Verhalten, das man als gestört bezeichnet, in einem anderen Kontext als angepaßt gelten. Wir müssen also immer einen Kontext wählen, aus dem heraus wir „Störung" überhaupt erst feststellen können.

Anders als in der vorsprachlichen Zeit bestehen jetzt die Kontexte nicht nur aus konkreten Situationen, aus Erfahrungen, die wir mit unseren Sinnen machen, sondern aus den Sprachwelten, also aus Vorstellungen, Ideen, Fantasien, die in sich oder untereinander auf viel komplexere Weise widersprüchlich sein können. Im Verlauf des Spracherwerbs und auch im weiteren Leben können sich daraus Verwirrungen ergeben, vor allem dann, wenn die sprachlich-symbolischen Welten mit den nicht-sprachlichen Erfahrungen im Widerspruch stehen.

Gregory Bateson hat solche Verwirrungen mit seinem Konzept des „double bind“ (Beziehungsfalle) beschrieben. Gleichzeitig verweist dieser Begriff auch darauf, wie derartige Verstrickungen durch Versprachlichung auf einer Meta-Ebene wieder aufgelöst werden können.

Nach Bateson ist eine Störung auf der Sprachebene dadurch gegeben, daß eine Person:

1. in einer sprachlich-symbolischen Welt lebt, die von ihr und allen wichtigen Bezugspersonen als einzige Welt verabsolutiert wird *und* wenn
2. diese verabsolutierte Welt für die Person durch eine Konfrontation mit anderen Welten – z.B. eigenen nicht-sprachlichen Erfahrungen – in-Frage-gestellt wird *und* wenn
3. dann die Person von ihren Bezugspersonen gezwungen wird, an der Verabsolutierung dieser Welt festzuhalten *und* wenn
4. die Person die Punkte 1 bis 3 nicht wahrnehmen darf, aber in Kontexten leben soll oder will, in denen andere Maßstäbe gelten, so daß sie dort als „gestört“ auffällt.

Nicht die Verabsolutierung als solche ist also „verstörend“. Wir alle haben in der Phase des Spracherwerbs die Welten, die uns präsentiert wurden, verabsolutiert. Verstörend ist auch nicht, wenn die Welt, die wir zunächst als einzige kennengelernt haben, durch Erlebnisse in Frage gestellt wird und daher relativiert werden muß. Denn wenn es uns möglich ist, einen anderen Kontext zu finden, in dem beide Welten einen Platz haben, ist dies sogar eine Bereicherung. Und selbst wenn wir gezwungen werden, die Verabsolutierung der ersten Welt aufrechtzuerhalten, muß dies nicht zu einer Störung auf der Ebene unserer versprachlichten Welten führen. Denn wir haben dann die Möglichkeit, auf den Zwang zu reagieren mit: Opposition, Flucht, Ignorieren oder ähnlichem Verhalten.

Erst wenn wir auch auf der Meta-Ebene zu einer Verabsolutierung gezwungen werden, also nicht wahrnehmen dürfen, daß es uns verboten ist, andere Sichtweisen zu suchen, ist unser Verhalten für andere „gestört“. Wir selbst können diese Reaktion der anderen zwar noch wahrnehmen, sind aber außerstande, unser Verhalten zu ändern, eben weil wir nicht einmal wahrnehmen dürfen, daß uns eine bestimmte Wahrnehmung verboten ist. Dies ist das Prinzip des „Du sollst nicht merken" (Alice Miller), das auch Ronald D. Laing in seinen Arbeiten mit großer Eindringlichkeit beschrieben hat.

Die beiden folgenden Beispiele sollen zeigen, wie Sprache verstört, wenn sie abgelöst ist von nichtsprachlichen, sinnlichen Erfahrungen und wenn dem Kind keine derartige Meta-Ebene zur Verfügung steht.

Gleichzeitig soll an diesen Beispielen aber auch deutlich werden, wie Störungen auf sprachlich-symbolischer Ebene durch das Sprechen *über* die Störung wieder aufgehoben werden können. Zwar kann uns Sprache heillos verwirren, doch liefert sie zugleich den Faden, um aus dem Labyrinth wieder herauszufinden, indem sie uns verlorene Erfahrungen wieder zugänglich macht.

Jessica

Jessica war eine 23jährige US-amerikanische Studentin, als sie im Jahre 1978 ihren autobiographischen Bericht veröffentlichte (Cameronchild). Sie war in einer Familie aufgewachsen, in der sie und ihre vier Brüder die Tyrannei ihres Vaters, eines prügelnden, gewalttätigen, gleichzeitig jedoch hochmoralischen und in der Gemeinde wohlangesehenen Akademikers erdulden mußten. Die Mutter, eine Lehrerin für lernbehinderte Kinder (!), stand passiv dabei, wurde gelegentlich auch geschlagen, berichtete aber andererseits dem Vater von den „Missetaten" der Kinder. Diese „Vergehen" bestanden darin, zu laut zu reden, eine Tür zuzuschlagen, zu langsam zu reden, keinen Augenkontakt zu halten, nicht geradezustehen usw., wobei es für die Kinder völlig unvorhersagbar war, was den Vater im nächsten Moment stören würde. Sie wurden für ihre „Untaten" geprügelt, die Treppe hinuntergestoßen, täglich bekamen sie Stockschläge und in Abständen von wenigen Monaten wurden sie so schwer verletzt, daß sie ärztlich versorgt werden mußten. Obwohl sie in einer kleinen Stadt lebten, in der jeder jeden kannte, fiel es niemandem, nicht einmal dem Arzt auf, daß die Kinder und die Mutter so häufig „Unfälle" hatten. Jessica hebt hervor, daß sie von ihren Eltern niemals angehalten worden war zu lügen, daß es aber dennoch für sie nie in Frage gekommen wäre, den wahren Grund ihrer Verletzungen zu nennen. Sie hoffte allerdings immer, daß der Arzt oder die Lehrer in der Schule einmal insistierend danach fragen würden. Sie wußte jedoch nicht, ob sie dann hätte reden können.

Neben den plötzlichen, unerwarteten Ausbrüchen des Vaters gab es regelmäßige „disziplinarische" Maßnahmen. Die Kinder mußten stundenlang knieend einen Bücherstoß auf den ausgestreckten Armen halten, sie mußten eine Sitzhaltung einnehmen ohne einen Stuhl als Stütze, sie wurden in der Nacht geweckt und kalt geduscht. Die fünf Kinder reagierten mit perfektem, allerdings extrem rigidem Verhalten. Sie waren hervorragende Schüler, zwar ohne Freunde, doch allgemein beliebt. Jessica beschreibt ihr verwirrendes Gefühl von einerseits panischer Angst vor der Grausamkeit des Vaters und gleichzeitigem Mitleid mit seinen unerfüllten Liebesbedürfnissen:[86]

„Seine Ambivalenz wird beispielhaft beleuchtet durch einen Vorfall, bei dem er mir mit einem Hammer den Kopf aufschlug, weil ich nicht gelächelt hatte. Er verletzte mich, weil er sich frustiert und unzulänglich fühlte, als er spürte, wie unglücklich ich war."

Gleichzeitig empfanden sich alle Kinder als schuldig, denn der Vater behauptete, wenn sie sich nur anstrengen würden, könnten sie perfekt sein. Es seien ihre eigenen Fehler, die ihn zu seinem Verhalten zwängen. So kamen sie dazu, die tatsächlich erfahrene Gewalttätigkeit vor sich selbst zu verleugnen. Sie sagten sich, daß er „heute einen schlechten Tag hat" und verdrängten damit die Durchgängigkeit seiner Brutalität.

Als einer der Brüder, elfjährig, ohne etwas über die Vorkommnisse in seinem Elternhaus zu erzählen, in der Schule aufsässig wurde und mehrmals nach Hause geschickt wurde, schlug ihn der Vater jedesmal fast tot. Eines Tages kam der Junge von der Schule nach Hause und erschoß sich mit einem Gewehr. Dieser eindeutige Selbstmord wurde von den Eltern, vom Arzt, vom Polizeichef als Unfall dargestellt.

Für Jessica ergab sich daraus die absolute Sinnlosigkeit ihrer Hoffnungen, daß dem Terror in der Familie von außen ein Ende gesetzt werden könnte. Sie machte auch einen Selbstmordversuch, kam daraufhin – dreizehnjährig – für sieben Monate in eine kinderpsychiatrische Anstalt, wo ihr eine ähnliche „Behandlung" zuteil wurde wie in ihrem Elternhaus. Auf der Basis einer primitiven Frustrations-Aggressions-Theorie versuchte man allen Ernstes, Jessicas „Depression" durch Weckung ihrer Aggression zu heilen, indem man sie auf geradezu sadistische Weise frustrierte: Sie mußte 16 Stunden lang den Fußboden schrubben, mußte die unsinnigsten Aufgaben erfüllen, ihr wurde Essen und Schlaf verweigert, und wenn sie protestierte, ohne „angemessene Aggression" zu zeigen, wurde sie stundenlang wie eine Mumie in Laken eingewickelt und ans Bett gefesselt. Sie reagierte mit Apathie und psychosomatischen Symptomen, nur nicht mit der erwarteten Aggression, woraufhin man die Tortur verstärkte. Während dieser Zeit prügelte der Vater die drei Brüder daheim auf noch grausamere Weise, wovon niemand etwas erfuhr, obwohl die Eltern inzwischen therapeutische Gespräche führten. Allerdings hatten diese Gespräche doch den Effekt, daß der Vater allmählich seine sadistischen Impulse besser zu kontrollieren vermochte.

Als Jessica diesen Bericht mit 23 Jahren schrieb, führte sie wie ihre Brüder ein selbständiges Leben. Sie hatte endlich gelernt, über alles zu sprechen und hoffte auf eine Zukunft, die auch für sie Liebe und Intimität bereithalten würde, obwohl ihre Angst vor Gewalt noch keineswegs überwunden war. Sie berichtete, daß ihre Eltern, seit die Kinder aus dem Haus waren, gut miteinander auskamen.

Wer oder was ist in diesem Fall „gestört", wer oder was ist „normal"? Das Klinikpersonal sah offensichtlich Jessicas Selbstmordversuch und ihr apathisches Verhalten als gestört an. Als herauskam, was Jessica, ihre Brüder und ihre Mutter vom Vater zu erdulden hatten, galt das Verhalten des Vaters oder das gesamte Familiensystem als „gestört". Als außenstehende Betrachter können wir auch das Verhalten der Therapeuten in der Klinik als „gestört" bezeichnen, die aus einer fragwürdigen Theorie heraus gegen das Kind gewalttätig waren. Aber auch die Ärzte, Lehrer, Polizeibeamten, Bekannten und Verwandten der Familie könnten wir für „gestört" halten, haben sie doch offensichtlich ihre Augen und Ohren verschlossen gehalten.

Gleichzeitig ist es möglich, alle Personen mit ihrem Verhalten für „normal“ zu erklären. Man muß dazu nur die Kontexte wechseln. Jessica und ihre Brüder sind „normal“, weil sie sich im Kontext ihrer Familie angepaßt und angemessen verhielten. Die Welt, die der Vater für sie definiert hatte, ließ gar kein anderes Verhalten zu. Und man kann sogar auch einen Kontext finden, innerhalb dessen das Verhalten des Vaters „normal“ erscheint. Sein Liebesbedürfnis, seine Gekränktheit könnte man vermutlich sehr leicht verstehen, wenn man seine Kindheit, also den Kontext seiner eigenen Herkunftsfamilie kennen würde. Im übrigen scheint auch die Mutter das Verhalten des Vaters für „normal“ gehalten zu haben, sonst hätte sie sich dagegen aufgelehnt. Auch das Verhalten des Klinikpersonals ist im Kontext der von ihnen vertretenen Theorie richtig und für sie fraglos „normal“ gewesen. Und schließlich hielten die anderen beteiligten Personen ihr Verhalten ohne Zweifel für richtig, denn „man mischt sich nicht in die inneren Angelegenheiten einer Familie“.

Aus einer solchen Beobachterposition heraus können wir die Fluidität, die Flüchtigkeit der Sprachwelten erkennen, die eben durch die Möglichkeit des Kontextwechsels ständig verändert werden können. Andererseits zeigt sich hier aber auch die außerordentliche Starrheit sprachlicher Welten, die sich aus der gemeinsamen, konsensuellen Übereinkunft mit anderen Menschen ergibt. Wenn alle Bezugspersonen den Kontext unserer Welt einhellig definieren, können wir aus dieser Welt nicht aussteigen, sie ist wie ein Käfig, den wir nicht einmal als solchen erkennen können.

Die Welt, die Jessicas Vater definiert hatte, war eine unveränderbare Realität für sie, solange alle, Mutter, Brüder, aber auch die Außenstehenden durch Schweigen, Ignorieren, Bagatellisieren, Mitmachen diese Definition mittrugen. Sie konnte von Jessica nicht als „gestört“ erlebt werden. Erst als sie für sich einen anderen Kontext gefunden hatte, der ihr für ihre eigenen Erfahrungen in der Familie eine andere sprachliche Beschreibung zur Verfügung stellte, so daß sie eine Beobachterin ihrer Welt wurde, konnte sie das Verhalten des Vaters kritisieren. Auch die Welt der Klinik konnte sie erst kritisch betrachten, als sie andere Kontexte, nämlich andere Therapieformen kennengelernt hatte.

Bis dahin war Jessicas Verhalten die beste Lösung, die sie finden konnte, um in ihrer Situation zu überleben: Sie hat zunächst versucht, durch übereifriges Verhalten, z.B. besondere schulische Leistungen, den Konflikt zu bewältigen. Nach dem Selbstmord des Bruders verfiel sie in Depression und hatte den Wunsch, auch zu sterben. Die Apathie, die sie in der Klinik zeigte, war ebenfalls eine angemessene Reaktion. Häufig fantasieren sich Kinder in einer solchen Situation auch Kontexte, um sich Erklärungen für das Unverständliche zu verschaffen. Berichte über die Fantasiewelten von Schizophrenen zeigen, daß die magischen Welten, die sich diese Kinder aus verschiedensten Quellen konstruiert haben, bei genauem Hinsehen Spiegelbilder ihrer realen, extrem verwirrenden Familienbeziehungen sind.[87] Sie sind verzweifelte Versuche, die Verwirrung in der Familie zu begreifen und zugleich ein Appell an die Umwelt, ihnen dabei zu helfen. Meist werden sie aber nicht so verstanden, sondern als „psychotisch“ etikettiert.

Sybil

Eine solche, noch extremere Reaktion auf höchst verwirrende Erfahrungen in ihrer Familie zeigte eine Frau, deren Geschichte und erfolgreiche Therapie von Flora R. Schreiber veröffentlicht wurde:

Sybil, eine zu Beginn ihrer Therapie über 40jährige Frau, hatte sich in sechzehn verschiedene Personen aufgespalten, von denen sie selbst nichts wußte. Sie erlebte die Anwesenheit dieser Personen als Abwesenheitszustände. So war sie beispielsweise eines Morgens aus dem Haus gegangen und fand sich mehrere Tage später in einer anderen Stadt in einem Hotel wieder, ohne zu wissen, wie und warum sie dorthin gekommen war. In der Therapie stellte sich heraus, daß bei bestimmten, angsterregenden Situationen, die mit Erlebnissen aus ihrer Kindheit zusammenhingen, eine andere „Sybil“ zu ihrem Ich wurde und auch voll handlungsfähig war. Sie hatte eine psychotische Mutter gehabt, von der sie als Kind mit unglaublicher physischer und psychischer Grausamkeit verfolgt worden war. Niemand kam ihr zu Hilfe, obwohl, was sich später herausstellte, der Vater ahnte, was seine Frau mit Sybil anstellte, wenn sie mit ihr allein war.

Sybils Rettung war ein Trancezustand, in den sie hineinglitt und in dem sie offenbar alle Torturen ohne Bewußtsein ertrug. So wie die Mutter in ihren Zuständen eine völlig veränderte Person wurde und ihr, Sybil, eine verrückte Welt präsentierte, so „ver-rückte“ Sybil auch ihre Person und ihre Welt. Nach einem solchen Anfall der Mutter kehrte Sybil in ihr Ich zurück, das offenbar von der Großmutter (Mutter des Vaters) getragen wurde, die liebe- und verständnisvoll für Sybil da war, allerdings auch die Mutter und ihr Treiben nicht durchschaute. Als die Großmutter starb, war Sybil über ein Jahr lang eine andere Person und hatte anschließend keinerlei Erinnerung an die Zeit. Solche Absencen wiederholten sich über längere und kürzere Abstände während ihres weiteren Lebens. Die während dieser Abwesenheiten agierenden „Ichs“ lernte sie erst im Verlauf ihrer Therapie kennen.

Die Geschichte ihrer Therapie ist ein eindrucksvolles Beispiel für die „ent-störenden“ Möglichkeiten der sprachlichen Symbolisierung. So konnte sich Sybil ihre furchtbaren Erfahrungen begreiflich machen, für die sie damals, als sie sie erdulden mußte, keine Sprache hatte. Mit der Versprachlichung löste sich ihre Gespaltenheit auf. Das, was sie selbst bis dahin nur als „Krankheit“, als „Psychose“, erlebte hatte, bekam durch die Sprache Sinn und konnte zugleich in andere Kontexte, die für sie besser lebbar waren, eingebracht werden.

An diesem Beispiel können wir sehen, wie mit der Etikettierung „verrückt“ ein Kontext definiert ist, in dem die Person sozusagen in einem zweifachen „double-bind“ gefangen ist. Denn wenn sie sich diesen Kontext zu eigen macht, sich also selbst für verrückt, geistesgestört, psychotisch hält, kann sie ihrer eigenen Fähigkeit zur Versprachlichung, zur Symbolisierung nicht mehr trauen. Was immer sie sich zum Verständnis ihrer Verständnislosigkeit heranzieht, muß ihr selbst fragwürdig bleiben, es könnte ja nur ein Ausfluß ihrer „kranken Wahnvorstellungen“ sein. Es entsteht ein negativer Zirkel, da sie aus der Beobachterposition heraus ihr eigenes Verhalten als „verrückt“ disqualifiziert. In der nächsten Drehung des Kreises muß sie sogar die Beobachterposition als „verrückt“ betrachten. Es ist für sie kein Kontext mehr verfügbar, in dem sie eine Sicherheit der eigenen Wahrnehmungen und

Symbolisierungen ihrer Wahrnehmungen gewinnen kann. Und da der Kontext des Verrücktseins von anderen Menschen, den engsten Bezugspersonen, aber auch den ärztlichen Fachleuten bestätigt wird, ist die Person in einer total geschlossenen Welt, die ihr das eigentliche Mensch-Sein, eben die symbolische, sinngebende Versprachlichung abspricht.

Nichts ist daher destruktiver, verstörender als die Zuschreibung des Etiketts „verrückt“ oder „geistesgestört“ für ein Kind durch seine Eltern oder andere wichtige Bezugspersonen. Eine solche Zuschreibung kann auch schon durch die bloße Vermutung oder Befürchtung, ein Kind könne verrückt werden (weil jemand in der Familie auch schon „nicht normal“ war ...) geschehen. Damit wird ein Kontext gesetzt, der das Kind letztlich aus der Sprachgemeinschaft ausschließt. Das Kind erwirbt eine „Orientierungskarte“, in der alle Markierungen fragwürdig werden.

Gehörlosigkeit

Zum Abschluß noch einige Bemerkungen zu einer sehr andersartigen Störung der Sprachfähigkeit, der angeborenen Gehörlosigkeit. Taubgeborene Kinder können im Alter zwischen ein und drei Jahren ihre Symbolisierungsfähigkeit, die sie wie normal hörende Kinder besitzen, nicht in die Lautsprache umsetzen, weil sie sie nicht hören. Sie durchlaufen nicht die Ein-Wort- und dann die Zwei-Wort-Phase hin zum grammatikalisch wohlgeformten Satz. Sie können die Regeln der Sprache und damit die Regeln der Beziehung, der Interaktion, der Kontext-Festlegung nicht aus einer gehörten Sprache herleiten. Sie können somit die Welten, in denen ihre hörenden Bezugspersonen leben, nicht oder nur bruchstückhaft für sich und in sich aufbauen, sie nehmen nicht oder nur in sehr eingeschränkter Weise teil an den Welten der anderen.

Ein erschütterndes Beispiel dafür ist Helen Keller, deren doppelte Behinderung, gehörlos und blind zu sein, es ihr noch schwerer machte, die Symbolwelten der hörenden Menschen zu verstehen (vgl. oben).

Das gehörlose Kind kann in der Phase des Spracherwerbs seinen Mangel zunächst nicht wahrnehmen, denn es weiß nicht, daß seine Eltern oder die anderen Bezugspersonen hören. Dazu brauchte es eine gemeinsame Symbolsprache, über die es ja gerade nicht verfügt. Es hätte auch keinen Mangel, wenn es in dieser Phase visuelle oder kinästhetisch-taktile Symbole – also etwa die Gebärden- oder Zeichensprache – aufnehmen könnte, die dann zu seiner ersten Sprache würde, nicht anders als die Ein-Wort-Sprache des hörenden Kindes. Allerdings müßten Eltern und Pflegepersonen diese Zeichensprache ebenfalls als ihre normale Sprache verwenden, sie müßten in der Zeichensprache leben, was im allgemeinen nur bei gehörlosen Menschen der Fall ist. Ein gehörloses Kind wäre also in der Lage, mit seinen ebenfalls gehörlosen Eltern in der Zeichensprache einen ähnlichen Dialog zu führen wie der kleine Nigel mit seiner Mutter.

Meist werden gehörlos geborene Kinder erst mit fünf bis sechs Jahren in einer Schule mit der Zeichensprache vertraut gemacht oder es wird ihnen das Lippen-Lesen beigebracht. Die Phase der beginnenden Symbolbildung, in der ein hörendes Kind die in seiner Umwelt verwendete Lautsprache erwirbt, ist dann längst vorüber. Gehörlose, die erst spät die Gebärdensprache gelernt haben, verfügen über weniger Möglichkeiten und Flüssigkeit des Ausdrucks als Menschen, die gehörlose Eltern hatten, also schon als gehörlose oder hörende Kinder in der Gebärdensprache kommunizierten. Wenn Kinder wie das Mädchen in Hannah Greens Roman von ihren gehörlosen Eltern die Zeichensprache als erste Sprache gelernt hatten, waren sie darin sehr viel mehr „zuhause", weil es ihre „Muttersprache" war.[88]

Das Lippen-Lesen ist die Form der Sprache für Taubstumme, über die sie mit „normalen" Hörenden, d.h. mit Menschen, die nicht die Gebärdensprache beherrschen, kommunizieren können. Man hat daher in vielen Taubstummenschulen ausschließlich das Lippen-Lesen trainiert. Abgesehen davon, daß Menschen ihre Lippen nicht immer sehr deutlich beim Sprechen bewegen, sind die Feinheiten der Sprache auf diese Weise nicht zu erfassen. Selbst bei intensivem Training kann ein gehörloses Kind die gesprochene Sprache, die es von den Lippen liest, nur höchst unvollkommen verstehen. Es kann immer nur einzelne Worte verstehen. Die grundlegende Struktur der Sprache, die Anordnung der Worte im

Satz, die unendlich vielen inhaltlichen Hinweise, die über Aussprache, Intonation usw. vermittelt werden – wie etwa Langeweile, Freude, Ernst oder Spaß, die man mit dem Stimmklang ausdrükken kann –, bleiben dem gehörlosen Kind verschlossen. Und damit hat es auch keinen Zugang zum Verstehen der Kontexte, die durch diese Modulationen der gesprochenen Sprache symbolisiert werden.

In einer großen Untersuchung in den USA zeigte sich, daß nur etwa 12 Prozent aller gehörlosen Schüler mit 16 Jahren eine „normale“ Lesefähigkeit besaßen, obwohl sich unter ihnen eine große Anzahl von hörend Geborenen befand, die allgemein weniger Schwierigkeiten mit dem Spracherwerb haben als taub Geborene.[89] Dabei besagt die Lesefähigkeit nichts über die eigentliche Sprachkompetenz des Kindes, denn die gedruckte Sprache ist bei entsprechender Übung viel eher zu verstehen als die gesprochene. Ein gehörlos geborener Mensch erreicht nie die Sprachkompetenz, die ein vierjähriges hörendes Kind mühelos besitzt.

Und wenn einem gehörlosen Kind die Zeichensprache sozusagen als Übersetzung der Lautsprache vermittelt wird, indem es mit Lehrern oder daheim mit den Eltern und Geschwistern mit Zeichen „redet“, bleiben ihm ebenfalls wesentliche Elemente der Lautsprache unzugänglich. Die gestisch-mimische Sprache ist sehr viel weniger differenziert als die stimmliche. Es ist nicht oder nur sehr umständlich möglich, eine grammatikalische Wortveränderung wie Deklination, Konjugation in der Zeichensprache wiederzugeben. Viele Wortarten wie Artikel und Pronomen, müssen weggelassen werden, um die Zeichensprache nicht zu überlasten. Damit ist die Struktur der Lautsprache nicht in die Zeichensprache übersetzbar. Gerade die Beherrschung der Struktur unserer Sprache ist aber außerordentlich wichtig, wenn wir miteinander unsere durch Sprache geschaffenen Welten aufrechterhalten wollen. Ein gehörloses Kind ist aus einer Fülle von Welten, die wir gemeinsam haben, aus der Selbstverständlichkeit des Austauschs von Erfahrungen, den wir im Alltag praktizieren, ausgeschlossen. Auch wenn es von den Lippen lesen kann oder auch die Zeichensprache beherrscht, lebt es in sehr wesentlicher Weise nicht mit uns Hörenden in derselben Welt: Wenn überhaupt, bekommt es von uns nur eine bruchstückhafte, unzureichende Übersetzung vermittelt und kann sich selbst uns nicht so vermitteln, wie wir es untereinander tun.

Wenn wir uns in die Situation der Gehörlosen hineinversetzen, können wir erst richtig ermessen, welch wunderbares Instrument unsere Stimme, unser Ohr ist, das uns das Sprechen und Verstehen der Lautsprache ermöglicht. In der Lautsprache können wir uns über weite Distanz, auch ohne uns zu sehen, mit geschlossenen Augen verständigen. Wir brauchen nicht unsere Aufmerksamkeit gezielt auf unseren Gesprächspartner zu richten wie bei der Gebärdensprache. Wir können eine Vielzahl von Geräuschen ausblenden und uns nur auf die Stimme oder den Klang konzentrieren, die wir hören wollen. Im Gegensatz zur Gebärdensprache hat die Lautsprache klar unterscheidbare Ausdrucksformen durch den Stimmklang, also die Frequenzveränderungen, die jedes gesprochene Wort tragen. Dadurch ist eine große Fülle von zusätzlichen Kontextmarkierungen möglich, über die die Gebärdensprache nicht verfügt. Sehr wichtig ist auch, daß wir uns selbst hören können. Ein Mensch, der die Gebärdensprache benutzt, kann die eigene Mimik und seine Gebärden nicht oder nur aus einem Augenwinkel sehen. Mit der Lautsprache können wir nicht nur uns selbst hören, sondern auch unsere Mimik, Gestik, Körperhaltung als nonverbale Zeichen der „analogen" Sprache verwenden, wodurch wir uns vielfältige Kontextmarkierungen vermitteln.[90] Der Gehörlose dagegen kann nicht verhindern, daß die gebärdensprachlichen Symbole sich mit der begleitenden nonverbalen Gestik und Mimik vermischen. Die Gebärdensprache ist dadurch viel mehrdeutiger und mißverständlicher. Ein gesprochenes Wort bleibt demgegenüber trotz vielerlei Dialekt- oder Ausspracheunterschieden erheblich eindeutiger.

Es steht außer Zweifel, daß Menschen, die die Zeichensprache als erste Sprache in der frühen Kindheit gelernt haben, die Fähigkeit besitzen, auf höchst differenzierte Weise minimale kinästhetische Zeichen als Symbol zu verwenden und auch visuell außerordentlich präzise Wahrnehmungen dieser Feinheiten zu machen. Die Zeichensprache ist also ein Symbolsystem, das dem Menschen auch als Ausdrucksmittel seiner Symbolisierungsfähigkeit dienen kann. Der Vergleich mit der Lautsprache zeigt jedoch, wie unendlich viel mehr Möglichkeiten durch die gesprochene und gehörte Sprache gegeben sind.

Schlußfolgerungen: Sozialisation durch Sprache und ihre Bedeutung für das Individuum und die Gesellschaft

Sprache ist Teil der biologischen Natur des Menschen in einem doppelten Sinn: Sie ist eine Fähigkeit, die wir Menschen vermutlich als einzige Spezies besitzen, und sie wird – wenn wir als Kind eine spezifische Sprache erworben haben – zu unserer Natur, indem sie sich in unserem physischen Sein verkörpert. Eine Beschreibung der Biologie des Menschen, die die Sprache außer acht läßt, ist daher nicht der menschlichen Natur angemessen (vgl. DIALOG V). Versprachlichung ist somit die eigentliche Sozialisation des Menschen, sie macht das Mensch-Werden und Mensch-Sein in einer bestimmten Gesellschaft und Kultur aus. Mensch-Sein heißt Sozialisiert-Sein, heißt In-Sprache-Sein.

Der Spracherwerb ist also weitaus mehr als die bloße Aneignung eines Symbolsystems, um sich mit anderen Menschen zu verständigen. Durch die sprachliche Symbolisierung sind wir bis in unsere unbewußten, körperlich-sensorischen Wahrnehmungen hinein strukturiert worden. Wenn wir uns heute mit anderen Menschen verständigen können, ist dies kein bloßer Austausch über Gegebenheiten in der Welt, sondern wir bringen mit ihnen zusammen Welten hervor, die wir gemeinsam aufrechterhalten.

Mit der Sprache haben sich die Welten, die wir im Mutterleib und in der vorsprachlichen Zeit gekannt haben, verändert. Die „Orientierungskarten" wurden umgeschrieben. Es ist, als ob wir uns mit der Sprache ein dickes Buch von Karten angeeignet haben, aus dem wir diejenigen auswählen können, nach denen wir uns orientieren wollen. Eine dieser Karten ist die „Karte der Karten", mit der wir nämlich die Auswahl aus allen übrigen treffen. Diese Karte ist unser Ich, unser Selbstbewußtsein, also diejenige Instanz, die unsere Symbolisierungsfähigkeit auf uns selbst zurücklenkt. Nur wir Menschen verfügen über diese Orientierungskarte.

Dieses Ich- oder Selbstbewußtsein, das durch Sprache entsteht, grenzt unsere Welt nach zwei Seiten hin ein, macht es uns aber zugleich möglich, diese Begrenzungen wieder aufzuheben:

1. Sprache basiert auf den sinnlichen, körperlichen Erfahrungen, die wir in vorsprachlicher Zeit gemacht haben. Was nicht mit den Sinnen erfahren wurde, kann nicht versprachlicht werden. Oder anders gesagt: Worte, die nicht auf Erfahrungen basieren, sind leere Hülsen. Diese Begrenzung der Sprache durch die körperlich-sinnlichen Erfahrungsmöglichkeiten kann nun aber durch die Sprache selbst wieder weitgehend aufgehoben werden, weil wir uns Vorstellungen über Erfahrungen machen können. Zwar müssen diese Vorstellungen irgendwie an etwas Erlebtes anknüpfen, doch können wir mit unserer Fantasie sogar Erfahrungen nachvollziehen, die wir selbst nicht gemacht haben.

2. Die zweite Begrenzung ist durch die Sprache selbst gegeben: Wir konnten sie uns nicht aussuchen, sondern wurden in sie hineingeboren, wir mußten uns in sie hineinfinden. Unsere Eltern oder die anderen Bezugspersonen haben uns ihre sprachlich-symbolischen Welten vermittelt, in denen sie selbst großgeworden sind. Doch auch diese Grenze ist nicht unverrückbar: Durch den Erwerb anderer „Sprachen" in Interaktionen mit anderen Menschen können wir sie verschieben.

Zu 1:
Meist erleben wir unsere körperlich-sinnlichen Erfahrungen als unser „eigentliches" Ich, das durch die Sprache eingeengt, verzerrt, begrenzt wird. Man spricht vom „spontanen", „freien", „natürlichen", „echten" oder „wahren" Selbst, das hinter der Maske der versprachlichten Person verborgen sei. Ich meine, daß wir den vorsprachlichen Erfahrungen nicht das Etikett „wahr" geben, sondern nur die Unterscheidung zwischen vorsprachlichen und sprachlichen Erfahrungen machen sollten. Denn auch als vorsprachliches Kind waren wir nicht „wahrer" als nach dem Spracherwerb. Wir waren auch damals schon sozialisiert, Menschen hatten uns geformt.

Vorsprachliche Erfahrungen sind allerdings grundsätzlich anderer Art als sprachliche. Mit der Sprache hat sich für uns eine andere Welt konstituiert. Sobald wir einmal die Sprache erworben haben, können wir nicht mehr in die vorsprachliche Erfahrungswelt zurückkehren. Bei jeder Rückerinnerung nehmen wir die Sprache mit, gehen wir mit der Sprache.

Und trotzdem ist die Sprache auch wiederum der einzige Weg, um uns frühere Erfahrungen wieder zu vergegenwärtigen: indem wir uns „Geschichten" über unsere eigene Vergangenheit erzählen. Es ist nie die „wirkliche" Erfahrung, aber eine, die dem sehr nahekommen kann. Wenn wir uns unsere vorgeburtliche Welt vorstellen, uns eine „Geschichte" erzählen, wie wir ohne atmen zu müssen, ohne Hunger zu fühlen, bei immer gleichbleibender Temperatur gewiegt und geschaukelt wurden, wie wir wechselnde rhythmische Geräusche hörten, uns selbst schwebend bewegten bzw. später eng umfangen waren –, dann werden in uns sinnliche Körpererinnerungen wach, die den ursprünglichen Sinneserfahrungen, wenn auch niemals gleich, so doch sehr ähnlich sind.

Auch die Fantasie, noch einmal geboren zu werden, noch einmal den Druck, die Spannung, die Angst zu erleben, um dann die Befreiung zu spüren und die vielen neuen Sinneswahrnehmungen zu haben, die uns neugierig machten auf diese fremde Welt, auch dies führt uns zurück zu Körpererfahrungen, die dem Geburtserlebnis nahekommen. Wenn wir uns dazu liebevolle Hände fantasieren, die uns streicheln, sanfte Stimmen, die uns anregen oder beruhigen, das erste Bad, das uns an die Zeit des schwerelosen Schwimmens erinnerte, dann können wir uns körperlich die Zuversicht zurückholen, daß wir auch die größten Veränderungen in unserem heutigen Leben heil überstehen, denn auch damals sind wir schließlich am Leben geblieben.

An diesem Beispiel kann man, so meine ich, sehr gut erkennen, wie uns die Sprache zwar begrenzt – wir können nie mehr so fühlen, wie wir vor der Sprache gefühlt haben –, wie sie unsere Erfahrungen aber auch erweitert, dadurch, daß wir uns Geschichten über unsere früheren Erfahrungen erzählen können, die eine heilende Kraft haben. Wir können an uns selbst erleben, wie sich durch sprachliche Symbolisierungen, durch unsere Fantasien der

Körper verändert, wie Spannungen abgebaut werden, negative Gefühle sich auflösen und sich uns neue Verhaltensmöglichkeiten eröffnen. Damit kommen wir in Kontakt mit dem „Kind in uns", mit jenen Teilen unserer Person, die wir nicht sprachlich zu fassen gelernt haben, meist weil wir sie verleugnen mußten. Wir können aber nun für uns selbst eine „gute Mutter" werden, indem wir zu diesem Kind in uns gut sind.

Ich bin sicher, daß viele Schwierigkeiten, die wir als Männer und Frauen mit unserer eigenen Sexualität haben, damit zu tun haben, daß wir mit dem Kind in uns nicht zu sprechen vermögen. Die Körpersprache, die wir „Sexualität" nennen, ist eng verbunden mit Erfahrungen aus unserer frühesten vorsprachlichen Zeit, wobei aber gerade in unserer Kultur keine angemessene Sprache für diese Erfahrungen vorhanden ist.

Wenn wir dagegen den Verkörperungen unserer früheren Erfahrungen und den damit verbundenen Gefühlen nachspüren, können wir hören, wie unser Körper zu uns spricht und uns auch Zeichen gibt, sobald wir uns auf irgendeine Weise schaden. Wenn wir Körpersymptome als Symbolisierungen verstehen und sie uns sprachlich begreiflich machen, können wir effektiv mit uns selbst in „Tiefenkommunikation" treten. Die erstaunlichen therapeutischen Erfolge, die durch Imagination, Symbolisierung, Fantasie-Reisen bei Krebs (Simonton), bei Querschnittslähmung (Feldenkrais) und bei den typisch psychosomatischen Krankheiten möglich sind, sind nur solange erstaunlich, wie wir uns keine Vorstellung von der „Verkörperung" der Sprache machen. Es ist möglich, sich die Krebsgeschwulst im eigenen Körper vorzustellen, sie sich zu symbolisieren und dann über sprachlich-symbolische Bilder einen Stillstand oder sogar einen Rückgang des krebserzeugenden Prozesses zu erreichen.

Gelungene Therapie basiert – so meine ich – darauf, Menschen dabei zu helfen, sich ihre eigene Geschichte neu zu erzählen. Es gibt dazu vielerlei Wege, mindestens ebenso viele wie es Therapieformen gibt. Formen der Körpertherapie wie Yoga, Bioenergetik, Tanzen, Atemtherapie führen manche Menschen leichter an „Erfahrungslöcher", d.h. an unverstanden gebliebene Erfahrungen heran als Therapien, die stärker auf dem Wort basieren. Durch das nonverbale Wiedererleben einer frühen Erfahrung mit allen dazugehörigen negativen aber auch positiven Gefühlen im geschützten Rahmen der therapeutischen Situation wird es im Nachhinein möglich, für das Erlebte eine symbolisch-sprachliche Form zu finden und sie damit faßbar, handhabbar zu machen.

Aber auch der andere Weg über die Verbalisierung führt in der Therapie zur Auflösung solcher „Erfahrungslöcher", die sich als Störungen, als Symptome, bemerkbar gemacht haben. Da Sprache „verkörpert" ist, da sie in einem Prozeß der Interaktion erworben wurde, können durch sie auch frühere Körpererfahrungen wiedererlebt werden. Meditation, Trance, Biofeedback sowie die verschiedenen Formen der Gesprächstherapie von der Psychoanalyse bis zur Themenzentrierten Interaktion sind hier gemeint. Sobald man nicht mehr „Körper" und „Geist" trennt, sondern die Vorstellung von der Versprachlichung der Körperlichkeit bzw. der Leiblichkeit der Sprache zugrundelegt, lassen sich alle erfolgreichen Therapien als neue Verknüpfungen zwischen Symbolen und Verhalten verstehen, die sich auch in neuen Nervenverbindungen im Zentralnervensystem niederschlagen, also auch in diesem Sinne zu neuen „Verkörperungen" führen. Es würde den Rahmen dieser Arbeit sprengen, auf die Umsetzung und Anwendung dieses Menschenbildes in der Therapie näher einzugehen.

Es ist übrigens nicht nur in der sogenannten therapeutischen Situation, sondern in allen zwischenmenschlichen Beziehungen möglich, sich gegenseitig durch Worte oder nonverbale Zeichen in der Tiefe anzurühren. Ein einziges Wort oder ein Satz kann mich für den Rest meines Lebens beeinträchtigen, ebenso wie eine Erfahrung meiner Sinne – eine Berührung oder ein Klang – ein unvergeßlicher symbolischer Schlüssel für mich werden kann. Vielleicht ist dieser Gedanke nützlich, um offen zu sein für die heilenden Kräfte, die wir selbst für andere Menschen in uns tragen, die aber auch jeder Mensch, dem wir begegnen, für uns bereithält – sei er oder sie eine professionelle Helferin oder nicht.

Zu 2:
Wir können auch die Begrenzungen unserer Sprachwelt verschieben, die die Sprache selbst uns auferlegt. Ich bin zwar in der deut-

schen Sprachwelt in einer Familie mit einer spezifischen „Familiensprache“ großgeworden, und diese erste „Muttersprache“ hat mir Grenzen auferlegt, die ich nie mehr überwinden kann, eine zweite „erste Sprache“ kann ich nicht mehr erwerben. Doch kann ich durch das Hinzulernen von neuen Sprachen die erste Symbolwelt meiner Muttersprache erweitern und relativieren. Es ist möglich, sich ein Stück hinauszubegeben und sozusagen die eigene Welt von außen zu betrachten.

Ohne Zweifel haben wir in den modernen Industrieländern diese Fähigkeit des „Welten-Wechsels“ sehr weit entwickelt. Wir reisen in andere Länder, versetzen uns im Fernsehen in fantasierte und reale fremde Welten. Schon kleine Kinder sind heutzutage in der Lage, zwischen Kontexten verschiedenster Art zu pendeln. Wenn wir „Intelligenz“ als die Fähigkeit bezeichnen, von einem Symbolsystem in andere zu springen und die logischen Ebenen nach möglichst vielen Richtungen zu wechseln und miteinander zu verknüpfen, dann gibt es in unserem Kulturkreis zur Zeit einen enormen Intelligenzanstieg. Denn dazu gehört ein großes Repertoire an verschiedensten Symbolsystemen, über das wir, im Gegensatz zu anderen Völkern und Zeiten, heute verfügen.[91]

Diese Fähigkeit wird bei uns jedoch vorwiegend im intellektuellen Bereich entwickelt, während uns im Bereich der Emotionalität die „Intelligenz der Gefühle“ fehlt. Wir sind es nicht gewohnt, uns in einer Vielfalt von Gefühlswelten zu bewegen. Wir haben in unserer Gesellschaft eine Vorstellung vom Ich entwickelt, bei der unser Ich mit relativ stabilen Gefühlsmustern – wir nennen sie unser „Temperament“, unseren „Charakter“ – ausgestattet ist. Aspekte, die in dieses Bild nicht hineinpassen, werden abgespalten, als nicht zum „Ich“ gehörig hinausprojiziert.[92] Wenn wir dagegen davon ausgehen, daß wir uns in jeder Begegnung mit einem anderen Menschen auf dessen „Schwingungen“ einstimmen können, daß wir mit jedem Menschen „tiefenkommunizieren“ können, indem wir Wort- und Körpersprache, Stimmklang und Blick verändern, und daß wir solche Fähigkeiten üben können, um selbst in unseren Ausdrucks- und Wahrnehmungsweisen kongruent zu sein, dann erschließen sich uns auch in diesem Bereich völlig neue Symbolwelten.

Wenn wir uns zurückversetzen in die ersten Symbolwelten unserer Kindheit, dann können wir erkennen, daß wir damals außerordentlich flexibel waren im Wechseln von „Sprachspielen". Denn auch damals war unsere Welt nicht ein monolithisches Ganzes. Wir haben mit der Mutter anders „geschwungen" als mit dem Vater oder der Großmutter, den Nachbarn, den Spielgefährten. Das Ich, das sich im Verlauf unseres Spracherwerbs herausbildete, war zu keinem Zeitpunkt starr und fest, sondern eben die Spiegelung von vielen Personen, in die wir uns hineinversetzten und die auf uns selbst zurückschauten. Die Beständigkeit und Stabilität unseres Ichs ergab sich daraus, daß wir „Kontexte der Kontexte" oder Muster der Interaktionsmuster erfassen konnten. Wir brauchten nicht einmal eine beständige Bezugsperson, um ein stabiles Ich auszubilden (man meint oft, das müsse die Mutter sein), denn unsere Fähigkeit, Regeln zu erfassen, machte es möglich, den Wechsel der Situationen und Menschen als Wechsel von Teil-Ichs zu erfahren. Wir können sogar sagen, daß wir dann ein besonders stabiles Ich aufbauen konnten, wenn wir häufigen Wechseln ausgesetzt wurden, weil wir dann sozusagen eine stabile Flexibilität oder eine flexible Stabilität erlangten. Dagegen konnten wir, wenn wir keine derartigen „Muster der Beziehungsmuster" kennengelernt haben, sondern starr an eine Person oder an einen engen Kontext gebunden waren, ein wenig stabiles Ich in einer sich verändernden Welt entwickeln.

Es erscheint mir wichtig, ein Bewußtsein dieser – durch die Sprache gegebenen – menschlichen Fähigkeit der emotionalen Flexibilität für unser Leben, für unsere Beziehungen zu anderen Menschen zurückzugewinnen. Wenn wir von uns behaupten: „Ich bin so wie ich bin" oder „Jeder Mensch ist so wie er ist", dann verleugnen wir diese Fähigkeit. Wir können stattdessen sagen: „Ich bin (oder die anderen sind) so, wie ich sage, daß ich bin (sie sind)." Denn sobald wir uns über uns eine andere „Geschichte" erzählen, uns in einen anderen Kontext versetzen, *sind* wir anders, *ist* unsere Welt eine andere.

DIALOG VI

Über das Patriarchat[93]

(Diesmal habe ich mein Alter Ego mit einem jener wohlwollenden, aber verständnislosen Männer reden lassen, wie sie mir schon so oft begegnet sind. Was passiert, wenn ich mich am Schluß mit einschalte, verrate ich noch nicht!)

ER: Also ich verstehe eines nicht: Warum muß Marianne – zum Beispiel wenn sie über Männlichkeit und Weiblichkeit redet – so feministisch emotional werden? Ich finde es schade, daß sie auf diese Weise ihre wohlmeinenden männlichen Leser verschreckt, die einfach aufhören werden weiterzulesen.

SIE: Das ist geradezu ein Witz! Wenn eine Frau endlich mal in ihrer eigenen Sprache spricht und zu ihren Gefühlen steht, dann wollt ihr nicht mehr hinhören! Wir Frauen aber durften nicht dagegen protestieren, daß ihr in eurer Sprache jahrhundertelang in wenig freundlicher Weise über uns hergezogen seid! Nein, ich finde, Marianne ist sogar viel zu sanft, viel zu rücksichtsvoll. Sie ist eigentlich gar keine richtige Feministin! Besonders geärgert hat mich, daß sie fast überall nur von der Mutter als Bezugsperson des Kindes spricht. Der Vater oder andere Personen werden nur beiläufig erwähnt. Damit schreibt sie die Mutterrolle fest, statt die Gelegenheit zu nutzen und Alternativen aufzuzeigen.

ER: Sie schildert eben die Realität, so wie sie ist. Wir alle wurden nun mal von unserer Mutter versorgt.

SIE: Das interessiert mich nicht. Ich bedaure, daß sie nicht härter mit dem Patriarchat ins Gericht geht. Denn wenn sie über Sprache redet, sagt sie nicht klar und deutlich, daß alle Welten, die sie beschreibt, letztlich Männer-Welten sind, in denen wir Frauen entweder gar nicht oder nur verzerrt vorkommen. Damit verrät sie die Sache der Frauen. Die Alltagswelt, von der sie spricht, ist eine von Männern dominierte Welt, in der „großen Welt“ der Religion gibt es einen Schöpfer-Gott, d.h. einen Macher-Patriarchen, der die Männer dazu auffordert, sich die Natur, sprich die Frauen, untertan zu machen. In den Fantasiewelten der Literatur, Kunst und besonders in den modernen Medien toben sich Männer ungehemmt aus und werden für ihre wüsten sexistischen, sadistischen Fantasien gegen Frauen sogar noch hochgelobt. Die Vergangenheit ist eine, in der nur Männer vorkommen, denn eine Geschichte aus Frauensicht sieht sehr anders aus. Die Zukunft ist sowieso nur für Männer attraktiv. Na, und wie entfremdet wir von unserem Körper sind, weil ihn Männer als ihr Besitztum definiert haben, das ist inzwischen sattsam bekannt. Auch wenn Marianne vom Ich redet, sollte sie viel deutlicher machen, daß das weibliche Ich im Patriarchat für nicht ganz normal angesehen wird. Kein Wunder, daß Frauen viel schneller psychiatrisiert werden. Also nach meinem Gefühl hätte Marianne noch viel deutlicher auf diese Dinge hinweisen sollen.

ER: Du scheinst Marianne schaden zu wollen. Sie hat mit ihren Büchern bisher viele Menschen beiderlei Geschlechts angesprochen. Soll sie jetzt nur noch von dem kleinen Kreis feministischer Frauen gelesen werden, also nicht einmal mehr von normalen Frauen? Ich finde, daß sie sich in ihrem – ja irgendwie verständlichen – Engagement für die Frauenfrage noch mehr zurückhalten sollte. Denn bei ihrem Thema geht es um den ganzen Menschen, egal ob Mann oder Frau!

SIE: Also erstmal halte ich mich auch als Feministin für völlig „normal“! Und für dich will ich erst dann ein „ganzer Mensch“ sein, wenn du mich als „ganze Menschin“ siehst, sonst machst du mich nämlich wieder zu einem männlichen Menschen. Und das lasse ich mir nicht mehr gefallen!

ER: Das ist doch Haarspalterei: Mit „Mensch“ sind Frauen selbstverständlich mit gemeint.

SIE: Sprache schafft Welten. Wenn Frauen grundsätzlich nur „mit“ gemeint sind, dann stimmt etwas nicht. Denn umgekehrt dürfen Männer nie „mit“ gemeint sein, wenn eine weibliche Sprachform gewählt wird. In einer „Gruppe von Studenten“ sind die Studentinnen mit gemeint. In einer „Gruppe von Studentinnen“ darf dagegen kein Student sein, dann wird daraus sofort eine „Gruppe von Studenten“.

ER: Das ist nun mal Konvention.

SIE: Ja, eine patriarchalische, uns Frauen ignorierende Konvention. Deshalb wehren wir uns endlich dagegen und machen bewußt, wie Sprache eben tatsächlich Welten schafft, wie das Patriarchat durch die sexistische Sprache aufrechterhalten wird.

ER: Du übertreibst maßlos! So als könnte man durch die Ersetzung von „man“ durch „frau“ die Welt verändern.

SIE: Nicht nur dadurch, sondern auch durch eine generelle Verwendung von weiblichen Begriffen statt des jetzt üblichen generellen Maskulinums. Ich bin überzeugt, daß sich unsere Gesellschaft sehr verändern würde, wenn alle Menschen – sagen wir mal nur für ein Jahr – verpflichtet wären, das generelle Femininum zu verwenden. Es würde nicht mehr heißen „Jeder Deutsche hat einen Paß“, sondern „Jede Deutsche hat einen Paß“, und dabei wären selbstverständlich die Männer mit gemeint! Es hieße: „Die Schülerin macht Hausaufgaben“, „Die Präsidentin ist das Oberhaupt des Staates“, „Die Römerinnen kämpften gegen die Germaninnen“.

ER: Also das ist ja geradezu lächerlich! Besonders das letzte!

SIE: Wieso gerade die kämpfenden Römerinnen? Waren sie an den Kriegen nicht beteiligt? Schau, welch großartige Bewußtseinserweiterung gerade diese sprachliche Veränderung über die unterschiedliche Beteiligung von Männern und Frauen an Kriegen ermöglicht! Und warum ist für euch lächerlich, was für uns nie lächerlich sein darf? Stell dir vor, was mir neulich meine Frauenärztin sagte, als sie mir erklärte, wie ich meine Brust nach Krebsknoten abtasten soll: „*Jeder* muß selbst herausfinden, wie *er seine* Brust am besten abtastet.“

ER: Gut, ihr könnt ja als Frauen darauf achten, daß ihr selbst euch nicht mit der Sprache zu Männern macht, aber laßt doch uns dabei aus dem Spiel.

SIE: Das geht eben nicht! Das weißt du ganz genau! Denn ihr habt noch das Definitionsrecht gepachtet. Ihr seid in allen Positionen, wo Sprache gemacht wird. Wenn ihr nicht endlich den Sexismus der Sprache bemerkt und bereit seid, ihn abzuschaffen, dann wird sich auch für uns nichts ändern.

ER: Aber ihr habt doch schon so viel erreicht. Die neue Frauenbewegung ist doch erst zehn bis fünfzehn Jahre alt!

SIE: Wenn wir nicht wachsam bleiben, geht es uns wie den Frauen der ersten Frauenbewegung: Sie meinten, mit dem Stimmrecht für Frauen sei alles erreicht. Wenig war damit erreicht. Besonders dann nicht, als die Zeiten schlechter wurden. Nicht einmal das frauen- und menschenfeindlichste Regime aller Zeiten, das der Nazis, haben Frauen verhindert.

ER: Im Gegenteil, Frauen haben Hitler zugejubelt.

SIE: Deshalb geht es auch heute wie damals um sehr viel mehr. Wir haben längst nicht genug erreicht. Es sind viel zu wenig Frauen wirklich wach!

ER: Ja, was wollt ihr denn eigentlich? Wollt ihr denn die völlige Umkehr der Verhältnisse, daß also statt der Männer die Frauen herrschen? Wollt ihr alle wie Margaret Thatcher werden?

SIE: Entzückend, dieser Vorwurf! Warum ist es im Patriarchat eigentlich selbstverständlich, daß alle führenden Männer so knallharte Typen sind? Warum fallen euch solche Menschen erst unangenehm auf, wenn es sich ausnahmsweise mal um eine Frau handelt? Feministinnen wollen eben gerade nicht *diese* Form von Macht, sondern eine, die auf Konsens, auf Verständnis füreinander, auf Liebe für jeden Menschen basiert. So etwas ist möglich! Schau dir Mariannes Schilderung von Bali an. Da gibt es keine Konkurrenz, keine Aggressivität, keine Gewaltverbrechen!

ER: Das finde ich einen schwachen Punkt in Mariannes Buch. Sie tut so, als könnte man Verhältnisse von anderen Kulturen problemlos auf unsere übertragen. Das geht natürlich nicht. Wir können hier keine balinesischen Verhältnisse schaffen. Außerdem ist unser Klima auch gar nicht dafür geschaffen.

SIE: Ja, häng dich nur wieder an solchen Äußerlichkeiten auf! Typisch Mann! Marianne wollte mit ihrer Darstellung von Bali unsere Fantasie anregen, einmal rauszusteigen aus unserer versprachlichten Welt. Wir brauchen noch viel mehr solcher Utopien, solcher Fantasien, wie unsere Welt sein könnte. Vor allem brauchen wir Bilder und Vorstellungen von starken Frauen, die uns Vorbilder sein können. Und solche Bilder müssen Frauen entwerfen, in der Kunst, in der Literatur, in Film und Fernsehen, auch in der Wissenschaft. Denn wenn Männer Frauenbilder entwerfen, werden sie immer irgendwie schief. Es geht eben einfach noch nicht, daß ihr euch wirklich in uns reinversetzen könnt. Das Patriarchat ist in euch Männern noch viel stärker als in uns. Ihr habt ja auch viel mehr zu verlieren, wenn ihr euer System in Frage stellt! Wir dagegen können nur gewinnen!

ER: Da sagst du ja selbst, daß ihr Frauen nur an die Macht wollt!

SIE: Wir wollen aus der Ohnmacht raus, ja! Das heißt ganz etwas anderes. Oder noch genauer: Wir wollen erst einmal begreifen, worin unsere Ohnmacht besteht, denn wir sind so sehr in einem Käfig gefangen, daß wir sie meist nicht mal merken. Wie Marianne das beschreibt: Versprachlichung ist Verkörperung. Wenn du also als Frau im Patriarchat nur eine Männer-Sprache zur Verfügung hast, kannst du dich auch in deiner Körperlichkeit nur in männlicher Weise fühlen. Und das erstmal zu verstehen und was anderes auszuprobieren, darum geht es. Aber ihr seht eure Felle davonschwimmen. Denn es geht euch ja schon ans Eingemachte, wenn wir einfach aufhören, euch zu bedienen! Wir brauchen gar keine weitere Macht! Eure ist weg, wenn wir euch nicht mehr zur Verfügung stehen!

ER: Ich glaube, es hat keinen Sinn mehr, weiter mit dir zu diskutieren. Du willst ganz einfach die Männer nicht verstehen. Es geht uns in der gegenwärtigen Zeit angesichts der Gefahren, die unsere Welt bedrohen, keineswegs besser als euch Frauen. Wir sitzen doch alle in einem Boot.

SIE: Mag sein, aber ihr sitzt am Steuer des Bootes und wir

irgendwo hinten unten. Und ihr steuert ziemlich direkt in das Auge des Zyklons. Ich und viele Frauen mit mir würden anders steuern.

ER: Also du willst wirklich behaupten, daß Frauen alles besser machen würden als Männer?

SIE: Ich weiß es nicht, denn bislang hatten Frauen noch nie eine Chance. An den Abgrund, vor dem wir heute stehen, habt ihr uns geführt. Das ist einfach ein Faktum, an dem ihr nicht vorbeikommt. Deshalb ist es erstmal eure Aufgabe als Männer, das zu erkennen. Danach können wir weiter reden.

ER: Also, dann beenden wir dieses Gespräch. Es hat wirklich keinen Sinn mehr. Ich bin froh, daß Marianne keine so radikale, blindwütige, männerhassende Feministin ist wie du. Da könnte ich sie überhaupt nicht ausstehen.

ICH: So, das war mein Stichwort. Hier bin ich. Habt Dank, daß ihr die Dinge so klar auf den Punkt gebracht habt.

SIE: Und was sagst du dazu? Wie hältst du's nun mit dem Patriarchat? (Gretchenfrage!) Bleibst du mit uns Frauen solidarisch?

ER: Ich flehe dich an, Marianne, sei gescheit und begib dich nicht in ihr Fahrwasser!

ICH: Ich finde es lieb, wie besorgt ihr beide um mich seid. Da fällt mir eine Geschichte ein:
Es war einmal ein weiser Mann. Der saß auf einem Berg bei Wind und Wetter, im Sommer und im Winter, Tag und Nacht. Die Menschen pilgerten zu ihm und holten von ihm weisen Rat. Eines Tages kam eine Frau zu ihm, und seine Worte berührten sie tief. Und wie es so geht, verliebte sie sich in den Weisen, der bei all seiner Weisheit auch ein schöner Mann war. Sie beschloß, in seiner Nähe zu bleiben, baute sich am Fuß des Berges eine Hütte und brachte ihm jeden Tag eine Schale Essen, das sie selbst zubereitet hatte, setzte sich dann zu seinen Füßen und lauschte seinen weisen Worten, die er zu ihr und zu den Pilgern sprach. Der weise Mann nahm ihr tägliches Geschenk gnädig an. Irgendwann gestand die Frau dem Weisen ihre Liebe. Sie bat ihm, hinunter in ihre Hütte zu ziehen und mit ihr zu leben. Er aber

sagte, daß er auf dem Berg sitzen bleiben müsse, weil Gott ihm das befohlen habe. Die Frau war sehr traurig, kam aber weiterhin täglich mit der Schale Essen zu ihm in der Hoffnung, daß er sich ihr vielleicht doch noch zuwenden würde. Doch das geschah nicht. Und allmählich veränderten sich für sie seine Worte. Sie erschienen ihr nicht mehr so weise, es fehlte ihr etwas, doch konnte sie nicht sagen, was. So nahm sie Abschied von ihm und machte sich wieder auf den Weg. Sie wollte ihre eigene Weisheit finden. Nachdem sie gegangen war, vermißte der weise Mann die Schale mit Essen und die liebende Gegenwart der Frau. Irgendwann stieg er vom Berg hinab – ob mit oder ohne Erlaubnis seines Gottes, weiß ich nicht – und machte sich auf die Suche nach ihr. Und er lernte auf seiner Wanderung eine neue Art von Weisheit, die der, nach der sie suchte, ähnlich war.

Bei Robin Morgan, von der ich diese Geschichte übernommen habe, treffen sich die beiden nach vielen Jahren als alte Menschen wieder auf dem Berg. Nun verstehen sie sich – ganz ohne Worte – jede und jeder auf seine und ihre weise Weise.

ER: Das ist eine schöne Geschichte! Die gefällt mir, weil am Schluß Mann und Frau wieder zusammenfinden.

SIE: Und ich finde sie zum Kotzen, vor allem das Happy-End! Aber sie ist verdammt wahr. Wenn wir Frauen „weise Männer" lieben und versorgen, sind wir verloren! Wir müssen selbst weise werden – was immer das heißt!

ER: Aber um welche andere Weisheit soll es sich denn da handeln? Das verstehe ich überhaupt nicht.

SIE und ICH (lachend): Kein Wunder!

SIE: Geh mal ein bißchen auf Wanderschaft – in der Welt der Frauen!

ICH: Erst dann können wir uns finden – vielleicht sogar ohne Worte!

Aber warum mußte Pegasus eine Stute,
eine Pegasa sein, eine trächtige noch dazu?
Frauensolidarität? Sie wird ja sehen, wie
weit sie damit kommt.

Kapitel 6
Schluß: Das rekursive Menschenbild

> „Kunst als Vision hat viele Formen. Wenn sie die Gegenwart abbildet, zeigt sie Möglichkeiten, die nicht allgemein erkannt werden, Aspekte der Welt, die wir vernachlässigen. Wenn sie ein Bild der Zukunft malt, drängt sie uns, das auszudrücken, worauf unsere Wünsche (oder Befürchtungen) gerichtet sind. Und wenn sie in die Vergangenheit zurückschaut, ... kann uns die visionäre Kunst ermöglichen, das zurückzugewinnen, was systematisch geraubt, vergraben und verbrannt wurde, aber was trotzdem immer noch genug Leben und Kraft in sich birgt, um die Forderung nach Wiederentdeckung zu stellen."
> *(Vicki Noble: Motherpeace, S. 14, Übers. M. K.)*

Meine Geschichte vom Mensch-Werden ist zuende. Ich könnte sie zwar weiter erzählen, über den Spracherwerb hinaus, doch würde dies der hier erzählten Geschichte nichts Wesentliches hinzufügen. Denn es wäre eine Geschichte darüber, wie sich unsere Sprachwelten weiter gefüllt und differenziert haben, es wäre „Biographie" im herkömmlichen Sinne. Immer ist jedoch unsere Biographie eine Geschichte, die eigentlich nur unsere „Orientierungskarte", genauer: das „Buch unserer Orientierungskarten", wiedergibt, das wir uns schon im Verlauf des Spracherwerbs zu eigen gemacht haben. Denn wenn wir uns selbst oder anderen unsere Lebensgeschichte erzählen, wählen wir Situationen aus, heben bestimmte Aspekte hervor, lassen andere weg, stellen uns auf eine Weise dar, die eigentlich mehr über uns, als über die konkreten Ereignisse aussagt, von denen wir sprechen.

Das trifft genauso auf die Geschichte des Mensch-Werdens zu, die ich hier erzählt habe. Sie spiegelt mein Bild von der Welt und den Menschen wider, und wer sie liest, wird vielleicht größeres

Augenmerk auf den unausgesprochenen Hintergrund richten, auf meine Auslassungen, auf besondere Darstellungsformen als auf die Informationen, die ich zu vermitteln versuche. Damit wird er oder sie mehr über mich erfahren als ich selbst über mich weiß. Wer eine Geschichte über das Mensch-Werden erzählt, spricht über sich selbst, öffnet sich dem Blick anderer und kann nur neugierig und gespannt darauf warten, welches Echo er oder sie damit hervorruft.

Diese Art des rekursiven Denkens über das Mensch-Sein und Mensch-Werden, das die Reflexion über mich als handelnde Person mit einbezieht, ist für mich etwas Revolutionäres. Es war und ist für mich wie ein Sprung in eine andere Dimension. Wenn ich mir vorstelle, daß ich in einer unentwirrbaren Vermischung von sinnlich-körperlichen Erfahrungen und sprachlich-symbolischer Überformung meine Welt im wahrsten Sinne des Wortes „hervorbringe" und diese Welt nur deshalb mit anderen Menschen teile, weil sie ihre Welt auf ähnliche Weise „hervorbringen", dann löst sich die gewohnte, konkrete „Wirklichkeit" meiner Welt auf. Zugleich aber wird meine Welt außerordentlich konkret und wirklich, da ich sie nun als Produkt meines gesamten Lebens bis in die vorgeburtliche Zeit hinein ansehen kann. „Ich" kann keine andere Welt „hervorbringen" als die, die ich hervorbringe!

Ich bin sicher, daß ich mich nicht zuletzt deshalb so intensiv mit dem vorgeburtlichen und vorsprachlichen Leben befaßt habe, weil ich mir dieses rekursive Menschenbild zu eigen gemacht habe. Andererseits hat mich meine Faszination für die „Geschichte" meines Mensch-Werdens zu diesem Menschenbild geführt. Und warum habe ich mich für diese Geschichte interessiert? Wieder kann ich nur eine Geschichte erzählen …

Auch wenn keine dieser Geschichten in einem absoluten Sinne „wahr" ist, kann jede dennoch „für wahr genommen" werden. Somit kann ich auch Sie als Leserin oder als Leser auffordern, meine Geschichte „für wahr zu nehmen" und auszuprobieren, welche Konsequenzen sich aus dieser Geschichte des Mensch-Werdens für Sie ergeben. Denn dies wäre bereits eine Konsequenz dieses rekursiven Menschenbildes und der „Geschichten", die wir uns auf seiner Grundlage erzählen: Wir müssen die „Wahrheit", die sie für uns haben, an unserer eigenen Realität, unseren persönlichen und sozialen Lebenszusammenhängen überprüfen. Das sind hier die einzigen Wahrheitskriterien.

Wem die Konsequenzen meiner Geschichte für seinen oder ihren Lebensrahmen nicht passen, der oder die wird sie nicht zu seiner oder ihrer Wahrheit machen. Das ist sein oder ihr gutes Recht. Ebenso nehme ich die Geschichten, die andere Autoren über das Mensch-Werden erzählen nicht „für wahr", weil sie in mein Leben – beispielsweise als feministisch denkende Frau – nicht passen. Mit meinem Menschenbild kann ich allerdings nicht behaupten, daß die anderen „irren", daß sie ein „falsches Bewußtsein" haben oder „nicht wissenschaftlich" sind, denn dazu brauchte ich einen allgemein-verbindlichen Maßstab für „Wahrheit", den ich aufgegeben habe. Ich kann lediglich feststellen, daß andere Menschen sich andere Geschichten erzählen wollen als ich. Und ich kann mich darum bemühen, daß Menschen mir zuhören oder meine Geschichte lesen (was ich mit diesem Buch versuche), denn wenn viele andere Menschen meine Welt mit mir teilen, fühle ich mich in ihr wohler!

Ich könnte mir jetzt ausmalen, wie eine Gesellschaft aussähe, in der alle Menschen den Sprung in dieses rekursive Menschenbild getan haben, doch das wäre eine schöngefärbte Utopie. Es *kann* sich niemand vorstellen, wie eine Welt aussieht, die auf anderen Prämissen beruht als die, in der er oder sie lebt. Kopernikus konnte sich auch nicht ausdenken, wie die Menschen leben würden, die sein heliozentrisches Welt- und Menschenbild akzeptiert haben würden. Erst wir als seine Nachfahren können betrachten, wie unendlich viel sich verändert hat, wie viel aber auch gleich geblieben ist. Die jetzt anstehende Wende ist vielleicht noch um vieles revolutionärer als die des Kopernikus. Sie wirft uns als Menschen wieder auf uns zurück, läßt uns die Begrenztheit unserer Erkenntnismöglichkeiten bewußt werden – aber vielleicht damit auch wieder die Verantwortung zurückgewinnen für die „Hervorbringung" unserer Welt.

Wenn wir aufhören, nach „Objektivität", „universeller Wahrheit" oder ähnlichem zu streben und stattdessen uns Rechenschaft abzulegen versuchen, weshalb wir etwas tun oder wozu uns eine

Erkenntnis dienen soll, dann übernehmen wir wieder Verantwortung für unser Tun und Denken. Der angebliche „Sachzwang", die „objektiven" Fakten, die „unabänderlichen" Bedingungen sind nur solange unabänderlich, objektiv und zwingend, wie wir sie so symbolisieren. Wir können dann „wirklich" nicht gegen sie an. Wenn wir uns aber klarmachen, daß auch diese „Verwirklichung" unsere verantwortliche Entscheidung ist, dann können aus „Zwang" Zwanglosigkeit, aus „Objektivität" Variabilität und aus „Unabänderlichkeit" Freiheit der Wahl werden.

Diese Verantwortung läßt sich allerdings auch nicht objektivieren. Denn auch sie löst sich sofort wieder auf, wenn wir die Perspektive wechseln: Was in meinen Augen verantwortungsbewußtes Handeln oder Denken ist, mag aus einem anderen Blickwinkel verantwortungslos erscheinen. Wo immer wir uns festhalten wollen, zerrinnen uns die Beurteilungsmaßstäbe und -kriterien unter den Händen. Nirgends gestattet uns das rekursive Menschenbild, eine Entscheidung in Sicherheit zu treffen, überall wird Verantwortung von uns gefordert, ohne eine Garantie für die Richtigkeit unseres Tuns zu besitzen.

Bezogen auf meine Geschichte vom Mensch-Werden führt das rekursive Menschenbild zu Bescheidenheit und Demut, denn was „der Mensch" ist, können wir mit unseren Geschichten nie erfassen. Wir gewinnen eine Ehrfurcht vor dem Nicht-Kontrollierbaren, Nicht-Machbaren, dem Unnennbaren, das wir nie erfassen und erkennen können, eben weil wir Menschen und nicht Gott sind. Das herkömmliche, besonders in der Wissenschaft dominierende Menschenbild läßt uns diese Eingebundenheit in das Kosmische vergessen und suggeriert uns eine menschliche Allmacht, die mit immer größerer Wahrscheinlichkeit zu unserer eigenen Vernichtung führt.

Denn der Kreis schließt sich: Unser Menschenbild ist unser Produkt, wir haben es entworfen, zugleich konstituiert es unsere Welt, aus der heraus wir es hervorbringen. Wenn sich in unserem Kulturkreis ein Menschenbild entwickelt hat, das das vorgeburtliche und vorsprachliche Mensch-Sein nicht mit einbezieht, sondern mehr oder weniger nur den erwachsenen Menschen umfaßt, dann können die Menschen bei uns auch ihre Verbundenheit mit ihrem Ursprung, im weitesten Sinne mit der Natur, nicht mehr erkennen.

Ich glaube, wir können eine Ehrfurcht vor der „Mutter Erde“, aus deren „Schoß“ wir kommen, die uns ernährt und erhält, und zu der wir mit unserem Tod zurückkehren, nur dadurch wiedererlangen, daß wir uns mit unserer eigenen Herkunft aus einem Mutterschoß auseinandersetzen, daß wir uns eine „Geschichte“ unseres Mensch-Seins und Mensch-Werdens erzählen, die uns solche Zusammenhänge knüpfen läßt.

Mit diesem Buch habe ich eine solche Geschichte erzählt. Sie sollte unter anderem zeigen, wie es möglich ist, Mensch-Werden als ein „Geschichten-Erzählen“ zu beschreiben. Gleichzeitig sollte sie zeigen, daß jede „Geschichte“ weitreichende Konsequenzen hat, daß sie Welten hervorbringt, für die wir, da wir diese Geschichte erzählen, Verantwortung tragen. Auf kollektiver Ebene sind wir alle für die Geschichten des Mensch-Werdens, an die wir glauben, verantwortlich. Wir können sie um- oder neuschreiben, wenn sie uns schaden. Vielleicht ist mein Buch ein Schritt auf diesem Weg.

DIALOG VII

Eine Geschichte ist eine Geschichte ist eine Geschichte...

SIE: 1984, als eine Version dieses Manuskripts fertig war, wolltest du ein Zitat von Gregory Bateson an den Anfang oder an den Schluß stellen:
„Warum das Buch schreiben? ... darin steckt auch ein gewisser Stolz, ein Gefühl, daß es, wenn wir uns alle ins Meer stürzen wie Lemminge, zumindest einen Lemming geben sollte, der sich Notizen macht und sagt: ‚Ich habe es euch ja gesagt.' Zu glauben, daß ich das Wettrennen zum Ozean stoppen könnte, wäre sogar noch arroganter als zu sagen: ‚Ich habe es euch ja gesagt.'" (Bateson, 1984, S. 256)
Willst du das Zitat immer noch hineinnehmen?

ICH: Nun, es steht ja jetzt hier am Ende!

SIE: Aber ... ?

ICH: Aber es stimmt nicht mehr so ganz.

SIE: Wieso?

ICH: Ich glaube, ich habe nicht mehr den Ehrgeiz, den Strom der Lemminge ins Meer zu beschreiben.

SIE: Was dann?

ICH: Vielleicht schaue ich nicht mehr so weit voraus bis ans Meer, sondern beschreibe bloß die wandernden Lemminge und mich selbst, denn ich gehöre ja auch zu ihnen, selbst wenn ich auf dem Baum sitze und sage: ‚Ich habe es euch ja gesagt!'

SIE: Hast du Hoffnung, daß sie kurz vor dem Meer noch einmal umkehren?

ICH: Eigentlich nicht. Nach Tschernobyl und all den anderen täglichen Katastrophen kann ich es mir immer weniger vorstellen. Aber es deprimiert mich nicht mehr so wie noch vor fünf Jahren.

SIE: Du hast dich also in das Unvermeidliche geschickt, hast resigniert, steckst den Kopf in den Sand?

ICH: Vielleicht. Und vielleicht hatte das Erzählen dieser Geschichte auch auf mich die Rückwirkung, daß ich mich selbst nicht mehr für allwissend halte, also nicht mehr zu wissen vorgebe, was das „richtige“ oder „falsche“ Verhalten von Lemmingen ist, nicht einmal ob wir Menschen uns wie Lemminge verhalten – eben weil alles ja „nur“ Geschichten sind, die ich mir, die wir uns erzählen.

SIE: Machst du es dir da nicht ein bißchen zu leicht?

ICH: Mag sein, doch wer will bestimmen, wann man es sich *zu* leicht oder einfach nur leicht macht, statt es sich schwer oder gar zu schwer zu machen? – Und vielleicht schaffen wir es ja doch noch, vor dem Meer umzukehren!

Anmerkungen

1 Eine Bemerkung zu meinen Angaben über das Alter des Embryos:

In der Literatur sind diese Angaben nicht einheitlich. Manche Autoren gehen vom „Gestationsalter“ oder „Ovulationsalter“ aus, beziehen sich also auf die Zeitspanne seit der Befruchtung; andere benutzen das „Menstruations-“ oder „postmenstruelle Alter“, das vom Zeitpunkt des Einsetzens der letzten Menstruation gerechnet wird. Das Menstruationsalter ist – grob gerechnet – um zwei Wochen höher als das Gestationsalter. Das Menstruationsalter wird auch meist von Gynäkologen für die Berechnung des voraussichtlichen Geburtstermins benutzt. Ich habe im folgenden nicht das Menstruationsalter, sondern das Alter seit der Befruchtung anzugeben versucht. Bei manchen Autoren fand ich jedoch keine klare Angabe, welche Berechnung sie zugrundegelegt haben. Zeitliche Unstimmigkeiten sind also unter Umständen damit zu erklären.

Die benutzten Quellen sind, sofern nicht anders angegeben: Langman; Blechschmidt; Flanagan.

2 Diese Tatsache macht man sich in der Genforschung zunutze. Die ethische Problematik möchte ich hier noch nicht ansprechen (vgl. dazu DIALOG I).

3 Auch sind die Unterschiede zwischen den Tierarten in diesem Zusammenhang sehr interessant: Bei manchen Insekten, z.B. bei der Taufliege, sind die Zellen schon in einem sehr frühen embryonalen Stadium, nämlich drei Stunden nach der Befruchtung so weit spezialisiert, daß sich aus verpflanzten Zellen an anderen Stellen Fühler, Augen, Saugrüssel usw. herausbilden. Solche Mutationen kommen bei Säugetieren, also auch beim Menschen nicht vor, weil unsere Zellen offenbar nicht so eindeutig durch das genetische Programm bestimmt sind, sondern mehr durch den Einfluß der sie umgebenden Zellen ihre Spezifität erlangen (Changeux 1984, S. 241 ff.). Wie diese unterschiedliche Stärke des genetischen Einflusses gesteuert wird, ist unbekannt.

4 Angaben, soweit nicht anders vermerkt, nach: Blechschmidt; Langman; Schmidt; Tomatis; Benninghoff und Goerttler; Changeux; Vester; Eccles; Sidman und Rakic; Maturana; Maturana und Varela 1987; von Foerster.

5 Obwohl bislang keine Gefährdungen des Kindes oder der Mutter durch Ultraschall-Untersuchungen bekannt sind, warnen nicht wenige Ärzte und andere Fachleute vor der übermäßigen Anwendung dieser Untersuchungen bei normalen Schwangerschaften, wie es gegenwärtig geschieht. Man könne nicht sicher sein, daß sich nicht doch irgendwann einmal herausstellt, daß die Beschallung schädigend ist. Auch sei es psychologisch besser, wenn die Schwangere mit ihrem Kind nicht über den Bildschirm, sondern direkt über ihre Körperempfindungen kommuniziert (mündliche Informationen von Dr. Mehdi Djalali, Düsseldorf).

6 Maturana und Varela 1987, S. 175.

7 Man hat bis vor kurzem angenommen, daß es im embryonalen oder sogar noch im fötalen Nervensystem keine synaptischen Verbindungen zwischen den Neuronen gibt, was angesichts der sensomotorischen Koordination des Ungeborenen geradezu absurd ist. In jüngster Zeit ist der Nachweis erbracht worden, daß schon in frühester embryonaler Zeit Synapsen vorhanden sind. Okado (1979, 1980, 1981) hat schon bei fünfwöchigen Embryos im Rückenmark vereinzelt Synapsen an Motoneuronen entdeckt. Beim Fötus stieg die Zahl der Synapsen rapide an. So waren bei einem zehn Wochen alten Fötus bereits im gesamten Rückenmark Neurone mit Synapsen zu finden. Okado weist selbst darauf hin, daß um diesen Zeitpunkt der Fötus schon Eigenbewegungen vollführt und daß offenbar die Synapsenbildung mit der motorischen Entwicklung zusammengeht (Okado 1980, S. 510; vgl. unten Kapitel 2).

8 Blechschmidt 1964, S. 41 – 42.

9 In manchen Darstellungen liest man, daß der Mensch ein „Reptiliengehirn" besäße, womit der Hirnstamm gemeint ist. Man weist damit darauf hin, daß z.B. bei Schlangen oder Echsen dies der am meisten ausgebildete Gehirnteil ist. Ich halte solche Bezeichnungen für irreführend. Sie suggerieren eine Nähe zu anderen Tierarten, die nicht gerechtfertigt ist. Menschen haben ein menschliches Gehirn, das stufenweise entsteht. Wenn das Gehirn eines Reptils nur aus dem Hirnstamm besteht, ist das kein

Grund, den Hirnstamm des Menschen als „Reptiliengehirn" zu bezeichnen. Wir Menschen waren zu keinem Zeitpunkt unserer Ontogenese ein Reptil!

10 Diese Tatsache erklärt, weshalb bei Rückenmarksverletzungen immer nur der Bereich des Körpers gelähmt ist, dessen Nerven-Segment beeinträchtigt ist, und weshalb die Betäubung einzelner Körperpartien möglich ist. So wird z.B. bei Entbindungen häufig der untere Bereich des Beckens durch eine Betäubung des Pudendus-Nervs gefühllos gemacht.

11 Verny und Kelly S. 110.

12 Angaben, sofern nicht anders vermerkt, nach Langman; Tomatis 1987, 1974; Schmidt 1980, 1983; Blechschmidt 1964.

13 Auch wenn ich im folgenden sehr ausführlich auf die Ergebnisse der Ultraschall-Diagnostik eingehe, möchte ich nicht versäumen, nochmals auf die möglichen Gefahren dieser Technik hinzuweisen, die erst so kurze Zeit existiert. Es wäre entsetzlich, wenn man irgendwann einmal erkennen müßte, daß die scheinbar so harmlose „Durchleuchtung" des mütterlichen und des kindlichen Körpers doch Schädigungen mit sich bringt.

14 Auf der Basis dieser Theorie hat Tomatis eine Therapieform entwickelt, mit der er erstaunliche Erfolge erzielt: Er beschallt seine Patienten, z.B. autistische oder schwer gestörte Kinder, aber auch Erwachsene mit unterschiedlichsten Symptomen, mit der Stimme ihrer Mutter, die er durch ein Gerät, das „elektronische Ohr" so filtert, daß nur die hohen Frequenzen zu hören sind. Tomatis ist überzeugt, daß sich die Patienten akustisch in den Uterus zurückversetzt fühlen. Der therapeutische Effekt ist beeindruckend. Völlig retardierte Kinder beginnen ihre Entwicklung sozusagen noch einmal von Anfang an. Kinder, die keine Sprache entwickelt hatten, beginnen zu lallen und zu sprechen, andere, die nicht laufen konnten, fangen an zu krabbeln und richten sich im Verlauf der Therapie auf (Tomatis 1977).

15 Tomatis' Theorie der Energetisierung geht noch weiter: Da die Corti-Zellen nur jeweils einen sehr engen Frequenzbereich registrieren, geht er davon aus, daß bestimmte, relativ eng abgegrenzte Bereiche des Körpers von den jeweiligen Schwingungen erreicht werden. Das erklärt die an seinen Patienten gemachte

Erfahrung, daß Ausfälle in bestimmten Frequenzbereichen – die mit einem einfachen Hörtest zu messen sind – mit Erkrankungen bestimmter Organe oder Körperbereiche einhergehen (Tomatis 1974, 1979, 1987).

16 Taub geborene Kinder, die ihr Vestibularorgan intakt haben, können übrigens leichter sprechen lernen als später ertaubte Kinder mit zerstörtem Vestibularorgan. Die Erklärung dafür ergibt sich daraus, daß die Wahrnehmung von Vibrationen, für die das Gleichgewichtsorgan notwendig ist, eine wichtige Quelle für den Erwerb der Lautsprache bei Gehörlosen darstellt. Auf die besonderen Probleme der Taubheit im Zusammenhang mit dem Spracherwerb werde ich in Kapitel 5 noch eingehen.

17 Angaben nach Humphrey 1978; Schmidt 1980.

18 Eine solchermaßen intuitive Einstimmung der Schwangeren auf ihr Kind wird – so scheint es – leider durch die moderne Schwangeren-Vorsorge systematisch zerstört. Frauen werden verleitet, sich auf die immer komplizierter werdenden Untersuchungen von – meist männlichen – Experten zu verlassen, anstatt ihren eigenen Wahrnehmungen zu vertrauen.

19 Angaben, sofern nicht anders vermerkt, nach: Langman; Benninghoff und Goerttler; Changeux 1984; Schmidt 1983; Eccles in Popper und Eccles; Schulte.

20 Therapieformen wie die von Moshé Feldenkrais basieren auf dieser enormen Flexibilität des Kortex. Bei schwerwiegenden Ausfällen ganzer Kortexbereiche, die zu Lähmungen aller Art geführt haben, werden den Betroffenen durch gezielte motorische Übungen, aber auch durch Selbstsuggestion Wege der Neustrukturierung des Kortex geöffnet. Es stellen sich neue synaptische Verbindungen her, die die verlorenen Körperfunktionen weitgehend wiederherstellen. Auch Milton Erickson und seine Hypnotherapie sind dafür ein Beispiel. Erickson überwand seine schwere Behinderung durch eine Polioerkrankung mit Hilfe autosuggestiver Methoden und intensiver körperlicher und geistiger Aktivierung (vgl. unten Kapitel 5).

21 Hier einige Stimmen von bekannten Biologen zum Thema der (nicht-genetischen) Determiniertheit des menschlichen Gehirns:

Der französische Neurobiologe Jean-Pierre Changeux (1984, S. 237) hält es für ausgeschlossen, daß alle Funktionen und Strukturen des Zentralnervensystems und der Sinnesorgane in ihren Einzelheiten in der DNS der Keimzelle gespeichert sind, da die Genkapazität in keinem Fall ausreichend ist, um z. B. sämtliche Synapsen genau festzulegen. Auch er hebt hervor, daß Phänomene wie die Wanderung der Neurone oder die Veränderung der Synapsen durch Aktivität oder Inaktivität der Nervenzellen Belege für die Nicht-Festgelegtheit der Neuronenstruktur, d.h. der Feinstruktur des Zentralnervensystems sind. Die Genetik läßt sozusagen Raum für die nicht-genetisch festgelegte Strukturierung des Zentralnervensystems. „Das Gen des Wahnsinns, der Sprache oder der Intelligenz gibt es nicht“ (S. 157).

Auch Gregory Bateson, Biologe, Ethnologe, Erkenntnistheoretiker, warnt davor, von der „Vererbung“ komplexen menschlichen Verhaltens zu sprechen. Er geht davon aus, daß selbstverständlich jedes Verhalten auf einer bestimmten Ebene durch genetische Prozesse gesteuert wird. Wenn ein Mensch beispielsweise bei großer Hitze rot wird, so deshalb, weil er durch sein genetisches Programm mit bestimmten Nervenzellen und Adern in seiner Haut ausgestattet wurde, die bei erhöhter Temperatur auf koordinierte Weise reagieren. Diese Reaktionen sind aber nicht immer gleich, sondern ihrerseits wieder Einflüssen einer Steuerung durch „Lernen“ unterworfen. Die Haut eines Menschen paßt sich einer permanent erhöhten Außentemperatur an, so daß er nicht mehr so leicht errötet. Und auf einer noch weitergehenden Ebene ist auch dieses Lernen steuerbar, beispielsweise durch meditative Praktiken wie etwa im Yoga, wo Menschen sich extremen Temperaturen aussetzen können, ohne die „normalen“ Hautreaktionen zu zeigen.

Bateson hält deshalb die Frage, ob irgendeine Lebensäußerung des Organismus genetisch oder durch Lernen determiniert sei, für unsinnig, da bei jedem Verhalten die Gene beteiligt sind oder waren. Die Frage muß seiner Ansicht nach anders gestellt werden. Man muß bei einem bestimmten Verhalten fragen, auf welcher logischen Ebene die Kontrolle durch die Gene einsetzt. Und die Antwort darauf ist immer: auf einer Ebene, die durch Lernen nicht kontrollierbar ist. Viele Formen von sogenanntem Reflexverhalten bei Tieren sind beispielsweise nicht durch Lernen kontrollierbar. Die Tiere zeigen es auch bei völlig unpassenden Gegebenheiten, selbst wenn es sie in den Tod führt. Komplexes menschliches Verhalten ist dagegen nach Bateson immer der Kontrolle durch Lernen unterworfen, liegt also in keinem Fall auf der Ebene der genetischen Kontrolle (Bateson 1984, Kap. 6).

Und schließlich sei auch noch der chilenische Biologe und Erkenntnistheoretiker Humberto R. Maturana erwähnt, der ebenfalls davon ausgeht, daß in der Diskussion über angeborenes und gelerntes Verhalten eine unangemessene Vermischung der Ebenen stattfindet. Es gibt für ihn keine Unterscheidungsmöglichkeit zwischen angeborenem und gelerntem Verhalten, da menschliches Verhalten immer in eine Geschichte von struktureller Koppelung mit anderen Menschen stattfindet. In seinen eigenen Worten (Maturana und Varela, 1987, S. 188, Übers. M. K.):

„Man beachte, daß beides, sowohl angeborenes als auch gelerntes Verhalten, weder ihrer Natur nach noch in ihrer Verwirklichung voneinander zu unterscheiden sind. Die Unterscheidungsmöglichkeit liegt in der Geschichte ihrer Strukturen, durch die sie entstanden sind."

Aus einer menschlichen Zygote kann nach Maturana selbstverständlich kein Elefant entstehen. Jedoch *welcher* Mensch mit *welchen* Verhaltensmerkmalen entsteht, das wird ebenso entscheidend von den Einflüssen des Milieus bestimmt, in dem sich der Mensch von der Zygote aus weiter entwickelt, wie von den genetischen Programmen, die im übrigen ja auch zu operieren aufhören, wenn das Milieu das Weiterleben nicht zuläßt. Vor allem ist zu keinem Zeitpunkt der Einfluß des einen von dem des anderen zu unterscheiden.

22 H. v. Dithfurth; D. Zimmer.

23 Angaben, wenn nicht anders vermerkt, nach Klaus und Klaus; Odent; Leboyer; Stark; Kitzinger; Friedberg und Hiersche; Grof; Schindler; Macfarlane; Feher; Klaus und Kennel; Flanagan; K. Zimmer.

24 McCall; Klaus und Klaus.

25 Mir scheint dies auch ein wesentlicher Aspekt für unsere

Rückerinnerung an unsere frühesten Erfahrungen zu sein: Wenn wir uns in den Uterus zurückversetzen wollen, müssen wir die Augen schließen und nur fühlen und hören. Alle Visualisierungen führen dagegen nur bis zu unserer Geburt zurück.

26 vgl. Klaus und Klaus.

27 vgl. Janov 1982.

28 Coleman.

29 Changeux 1984, S. 253 ff.

30 Das hier dargestellte Modell der menschlichen Gehirnentwicklung steht in einem deutlichen Gegensatz zu Vorstellungen über mögliche Hirnschädigungen durch die Geburt, wie sie von der modernen Geburtshilfe als Bedrohung des Kindes dargestellt werden. Die Theorie der sogenannten „Minimalen Cerebralen Störungen" geht davon aus, daß durch ein Zusammendrücken des Kopfes oder durch eine kurzfristige schlechte Durchblutung des Gehirns Gehirnzellen absterben können, wodurch das Kind sein ganzes Leben lang behindert sein soll. Späteres Schulversagen wird beispielsweise so erklärt (Bräutigam 1981).

Diese Theorie basiert offenbar noch auf der Vorstellung, daß menschliches Verhalten bereits vorgeburtlich im Gehirn des Kindes fest lokalisiert ist, denn sonst könnten ja Verletzungen keine späteren Auswirkungen haben. Eine solche Theorie ist jedoch nicht mehr haltbar, wie ich im Zusammenhang mit der fötalen Gehirnentwicklung dargestellt habe. Schädigungen des Gehirns während der Geburt können zwar durch mechanische oder chemische Einflüsse hervorgerufen werden, dann aber handelt es sich um schwerste Verletzungen, die jeder Arzt auch als solche erkennen kann. Die sogenannten „minimalen Gehirnschädigungen" dagegen sind gar nicht beobachtbar, sie werden nur bei einer schwierigen Geburt vermutet.

Ich meine, daß der Glaube an diese möglichen Gehirnstörungen die eigentlichen Schwierigkeiten des Kindes ausmacht. Wenn die Eltern von der Sorge geplagt sind, daß ihr Kind durch die Geburt behindert wurde, werden sie sich ihm auf bestimmte Weise nähern, z.B. besonders rücksichtsvoll oder besorgt sein. Das Kind entwickelt dann Verhaltensweisen, die diesen Besorgnissen der Eltern entsprechen, was deren Sorge – in einem Teufelskreis –

wiederum verstärkt. Die Theorie, die eigentlich die Symptome nur erklären soll, bringt das symptomatische Verhalten erst hervor.

Von solchen negativen Fantasien über das eigene Kind und ihren Auswirkungen auf die kindliche Entwicklung wird noch ausführlich die Rede sein.

31 Friedberg und Hiersche, S. 105.

32 dto. S. 141 f.

33 Leslie Feher, S. 52 ff.

34 Mershon, S. 60 – 73, Übers. M.K.

35 Die positiven Seiten von natürlichen Geburten in anderen Kulturen werden übrigens bei uns meist damit abgewertet, daß man auf die echten Risikogeburten hinweist, die unter derartig „primitiven" Verhältnissen nicht mit den erforderlichen chirurgischen oder anderen medizinischen Eingriffen durchgeführt werden könnten. Mutter und Kind seien daher viel mehr gefährdet. Das ist sicherlich richtig. Vergleicht man jedoch die Zahl der „echten" Risikogeburten mit der riesigen Zahl von künstlich produzierten, nämlich durch die Verabreichung von Medikamenten, durch die angstmachende Atmosphäre in den Kliniken und die generelle Krankheitsvorstellung herbeigeführten Risikogeburten bei uns, dann ist die Entbindung auf Bali wahrscheinlich sogar sicherer für Mutter und Kind.

36 Freuds berühmtes Phasenmodell mit den Unterscheidungen: oral (bzw. primär-narzißtisch), anal, ödipal spiegelt beispielsweise die Behandlung von Kindern in unserem Kulturkreis wider. Da bei uns die Sauberkeitserziehung eine sehr wichtige Rolle spielt, wird sie auch für das Kind zu einer kritischen Phase, die man abgrenzen kann. In einer Kultur wie der balinesischen oder auch der von Jean Liedloff beschriebenen südamerikanischen Indianerkultur ist die Reinlichkeitsgewöhnung ein völlig unauffälliger Prozeß, der keinerlei Grund für die Kennzeichnung eines Phasenabschnittes liefern würde. Und auch die ödipale Phase ist nur in einer stark geschlechtsspezifisch differenzierten, patriarchalischen Gesellschaft denkbar. Für unseren Kulturkreis ist das Freudsche Phasenmodell zur Beschreibung der kindlichen Entwicklung brauchbar, es ist aber kein universelles Modell, das unabhängig vom sozio-kulturellen Zusammenhang gilt. Gleiches kann man über andere Phasenmodelle, z.B. das von Erik Erikson (1966) oder auch das von Jean Piaget (1950) sagen.

Aber selbst innerhalb eines Kulturkreises kann man mit derartigen Phasenmodellen immer nur das erfassen, was aufgrund der Ähnlichkeit des Kontextes, in dem die Mehrzahl der Kinder aufwächst, auch an Gleichförmigkeit des Verhaltens bei ihnen auftritt. Die Stufen der Entwicklung markieren keine rein biologischen „Reifungs“-Schritte, sondern ein höchst komplexes Zusammenspiel von körperlichem Wachstum und den jeweiligen Bedingungen des sozialen Umfelds.

37 siehe McCall, S. 119 f.

38 Man hat in Untersuchungen zum Verhalten von Neugeborenen beobachtet (Macfarlane nach Bruner 1979, S. 23), daß Mütter dem Schreien, der Gestik ihres Kindes stets Absichten unterstellen. Dabei zeigt sich oft eine auffallend moralisierende Einstellung: Den Kindern wird unterstellt, sich zu produzieren, mehr zu wollen, die Mutter in Rage bringen zu wollen. Wer selbst Kinder großgezogen hat oder Eltern im Umgang mit Säuglingen beobachtet, weiß, wie geradezu absurd manche Deutungen sind, die man dem Verhalten des Kindes zuordnet, sei es daß man den Jähzorn des Großvaters in ihm wiederzuerkennen meint oder die Sanftmut und Bescheidenheit der Tante. Bei solchen Zuschreibungen spielt das Geschlecht des Kindes eine große Rolle. Die Erwartungen an einen Jungen sind vom Säuglingsalter an meist sehr verschieden von den Erwartungen an ein Mädchen.

39 Piaget und Inhelder, S. 24 f.

40 D. Stern, S. 150.

41 Diese Art von Interaktion, das sogenannte „pacing“, also das Mit-Gehen oder Mit-Schwingen mit dem nonverbalen Verhalten einer Person, ist eine sehr wirksame Art der Trance-Induktion, wie sie von Milton Erickson praktiziert und von Grinder und Bandler (1982, 1984) systematisch analysiert wurde. Die Parallelen zwischen dem Trance-Zustand und dieser vorsprachlichen Phase der menschlichen Entwicklung sind meines Wissens noch nie untersucht worden. Hier liegt ohne Frage ein außerordentlich interessantes Forschungsfeld.

42 D. Stern, S. 204 ff.

43 Angaben nach Stern. Wenn man die Kindheit von Menschen, die als schizophren diagnostiziert wurden, genau betrachtet, zeigt sich übrigens, daß sie ausnahmslos alle in ähnlicher Weise von ihren Müttern oder anderen primären Pflegepersonen behandelt wurden wie das hier geschilderte Kind. Immer kann man bei später auftretenden, sogenannten schizophrenen Störungen beobachten, daß in der frühen Kindheit in der Phase der Objektkonstanz keine Differenzierung zwischen Ich und anderem stattfinden konnte, weil die Pflegepersonen sich nicht auf das Kind einstimmen konnten. Die Gründe dafür oder auch die Formen, die diese Unfähigkeit bei den Pflegepersonen annahm, können sehr unterschiedlich sein, die Wirkung auf das Kind bleibt die gleiche: Seine Welt ist ein Chaos, es kann sich nicht darin zurechtfinden. Vgl. dazu Krüll, 1977; Laing und Esterson; M. Barnes; Selvini Palazzoli et al.; Stierlin; F. Schreiber 1986.

44 Bruner 1979, S. 27 f.

45 Bruner 1979, S. 44.

46 vgl. Liedloff.

47 Feldenkrais, 1981.

48 Es ist erschütternd und zugleich lehrreich, an blind geborenen Kindern zu beobachten, wie sie andere sensomotorische Muster aufbauen. Sie entwickeln kaum Gesichtsmimik, ein Lächeln kommt viel seltener vor als bei sehenden Kindern. Da es eine Seh-Greif-Koordination nicht geben kann, müssen sie Hör-Greif-Muster aufbauen, was sehr viel schwieriger ist, da Geräusche nicht so allgegenwärtig sind wie Gesehenes (Fraiberg in Bullowa).

49 Man hat an Spitz' Untersuchungen (Spitz 1967) kritisiert, daß er aus seiner analytischen Haltung heraus die Mutter für alles, was dem Kind geschieht, allein verantwortlich macht. Ich teile diese Kritik und empfinde auch seine „wissenschaftliche" Haltung als fragwürdig. Immerhin hat er in den Kinderheimen zugesehen, wie Kinder starben und nicht sofort für Abhilfe gesorgt. Dennoch meine ich, daß dadurch die Ergebnisse seiner Untersuchungen nicht hinfällig werden, nicht zuletzt auch deshalb, weil sie vielfältig bestätigt wurden. So etwa in den sehr eindrucksvollen Darstellungen des von Williams und Money herausgegebenen Sammelbandes (1980). Sobald man das Handeln der Mütter in einen größeren Kontext stellt und die soziale und psychische Situation der Mutter, ihre eigene Kindheit mit berücksichtigt, muß auch nicht mehr von einer „Schuldzuweisung“ an die Mutter die Rede sein.

50 Ounstedt et. al. in Williams und Money 1980, S. 499, Übers. M. K.

51 Bettelheim, S. 74.

52 Auch Bruno Bettelheims eindrückliche Beschreibungen autistischer Kinder (1983) zeigen, daß sich diese Kinder aus den Interaktionen mit ihren Bezugspersonen schon im frühen Säuglingsalter zurückgezogen haben. Die Welt, in der sie lebten, war so widersprüchlich, so unfreundlich und voller schmerzhafter Konfusion, daß dem Kind zum Überleben nur der Rückzug auf sich selbst blieb. Bettelheim ist der Meinung, daß Autismus auf der Überzeugung des Kindes basiert, „daß die eigenen Anstrengungen die Welt nicht beeinflussen können, und diese Überzeugung wiederum basiert auf der früher gewonnenen Überzeugung, daß die Welt auf die eigenen Reaktionen gefühllos reagiert“ (1983, S. 59).

Bettelheims erstaunliche Therapieerfolge mit autistischen Kindern beruhen darauf, daß diesen Kindern ermöglicht wurde, sich Menschen vertrauensvoll zuzuwenden. Es ist bewegend, bei ihm zu lesen, mit welcher Mühe es gelang, diesen Kindern wieder einen Kontakt zu ihrem eigenen Körper zu verschaffen, der völlig starr und gefühllos war, wie sie dann mit lallendem Gebabbel zu einzelnen Worten fanden.

Mit der auditiven Therapie von A. Tomatis gelingt es ebenfalls, autistischen Kindern aus ihrer Isolation herauszuhelfen. Auch mit dieser Methode wird das Kind in die vorsprachliche, sogar in die vorgeburtliche Zeit zurückgeführt, ehe es durch eine simulierte Neugeburt gänzlich neue Formen der Interaktion mit seinen primären Bezugspersonen lernt. Die Kinder werden zunächst über längere Zeit mit Hilfe eines Spezialgeräts, dem „Elektronischen Ohr“ mit gefilterten Geräuschen – vorzugsweise der Stimme der Mutter – beschallt. Die Filtrierung simuliert das Hören des Fötus im Mutterleib, der ja (vgl. oben Kapitel 2) vor allem die hohen Frequenzen hört. Die Kinder kommen mehrmals am Tag in seine Praxis und spielen dort, während sie die filtrierte Stimme der Mutter etwa eine halbe Stunde lang über Kopfhörer zugespielt bekommen. Nach einiger Zeit wird dem Kind dann die Stimme der Mutter in ihrem vollen Frequenzspektrum zugespielt, was zu meist dramatischen Veränderungen im Verhalten des Kindes führt und einen Prozeß der Resozialisation bis hin zum Spracherwerb in Gang bringt (1977, Kapitel 6; 1987).

53 Mershon, S. 115 f., Übers. M. K.

54 Mead 1974.

55 Lenneberg 1972.

56 Bei derartigen Versuchen am lebenden Menschen denke ich immer mit Unbehagen an den betroffenen Patienten, dessen Schädel schließlich wegen einer Erkrankung und nicht zu experimentellen Zwecken geöffnet wurde. Die Untersuchung ist für ihn oder sie eine Zumutung. Es wird nämlich von ihm oder ihr verlangt, auf dem Operationstisch Zahlenreihen herzusagen, Fragen zu beantworten und ähnliches (Eccles in Popper und Eccles, S. 360 ff.). Um festzustellen, ob die Sprachzentren auf der linken oder auf der rechten Hirnhälfte lokalisiert sind, kann man allerdings auch einen Hörtest verwenden, der keinen chirurgischen Eingriff erfordert.

57 nach Eccles in Popper und Eccles, S. 375.

58 Maturana und Varela 1987; Eccles in Popper und Eccles, S. 426.

59 A. Tomatis 1972, S. 91 ff.

60 Diese These wird auch durch die Experimente mit Kommissurotomie-Patienten bestätigt, die in den sechziger und siebziger Jahren von Sperry und Mitarbeitern durchgeführt wurden. Es handelt sich um Patienten, denen das Corpus callosum (Balken), die Verbindung zwischen den beiden Großhirnhälften, durchtrennt worden war. Diese Experimente werden überall in der Fachliteratur erwähnt und als besonders aufschlußreich für die Frage der Funktionen der beiden Gehirnhälften hervorgehoben.

Bei dieser Operation werden die etwa zweihundert Millionen Assoziationsfasern, die über den Balken von einer Kortexhälfte zur anderen kreuzen, zerschnitten. Der betreffende Mensch weist erstaunlicherweise keine im Alltag bemerkbaren Ausfallerscheinungen auf. Gezielte Untersuchungen zeigen jedoch, daß die fehlende Verbindung zwischen den beiden Gehirnhälften den Menschen außerstande setzt, einen im linken Gesichtsfeld erscheinenden geschriebenen Namen nachzusprechen, einen mit der linken Hand gefühlten Gegenstand zu benennen oder ihn mit der rechten Hand aus einer Menge unterschiedlicher Gegenstände herauszufinden (Eccles in Popper und Eccles, S. 383). Die Kontrollfunktion der dominanten Hirnhälfte über die andere ist bei Menschen ohne die Balken-Verbindung nicht mehr gegeben.

Ich beziehe mich sehr ungern auf diese Untersuchungsergebnisse an Kommissurotomie-Patienten, weil der operative Eingriff der Balkendurchtrennung keineswegs harmlos ist. Eccles schreibt: „Die operative Durchtrennung des Corpus callosum ist bisher in etwa zwanzig Fällen aus therapeutischen Gründen durchgeführt worden und hat oft zu einer bemerkenswerten Besserung der therapieresistenten Epilepsien, an denen diese Patienten litten, geführt. ... Diese Durchtrennung ... stellt eine schwere cerebrale Läsion dar, und sie wurde nicht an Patienten ausgeführt, bevor nicht Experimente mit äquivalenten Läsionen an nicht-menschlichen Primaten ... vollständig erforscht worden waren und ergeben hatten, daß sie nicht zu *schweren Ausfällen* führen." (Eccles in Popper und Eccles, S. 380, Hervorhebungen M.K.)

Meiner Ansicht nach hat Moshé Feldenkrais mit seinen Forschungen – wie ich sie andeutungsweise dargestellt habe – mehr über die Gehirnfunktionen und auch über die Lateralität ermittelt als die Kommissurotomie-Experimente, ohne dabei seine Patienten zu verstümmeln, sondern, im Gegenteil, indem er ihnen mit seiner Therapie zu einer sehr weitgehenden Wiederherstellung ihrer sensorischen und motorischen Fähigkeiten verholfen hat.

61 Lenneberg, S. 337.

62 Villiers und Villiers.

63 Furth, S. 209.

64 Gregory Bateson hat Stufen des Lernens unterschieden (1964), die sich sehr gut auf die Beschreibung des Mensch-Werdens und der Sozialisation, speziell des Spracherwerbs, anwenden lassen, obwohl er selbst eigenartigerweise diese Verbindung nicht gesehen hat. Die vier Stufen des Lernens sind:
1. Null-Lernen: Eine spezifische Reaktion, die, wenn sie einmal etabliert ist, nicht korrigierbar ist. In der menschlichen Entwick-

lung wären dies beispielsweise die frühen embryonalen Reflexbögen, bei denen sensorische Nervenzellen mit motorischen so verbunden sind, daß bei demselben Sinnesreiz immer dieselbe Muskelkontraktion erfolgt. Eine Veränderung dieser Verbindung durch Lernprozesse ist nicht möglich, selbst wenn sich eine solche Verbindung als dysfunktional erweisen sollte. Wie ich ausgeführt habe, sind solche Reflexbögen Basis für sämtliche höheren neuronalen Funktionen, einschließlich der Sprachfähigkeit.

2. Lernen I ist nach Bateson die Veränderung der Reaktion, die durch Lernen aus Fehlern erfolgt. Bei Fehlern werden andere Reaktionen aus einem bestimmten Satz von Alternativen gewählt. In der menschlichen Entwicklung ist dies erreicht durch Einschaltung höherer Zentren des Zentralnervensystems, die eine Vielzahl einfacher Schaltkreise zusammenfassen und nach dem Erfolg-Mißerfolg-Prinzip nach einer gewissen Zeit des Versuch- und Irrtum-Verhaltens diejenigen Synapsenverbindungen fest etablieren, die erfolgreiche Reaktionen bewirken. Alle Prozesse der vorsymbolischen kindlichen Kommunikation lassen sich meines Erachtens als Lernen I beschreiben. Denn auch ein Signal muß als passende Markierung aus einer Vielzahl von möglichen Alternativen ausgewählt werden, ebenso wie die Reaktion darauf, die in dem jeweiligen Kontext angebracht ist. Durch Wiederholungen, bei denen Fehler vermindert werden, etabliert sich allmählich das endgültige Muster. Um bei unserem Beispiel zu bleiben: Wenn das Kind lernt, daß das Mantel-Anziehen das Signal für das Spazierengehen ist, dann ist es auf der Stufe von Lernen I. Es waren dazu mehrere Spaziergänge nötig, bis es beides verbinden konnte. Das Kind kann auch zur gleichen Zeit noch andere Signale für dasselbe Ereignis lernen.

3. Mit der Symbolbildung gelangt das Kind zum Lernen II, das nach Bateson eine Veränderung des Prozesses von Lernen I ist, indem zum Beispiel eine Änderung des Satzes von Alternativen, aus denen ausgewählt werden kann, möglich wird, oder auch eine Änderung der Interpunktion der Ereignisse. Das Kind kann nun ein Verhalten aus einem Kontext in einen anderen übertragen. Es kann das Mantel-Anziehen jetzt auch bei der Puppe anwenden, es kann Sitzgegenstände als „Stuhl" bezeichnen, also von einem kon-

kreten Gegenstand das abstrakte Merkmal der Sitzmöglichkeit abheben.
4. Lernen III kann das Kind in dieser Phase noch nicht. Und es gibt viele Erwachsene, die es auch nie erreichen. Nach Bateson handelt es sich dabei um die Veränderung von Lernen II dadurch, daß man in der Lage ist, den Prozeß zu beschreiben, durch den man einen Wechsel des Satzes von Alternativen vollziehen kann. Also wenn das Kind beschreiben könnte, daß es den Wechsel vom „echten" Mantel-Anziehen zum spielerischen Puppe-Anziehen auf eine bestimmte Weise durchführt, während andere Menschen einen solchen Wechsel anders vollziehen, dann wäre es in Lernen III. Bateson sagt zu recht, daß diese Stufe leicht zu gravierenden kommunikativen Problemen führen kann, denn wenn man sich auf Stufe III begibt, verläßt man sozusagen den Kontext der eigenen Sprache und damit der sozialen Gemeinschaft, innerhalb deren man mit anderen Menschen interagiert. Es kann leicht geschehen, daß man von ihnen für verrückt erklärt und ausgestoßen wird. Lernen III ist jener Bereich, der andererseits die Mauern der engen gedanklichen Gefängnisse sprengt, also Lösungen in festgefahrenen Situationen ermöglicht. Mit dem vorliegenden Text versuche ich, mich mit meinen Leserinnen und Lesern auf der Ebene III auszutauschen.
5. Auf Lernen IV geht Bateson nicht näher ein, da es – wie er meint – uns Menschen auf dieser Erde nicht verfügbar ist. Es würde in etwa das Verständnis der Entstehung von Sprache oder der Symbolisierungsfähigkeit des Menschen oder auch das Verständnis von Sprüngen in der Evolution der Arten sein, ein Verständnis, von dem wir in der Tat weit entfernt sind!

65 Temerlin 1972.

66 Ob auch andere Tiere außer Menschenaffen in ähnlichem oder noch weitergehendem Maße fähig sind, menschliche Sprache zu erwerben, oder ob es sogar Tiere gibt, die untereinander eine Form der Symbolisierung verwenden, die dieselbe Qualität hat wie unsere Sprache, ist Spekulation. Manche Forscher vermuten, daß Delphine und Wale auf Symbolebene miteinander kommunizieren, daß es nur für uns nicht möglich ist, ihre Symbolisierungen zu verstehen, weil sie im ultrasonischen Bereich stattfinden bzw.

wir uns zu Beobachtungszwecken nur äußerst schwer in ihr Element begeben können.

67 aus Halliday, S. 189 f, Übers. M. K.

68 Paul Watzlawick hat auf die besondere Bedeutung der Verneinung, die – in seiner Terminologie – nur auf der „digitalen" und nicht auf der „analogen" Kommunikationsebene möglich ist, in gleichem Sinne hingewiesen.

69 Villiers und Villiers, S. 55.

70 aus: Britton, S. 92 f.

71 aus: Oevermann et. al., S. 379.

72 Britton, S. 57.

73 Villiers und Villiers, S. 104.

74 Keller 1936 nach Britton, S. 41.

75 Maturana 1982.

76 Bandler und Grinder 1981, S. 30.

77 Hier ist vor allem das Neurolinguistische Programmieren (NLP) und die Hypnotherapie zu erwähnen. (vgl. die Arbeiten von John Grinder und Richard Bandler, sowie die von und über Milton Erickson). Derartige Veränderungen treten aber beispielsweise auch auf, wenn Menschen anfangen, Sport zu treiben oder Yoga zu praktizieren.

78 Dies ist eine wichtige Überlegung im Zusammenhang mit der Frage nach dem „wahren" Selbst, das immer nur „teil-wahr" sein kann, denn wie „wahr" auch immer ich mich selbst empfinden mag oder jemand anderes mich sieht, diese „Wahrheit" kann nur eine Perspektive sein, die auswechselbar ist. Es ist möglich und meist auch unvermeidlich, daß jemand anderes mein „wahres" Selbst als völlig unwahr oder unecht empfindet. Niemand, auch ich selbst nicht, kann darüber in einem absoluten Sinne urteilen.

79 Parin und Morgenthaler, S. 89 ff.

80 vgl. Laing, Philipson und Lee.
Dieser Grundgedanke liegt auch dem Symbolischen Interaktionismus bzw. der Ethnomethodologie zugrunde, zwei soziologischen Theorien, die sich vor allem aus der Sozialpsychologie George Herbert Meads und der Phänomenologie Alfred Schütz' herleiten. Zentrale Gedanken dieser Ansätze beziehen sich auf die Entstehung von Symbolen, die Generalisierung der Perspektive des

anderen, die Konstruktion von Welt durch Interaktion (Garfinkel; Mehan und Wood; Schütz und Luckmann; Berger und Luckmann).

81 Kreitler und Kreitler; McConagh nach Hagemann-White, S.85.

82 Freuds Ödipus-Modell ist eine recht anschauliche Beschreibung der Geschlechtsrollen-Übernahme bei kleinen Jungen im Patriarchat, in dem die Beziehung zwischen Mann und Frau als ein Besitzverhältnis definiert wird. Sobald nämlich das Thema des „Besitzes" der Frau (nach Freud will der kleine Ödipus seine Mutter „besitzen" und deshalb den Vater, der sie „besitzt", beseitigen) nicht vorherrscht, bestehen solche Probleme für Kinder nicht.

Freuds Modell versperrt aber auch den Blick für die subtilen Interaktions-Prozesse und sprachlichen Symbolisierungen beim Erwerb der Geschlechtsrolle. Dadurch, daß er die Dynamik des Prozesses in den „ödipalen Trieb" des (männlichen!) Kindes verlegt, der angeblich auf die Vernichtung des Vaters und die erotische Liebe der Mutter ausgerichtet ist, kann das tatsächliche Geschehen in der Familie nicht mehr gesehen werden. Ganz abgesehen davon, sind seine Vorstellungen vom Entstehen der weiblichen Geschlechtsidentität extrem sexistisch und für keine Frau nachzuvollziehen (vgl. Freud 1905, 1924, 1931; Krüll 1979).

83 Auf dieser Tatsache basiert im übrigen jede Art von Therapie. Die Versprachlichung von traumatischen Erlebnissen aus der Vergangenheit macht sie zu einer „Geschichte", die veränderbar ist. Wir können auch im furchtbarsten Erlebnis im nachhinein einen Sinn erkennen, können das Positive darin erkennen, können uns klarmachen, daß wir – was auch immer es war – überlebt und aus der Erfahrung Kraft gewonnen haben.

84 Es ist frappierend und auch erschreckend, wie auf dem Wege solcher Geschichten bestimmte Familiengeheimnisse, Tabuthemen, unterdrückte Gefühle über Generationen hinweg weitergegeben werden. Man kann beispielsweise bei Thomas Mann und seinem Sohn Klaus Mann, der mit 43 Jahren Selbstmord verübte, verfolgen, wie das Thema des Selbstmords in der Familie über fantasierte Identifikationen weitervermittelt wurde. So spielten Klaus und seine Schwester Erika als Kinder heimlich den Selbstmord ihrer Tante und ihres Onkels nach, von denen sie nur andeutungsweise etwas erfahren hatten (Klaus Mann 1932; Krüll 1986).

85 vgl. Krüll 1979.

86 Cameronchild, S. 25, Übers. M. K.

87 Sechehaye; Green 1978, Laing und Esterson u.v.a.

88 Cicourel, S. 203 ff.

89 Furth, S. 36-37.

90 Watzlawick, Beavin und Jackson.

91 Maturana und Guiloff.

92 In unserer Zeit hat das Fernsehen eine bedeutende Projektionsfunktion für Kinder und Erwachsene. Wir werden von morgens bis abends mit Horrorgeschichten von Flugzeugabstürzen, von Mordfällen, von Kriegsereignissen usw., aber auch von erdachten Geschichten über grausige Ereignisse berieselt und bekommen dann kitschige Berichte von einer „heilen" Welt als Kontrastprogramm vorgesetzt. Auch wenn hier keine direkte Kausalbeziehung besteht, tragen diese Fantasiewelten zweifellos mit dazu bei, daß unsere Realität immer brutaler und menschenverachtender oder irrationaler wird. Stattdessen könnten wir die Medien benutzen, um uns positive Symbolisierugen von der Welt zu vermitteln und dadurch heilende Kräfte in uns zu entwickeln.

93 Ideen von Robin Morgan, Luise Pusch, Senta Trömel-Plötz, Erika Wisselinck und vielen anderen Frauen.

Glossar

Afferenz: Erregung, die aus der →Peripherie ins Zentralnervensystem gelangt.

Amnion, Amnionhöhle: Fruchtblase, mit Fruchtwasser gefüllt, die den Embryo und Fötus umgibt.

Anatomie: Lehre von der Form und dem Bau des Körpers von Organismen.

Aphasie: Unfähigkeit zu sprechen.

Auditiv: Das Gehör betreffend, dem Gehörsinn oder -organ zugehörig.

Autismus: Kontaktunfähigkeit, Abkapselung.

Autonomes Nervensystem: Reguliert die Organfunktionen durch das Zusammenspiel seiner beiden Teile: →Sympathikus und →Parasympathikus.

Axon: Leitungsbahn der Nervenzelle, in der die Nervenimpulse vom →Soma zum jeweiligen Endpunkt der Nervenzelle (z.B. Muskel- oder Sinneszelle) fließen.

Balken: →Corpus callosum.

Basilarmembran: Bildet die untere Wand des Schneckenganges der →Cochlea.

Blastozyste: Zellbläschen, gelangt in die Gebärmutter, wo die Einnistung erfolgt.

Bogengänge: Die drei häutigen B., von den knöchernen B. umschlossen, sind Bestandteile des →Vestibularorgans im →Labyrinth.

Bonding: Gefühlsmäßige Verbindung zwischen Neugeborenem und Erwachsenem (Begriff von John Bowlby geprägt).

Brücke: Teil des →Hirnstamms; entsteht in der embryonalen Phase durch Einknickung des →Rautenhirns.

Bulbus olfactorius: Riechkolben, in den die Riechnerven ohne Umschaltung einmünden; steht mit dem →limbischen System in enger Verbindung.

Chorion, Chorionhöhle: Zottenförmige Umhüllung des Embryos; verschwindet später wieder.

Chromosom: Fadenförmiges Gebilde im Zellkern, Träger von

Erbinformation.

Cochlea (Schnecke): Das eigentliche Hörorgan im Innenohr; Bestandteil des →Labyrinths; besteht aus drei Röhrengängen, die schneckenförmig in zweieinhalb Windungen um eine Achse gedreht sind.

Corpus callosum (Balken): Nervenfaserstrang, der die beiden Hälften der →Großhirnrinde (Neokortex) miteinander verbindet.

Cortisches Organ: Auf der →Basilarmembran des Schneckenganges befindliche Sinneszellen (→Corti-Zellen) des Hörorgans, die auf Schallwellen reagieren.

Corti-Zelle: Haarzelle; Sinneszelle im Hörorgan →Cortisches Organ.

Dendriten: Fortsätze der Nervenzellen, die über →Synapsen mit anderen Nervenzellen in Verbindung stehen.

Dottersack: Säckchen außerhalb des embryonalen Körpers, das ihn mit Nährstoffen versorgt, bis die →Plazenta die Verbindung zum mütterlichen Blutkreislauf herstellt.

DNS: Desoxyribonukleinsäure. Molekularer Bestandteil des →Chromosoms; Träger des Erbguts.

Efferenz: Erregung, die vom Zentralnervensystem zur →Peripherie läuft.

Ektoderm: Eine der drei Zellschichten der →Keimscheibe, aus der sich später das Nervensystem, die Haut und die Sinnesorgane entwickeln.

Embryo: Das Ungeborene, etwa vom 20. Tag bis zur 8. Woche.

Embryoblast: Ur-Embryo.

Entoderm: Eine der drei Zellschichten der →Keimscheibe, aus der sich die inneren Organe und der Verdauungsapparat entwickeln.

Epigenese: Entwicklung eines Organismus in Wechselwirkung zwischen Genen und Gegebenheiten der Umwelt.

Facialis-Nerv: Einer der paarigen Kopfnerven, zuständig für die Innervierung der Gesichts- und Mundmuskulatur.

Fötus (auch Fetus): Das Ungeborene von der 8. Woche bis zur Geburt.

Formatio reticularis: Netzförmig angeordnetes Nervengeflecht im Bereich des Mittelhirns, der Brücke und des verlängerten

Rückenmarks im →Hirnstamm; in der embryonalen Phase das →„Urgehirn".

Gen: →DNS-Abschnitt mit festgelegter Funktion.

Genetik: Vererbungslehre.

Gestation: Schwangerschaft.

Gestationsalter: Alter des Ungeborenen, von der Befruchtung der Eizelle an gerechnet.

Gleichgewichtsorgan: →Vestibularorgan.

Großhirn, Großhirnrinde: →Kortex, →Neokortex.

Gustatorisch: Dem Geschmackssinn zugehörig.

Haarzelle: →Corti-Zelle.

Hemisphären (Hirnhemisphären): Hälften des →Kortex bzw. des →Neokortex.

Hirnnerven (Kopfnerven): 12 paarige Nervenstränge, die teils im Kopfbereich die Verbindungen zwischen den Sinnesorganen und dem Gehirn herstellen (z.B. Hörnerv, Sehnerv), teils den gesamten Körper durchziehen (z.B. →Vagus-Nerv)

Hirnstamm: Gehirnregion unterhalb des Großhirns; beim Embryo einzig vorhandener Teil des Gehirns, bestehend aus Vorderhirn, Mittelhirn, Brücke und verlängertem Rückenmark.

Hospitalismus: Verweigerung von Kontakt zu Menschen bei Kindern, die extrem venachlässigt wurden; von René Spitz geprägter Begriff.

Induktion: Beeinflussung der Entwicklung durch die Umgebung; z.B. bei einer Zelle die Beeinflussung durch umliegende Zellen.

Innenohr: →Labyrinth.

Interneuron: Nervenzelle, die nur mit anderen Nervenzellen über →Synapsen Verbindung hat, nicht aber mit einer Muskel- oder einer Sinneszelle.

Keimscheibe: Aus drei Zellschichten (Keimblättern) bestehende Vorform des Embryo.

Keimzelle: Weibliche (Oozyte) oder männliche (→Spermium) Zelle, die zur Vorbereitung der Befruchtung eine Reihe von Entwicklungsstadien durchlaufen muß (Reifeteilung, dabei Halbierung des Chromosomensatzes).

Kinästhetisch: Dem Bewegungsempfinden zugehörig.

Kleinhirn (Cerebellum): An beiden Seiten des →Hirnstamms

befindliche Teile des Gehirns; entsteht erst gegen Ende der embryonalen Phase; koordiniert die Motorik.

Klone: Erbgleiche Organismen oder Zellen, die durch ungeschlechtliche Vermehrung (z.B. Verpflanzung des Zellkerns einer Zelle in eine andere) entstanden sind.

Kopfnerven: →Hirnnerven.

Kortex: Großhirn; beim Menschen größter Teil des Gehirns, durch den die willkürliche Motorik, Bewußtheit, Sprache usw. ermöglicht und gesteuert wird; besteht aus subkortikalen Bereichen (Basalganglien), der „weißen Substanz", d.h. gebündelten →Axonen der Nerven aus dem →Neokortex (Großhirnrinde, „graue Substanz"); beide →Hemisphären des K. sind über den →Balken miteinander verbunden; der K. wächst ab der 7. embryonalen Woche über den →Hirnstamm hinweg.

Labyrinth: Innenohr; das häutige L., bestehend aus →Vestibularorgan und →Cochlea, wird vom knöchernen L., das Teil des Felsenbeins – des härtesten Knochens des menschlichen Körpers – ist, umschlossen.

Lateralität: Seitigkeit, z.B. Händigkeit (Rechts- oder Links-Händigkeit), aber auch L. der Ohren, der Augen, und, entsprechend, der →Großhirnhemisphären.

Limbisches System: Funktionelles System des Großhirns, das das affektive Erleben bestimmt.

Marasmus: Körperstarre, die zum Tod führt; von René Spitz beobachtete Reaktion von extrem vernachlässigten Säuglingen.

Menstruationsalter: Alter des Ungeborenen, vom ersten Tag der letzten mütterlichen Menstruation an gerechnet.

Mesoderm: Eine der drei Zellschichten der →Keimscheibe, aus der sich die Bindegewebe, Knochen, Muskeln entwickeln.

Mittelhirn: Teil des →Hirnstamms.

Mittelohr: Mit Luft gefüllter Teil des Ohres, das die Gehörknöchelchen (Hammer, Amboß, Steigbügel) enthält.

Morula (Maulbeere): Ursprünglicher Zellhaufen, aus einigen hundert Zellen bestehend.

Motoneuron: Nervenzelle, die eine Muskelzelle innerviert.

Motorik: Bewegungsfähigkeit.

Myelinscheide: Zellschicht, die die →Axone von Nervenzellen umhüllt.

Nabelschnur: Verbindung zwischen →Plazenta und kindlichem Körper. Enthält Blutgefäße in beiden Richtungen.

Nachgeburt: →Plazenta.

Neokortex (oft auch nur Kortex genannt): Großhirnrinde; äußere Wand der beiden Großhirnhemisphären; enthält sechs Schichten von Nervenzellen, die die „willkürlichen" Funktionen des Nervensystems steuern; wächst im Verlauf der fötalen Entwicklung über die schon vorhandenen Teile des →Hirnstamms hinweg.

Nervenzelle: →Neuron.

Netzformation: →Formatio reticularis.

Neuralleiste: Beidseitig neben der →Neuralrinne entstehende Streifen im Ektoderm, in denen Nervenzellen entstehen.

Neuralrohr, Neuralrinne: Embryonale Urformen des Rückenmarks.

Neuroblast: Neuentstandene Nervenzelle, noch ohne →Axon und →Dendriten.

Neuroepithel: Zellschicht, in der →Neuroblaste entstehen.

Neuron: Nervenzelle, bestehend aus →Soma, →Dendriten und →Axon; Neurone erneuern sich nicht als ganze Zellen, sondern nur auf molekularer Ebene.

Neurophysiologie: Lehre von der Funktionsweise der Nerven und des Nervensystems.

Neurotransmitter: Chemische Substanz, die an der Übertragung eines Nervensignals über eine →Synapse beteiligt ist.

Olfaktorisch: Dem Geruchssinn zugehörig.

Ontogenese: Die Entwicklung des Individuums von der Eizelle zum Erwachsenen.

Ovulation: Eisprung.

Parasympathikus: Teil des autonomen Nervensystems; Hauptnerv ist der →Vagus-Nerv.

Paukengang: Einer der drei Röhrengänge in der →Schnecke.

Peripherie: Randgebiete; hier: die Sinnesorgane, von denen Reizimpulse in das →Zentralnervensystems gelangen.

Phylogenese: Die Entwicklung der Lebewesen, der Arten.

Plakode (Ohrp., Augenp.): Fläche am embryonalen Körper, aus der sich Sinnesorgane entwickeln.

Plazenta (Mutterkuchen): Gewebe, in dem der Blutkreislauf des Ungeborenen mit dem der Mutter verbunden wird; entwickelt sich aus dem →Chorion zu Beginn des vierten Monats, wird bei der Geburt als Nachgeburt ausgestoßen.

Primitivknoten, Primitivstreifen: Erste Strukturierungen der →Keimscheibe.

Pudendus-Nerv: Rückenmarksnerv, der den Beckenraum innerviert.

Pyramidenbahn: Bündel von Nervenfasern, die von der →Großhirnrinde ins Rückenmark ziehen.

Rautenhirn: Teil des embryonalen →„Urgehirns", knickt in der 6. Woche ein und bildet die Brücke.

Rekurrens-Nerv: Doppelseitiger Zweig des →Vagus-Nervs, der rechts kürzer ist als links. Nach Alfred A. Tomatis ergibt sich dadurch die Rechtsseitigkeit (→Lateralität), bzw. die Dominanz der linken →Hirnhemisphäre bei den meisten Menschen.

Rekursiv: Auf sich selbst (z.B. den/die SprecherIn) zurückbezogen.

REM-Schlaf (rapid eye movement): Schlafphase, die mit starken Augenbewegungen verbunden ist. Beim Erwachsenen verbunden mit Träumen.

Repräsentationssysteme: Je nach Wahrnehmungsorgan unterscheidbare Formen der Wahrnehmung und Erinnerung (z.B.→visuell, →auditiv, →kinästhetisch, →taktil, →gustatorisch, →olfaktorisch); als Begriff von John Grinder und Richard Bandler eingeführt.

Retina: Netzhaut im Auge; enthält die →Zäpfchen und →Stäbchen als →Rezeptorzellen.

Rezeptorzellen: Sinneszellen in den Sinnesorganen, die für die jeweiligen Reize aufnahmefähig sind (z.B. →Corti-Zellen im Ohr, →Zäpfchen und →Stäbchen im Auge).

Riechnerv: →Bulbus olfactorius.

Sacculus: Säckchenförmiges Gebilde im Innenohr; Teil des →Vestibularorgans.

Schlundbögen, Schlundfurchen: Ausbuchtungen bzw. Einstülpungen am Kopfende des Embryos, in denen Nerven, Gewebe, Muskeln, Knochen des vorderen Kopfes entstehen.

Schnecke: → Cochlea.

Schneckengang: Einer der drei Röhrengänge in der → Schnecke; auf seinem Boden befindet sich das → Cortische Organ mit den Hörzellen.

Segmentierung: Aufteilung in Körperabschnitte, die getrennt voneinander innerviert werden. Die Segmentierung des embryonalen Körpers durch die → Somiten ist auch im Erwachsenenalter noch vorhanden.

Sensomotorik: Verknüpfung von Sinneswahrnehmungen und Körperbewegungen eines Organismus.

Sinneszellen: → Rezeptorzellen.

Soma: Zellkörper (z.B. eines → Neurons).

Somiten: Reihenförmig angeordnete, wulstartige Knoten rechts und links vom Neuralrohr/Rückenmark des Embryos; in ihnen entstehen Zellen für Muskeln, Gewebe.

Spermium: Männliche Samenzelle.

Stäbchen: Rezeptorzellen in der Retina (Netzhaut) des Auges; ermöglichen das Helligkeits-Sehen.

Sympathikus: Teil des → autonomen Nervensystems, der zusammen mit dem → Parasympathikus die inneren Organe reguliert.

Synapse: Verbindungsstelle zwischen zwei Nerven, dient der Übertragung von Nervenimpulsen.

Taktil: Dem Berührungsempfinden zugehörig.

Thalamus: Teil des Zwischenhirns; wichtige Umschaltregion für die zur Großhirnrinde hin- und fortführenden Nervenbahnen.

Trigeminus-Nerv: Einer der paarigen Kopfnerven, zuständig für die Innervierung der Gesichts- und Mundmuskulatur.

Trommelfell: Muskel, der die Aufnahmefähigkeit der Tonschwingungen reguliert; trennt das Außen- und das Mittelohr voneinander.

Tropohoblast: Hülle, die den → Embryoblast umgibt.

Ultraschall-Technik: Moderne Echo-Technik, um Beobachtungen im Inneren von Organismen durchzuführen. Inzwischen Routine-Untersuchung zur vorgeburtlichen Diagnostik.

Urgehirn: Vorderhirn, Mittelhirn, Brücke und verlängertes Rükkenmark, durch die sich die → Formatio reticularis zieht; in der embryonalen Phase stellt das U. die höchste Ebene des → Zentralnervensystems dar.

Uterus: Gebärmutter.

Utriculus: Im Innenohr gelegener kleiner Schlauch, von dem die drei →Bogengänge ausgehen; Teil des →Vestibularorgans.

Vagus-Nerv: Doppelseitiger, vom Kopf aus den gesamten Körper durchziehender („vagierender“, wandernder) Nervenstrang mit vielen Verzweigungen (z.B. dem →Rekurrens-Nerv), der die wichtigsten inneren Organe (Lunge, Magen, Darm), sowie die Muskeln des Kehlkopfes und des →Trommelfells im Kopf innerviert; Hauptnerv des →Parasympathikus.

Verlängertes Rückenmark (Medulla oblongata): Teil des →Hirnstamms.

Vestibularorgan: Gleichgewichtsorgan im Innenohr, bestehend aus dem Vestibulum (Vorhof), dem →Sacculus, dem →Utriculus und den drei →Bogengängen.

Visuell: Dem Sehsinn zugehörig.

Zäpfchen: Rezeptorzellen in der Retina (Netzhaut) des Auges; ermöglichen das Farbensehen.

Zentralnervensystem: Koordiniert Sinneswahrnehmungen und Bewegungen eines Organismus; beim Menschen besteht das Z. aus dem Gehirn, dem →Rückenmark, den Hirnnerven (z.B. →Vagus-Nerv) und den zentralen Anteilen des →autonomen Nervensystems.

Zwischenhirn: Entsteht aus dem →Vorderhirn, sobald das Großhirn (→Kortex) darüber hinwegzuwachsen beginnt.

Zygote: Befruchtete Eizelle.

Nachweis der Abbildungen

S. 16, S. 54 Frontispiz Kap. 1 und 2: Fotos: petit format, Photothèque, Paris, Fotograf: Guigoz

Abb.: 1, 2, 3, 4, 5, 6, 9, 11, 12, 18, 20, 22:
nach Jan Langman: Medizinische Embryologie. Stuttgart, New York 1985 (Thieme Verlag).

Abb. 7: nach R. F. Schmidt (Hrsg.): Grundriß der Neurophysiologie. Berlin, Heidelberg, New York 1983, 5. neubearb. Aufl. (Springer-Verlag)

Abb. 8: Fotos: Tryphena Humphrey: Functions of the Nervous System During Prenatal Life. In: Uwe Stave (Hrsg.): Perinatal Physiology, New York, London 1978 (Plenum Press).

Abb. 10: nach R. Moore: Die Evolution. Amsterdam 1973 (in: Frederic Vester: Denken, Lernen, Vergessen. München 1978 [dtv])

Abb. 13: Ultraschall-Fotos: Rainer Bald, Universitäts-Frauenklinik Bonn

Abb. 14, 15, 16: nach J. I. P. de Vries, G. H. A. Visser, H. F. R. Prechtl: The emergence of fetal behavior. In: *Early Development*, Bd. 7

Abb. 17: nach Alfred A. Tomatis: Der Klang des Lebens, Reinbek 1987 (Rowohlt) und Robert F. Schmidt (Hrsg.): Grundriß der Sinnensphysiologie. Berlin, Heidelberg, New York 1980 (Springer-Verlag)
und Alfred Benninghoff, Kurt Goerttler: Lehrbuch der Anatomie des Menschen. 3. Bd. 11. u. 12. Auf. München, Berlin, Wien 1979 (Urban & Schwarzenberg)

Abb. 19: nach Robert F. Schmidt (Hrsg.): Grundriß der Sinnesphysiologie. Berlin, Heidelberg, New York 1980 (Springer Verlag)

Abb. 21: Zeichnung Marianne Krüll nach Alfred Benninghoff, Kurt Goerttler: Lehrbuch der Anatomie des Menschen. 3. Bd. 11. und 12. Aufl. München u. a. 1979 (Urban & Schwarzenberg)

Abb. 23: nach Colwyn B. Trevarthen: Behavioral Embryology. In: E. C. Carterette u. a. (Hrsg.): Handbook of Perception. Vol. II, New York 1974 (Academic Press)

Abb. 24, 25: Richard L. Sidman, Pasko Rakic: Neuronal Migration. In: *Brain Research*, 62, 1973

S. 108: Frontispiz Kap. 3: Foto: Familie Margrit und Werner Nothdurft, Bonn

Abb. 26: nach Volker Friedberg, Hans-Dieter Hiersche: Geburtshilfe. 2. Aufl. Stuttgart, New York 1983 (Thieme Verlag)

Abb. 27: Foto: Lennart Nilsson: Ein Kind entsteht. München 1982 (Mosaik Verlag)

Abb. 28: Foto: Frederick Leboyer: Geburt ohne Gewalt. München 1981 (Kösel Verlag)

Abb. 29: Foto: T. Berry Brazelton: Neonatal Behavioral Assessment Scale, 2. Aufl. London, Philadelphia 1984 (Spastics International Medical Publications)

Abb. 30: Foto: Marlen Pszybilka, Universitäts-Frauenklinik Bonn

Abb. 31: Foto: David Klaus in: Marshall H. Klaus, Phyllis H. Klaus: Neugeboren. München 1987 (Kösel)

Abb. 32: Foto: Familie Insa Fooken, Bonn

Abb. 33: nach Conel/Leroy: The postnatal development of the human cerebral cortex. Vol. I Cambrigde 1939 (Harvard Univ. Press) nach Ingeborg Brandt: Patterns of Early Neurological Development. In: Frank Falkner, J. M. Tanner: Human Growth, Bd. 3, New York, London 1979 (Plenum Press)

S. 158 Frontispiz Kap. 4: Foto: William Damon: Die soziale Entwicklung des Kindes. Stuttgart 1989 (Klett-Cotta)

Abb. 34: Foto: T. Berry Brazelton: Babys erstes Lebensjahr. München 1975 (dtv)

Abb. 35, 36, 37: Fotos: Marianne Krüll

Abb. 38, 39: Fotos: René Spitz: Vom Säugling zum Kleinkind. Stuttgart 1967 (Klett)

Abb. 40: Foto: Margaret Mead: Children and Ritual in Bali. In: Margaret Mead, Martha Wolfenstein: Childhood in Contemporary Cultures. Chicago, London 1955 (Chicago Univ. Press)

Abb. 41: Foto: Gregory Bateson, Margaret Mead in: Jane Belo (Hrsg.): Traditional Balinese Culture. New York 1970 (Columbia Univ. Press)

S. 106 Frontispiz Kap. 5: Foto: Familie Ulrike und Joachim Hochhäuser-Moesch

Abb. 42: nach W. Penfield, L. Roberts: Speech and Brain Mechanisms. Princeton, N. J. 1959 (Princeton Univ. Press)
nach John C. Eccles in: Karl R. Popper, John C. Eccles: Das Ich und sein Gehirn. München, Zürich 1982 (Piper)

S. 280 Frontispiz Kap. 6: Marie Marcks: Die Unfähigkeit zu mauern. Frauenbuchverlag München 1987

Literatur

Auwärter, Manfred, Edit Kirsch, Klaus Schröter (Hrsg.) (1976): Seminar: Kommunikation, Interaktion, Identität. Frankfurt/M. (Suhrkamp).

Bandler, Richard, John Grinder (1981): Metasprache und Psychotherapie. Struktur der Magie I. Paderborn (Junfermann). Orig. amerik.: The Structure of Magic. Volume I. Palo Alto, Calif. (1975).

Barnes, Mary (1973): Meine Reise durch den Wahnsinn. Aufgezeichnet von Mary Barnes und kommentiert von ihrem Psychiater Joseph Berke. 1. Aufl. München (Kindler). Orig. engl.: Mary Barnes. London (1971).

Bateson, Gregory (1964): The Logical Categories of Learning and Communication. Dt. in: Bateson, G.: Ökologie des Geistes. Frankfurt/M. (Suhrkamp) 1983.

Bateson, Gregory (1983): Ökologie des Geistes. Anthropologische, psychologische, biologische und epistemologische Perspektiven. Frankfurt/M. (Suhrkamp). Orig. amerik.: Steps to an Ecology of Mind. New York (1980).

Bateson, Gregory (1983a): Metalog: Was ist ein Instinkt? In: Bateson: Ökologie des Geistes. Frankfurt/M. (Suhrkamp).

Bateson, Gregory (1984): Geist und Natur. Eine notwendige Einheit. Frankfurt/M. (Suhrkamp). Orig. amerik.: Mind and Nature. New York (1979).

Belo, Jane (Hrsg.) (1970): Traditional Balinese Culture. New York (Columbia University Press).

Belotti, Elena Gianni (1975): Was geschieht mit kleinen Mädchen? Über die zwangsweise Herausbildung der weiblichen Rollen in den ersten Lebensjahren durch die Gesellschaft. München (Verlag Frauenoffensive). Orig. ital.: Dalla parte delle bambine. Mailand (1973).

Benninghoff, Alfred, Kurt Goerttler (1979): Lehrbuch der Anatomie des Menschen. 3. Band: Nervensystem, Haut und Sinnesorgane. 11. u. 12. Aufl. München, Berlin, Wien (Urban & Schwarzenberg).

Berger, Peter, Thomas Luckmann (1974): Die gesellschaftliche Konstruktion der Wirklichkeit. Eine Theorie der Wissenssoziologie. Frankfurt (Suhrkamp). Orig. amerik.: The Social Construction of Reality. New York (1967).

Bernard, Jessie (1981): The Female World. New York (Free Press).

Bettelheim, Bruno (1983): Die Geburt des Selbst. Erfolgreiche Therapie autistischer Kinder. Frankfurt/M. (Fischer Taschenbuch Verlag). Orig. amerik.: The Empty Fortress. New York (1967).

Blechschmidt, Erich (1961): Die vorgeburtlichen Entwicklungsstadien des Menschen. Einführung in die Humanembryologie. Basel, Freiburg u. a. (Karger).

Blechschmidt, Erich (1963): Der menschliche Embryo. Dokumentationen zur kinetischen Anatomie. Stuttgart (Schattauer).

Blechschmidt, Erich (1964): Die Entwicklung des menschlichen Nervensystems. Die Entstehung der Gehirntätigkeit. Göttingen, Stuttgart (Hogrefe).

Blechschmidt, Erich (1973): Humanembryologie – Entwicklung des Nervensystems. In: Graber, Gustav, Friedrich Kruse (Hrsg.): Vorgeburtliches Seelenleben. München (Goldmann).

Boden, Margaret A. (1977): Artificial Intelligence and Natural Man. Hassocks (Harvester Press).

Bouchard, Thomas J. (1981): The Study of Mental Ability Using Twin and Adoption Designs. In: *Twin Research* 3: Intelligence, Personality and Development, S. 21–23.

Bouchard, Thomas J., Margaret Keyes, Susan Resnik, Leonard Hestow, Elke Eckert (1981): The Minnesota Study of Twins Reared Apart: Project Description and Sample Results in the Developmental Domain. In: *Twin Research* 3: Intelligence, Personality and Development, S. 227–233.

Bouchard, Thomas J. (1983): Do Environmental Similarities Explain the Similarity in Intelligence of Identical Twins Reared Apart? *Intelligence*, 7, S. 175–184.

Bouchard, Thomas J. et al. (1983): Project Description Minnesota Study of Twins Reared Apart. Unveröff. Manuskript.

Bower, Tom (1978): Die Wahrnehmungswelt des Kindes. Stuttgart (Klett-Cotta). Orig. engl.: The Perceptual World of the Child. London (1977).

Bowlby, John (1975): Bindung: eine Analyse der Mutter-Kind-Beziehung. München (Kindler). Orig. engl.: Attachment and Loss. London (1969).

Bräutigam, Hans-Harald (1981): Fortschritt nach rückwärts? Über die Risiken der sanften Geburt. In: Schreiber, Marion (Hrsg.): Die schöne Geburt. Reinbek (Rowohlt).

Brandt, Ingeborg (1979): Patterns of Early Neurological Development. In: Falkner, Frank, J. M. Tanner: Human Growth. Bd. 3, New York, London (Plenum Press).

Brandt, Ingeborg (1981): Kopfumfang und Gehirnentwicklung. Wachstumsretardierung bei intrauteriner Mangelversorgung und ihre Aufholmechanismen. *Klinische Wochenschrift*, 59, S. 243–304.

Brazelton, T. Berry (1975): Babys erstes Lebensjahr. Unterschiede in der geistigen und körperlichen Entwicklung. München (Deutscher Taschenbuch Verlag). Orig. amerik.: Infants and Mothers. New York (1969).

Brazelton, T. Berry (1984): Neonatal Behavioral Assessment Scale. 2. Aufl. London, Philadelphia (Spastics International Medical Publications).

Britton, James (1973): Die sprachliche Entwicklung in Kindheit und Jugend. Düsseldorf (Schwann). Orig. amerik.: Language and Learning (1970).

Bruner, Jerome S. (1979): Von der Kommunikation zur Sprache. Überlegungen aus psychologischer Sicht. In: Martens, Karin (Hrsg.): Kindliche Kommunikation. Frankfurt/M. (Suhrkamp). Orig. amerik.: From communication to language – a psychological perspective. *Cognition*, 3, 1974/1975.

Bruner, Jerome S. (1980): Mutter-Sprache. *Psychologie Heute*, 7, S. 61–67.

Bullowa, Margaret (Hrsg.) (1979): Before Speech. The Beginning of Interpersonal Communication. Cambridge (Cambridge University Press).

Cameronchild, Jessica (1980): An Autobiography of Violence. In: Williams, Gertrude J., John Money (Hrsg.): Traumatic Abuse and Neglect of Children at Home. Baltimore (Johns Hopkins University Press).

Capra, Fritjof (1982): Wendezeit. Bausteine für ein neues Weltbild. München (Scherz). Orig. amerik.: The Turning Point. New York (1982).

Capra, Fritjof, Hans-Peter Dürr (1983): Die Wende wird kommen! – Wird die Zeit reichen? *Psychologie Heute*, 7, S. 28–40.

Castaneda, Carlos (1973): Die Lehren des Don Juan. Ein Yaqui Weg des Wissens. Frankfurt/M. (Fischer Taschenbuch Verlag). Orig. amerik.: The Teachings of Don Juan. Berkeley, Calif. (1968).

Changeux, Jean-Pierre (1983): Concluding Remarks: On the Singularity of Nerve Cells and its Ontogenesis. In: Changeux et al. (Hrsg.): Molecular and Cellular Interactions Underlying Higher Brain Functions. Amsterdam (Elsevier).

Changeux, Jean-Pierre (1984): Der neuronale Mensch. Wie die Seele funktioniert – die Entdeckungen der neuen Gehirnforschung. Reinbek (Rowohlt). Orig. franz.: L'homme neuronal. Paris (1983).

Chef, Rainer (Hrsg.) (1979): Real Time Ultrasound in Perinatal Medicine. Basel u. a. (Karger).

Chodorow, Nancy (1985): Das Erbe der Mütter. Psychoanalyse und Soziologie der Geschlechter. München (Verlag Frauenoffensive). Orig. amerik.: The Reproduction of Mothering. San Francisco (1978).

Chomsky, Noam (1972): Aspekte der Syntax-Theorie. Frankfurt (Suhrkamp). Orig. amrik.: Aspects of the Theory of Syntax. Cambridge, Mass. (1965).

Chorover, Stephan L. (1982): Die Zurichtung des Menschen. Von der Verhaltenssteuerung durch die Wissenschaften. Frankfurt, New York (Campus). Orig. amerik.: From Genesis to Genocide. Cambridge, Mass. (1979).

Cicourel, Aaron V. (1975): Sprache in der sozialen Interaktion. München (List). Orig. engl.: Cognitive Sociology. Language and Meaning in Social Interaction. Harmondsworth (1973).

Clauser, Günter (1971): Die vorgeburtliche Entstehung der Sprache als anthropologisches Problem. Stuttgart (Enke).

Coleman, Paul D. (1965): Effects of Rearing in the Dark on Dendritic Fields of Stellate Cells in Visual Cortex. Unveröff. Manuskript.

Corner, M. A., R. E. Baker, N. E. van de Poll, D. F. Swaab, H. B. M. Uylings (Hrsg.) (1978): Maturation of the Nervous System. *Progress in Brain Research*, Bd. 48. Amsterdam (Elsevier).

Daly, Mary (1981): Gyn/Ökologie: eine Meta-Ethik des radikalen Feminismus. München (Verlag Frauenoffensive). Orig. amerik.: Gyn/Ecology. Boston (1978).

Davis, John A., John Dobbing (Hrsg.) (1981): Scientific Foundations of Paediatrics. 2. Aufl. London (Heimann Medical Books).

DeMause, Lloyd (1982): The Fetal Origins of History. In: DeMause, Lloyd: Foundations of Psychohistory. New York (Creative Roots). Dt.: Grundlagen der Psychohistorie. Hrsg. von Aurel Ende. 2. Aufl. Frankfurt/M., Basel (Stroemfeld/Roter Stern)(1987).

Dinnerstein, Dorothy (1979): Das Arrangement der Geschlechter. Stuttgart (Deutsche Verlagsanstalt). Orig. amerik.: The Mermaid and the Minotaur. New York (1976).

Ditfurth, Hoimar von (1983): Zwillinge: Marionetten der Gene. In: GEO 1983, 5, S. 38–54.

Eccles, John C. (1975): Das Gehirn des Menschen. München, Zürich (Piper). Orig. engl.: The Understanding of the Brain. New York (1973).

Eccles, John C. (1980): The Human Psyche, The Gifford Lectures. University of Edinburgh 1978–1979. Berlin u. a. (Springer). Dt.: Die Psyche des Menschen. München u. a. 1985 (Reinhardt).

Eccles, John C. (1982): Das Rätsel Mensch. Die Gifford Lectures an der Universität Edinburgh 1977–1978. München, Basel (Reinhardt). Orig. engl.: The Human Mystery: the Gifford Lectures. Berlin u. a. (1979).

Erickson, Milton H. (1967): Advanced Techniques of Hypnosis and Therapy. Selected Papers of Milton H. Erickson, M. D. Hrsg. von Jay Haley. New York, San Francisco, London (Gruner & Stratton).
Erickson, Milton H., Ernest L. Rossi, Sheila L. Rossi (1978): Hypnose. Induktion – Psychotherapeutische Anwendung – Beispiele. München (Pfeiffer). Orig. amerik.: Hypnotic Realities. New York (1978).
Erickson, Milton H., Ernest L. Rossi (1981): Hypnotherapie. Aufbau – Beispiele – Forschungen. München (Pfeiffer). Orig. amerik.: Hypnotherapy. New York (1979).
Erikson, Erik H. (1965): Kindheit und Gesellschaft. Stuttgart (Klett-Cotta). Orig. amerik.: Childhood and Society. New York (1950).
Erikson, Erik H. (1966): Identität und Lebenszyklus. Drei Aufsätze. Frankfurt/M. (Suhrkamp). Orig. amerik.: Identity and the Life Cycle. New York (1959).
Farber, Susan L. (1981): Identical Twins Reared Apart: a Reanalysis. New York (Basic Books).
Feher, Leslie (1980): The Psychology of Birth. The Foundation of Human Personality. London (Souvenir Press).
Feldenkrais, Moshé (1978): Bewußtheit durch Bewegung. Der aufrechte Gang. Frankfurt/M. (Suhrkamp). Orig. hebräisch, Tel Aviv (1967).
Feldenkrais, Moshé (1981): Abenteuer im Dschungel des Gehirns. Der Fall Doris. Frankfurt/M. (Suhrkamp). Orig. amerik.: The Case of Nora. New York (1977).
Feldenkrais, Moshé (1985): Die Entdeckung des Selbstverständlichen. Frankfurt/M. (Suhrkamp). Orig. amerik.: The Elusive Obvious. Cupertino (1981).
Flanagan, Geraldine Lux (1980): Die ersten neuen Monate des Lebens. Reinbek (Rowohlt). Orig. amerik.: The First Nine Months of Life. New York (1962).
Foerster, Heinz von (1985): Sicht und Einsicht: Versuche zu einer operativen Erkenntnistheorie. Braunschweig, Wiesbaden (Vieweg).
Fraiberg, Selma (1979): Blind infants and their mothers: an examination of the sign system. In: Bullowa, Margaret (Hrsg.): Before Speech. Cambridge, London u. a. (1979).
Freud, Ernest W. (1981): To Be in Touch. *Journal of Child Psychotherapy*, 7, S. 7–9.
Freud, Sigmund (1905): Drei Abhandlungen zur Sexualtheorie. In: Studienausgabe Bd. V. Frankfurt/M. (S. Fischer) 1972.
Freud, Sigmund (1924): Der Untergang des Ödipuskomplexes. In: Studienausgabe Bd. V. Frankfurt/M. (S. Fischer) 1972.
Freud, Sigmund (1931): Über weibliche Sexualität. In: Studienausgabe Bd. V. Frankfurt/M. (S. Fischer) 1972.
Freud, Sophie (1983): A Feminist Perspective. In: Rosenblatt, A., D. Waldfogel (Hrsg.): Handbook of Clinical Social Work. San Francisco (Jossey-Bass).
Friedberg, Volker, Hans-Dieter Hiersche (1983): Geburtshilfe. Ein kurzgefaßtes Lehrbuch. 2. Aufl. Stuttgart, New York (Thieme).
Furth, Hans G. (1972): Denkprozesse ohne Sprache. Düsseldorf (Schwann). Orig. amerik.: Thinking without Language. London, New York (1966).
Garfinkel, Harold: (1967): Studies in Ethnomethodology. Englewood Cliffs, N. J. (Prentice Hall).
Glasersfeld, Ernst von (1984): Einführung in den radikalen Konstruktivismus. In: Watzlawick, Paul (Hrsg.): Die erfundene Wirklichkeit. München (Piper) 1981.

Graber, Gustav Hans (Hrsg.) (1974): Pränatale Psychologie. Die Erforschung vorgeburtlicher Wahrnehmungen und Empfindungen. München (Kindler).
Graber, Gustav Hans, Friedrich Kruse (Hrsg.) (1973): Vorgeburtliches Seelenleben. Naturwissenschaftliche Grundlagen. Anfänge der Erfahrensbildung. Neurosenverhütung von der Zeugung an. München (Goldmann).
Grabrucker, Marianne (1985): „Typisch Mädchen..." Prägung in den ersten drei Lebensjahren. Ein Tagebuch. Frankfurt/M. (Fischer).
Green, Hannah (1981): Mit diesem Zeichen. Reinbek (Rowohlt). Orig. amerik.: In this Sign. New York (1970).
Grinder, John, Richard Bandler (1982): Kommunikation und Veränderung. Die Struktur der Magie II. Paderborn (Junfermann). Orig. amerik.: The Structure of Magic. Volume II. Palo Alto, Calif. (1976).
Grinder, John, Richard Bandler (1984): Therapie in Trance. Hypnose: Kommunikation mit dem Unbewußten. Stuttgart (Klett-Cotta). Orig. amerik.: TRANCE-Formations. Moab (1981).
Grof, Stanislav (1978): Topographie des Unbewußten. LSD im Dienst der tiefenpsychologischen Forschung. Stuttgart (Klett-Cotta). Orig. amerik.: Realities of the Human Unconscious. New York (1975).
Gross, Werner (1982): Was erlebt ein Kind im Mutterleib? Ergebnisse und Folgerungen der pränatalen Psychologie. Freiburg i. Br. (Herder).
Hagemann-White, Carol (1984): Sozialisation: Weiblich – männlich. Opladen (Leske und Budrich).
Haley, Jay (1978): Die Psychotherapie Milton H. Ericksons. München (Pfeiffer). Orig. amerik.: Uncommon Therapy. The Psychiatric Techniques of Milton H. Erickson, M. D. New York (1973).
Halliday, Michael (1979): One child's protolanguage. In: Bullowa, Margaret (Hrsg.): Before Speech. Cambridge, London u. a. (Cambridge University Press).
Hansmann, Manfred et al. (1985): Ultraschalldiagnostik in Geburtshilfe und Gynäkologie. Lehrbuch und Atlas. Berlin u. a. (Springer).
Harth, Erich (1982): Windows on the Mind. Reflections on the Physical Basis of Consciousness. New York (Morrow).
Hau, Theodor F., Sepp Schindler (Hrsg.) (1982): Pränatale und perinatale Psychosomatik. Stuttgart (Hippokrates).
Hoffman, Lynn (1987): Jenseits von Macht und Kontrolle: Auf dem Weg zu einer Systemischen Familientherapie „zweiter Ordnung". In: *Zeitschrift für systemische Therapie*, 5, S. 76–93.
Hofstadter, Douglas R. (1986): Gödel, Escher, Bach. Ein endloses geflochtenes Band. Stuttgart (Klett-Cotta). Orig. amerik.: Gödel, Escher, Bach. New York (1979).
Humphrey, Tryphena (1970): Functions of the Nervous System During Prenatal Life. In: Stave, Uwe (Hrsg.): Perinatal Physiology. New York, London, 1. Aufl. (Plenum Press).
Hunt, Morton (1982): The Universe Within. A New Science Explores the Human Mind. Brighton. Dt.: Das Universum in uns: neues Wissen vom menschlichen Denken. München, Zürich (Piper) 1984.
Janov, Arthur (1982): Das befreite Kind. Grundsätze einer primärtherapeutischen Erziehung. Frankfurt/M. (Fischer). Orig. amerik.: The Feeling Child. New York (1973).

Kaye, Kenneth (1979): Thickening thin data: The maternal role in developing communication and langugage. In: Bullowa, Margaret (Hrsg.): Before Speech. Cambridge, London u. a. (Cambridge University Press).
Keeney, Bradford P. (1987): Ästhetik des Wandels. Hamburg (Isko-Press). Orig. amerik.: Aesthetics of Change. New York, London (1983).
Keller, Evelyn Fox (1986): Liebe, Macht und Erkenntnis. München (Hanser). Orig. amerik.: Reflections on Gender and Science. New Haven, London (1985).
Keller, Helen (o. Jahrg.): Licht in mein Dunkel. Zürich (Swedenborg). Orig. engl.: My Religion. O. Jahr.
Kitzinger, Sheila (1980): Frauen als Mütter. Geburt und Mutterschaft in verschiedenen Kulturen. München (Kösel). Orig. engl.: Women as Mothers. Glasgow (1978).
Kitzinger, Sheila (1980a): Natürliche Geburt. Ein Buch für Mütter und Väter. München (Kösel). Orig. engl.: The Experience of Childbirth. London, 4. Aufl. 1978.
Kitzinger, Sheila (1981): „Die Geburt ist im wesentlichen ein Geschlechtsakt". Die kulturelle Entsexualisierung der Geburt. In: Schreiber, Marion (Hrsg.): Die schöne Geburt. Reinbek (Rowohlt) 1981.
Klaus, Marshall H., Phyllis H. Klaus (1987): Neugeboren. Das Wunder der ersten Lebenswochen. München (Kösel). Orig. amerik.: The Amazing Newborn. Reading u. a. (1985).
Klaus, Marshall H., John H. Kennell (1987): Mutter-Kind-Bindung. Über die Folgen einer frühen Trennung. München (Deutscher Taschenbuch Verlag). Orig. amerik.: Maternal-Infant-Bonding. Saint Louis (1976).
Kreitler, Hans, Schulamith Kreitler (1967): Die kognitive Orientierung des Kindes. München, Basel (Ernst Reinhardt).
Krüll, Marianne (1977): Schizophrenie und Gesellschaft. Zum Menschenbild in Psychiatrie und Soziologie. München (C. H. Beck). 2. Aufl. Frankfurt/M. (Fischer).
Krüll, Marianne (1979): Freud und sein Vater. Die Entstehung der Psychoanalyse und Freuds ungelöste Vaterbindung. München (C. H. Beck).
Krüll, Marianne (1986): Thomas Mann – Sohn eines Vaters und Vater eines Sohnes. Die Todesthematik in der Familie Mann. In: Dunde, Siegfried R. (Hrsg.): Neue Väterlichkeit. Gütersloh (Gütersloher Verlagshaus).
Krüll, Marianne (1987): Systemisches Denken und Ethik. Politische Implikationen der systemischen Perspektive. *Zeitschrift für systemische Therapie*, 5, S. 250–255.
Krüll, Marianne (1987a): Feministisches Denken als Kritik am Sexismus in der Familientherapie und in der Gesellschaft. In: Massing, Almuth, Inge Weber (Hrsg.): Lust und Leid. Berlin u. a. (Springer).
Krüll, Marianne (1987b): Die epistemologische Herausforderung des feministischen und des systemischen Denkens. *Familiendynamik*, 12, S. 224–239.
Laing, Ronald D. (1972): Das geteilte Selbst. Eine existentielle Studie über geistige Gesundheit und Wahnsinn. Köln (Kiepenheuer & Witsch). Orig. engl.: The Divided Self. London (1959).
Laing, Ronald D. (1981): Die Tatsachen des Lebens. Reinbek (Rowohlt). Orig. engl.: The Facts of Life. London (1976).
Laing, Ronald D., Aaron Esterson (1975): Wahnsinn und Familie. Familien von

Schizophrenen. Köln (Kiepenheuer & Witsch). Orig. engl.: Sanity, Madness and the Family. London (1964).
Laing, Ronald D., H. Phillipson, A. Russell Lee (1976): Interpersonelle Wahrnehmung. Frankfurt/M. (Suhrkamp). Orig. engl.: Interpersonal Perception. London (1966).
Langman, Jan (1985): Medizinische Embryologie. Die normale menschliche Entwicklung und ihre Fehlbildungen. 7. überarb. u. erw. Aufl. Stuttgart (Thieme). Orig. amerik.: Medical Embryology. 1. Aufl. 1970.
Leboyer, Frédéric (1981): Geburt ohne Gewalt. 1. Aufl. München (Kösel). Orig. franz.: Pour une naissance sans violence. Paris (1974).
Lenneberg, Eric H. (1972): Biologische Grundlagen der Sprache. Frankfurt/M. (Suhrkamp). Orig. amerik.: Biological Foundations of Language. New York (1967).
Liedloff, Jean (1980): Auf der Suche nach dem verlorenen Glück. Gegen die Zerstörung unserer Glücksfähigkeit in der frühen Kindheit. München (Beck). Orig. amerik.: The Continuum Concept. New York (1977).
Lorenz, Konrad (1965): Über tierisches und menschliches Verhalten. Ges. Abhandlungen. Bd. I und II. München (Piper).
Macfarlane, Aidan (1977): The Psychology of Childbirth. London (Open Books).
Mann, Klaus (1965): Kind dieser Zeit. 1906–1924. Reinbek (Rowohlt). Orig. 1932.
Martens, Karin (Hrsg.) (1979): Kindliche Kommunikation. Theoretische Perspektiven, empirische Analysen, methodologische Grundlagen. Frankfurt/M. (Suhrkamp).
Maturana, Humberto R. (1982): Erkennen: Die Organisation und Verkörperung von Wirklichkeit. Ausgewählte Arbeiten zur biologischen Epistemologie. Braunschweig, Wiesbaden (Vieweg).
Maturana, Humberto R., Gloria Guiloff (1980): The quest for the intelligence of intelligence. *Journal of Social and Biological Structures*, 3, S. 135–148.
Maturana, Humberto R., Francisco G. Varela (1987): Der Baum der Erkenntnis. Die biologischen Wurzeln des menschlichen Erkennens. Bern, München, Wien (Scherz). Orig. spanisch: El árbol del conocimiento. Santiago de Chile (1984).
McCall, Robert B. (1979): Infants. Cambridge, London (Children's Trust).
Mead, Margaret (1955): Children and Ritual in Bali. In: Mead, Margaret, M. Wolfenstein (Hrsg.): Childhood in Contemporary Cultures. Chicago, London (University of Chicago Press).
Mead, Margaret (1958): Mann und Weib. Das Verhältnis der Geschlechter in einer sich wandelnden Welt. Reinbek (Rowohlt). Orig. amerik.: Male and Female (1950).
Mead, Margaret (1959): Geschlecht und Temperament in drei primitiven Gesellschaften (Jugend und Sexualität in primitiven Gesellschaften, Band 3). Reinbek (Rowohlt). Orig. amerik.: Sex and Temperament. New York (1935).
Mehan, Hugh, Houston Wood (1975): The Reality of Ethnomethodology. New York (Wiley).
Mehan, Hugh, Houston Wood (1976): Fünf Merkmale der Realität. In: Weingarten, Elmar u. a. (Hrsg.): Ethnomethodologie. Frankfurt/M. (Suhrkamp). Orig. amerik.: The Reality of Ethnomethodology, Kapitel 2. New York (1975).
Merchant, Carolyn (1987): Der Tod der Natur. Ökologie, Frauen und neuzeitliche

Naturwissenschaften. Müchen (C. H. Beck). Orig. amerik.: The Death of Nature. New York (1983).
Mershon, Katharane Edson (1971): Seven plus Seven. Mysterious Life-Rituals in Bali. New York (Vantage Press).
Merten, Klaus (1977): Kommunikation. Eine Begriffs- und Prozeßanalyse. Opladen (Westdeutscher Verlag).
Miller, Alice (1980): Am Anfang war Erziehung. Frankfurt/M. (Suhrkamp).
Miller, Alice (1981): Du sollst nicht merken. Variationen über das Paradies-Thema. Frankfurt/M. (Suhrkamp).
Montagu, Ashley (1974): Körperkontakt. Die Bedeutung der Haut für die Entwicklung des Menschen. Stuttgart (Klett-Cotta). Orig. amerik.: Touching. The Human Significane of the Skin. New York, London (1971).
Morgan, Robin (1983): Anatomie der Freiheit. Feminismus, Physik und Weltpolitik. Orig. amerik.: The Anatomy of Freedom. New York (1982).
Nilsson, Lennart (1982): Ein Kind entsteht. Eine Bilddokumentation über die Entwicklung des Kindes vor der Geburt und praktische Ratschläge für die Schwangerschaft. München (Mosaik).
Noble, Vicki (1983): Motherpeace. A Way to the Goddess through Myth, Art, and Tarot. New York (Harper & Row). Dt.: Mythen, Musen und Tarot. München (Verlag Frauenoffensive) 1987.
Oevermann, Ulrich, Tilman Allert, Helga Gripp, Elisabeth Konau, Jürgen Krambeck, Erna Schröder-Caesar, Yvonne Schütze (1977): Beobachtungen zur Struktur der sozialisatorischen Interaktion. Theoretische und methodologische Fragen der Sozialisationsforschung. In: Auwärter, Manfred u. a. (Hrsg.): Seminar: Kommunikation, Interaktion, Identität. Frankfurt/M. (Suhrkamp).
Odent, Michel (1979): Die sanfte Geburt. Die Leboyer-Methode in der Praxis. München (Kösel). Orig. franz.: Bien naître. Paris (1976).
Okado, Nobuo (1980): Development of the Human Cervical Spinal Cord in the Motor Nucleus. *The Journal of Comparative Neurology*, 119, S. 495–513.
Okado, Nobuo, Shigeo Kakimi, Tokuzo Kojima (1979): Synaptogenesis in the Cervical Cord of the Human Embryo: Sequence of Synapse Formation in a Spinal Reflex Pathway. *The Journal of Comparative Neurology*, 1984, S. 491–518.
O'Rahilly, Ronan (1973): Developmental Stages in Human Embryos. Part A: Embryos of the First Three Weeks. In: Carnegie Institution of Washington Publication. Washington.
Ounsted, Christopher, Rhoda Oppenheimer, Janet Lindsay (1980): Aspects of Bonding Failure: The Psychopathology and Psychotherapeutic Treatment of Families of Battered Children. In: Williams, Gertrude J., John Money (Hrsg.): Traumatic Abuse and Neglect of Children at Home. Baltimore, London (Johns Hopkins University Press).
Papousek, Hanns, Mechthild Papousek (1979): Lernen im ersten Lebensjahr. In: Montada, Leo (Hrsg.): Brennpunkte der Entwicklungspsychologie. Stuttgart u. a. (Kohlhammer).
Parin, Paul, Fritz Morgenthaler, Goldy Parin-Matthey (1972): Die Weißen denken zuviel. Psychoanalytische Untersuchungen in Westafrika. München (Kindler).
Piaget, Jean (1975): Der Aufbau der Wirklichkeit beim Kinde. Ges. Werke Bd. 2. Stuttgart (Klett-Cotta). Orig. franz.: La construction du réel chez l'enfant. Neu-

châtel (1937).
Piaget, Jean, Bärbel Inhelder (1972): Die Psychologie des Kindes. Olten (Walter). Orig. franz.: La psychologie de l'enfant. Paris (1966).
Popper, Karl R., John C. Eccles (1982): Das Ich und sein Gehirn. München, Zürich (Piper). Orig. amerik.: The Self and its Brain – An Argument for Interactionism. Heidelberg u. a. (1977). (Die deutsche Ausgabe ist erheblich verändert).
Pschyrembel, Willibald, Joachim W. Dudenhausen (1986): Praktische Geburtshilfe mit geburtshilflichen Operationen. 15. Aufl. Berlin (de Gruyter).
Pusch, Luise (1974): Das Deutsche als Männersprache. Aufsätze und Glossen zu einer feministischen Linguistik. Frankfurt/M. (Suhrkamp).
Rentmeister, Cillie (1985): Frauenwelten – Männerwelten. Für eine neue kulturpolitische Bildung. Opladen (Leske und Budrich).
Rich, Adrienne (1978): Von Frauen geboren. Mutterschaft als Erfahrung und Institution. München (Verlag Frauenoffensive). Orig. amerik.: Of Woman Born. New York (1977).
Rosen, Sidney (1985): Die Geschichten von Milton H. Erickson. Hamburg (Isko-Press). Orig. amerik.: My Voice Will Go with You. The Teaching Tales of Milton H. Erickson, M.D. New York, London (1982).
Rottmann, Gerhard (1974): Untersuchungen über Einstellungen zur Schwangerschaft und zur fötalen Entwicklung. In: Graber, Gustav H., Friedrich Kruse (Hrsg.): Pränatale Psychologie. München (Kindler).
Satir, Virginia (1977): Selbstwert und Kommunikation. Familientherapie für Berater und zur Selbsthilfe. München (Pfeiffer). Orig. amerik.: Peoplemaking. Palo Alto, Calif. (1972).
Schaeffer-Hegel, Barbara, Brigitte Wartmann (Hrsg.) (1984): Mythos Frau. Projektionen und Inszenierungen im Patriarchat. Berlin (Publica Verlagsgesellschaft).
Scheu, Ursula (1977): Wir werden nicht als Mädchen geboren, wir werden dazu gemacht. Zur frühkindlichen Erziehung in unserer Gesellschaft. Frankfurt/M. (Fischer Taschenbuch Verlag).
Schindler, Sepp (Hrsg.) (1982): Geburt – Eintritt in eine neue Welt. Beiträge zu einer Ökologie der perinatalen Situation. Göttingen, Toronto, Zürich (Hogrefe).
Schindler, Sepp, Hans Zimprich (Hrsg.) (1983): Ökologie der Perinatalzeit. Stuttgart (Hippokrates).
Schlemmer, Johannes (Hrsg.) (1979): Anfang gut – alles gut? Beiträge zu einer Perinatologie. Heidelberg (Quelle & Meyer).
Schmidt, Robert F. (Hrsg.) (1980): Grundriß der Sinnesphysiologie. 4. korr. Aufl. Berlin, Heidelberg, New York (Springer).
Schmidt, Robert F. (Hrsg.) (1983): Grundriß der Neurophysiologie. 5. neubearb. Aufl. Berlin, Heidelberg, New York (Springer).
Schmidt, Siegfried J. (Hrsg.) (1988): Der Diskurs des Radikalen Konstruktivismus. Frankfurt/M. (Suhrkamp).
Schreiber, Flora Rheta (1977): Sybil. Persönlichkeitsspaltung einer Frau. Frankfurt/M. (Fischer Taschenbuch Verlag). Orig. amerik.: Sybil. New York (1973).
Schreiber, Marion (Hrsg.) (1981): Die schöne Geburt. Protest gegen die Technik im Kreißsaal. Reinbek (Rowohlt).
Schütz, Alfred, Thomas Luckmann (1975): Strukturen der Lebenswelt. Neuwied, Darmstadt (Luchterhand).

Schulte, Franz J. (1978): Neonatal Brain Mechanisms and the Development of Motor Behavior. In: Stave, Uwe (Hrsg.): Perinatal Physiology. 2. Aufl. New York, London (Plenum Press).

Schulte, Franz J. (1981): Developmental Neurophysiology. In: Davis, John A., J. Dobbing (Hrsg.): Scientific Foundations of Paediatrics. London (Heinemann).

Sechehaye, Marguerite-A. (1955): Die symbolische Wunscherfüllung. Darstellung einer neuen psychotherapeutischen Methode und Tagebuch der Kranken. Bern, Stuttgart (Huber).

Selvini Palazzoli, Mara, Luigi Boscolo, Gianfranco Cecchin, Giulia Prata (1981): Paradoxon und Gegenparadoxon. Ein neues Therapiemodell für Familien mit schizophrener Störung. Stuttgart (Klett-Cotta). Orig. ital.: Paradosso e controparadosso. Mailand (1975).

Sidman, Richard L., Pasko Rakic (1973): Neuronal Migration, with special reference to developing human brain: A Review. *Brain Research*, 62, S. 135.

Siegrist, Johannes (1977): Lehrbuch der Medizinischen Soziologie. 3. überarb. u. erw. Aufl. München u. a. (Urban & Schwarzenberg).

Simonton, O. Carl, Stephanie Matthews-Simonton, James Greighton (1982): Wieder gesund werden. Eine Anleitung zur Aktivierung der Selbstheilungskräfte für Krebspatienten und ihre Angehörigen. Reinbek (Rowohlt). Orig. amerik.: Getting Well Again. Los Angeles (1978).

Spitz, René (1967): Vom Säugling zum Kleinkind. Naturgeschichte der Mutter-Kind-Beziehungen im ersten Lebensjahr. Stuttgart (Klett-Cotta). Orig. amerik.: The First Year of Life. New York (1965).

Spitzing, Gunter (1983): Bali: Tempel, Mythen und Volkskunst. Köln (DuMont).

Stark, Eva-Maria (1976): Geboren werden und gebären. Eine Streitschrift für die Neugestaltung von Schwangerschaft, Geburt und Mutterschaft. München (Verlag Frauenoffensive).

Stave, Uwe (Hrsg.) (1978): Perinatal Physiology. 2. Aufl. New York, London (Plenum Press).

Stern, Daniel N. (1985): The Interpersonal World of the Infant. A View from Psychoanalysis and Developmental Psychology. New York (Basic Books).

Stierlin, Helm (1978): Delegation und Familie. Beiträge zum Heidelberger familiendynamischen Konzept. Frankfurt/M. (Suhrkamp).

Temerlin, Maurice K. (1975): Lucy: Growing up Human. A Chimpanzee Daughter in a Psychotherapist's Family. Palo Alto, Calif. (Science and Behavior Books).

Tomatis, Alfred A. (1974): Vers l'écoute humaine. Tome II. Paris (Les Editions ESF).

Tomatis, Alfred A. (1977): L'oreille et la vie. Paris (Robert Laffont).

Tomatis, Alfred A. (1978): Neue Theorien zur Physiologie des Ohres. Zürich. Vervielf. Manuskr. (erstmals ersch. 1972).

Tomatis, Alfred A. (1979): Vers l'écoute humaine. Tome I. Paris (Les Editions ESF).

Tomatis, Alfred A. (1987): Der Klang des Lebens. Vorgeburtliche Kommunikation – die Anfänge der seelischen Entwicklung. Reinbek (Rowohlt). Orig. franz.: La nuit utérine. Paris (1981).

Tomatis, Alfred A. (1987a): L'oreille et la voix. Paris (Robert Laffont).

Trevarthen, Colwyn B. (1974): Behavioral Embryology. In: Carterette, E. C., M. P. Friedman (Hrsg.): Handbook of Perception. Bd. III: Biology of Perceptual Systems. New York u. a. (Academic Press).

Trömel-Plötz, Senta (1982): Frauensprache – Sprache der Veränderung. Frankfurt/M. (Fischer Taschenbuch Verlag).

Tsiaras, Alexander (1983): Das wird ein Mensch. Fotografien des Ungeborenen. *GEO*, 2, S. 120–133.

Verny, Thomas R., John Kelly (1981): Das Seelenleben des Ungeborenen. Wie Mütter und Väter schon vor der Geburt Persönlichkeit und Glück ihres Kindes fördern können. München (Rogner & Bernhard). Orig. amerik.: The Secret Life of the Unborn Child (1981).

Vester, Frederic (1982): Denken, Lernen, Vergessen. Was geht in unserem Kopf vor, wie lernt das Gehirn und wann läßt es uns im Stich? München (Deutscher Taschenbuch Verlag) 1. Aufl. 1975.

Villiers, Peter A. de, Jill G. de Villiers (1979): Early Language. London (Open Books).

Vries, Jeanne I. P. de, G. H. A. Visser, Heinz F. R. Prechtl (1982): The emergence of fetal behavior. I: Qualitative aspects. In: *Early Human Development*, Bd. 7.

Watzlawick, Paul (1976): Wie wirklich ist die Wirklichkeit? Wahn, Täuschung, Verstehen. München, Zürich (Piper).

Watzlawick, Paul, Janet H. Beavin, Don D. Jackson (1969): Menschliche Kommunikation. Formen, Störungen, Paradoxien. Bern u. a. (Huber). Orig. amerik.: Pragmatics of Human Communication. New York (1967).

Watzlawick, Paul, John H. Weakland, Richard Fisch (1974): Lösungen. Zur Theorie und Praxis menschlichen Wandels. Bern u. a. (Huber). Orig. amerik.: Change. New York (1974).

Watzlawick, Paul (Hrsg.) (1981): Die erfundene Wirklichkeit. Wie wissen wir, was wir zu wissen glauben? Beiträge zum Konstruktivismus. München, Zürich (Piper).

Weingarten, Elmar, Fritz Sack, Jim Schenkein (Hrsg.) (1976): Ethnomethodologie. Beiträge zu einer Soziologie des Alltagshandelns. Frankfurt/M. (Suhrkamp).

Weisshaupt, Brigitte, Haline Bendkowski (Hrsg.) (1983): Was Philosophinnen denken. Dokumentation. Bd. I Zürich (Ammann).

Whorf, Benjamin Lee (1963): Sprache, Denken, Wirklichkeit. Beiträge zur Metalinguistik und Sprachphilosophie. Reinbek (Rowohlt). Orig. amerik.: Language, Thought and Reality. Cambridge, Mass. (1956).

Williams, Gertrude J., John Money (Hrsg.) (1980): Traumatic Abuse and Neglect of Children at Home. Baltimore, London (Johns Hopkins University Press).

Wilson-Schaef, Anne (1985): Weibliche Wirklichkeit. Ein Beitrag zu einer ganzheitlichen Welt. Wildberg (Bögner-Kaufmann). Orig. amerik.: Women's Reality. Oak Grove (1981).

Wisselinck, Erika (1984): Frauen denken anders. Zur feministischen Diskussion. Als Einführung und zum Weiterdenken. Straßlach (Sophia).

Zimmer, Dieter E. (1982): Das faszinierende Leben der Doppelmenschen. Ein Wissenschaftsreport. *ZEITmagazin*, Nr. 3, S. 4–21.

Zimmer, Katharina (1984): Das Leben vor dem Leben. Die seelische und körperliche Entwicklung im Mutterleib. München (Kösel).